文创企业合规经营必修课

郝红颖/编著

Required Courses for
Compliance Operation of
Cultural and Creative Enterprises

中国民主法制出版社

图书在版编目（CIP）数据

文创企业合规经营必修课/郝红颖编著 . —北京：
中国民主法制出版社，2022.9
ISBN 978-7-5162-2894-4

Ⅰ. ①文… Ⅱ. ①郝… Ⅲ. ①企业法—研究—中国
Ⅳ. ①D922. 291. 914

中国版本图书馆 CIP 数据核字（2022）第 147348 号

图书出品人：刘海涛
责 任 编 辑：逯卫光　张雅淇

书名/文创企业合规经营必修课
作者/郝红颖　编著

出版 · 发行/中国民主法制出版社
地址/北京市丰台区右安门外玉林里 7 号（100069）
电话/（010）63055259（总编室）　　63058068　63057714（营销中心）
传真/（010）63055259
http：// www. npcpub. com
E-mail：mzfz@ npcpub. com
经销/新华书店
开本/16 开　710 毫米×1000 毫米
印张/21.25　　**字数/**324 千字
版本/2023 年 1 月第 1 版　2023 年 1 月第 1 次印刷
印刷/三河市宏图印务有限公司

书号/ISBN 978-7-5162-2894-4
定价/82. 00 元

本书编委会

主　任：郝红颖

成　员：沈静文　吴　蒙　王洪健　白　雪

序

"合规"是增强文创企业核心竞争力的基石

《管子·法法》有云："规矩者，方圆之正也。虽有巧目利手，不如拙规矩之正方圆也。"以"规矩"正"方圆"，不仅是方法论，也是世界观。"规矩"从来就不是目的，而是实现"方圆"的工具；"方圆"亦不是目的，"方圆"之上的竞争，才是真正的实力较量。

"合规"，顾名思义，指的就是合乎"规矩"。以规矩"正方圆"是企业的压舱石，给予企业稳步前进的底气；以规矩"行方圆"是企业的金名片，给予企业在国内市场乃至国际舞台上博弈的勇气。企业"合规"经营是建设法治社会的要求，也是市场经济的必然选择。

文创企业以现代"创意"激活传统"文化"，通过商品、服务等形式进行或具象化或抽象化的表达，最终转化为经济效益。中华民族上下五千年的文化瑰宝，奠定了我国文化自信的基础，也给予了文创企业无穷尽的强大生产力；伴随着社会的发展，时代的进步，"创意"不断地为文化增加了新鲜的血液，同时也催生出新的文化力量。"文化"与"创意"看不见也摸不着，却因企业这一市场主体的市场行为而无往不在"规矩"之中。这里所说的"规矩"，来自与文创企业经营相关的法律、行政法规、地方性法规和部门规章、标准和行业规范、商业惯例以及道德规范，等等。

文创企业的合规经营对于企业自身的发展、市场经济秩序的维护，以及中国国际竞争力的增强都具有重要意义。大国间的博弈需要具备强大实力的世界一流企业，而世界一流企业，不仅需要夯实硬实力，也需要建设包括合规竞争力在内的软实力。中小微企业要想在市场竞争中脱颖而出，必须对合规予以重视。

文创企业的合规涉及企业经营管理的方方面面。那么，前面所说的这些"规矩"，企业需要全部遵守吗？除了企业自身之外，还有谁需要遵守这些"规矩"呢？文创企业易发多发的合规风险是什么？如何进行合规体系建设？如何让合规管理行之有效？

为了解决这一系列的问题，本书全面讲述了文创企业合规义务主体、合规义务来源、合规风险识别与评估以及合规管理体系的建设。对于文创企业经营过程中需要重点关注的细分领域的合规，例如，投融资合规、合同合规、知识产权合规、信息数据合规、反不正当竞争合规、反垄断合规、劳动用工合规、资质许可合规、刑事合规等，笔者通过揭示合规风险、强调合规管理内容以及分析真实案例等方式一一进行了详细的解析。希望本书的出版能为文创企业的经营管理提供些许参考，助力文创企业在竞争中突围。

在新书付梓之际，由衷感谢在本书出版过程中无私给予鼓励、帮助与支持的每一位老师。感谢中华全国律师协会知识产权委员会副主任、世界知识产权组织仲裁与调解中心仲裁员及调解员、上海知识产权研究所高级研究员游闽键，感谢中华全国律师协会金融专业委员会副主任、上海市法学会理事、上海市协力律师事务所高级合伙人马晨光，感谢中国广播电影电视社会组织联合会电视制片委员会副会长、上海市广播影视制作业行业协会驻会副会长兼秘书长、上海市影视版权服务中心主任于志庆，感谢北京舞蹈学院教授、原副院长王伟，感谢著名语言艺术家、九紫文化集团创始人、董事长李龙滨，感谢俊策文化创始人袁亮亮，感谢中国民主法制出版社的各位编辑。最后，衷心感谢我的客户以及合作伙伴们，你们以及文创行业对文创企业合规经营法律知识的需求是本书编纂的强大动力来源！

合规是一个过程，也是一个结果。合规之路虽道阻且长，但行则将至！让我们一起努力。

是为序。

郝红颖
2022 年 8 月

目 录

第一章　文创企业概述

打开这本《文创企业合规经营必修课》，我们首先要明确的问题就是何为"文创企业"？"企业"的含义我们并不陌生，通说是指从事生产、流通与服务等经济活动的营利性组织。那么，何为"文创"？在已经形成一定产业规模的业态下，文创企业对文创产业乃至对我国社会主义市场经济的运行与发展又会带来哪些重要的影响？笔者将在本章中对文创企业所涉及的相关概念、特征等进行较为清晰的界定，这也是我们对文创企业合规经营进行思考和阐述的重要理论基础。

第一节　文创产业的内涵

通说认为，某个概念的"内涵"是指该概念所有本质属性的总和，但文化创意产业（Cultural and Creative Industries，缩写"CCI"，以下简称文创产业）的内涵却总是随着社会的发展、文化的进步、经济周期的变化、科技的迭代更新、人们思想观念的发展而处在变动之中，尤其在数字技术日新月异的今天，文创内容花样翻新，传播媒介亦呈现多元化趋势，文创产业的内涵也越来越丰富。

北京市统计局于 2006 年 12 月发布了关于文创产业的分类标准——《北京市文化创意产业分类标准》。该分类标准指出，文创产业是指以创作、创造、创新为根本手段，以文化内容和创意成果为核心价值，以知识产权实现或消费为交易特征，为社会公众提供文化体验的具有内在联系的行业集群。文创产业的概念有其独特的属性又非常丰富，但无论如何定义，文创产业不应超出"文化"、"创意"及"产业"的涵盖范围。

"文化"一词的含义极其宽泛，广义来说，几乎人类世界创造的所有精神和物质的财富都可涵括进文化之中。文化是人类所特有，区别于动物以及其他自然现象的社会现象。文化是人类思想中共同部分的提纯，某一时期的文化必然会反映出同时期的生产关系和历史背景；文化又有其自主的一面，能够超脱物质本身反过来影响物质的生产、交换和消费，这一互相影响的过程贯穿了人类的整个发展历史，并且无处不在。狭义的文化，是指知识、观念、价值观、规范、习俗、习惯等人文现象。根据马斯洛的需求层次论，人类在不需要为安全、温饱等生存问题烦恼后，随之而来的是自我认同和自我实现等精神方面的需求。在恩格尔系数随着经济的发展越来越低，人们物质生活水平不断提高的今天，我们对精神文化的需求越来越高。那么，如何满足这些精神文化需求？就是让狭义的文化通过有形的方式表达出来，将知识、观念、习俗等无形的文化内容附着在有形的或可以感知的物质载体上，让人们通过这个物质的载体来感受文化内涵。而满足每个个体精神需求的物化过程，就是文创产业得以产生并成长壮大的土壤。

创意是文化的内核，文化产业离不开创意。如果说文化的内涵着眼于人类、物质、精神需求等哲学话题的话，那么创意则简单得多，它只着眼于一个字——"新"。无论是国内还是国外，谈及创意产业时，着重强调的是创新的过程，一个从无到有的设计与创作的过程。20 世纪 90 年代末，"创意"一词频繁出现在社会学家、经济学家以及政策制定者口中，例如，英国创意城市研究机构"传通媒体"的创始者查尔斯·兰德利和英国著名学者弗朗哥·比安奇尼在其共著书籍《创意城市》中提到，21 世纪的产业将越来越依赖于知识的更新换代，这些是通过与严格的管理体制配套的创意和创新来实现的。20 多年后的今天，《文化产业》一书的作者英国利兹大学传媒、音乐与文化学教授，知名文化产业研究专家大卫·赫斯蒙德夫仍然认为，随着世纪的更迭，文化产业正彻底地融入一个更大的创意理念中，它是治疗城市病的福音。文化产业与创意理念的有机结合，是历史发展的必然选择，也是经济发展的必由之路。当下，借助数字科技的飞速发展，"数字 + 文化 + 创意"成为新经济形态下文化传播与经济创新发展的重要驱动力。

产业是指由利益相互联系的、具有不同分工的、由各个相关行业所组成的业态总称，是具有某种同类属性的经济活动的集合，如房地产业、电子产业、旅游产业等。产业的主要目的是获得经济效益。或许有人对文创的产业化持反感态度，认为文创的商业属性使其独有的精神内涵变了味，人们不再为精神上的需求而创作，而变成了一项逐利活动。早在 20 世纪初就有人提出同样的忧虑，认为文化工业化使人失去了个性创作的动力，文创产品再也体现不了个人的思想和精神的力量。[①] 但是，我们应当看到这种观点的缺陷所在，首先，文创产业化的出现就是为了满足大多数人的精神需求，它应运而

---

① 如 20 世纪初法兰克福学派就持这一消极观点。

生是符合历史发展趋势的；其次，在市场化产品中，不受消费者欢迎的产品无法产生利润，将被自动淘汰出局，因此文创产品的生产者不能不考虑消费者的精神需求；最后，文创产业化使传统的创作者多了一个增加收入的机会，这将驱动人们更多地创造作品，更进一步地，人类的文化世界将因此越来越丰富。

第二节　文创企业的内涵

提及文创企业，我们或许就会联想到生产、销售文创产品的企业以及城市中的文创产业园区。的确，我们对文创的认识离不开社会公众对文创产品的认可度与接受度的不断提高。文创产品的魅力，往往不在于具象化的"物"本身，而是一种文化底蕴的表达。近年来，故宫博物院、三星堆博物馆、敦煌研究院等纷纷推出基于中华民族优秀传统文化而开发设计的文创产品且圈粉无数。除了具有传统文化特色标识的纸、笔、笔记本等文具外，还有马克杯、T恤衫、丝巾，以及备受女性用户追捧的国潮化妆品，等等。伴随着这些文创产品的推出，文创企业品牌影响力攀升，产业经济效益显著。

生产、销售这些文创产品的文创企业往往会在文创产业园区聚集，园区承担着作为企业办公经营场所，以及文化创意产品主要生产区的功能。伴随着社会经济发展、城市更新以及产业升级的要求，文创产业园区的功能与运营模式也日趋多元化。例如，位于我国上海市的田子坊，其作为文创产业集聚地、海派文化展示地，将寻常老式弄堂和废旧工厂改造成了一个文艺气息浓厚的、时尚的地标性商业街区，吸引了无数游客前来旅游、打卡、消费，为传统的文创产业园区增添了新色彩。

但是，若只将文创企业局限于生产、销售文创产品的企业和文创产业园区，则是非常狭隘且片面的，在文化场馆出售文创产品也好，设立运营文创产业园区也罢，都只是文创企业在市场上呈现的相对初级的具体业态，无法科学地、全面地涵盖文创企业的全部本质属性。

文创企业，通常是指从事文创产业生产、流通与服务等经济活动的营利性组织。根据企业组织形式的不同，文创企业区分为公司类企业和非公司类企业，公司类企业主要是指有限责任公司、股份有限公司；非公司类企业主要是指合伙制企业、个人独资企业、个体工商户等。文创产业自身丰富且不断创新的业态，决定了文创企业的范围相对宽泛，根据具体从事的细分行业不同，以及角色、分工不同可以作进一步划分，例如，在出版业，主要包括出版公司、发行公司、印刷公司等；在影视业，主要包括制作公司、发行公司、院线、播映平台等；在演出业，主要包括演出公司、剧院、票务平台等；在艺术品业，主要包括拍卖公司、设计公司、艺术品评估公司等；在直播业，主要包括多频道网络、视频直播平台等。

文创企业作为文创产业的基础单位，是文创产业关键的、不可或缺的组成部分，是文创产业重要的参与者、生产者、推动者。文创企业能否合规、健康、良性地发展，深刻地影响甚至决定了文创产业的运行。同时，我们也应该注意，文创产业的大环境也会反过来作用于文创企业，左右企业的发展，甚至决定企业的生死存亡。文创企业只有上好合规经营这一必修课，才能让文创产业具有健康发展的基础，形成产业竞争力，进而在我国社会主义市场经济的运行与发展过程中发挥正向的积极作用。

第三节　文创企业的特征

一、重内容

重内容是文创企业区别于其他类型企业的第一大特征。文创企业必须苦练"内功"，注重内容生产以及持续优质地产出，这是文创企业得以生存与发展的核心。文创企业的产品基于满足人的精神需求而存在，而内容正是满足精神需求的关键。

以影视业为例，影视作品是内容和载体的结合，无论是互联网还是传统的电视台，都只是传播内容的媒介，脱离了内容的载体没有本质上的区别，且在某种意义上没有存在的价值。美国第三大传媒公司维亚康姆公司总裁雷石东认为，传媒企业的基石必须而且绝对必须是内容，内容就是一切。四大名著之一《西游记》可谓家喻户晓，其以跌宕起伏的故事情节、个性鲜明的人物形象、百折不挠的励志精神引人入胜，几百年来影响了无数人，并成为包括 1986 年版的电视剧《西游记》、2015 年公映且票房口碑双赢的《西游记之大圣归来》动画电影等在内的众多影视作品的内容来源。《西游记》之所以能够历久弥新，主要在于其情节、人物、思想等内容，在一定程度上满足了受众的精神和文化需求。

二、轻资产

轻资产可以理解为在企业生产经营的过程中，经营资本占用较少，不依赖于重资产的一种运营方式。文创企业主要为轻资产运营，其在生产经营的过程中，更多强调的是通过人的智力劳动进行有创造力的生产。文创企业的经济属性决定其必须将这种创造力转化为实际的资产，并通过该资产的转化实现经济价值。大多数文创企业的核心资产主要体现在知识产权上，比如，著作权、商标权与专利权。

同时，我们还需要注意，文创企业轻资产属性决定了其产品价值以及股权价值的不稳定性。以文学作品著作权交易为例，目前我国缺乏专业、权威的知识产权价值评估机构，著作权属于无形资产，在市场流通的过程中其价值难以公允地体现，导致著作权交易的不确定性增加。文创企业在与资本结合的路上亦困难重重，作为文创企业核心资产的知识产权价值难以评估，主流投资机构投资文创企业时对企业估值无法合理确认，银行等金融机构由于文创企业无法提供房地产、汽车、重型设备等有形资产担保亦难以对其发放贷款，这就是目前我们所看到的文创企业融资难的困境。

三、强创新

如果说内容是文创企业的立身之本，那么创新就是文创企业的发展之魂。在互联网蓬勃发展的时代，每天都有无数内容被生产并被投放到市场中，尤其是随着社交媒体在生活与工作中的广泛应用，催生了一大批自媒体从业人员，人人都可以成为内容生产者与传播者。文创企业要维持自己的市场地位，只能不断地创新。

在数字技术发展日新月异的今天，文创企业在内容创新、产品创新、媒介创新、经营模式创新、业务模式创新之外，还需要重点关注技术创新。文创企业的技术创新可以理解为，充分运用新兴高科技数字技术手段，提升并拓展社会公众精神文化需求领域的广度与深度。文创企业通过技术创新几何级放大内容的价值，最终实现企业的经济效益。例如，在 2022 年元旦跨年晚会上，某电视台通过 VR（虚拟现实）、3DCG（三维计算机图形）等现代互联网技术，在舞台上复原了邓丽君的立体形象，与歌手周深实现了同台演唱，这类技术创新大大提升了受众对舞台音乐产品等文创产品的体验感受。

四、严监管

习近平总书记在考察马栏山视频文创产业园时强调："文化产业既有意识形态属性，又有市场属性，但意识形态属性是本质属性。一定要牢牢把握正确导向，坚持守正创新，确保文化产业持续健康发展。"

意识形态关乎国家长治久安，关乎民族凝聚力与向心力。通说认为，广义的文化产业包含了文创产业，文化产业的意识形态属性决定了文创企业内部应该做到守正，外部也会受到国家相关主管部门监管。从企业内部守正角度出发，大到文创企业的运营与发展，小到某个文创产品的设计与制作，文创企业应时刻以社会主义核心价值观为引领，以满足人民群众日益增长的文化需求和增强人民群众精神力量为着力点，在守正中创新，在创新中守正。

国家对于文化产业实行相对较为严格的监管，以行业准入为例，外商投资准入负面清单明确了禁止外商投资图书、报纸、期刊、音像制品和电子出版物的编辑、出版、制作等业务，这也是出于防止境外意识形态侵入的考量。即使在境内，细分产业的准入也受到国家相关主管部门的监管，例如，从事印刷业就必须取得《印刷经营许可证》，制作影视节目必须取得《广播电视节目制作经营许可证》，等等。

第二章　文创企业的行业分类

创新是文创企业非常重要的特征，根据创新程度，笔者将文创企业所在的行业区分为传统领域、新兴领域以及边界领域。其中，传统领域主要包括出版业、影视业、音像业、演出业、艺术品业、娱乐业、广告业、动漫业、会展业等；新兴领域主要包括电竞业、直播业、授权业、数字文创业等；边界领域则专门论述并非完全属于文创企业但又与文创企业相关联的领域，主要包括时尚业、体育业、旅游业等。

第一节　文创企业传统领域

一、出版业

出版行业泛指书籍、图画、报纸、杂志等版权内容物的出版活动，出版活动主要包括编辑、印刷和发行等。

这一行业存在的历史非常悠久。在中国古代，殷商时期就有了原始的书籍，唐代早期出现了雕版印刷品，宋代毕昇发明了活字印刷术，商务印书馆、中华书局的出现则促进了中国近代出版业的发展。在国外，若简单地以时间进行划分，公元1世纪至15世纪为抄本时期；公元15世纪至20世纪80年代为印本时期；现代化的数字出版则从20世纪80年代开始。

图书出版是传播文化创意最为传统的方式之一，人类的思想、观念通过文字表达出来，再将文字附着于一定的载体之上，从早期的甲骨、竹简、绵帛等再到现代的纸张，通过这些载体发行出版，达到传播的目的。随着人们对出版物的需求量越来越大以及社会分工越发明确，传统的编印方式效率低下，难以满足需求，催生了现代先进的出版产业链条，于是出版社、印刷厂、造纸厂等纷纷涌现。

出版业这一传统文化产业在蓬勃发展的过程中，也面临着来自数字技术的冲击，互联网的发展使信息的传播速度呈爆炸式的增长，人们的阅读习惯以及获取信息的方式都发生了巨大改变。面对新技术、新市场、新需求，如何在产业创新、产业变革、产业融合的道路上高质量发展，成为出版业面临的重大课题与挑战。

二、影视业

影视业指电影、电视剧等作品的制作、发行和放映等商业活动。影视业是文化产业的重要组成部分，甚至可以说影视业的发展历史其实就是整个现代文化产业的历史缩影。影视作品是文化传播的载体，影视作品制作的本质就是一种创意。

影视业具有高投入、高收益以及高风险的特点。以电影为例，一部电影动辄投资数千万元甚至数亿元，从最初的剧本到最后呈现在观众面前的成片，全流程复杂程度高，需要多部门、多角色参与到多个环节之中，互相配合、协调。前期筹备、行政审批、投融资、演职人员聘用、服装道具、现场拍摄、特效制作、后期制作、宣传发行……任何一个环节出现问题都有可能致使整个项目失败、巨额投资付诸东流，演职人员的努力功亏一篑。在历经重重考验之后，电影取得公映许可证得以顺利公映，票房却很难在事先评估。正如英国威斯敏斯特大学教授尼古拉斯·加汉姆所认为的，受众对文化商品的使用方式具有高度的不稳定性和不可预测性。文化产品的消费本身就具有高度的主观性和非理性。出品方、制作方呕心沥血呈现的作品，却很难预测观众是否买账。但无论如何，主创匠心精制、贴合观众观影需求、弘扬正能量的作品更容易受到观众的青睐，比如，曾热映的影片《你好，李焕英》，截至2021年4月，该电影的票房高达50多亿元，此前的国产电影《战狼》系列以及美国电影《阿凡达》皆是如此。

三、音像业

传统音像业的主要产品是音乐作品，以流行音乐为例，通常包括声音信号和影像信号（MV），狭义的音像业也称为唱片业。音像业就是对声音信号和影像信号进行制作和发行的产业。从这一含义来看，传统的音像业也可以被认为是出版业的一个分支。

20世纪80年代，在中国香港等地区音乐的影响下，内地流行音乐市场悄然兴起并迅速发展，内地音像业逐渐产生了其特有的属性和价值。但是，内地音像业的火热犹如昙花一现，据不完全统计，音像制品的发行量在2005年达到最高，此后，出版品种、数量以及销售金额都开始逐年下降。这一现象是多种因素综合作用的结果，其中主要的因素之一就是盗版。内地的音像业从产生之初所伴随的问题就是盗版现象。音像制品的产生需要耗费大量的时间、资金和人力资源，但是成品被复制可能只需几分钟。复制的低成本性和便捷性以及消费者对更低价产品的青睐导致唱片盗版横行。但是，随着法治环境的改善以及版权意识的不断增强，我国音像业的盗版现象在逐年好转。而且，随着数字经济的发展，音像业也走向了电子化的模式，数字唱片产业有逐渐抬头的态势。

四、演出业

演出业主要包括话剧、歌剧、戏曲、音乐会、演唱会、舞蹈等多个领域，收益来源主要是票务收入，这一产业涉及的主体也较多，主要有演出团体及其经纪公司、演出公司、剧院、票务平台、广告商、观众等。

演出行业较为突出的特征是现场性和即时性，即在某一个时刻亲身体验表演。这是演出业与音像业或影视业的本质区别，因为对于后者，受众完全可以在自己选定的时间和地点，通过回看录像等方式再次获得文化上的体验，这是演出业无法做到的，可以说现场营造的文化氛围就是演出业受众最为看重的核心。

新冠肺炎疫情的暴发对整个文创产业的打击都是巨大的，演出行业受到的打击尤为明显。即便是在疫情防控已处于常态化的情况下，整个文创产业在慢慢复苏，但是演出行业的复苏却十分缓慢，根源就在于演出行业的现场性和即时性，观众对现场氛围的追求限制了线上演出方式的发展。在公共场所聚集仍存在限制的现状下，演出业如何另寻生机既是一个挑战，也是一个必须要解决的问题。

五、艺术品业

艺术品业，主要是指以企业组织形式从事有关绘画作品、书法篆刻作品、雕塑雕刻作品、艺术摄影作品、装置艺术作品、工艺美术作品等，以及上述作品的有限复制品等艺术品的经营活动。这些经营活动主要包括收购、销售、租赁、经纪、进出口经营、鉴定、评估、商业性展览等服务，以及以艺术品为标的物的投资经营活动及服务等。

我们通过两个关键词"稀缺性"和"收藏性"来了解艺术品业。文化内涵丰富的艺术品资源稀缺且难以复制，具有极高的收藏价值。可以说，艺术品的大部分经营活动都是围绕着消费者的收藏来进行的，对于某些消费者来说，收藏艺术品除了满足其对内涵深厚的文化需求以外，也是显示其社会地位的一种方式。

艺术品业的另一个特征就是与金融业联系紧密。随着国民财富的增长，国内的艺术品市场迎来了较为快速的发展，且其发展重点仍将是与金融的结合。有业内人士认为，继证券市场和房地产市场之后，艺术品市场正在成为国内的第三大投资热点。悠悠五千年的华夏历史积累了无数的艺术瑰宝，这些优秀的文化艺术资产需要"盘活"。如何盘活，除了政策支持和引导外，落地实施也离不开知识产权交易平台。在我国各类的知识产权交易平台中，文化产权交易所发挥着重大的作用，其挖掘、具象、流通文化艺术资产，通过金融手段为艺术资产赋值，为文化产权市场的活跃保驾护航。

六、娱乐业

娱乐业有两种不同的含义，指代两种不同的具体产业：一种是传统意义上为广大人民群众的休闲娱乐提供场所和服务的产业，主要包括经营性歌厅、舞厅、KTV、音乐茶座、台球场、高尔夫球场、保龄球场、网吧、游艺场等娱乐场所及其提供的娱乐休闲服务；另一种则是指从事表演艺术事业的人的群体及其生态环境，通常也会称其为"娱乐圈"或"演艺圈"。一般认为，专长于电影、电视、相声、小品、歌唱、舞蹈等艺术的人士都属于娱乐圈人士。严格意义上说，前者是传统的娱乐业，把后者纳入新兴的文化产业领域的范围或许更为恰当。

之所以仍在此处统一论述娱乐业，是因为后者这一娱乐业其实是文化产业多个产业部门的跨界产业，传统的明星、艺人通常也兼具歌手、演员、主持人、模特等多重身份，其通过演艺行为，比如，出演了某部电影或演唱了某首歌曲而广为大众所知。近年来，随着选秀节目的兴起，另一种意义上的明星诞生模式正吸引着越来越多年轻人的追捧，因此而产生的"粉丝经济"对娱乐业的影响也值得我们研究。

七、广告业

广告业是指通过广告创意、策划、设计、制作、展示、发布、管理、调查、科技研发、技术推广、效果评估、媒体运营、品牌代理等方式获取利润的产业门类。而所谓广告，是指为了商业或其他目的而做的付费信息发布。

在文创产业所有的细分产业门类中，可以说广告业是将商业与创意结合最为紧密的产业，几乎所有的商业行为都会与广告有所关联，商业行为是为了销售以获得利润。如何提高销售量，最行之有效的方法就是让消费者大量接触到企业的产品和销售信息，而这就需要借助广告的力量。广告在现代社会有着巨大的威力，对现代人类的思维观念和行为习惯都产生了深刻的影响，甚至有学者认为，广告具有支配媒体、创造流行的力量。

广告是文化创意传播的重要媒介。广告业比其他任何一个行业都需要创意的支撑，这些创意通过文字、图画、声音、影像等形式表达出来，再通过电视、广播、报纸、杂志、霓虹灯、橱窗、路牌、日历等传递给社会中的每一个人。在这一过程中，新的思想、新的观念、新的流行趋势不断产生，影响着城市的面貌乃至精神。同时，广告业和文创产业其他门类的关联也十分紧密。以影视业为例，在电影或电视剧的播放过程中，人们常常能看到一些商品的植入广告，商品的生产商和销售商借助影视平台向观众推广产品，也乐于为获得这一推广机会向影视出品方付费，而影视出品方也正需要费用用于制作、宣传、发行影视作品，因此二者一拍即合。

八、动漫业

动漫又被称作卡通，是指由许多帧静止的图画画面以一定的速度连续播放，实现画面活动的影视作品。动漫业则是指围绕动漫内容的生产制作所形成的产业。

动漫业的发展历史并不长，最早的动画是1898年美国维太格拉夫电影公司制作的《矮胖子》，而真正将动漫产业做大做强的是日本。第二次世界大战后，以手冢治虫为代表的日本漫画家制作了一大批优秀的动漫作品，这些作品不仅在日本本土受到欢迎，在全世界范围内也得到了广泛传播，成为日本传播其民族文化的重要媒介。

我国的动漫产业正处于快速发展中，2017年，《文化部"十三五"时期文化发展改革规划》中提出："加快发展动漫、游戏、创意设计、网络文化等新型文化业态……支持原创动漫创作生产和宣传推广，培育民族动漫创意和品牌。"市场上也出现了不少人们耳熟能详的动漫作品，例如，颇受少年儿童喜爱的《黑猫警长》《大闹天宫》《喜羊羊与灰太狼》，拥有不少成年粉丝的《秦时明月》《斗罗大陆》，以及近年引爆口碑的动漫电影《西游记之大圣归来》《哪吒之魔童降世》等。《2020年中国动漫产业研究报告》中指出，从2015年开始，中国在线动漫产业进入行业发展早期带来的高速增长期，维持着较高的增长率。2018年之后，随着优质动漫内容的进一步涌现，网络动漫市场进入稳步增长期，以用户付费为代表的增值服务强势增长，市场规模持续扩大。

九、会展业

会展业是会议业和展览业的统称，是人们信息及物质交换的一个重要形式。会展业汇聚巨大的信息流、技术流、商品流和人才流，各行业在开放潮中，在产品、技术、生产、营销等诸方面获取比较优势，优化配置资源，增强综合竞争力。会展活动在某种程度上还能拉动和促进就业，增强城市向周边地区的辐射力和影响力。

通过大型主题会议，文化和信息得到直接的、密集的、有效的传输，这种高效是传统的文化交流方式以及新兴的互联网线上方式无法达成的。大型展销会也是如此，展销具有其他商贸形式所没有的优点，可以在同一时间、同一地点接触大量的客户和供应商，展销商品成交量猛增的同时，还可以有效配置资源，展销会提供的是面对面双向交流的平台，在较为开放的会场中，消费者完全可以货比三家后依据实际情况作出最佳选择。

德国某大型展览公司总裁蒙图特曾这么形容会展业的经济效益："如果在一个城市开一次国际会议，就好比有一架飞机在这个城市上空撒钱。"虽然这种说法有些夸张，但举办会展不但能为与会者、参展商带来经济效益，还会为会展相关的其他产业带来收益，与之形成一个较为完整的消费链。这其中包含会展本身的场地租赁费、搭建费等直接收入，以及通过会展间接带来的印刷、餐饮、住宿、购物、娱乐、交通、广告、旅游、房地产等商业收入。

第二节　文创企业新兴领域

一、电竞业

电竞是电子竞技的简称，是以信息技术为核心、计算机软硬件设备为器械、在信息技术营造的虚拟环境和统一的竞赛规则中进行的对抗性益智电子游戏运动。

电竞的"竞技"性质决定了它的对抗和比赛属性。赛事的组织和实施为电竞的产业化提供了发展壮大的土壤。国家体育总局在 2003 年将电子竞技运动列为正式开展的第 99 个体育项目，2008 年国家体育总局将电子竞技改批为第 78 个正式体育竞赛项目。最近几年，随着英雄联盟、DOTA 等游戏热度的上升，电竞从小众爱好进入了大众视野。2020 年 12 月 16 日，亚洲奥林匹克理事会宣布电子竞技项目成为亚洲运动会正式比赛项目。

电竞业拥有独特的商业模式，是集数字技术、大众娱乐、体育文化于一体的产业。电竞产业链主要有研发游戏、执行赛事、转播赛事 3 个环节，其中的每一个环节都能创造经济价值。电竞业最主要的收入来源包括科技网络公司的游戏开发利润、赛事现场观众门票收入、电竞选手奖金收入、赛事赞助广告等商务营销收入、赛事直播和转播费、线上收看赛事的流量费，以及与电竞相关的衍生品开发与销售收入等。

我国电竞业发展迅猛，腾讯电竞联合企鹅智库发布的《2021 年中国电竞运动行业发展报告》中显示，2021 年全球电竞观众 4.74 亿人，核心电竞爱好者 2.34 亿人。其中，中国核心电竞爱好者 9280 万人，女性电竞用户比为 39%。中国以电竞赛事收入 3.6 亿美元成为全球赛事收入最高的电竞市场，收入相比 2020 年的 3.15 亿美元增长了 14%，超过北美和西欧地区。新冠肺炎疫情的暴发不但没有阻碍电竞发展的脚步，反而像一把火彻底点燃了线上收看电竞赛事的观众热情。在可预期的将来，电竞业的市场规模以及对社会经济的影响值得期待。

二、直播业

根据《互联网直播服务管理规定》，互联网直播是指基于互联网，以视频、音频、图文等形式向公众持续发布实时信息的活动；互联网直播服务提供者，是指提供互联网直播平台服务的主体；互联网直播服务使用者，包括互联网直播发布者和用户。直播业，一般是指与直播活动以及与直播有关的经济主体所组成的产业链条，这些经济主体通常包括直播发布者与用户、直播平台、短视频平台、传媒公司、MCN 机构、软件行业、手机业、第三方机构（软媒等）。随着以销售货品为内容的"直播带货"的兴起，这一产业逐渐把生产商品的上游企业及物流公司等下游企业也纳入了产业链条。

业内普遍认为，2014 年 YY 语音剥离游戏直播业务成立虎牙直播；同年，斗鱼从 A 站独立，代表着直播快速成长期的到来。2015 年映客、花椒直播加入战局；2018 年快手、抖音等短视频平台席卷而来。2020 年，直播行业发展势头迅猛，进入全民直播时代。据相关数据统计，2020 年 2 月之前，我国直播相关企业的注册数量最多的一个月是 2019 年 6 月，达 658 家；随后数月，直播相关企业注册数量相对持平；2020 年 1 月，减少了一半有余，达 362 家。2020 年 2 月之后，注册数量急剧跌至 173 家。但是 2020 年 3 月，注册数量突增至 1074 家，这是十分惊人的增长量，此后上升势头不减；2020 年 4 月，注册数量更是直接翻了一番，达到 2394 家；2020 年 5 月，注册数量上升至 2877 家。这些数据的变化，直观地展示出我国直播行业的特征与凸显的问题。

直播业具有庞大的主播群体与用户群体，准入门槛低的特点使越来越多的普通民众得以加入直播行列。中国互联网络信息中心发布的《第 47 次中国互联网络发展状况统计报告》统计结果显示，截至 2021 年 6 月，我国网络直播用户规模达 6.38 亿，其中，电商直播用户规模为 3.84 亿，游戏直播用户规模 2.64 亿。在直播行业如火如荼的发展过程中，由于法律意识的淡薄以及配套保障机制的不健全，直播业内，尤其是"直播＋电商"模式问题频出，诸如，假冒伪劣、虚假宣传、售后问题、不正当竞争以及主播偷税漏税等，不仅消费者的权益难以保障，也容易引发市场秩序的不稳定。直播业的健康可持续发展，必须重视并解决已经凸显的问题，落实主体责任，并提前做好预防，而这离不开包括直播产业链条中的企业、消费者在内的所有主体的共同努力。

三、授权业

知识产权（Intellectual Property，简称"IP"）是授权业的基础性、关键性要素，某种程度上说，整个授权业都是围绕着知识产权的授权许可而展开的。在文创产业，IP 授权专指企业将其已具有一定知名度的品牌、标志或元素等授予其他市场主体使用的行为。授权业则是包括授权企业及其上下游企业、被授权企业及其上下游企业在内的所有产业链。

目前，我国的授权产业正处于发展高峰期。中国玩具和婴童用品协会品牌授权专业委员会发布的《2020 年中国品牌授权行业发展白皮书》显示，2020 年全国授权商品零售额为 1106 亿元，比上年增长 11.5%；2020 年中国年度授权金收入为 41.5 亿元，比上年增长 8.6%。

原本普普通通的商品经过知名 IP 的加持，其价格、销量往往都能翻好几倍，这就是 IP 授权的魅力。2019 年 2 月，星巴克推出了一款粉色的猫爪杯，供不应求，标价人民币 199 元的杯子被炒到了数千元；2019 年 6 月，优衣库与 KAWS 联名的 T 恤被疯抢一空，消费者在店门尚未完全开启时就蜂拥而至；米老鼠、唐老鸭的形象在世界范围内深入人心，华特迪士尼公司 2020 年零售额为 540 亿美元，蝉联 2021 年全球 150 强授权商榜首。这些商品的实际使用价值与同类商品相当，而前者的价格却远远高于后者，消费者之所以愿意为其买单，正是因为消费者对其中或经典或潮流的文化内涵的追求。

四、数字文创业

2020 年 11 月 27 日，文化和旅游部发布《关于推动数字文化产业高质量发展的意见》，在夯实数字文化产业发展基础、培育数字文化产业新型业态、构建数字文化产业生态等方面提出多项意见。当下，以"元宇宙"为核心的数字文创业是一个新兴板块。"元宇宙"一词正迅速席卷各行各业，业内预言它将成为互联网的下一个增长风口。元宇宙这一概念首次出现在 20 世纪 90 年代美国科幻作家尼尔·斯蒂芬森的小说中，指代的是一个超越现实的人造虚拟世界。脸谱网、字节跳动、英伟达、百度等国内外互联网巨头纷纷布局元宇宙赛道。

虚拟数字人和数字藏品作为元宇宙的排头兵，已率先进入大众视野。虚拟数字人是依靠 AR、VR、3DCG 等先进技术创造的网络新物种，早年的网络虚拟歌手初音未来、洛天依可以说是虚拟数字人的鼻祖，近年来，完美无瑕的虚拟偶像应运而生，引起网民的大量关注。据相关统计，当前虚拟数字人市场规模已超 2000 亿元，据市场研究公司的研究，预计到 2028 年，全球虚拟活动市场规模将达到 5047.6 亿美元（约 32707.44 亿元人民币）。① 数字藏品是指运用区块链技术为作品加密，使其成为具有唯一性的数字作品，并可以通过上链进行发行、购买和交易。NFT（Non - Fungible Token，非同质化代币）是目前数字藏品中的代表类型，在国外的潮流界和收藏界已经引起了不小的轰动。2021 年 3 月，佳士得拍卖行拍卖的一幅电子图画《每一天：最初的 5000 天》，以高达 6930 万美元的价格成交，由此 NFT 这一产业的商业潜力可见一斑。NFT 在国内也开始显露身影，虚拟博主 AYAYI 在 2021 年中秋节带来了她"亲手制作"的 NFT 数字月饼，并迅速销售一空。

在刚刚过去的 2021 年，各大投资机构纷纷布局元宇宙赛道。从当下火爆的趋势来看，元宇宙未来很可能会影响甚至改变人类的生活。当然，在虚拟数字人和数字藏品相关企业快速发展的同时，相应的监管和法律也要同步跟进，保证其健康发展。随之而来的虚拟数字人的知识产权保护、数字藏品的发行主体是否需要资格限制、数字藏品的发行和交易合法规范化等问题，都值得我们进一步思考。

第三节　文创企业边界领域

边界领域是指那些并非完全属于文创企业但又与文创企业相关联的领域，这些行业往往一只脚还在第二产业里，而另一只脚已经或正在跨进文创产业，又或者是其文化内涵并不那么明显的其他产业。但是，在持大文创产业或者娱乐产业②观点的人眼里，这些产业是绝对可以属于文创产业的。笔者将这些产业归纳为边界领域并加以阐述。

---

① 《华夏时报》2021 年 12 月 11 日报道，记者赵奕、胡金华。

② 2018 年 3 月，工业和信息化部信息中心发布了《2018 年中国泛娱乐产业白皮书》，其中对泛娱乐产业阐述道："2011 年，腾讯提出'泛娱乐'的概念，积极构建泛娱乐生态，即基于互联网和移动互联网的多领域共生，打造明星 IP 的粉丝经济。在'连接'思维和'开放'战略下，文化多业态融合与联动成为数字娱乐产业尤其是内容产业的发展趋势，以文学、动漫、影视、音乐、游戏、演出、周边等多元文化娱乐形态组成的开放、协同、共融共生的泛娱乐生态系统初步形成。"

一、时尚业

时尚是指在特定时期及社会文化背景下，在大众中流传广泛的一种生活习惯、行为模式及文化理念，而时尚业就是将人们流行的这种习惯和理念通过衣着服饰等物质消费形式体现的经济活动，主要有时尚商品的生产、销售以及时尚服务业的提供、消费。英国利兹大学传媒、音乐与文化学教授，知名文化产业研究专家大卫·赫斯蒙德夫认为，时尚是文化产业中迷人的"混血儿"，因为它是一个在功能性和意义性之间高度平衡的产业。

时尚业具有通过普通商品满足人类物质方面需求的功能性属性，这也是在狭义上把时尚业等同于时装业的原因。除了服装，时尚消费品也包括鞋帽、皮具、服饰配品、美容美发、珠宝首饰、家居用品等。相较于影视、出版等纯粹以生产和消费文化符号为标志的传统文化产业，时尚产品在去除符号标志后，首先是与制造业等第二产业无异的产业。

时尚业的文化内涵包括象征性意义，兼具符号价值。法国社会学家皮埃尔·布迪厄尔提出了一种"文化资本"的观点，即消费活动除了物质性以外，还具有象征性，前者满足人的物质需求，后者满足人的社会、精神需求。通常，时尚业的另一个代名词就是奢侈品，一种超出人们生存与发展需要范围的，具有独特、稀缺、珍奇等特点的消费品。时尚消费品数量稀缺、价格十分高昂，这意味着只有社会中的部分人群才有能力消费它们，所以奢侈品被赋予了财富、社会地位等象征性意义。

时尚业不是一个稳定的、固定的概念，而是一个传统工业产业时尚化的过程。我们所称的时尚业与传统的劳动密集型产业、技术密集型产业、资金密集型产业、知识密集型产业都不一样，而是一种符号密集型产业。这种产业中的核心工作是产品的设计，这里的设计主要是意义的设计，这种意义通过产品中的个性、风格、标志加以体现。因此，时尚业最具价值的设计师往往是那些艺术家或"文化工作者"，诸如，画家、广告专家、媒体专家、创意专家甚至文学家。

二、体育业

体育业是指以生产、销售体育产品，提供体育服务为核心的经济部门。从大文化的角度看，文化属于人类精神文明的范畴，而体育和精神文明息息相关。国家体育总局指出："……不断提升体育服务人民群众的能力水平，丰富人民精神文化生活，为实现中国梦提供凝心聚气的强大精神力量。"国家体育总局曾经开展过全国体育产业专项调查，在这项调查中体育产业被细分为

10 余项小产业，其中体育竞赛表演活动，比如，各级各类职业联赛、商业体育表演、俱乐部等职业体育竞赛或业余竞赛活动；体育中介服务，比如，体育经纪公司、咨询公司、广告公司、票务公司等；体育培训与教育，比如，体校、体育技能辅导机构等培训和教育；体育传媒与信息服务，比如，体育图书、报刊、音像制品等出版服务，广播、电视等体育影视传媒服务，以及最新的体育应用软件等互联网体育服务；体育科技与知识产权服务等都与文创行业密切相关，拥有着无限的市场潜力和发展空间。

我国体育产业的发展速度很快，产业规模不断扩大。国家统计局发布数据显示，经核算，2020 年，全国体育产业总规模（总产出）为 27372 亿元，增加值为 10735 亿元。在一线城市，体育产业更是体现了其具有成为当地经济支柱产业的巨大潜能。依据上海市《关于加快本市体育产业创新发展的若干意见》，2020 年，上海市体育产业总规模达到 2000 亿元左右，体育产业总体发展水平走在全国前列；到 2025 年，上海市体育产业总规模达到 4000 亿元左右，跻身世界体育产业发达城市行列；到 2035 年，达到与全球卓越城市相适应的体育产业发展水平。

同时，我们也要看到，我国目前的体育产业与国外发达国家相比，仍然存在一定的差距。以大型马拉松比赛为例，国内外的许多城市已经或准备举办马拉松比赛，这一群众性运动比赛兼具社会效益和经济效益。社会效益在于促进全民运动意识、增强国民体魄，给当地打造新的城市品牌、提升城市形象、丰富城市文化生活等；经济效益在于通过赛事运营、赞助、转播、选手吃住行、旅游等给赛事运营主体、当地商户带来可观的收入。就产业本身所具有的经济性而言，国外举办体育赛事的目的主要在于通过商业化的运作以获得经济效益，而我国举办马拉松等体育赛事要么是政府主导的非营利性质赛事，作为公益项目推广；要么是运营企业主导，但因为资金、技术、经验等的欠缺，亏损大于盈利的现象屡有发生。体育赛事的市场化运作是产业化社会的必然趋势，如何在兼顾体育行业的经济效益和社会效益的前提下，做大做强体育产业的经济效益，我国还有一段较长的路要走。

三、旅游业

旅游业是以旅游资源为凭借、以旅游设施为条件，向旅游者提供旅行游览服务的产业。在国家统计局发布的《文化及相关产业分类（2018）》中，并未将旅游产业全部纳入分类，略有关联的是第 062 大类"景区游览服务"和第 063 大类"休闲观光游览服务"。前者下面的小类包括城市公园管理、名胜风景区管理、森林公园管理、其他游览景区管理、自然遗迹保护管理、动物园、水族馆管理服务、植物园管理服务；后者下面的小类包括休闲观光活动、观光游览航空服务。

旅游业是一个归纳性质的产业名称，是多个产业的集合。旅游过程中涉及交通、游览、住宿、餐饮、购物、文娱等环节，这些环节共同构成了旅游产业。其中，交通、住宿、餐饮、购物都是传统产业内容，与文化有关联的主要是游览和文娱，通过观赏自然风景、浏览名胜古迹、感受不同地域的风土人情，满足人民群众的文化和精神需求。

近几年，我国旅游业稳步发展，旅游市场欣欣向荣。据文旅部统计，2019 年，国内旅游人数达 60.06 亿人次，比上年同期增长 8.4%；入出境旅游总人数达 3.0 亿人次，同比增长 3.1%；全年实现旅游总收入 6.63 万亿元，同比增长 11%。旅游业对 GDP 的综合贡献为 10.94 万亿元，占 GDP 总量的 11.05%。旅游直接就业 2825 万人，旅游直接和间接就业 7987 万人，占全国就业总人口的 10.31%。2020 年，由于新冠肺炎疫情的暴发，旅游业受创严重，但随着国家对疫情的常态化管控，疫情平稳可控趋好，旅游市场的复苏指日可待。

第三章　文创企业合规管理体系概述

在经济全球化的今天，大国间的博弈本质上是综合国力的体现，中国企业实力与竞争力的不断增强，在推进国家经济发展与社会进步的进程中，具有举足轻重的作用。无论是国际舞台还是国内市场，都充满了风险因素，企业在增强综合实力，提高竞争力，实现高质量发展的路上，必须把合规纳入企业管理的核心范畴。

合规既是一个过程，也是一个结果。就过程而言，企业以内部规章制度等形式，建立合规标准和流程，推动、监督合规制度的实施与落实，从而保证企业的经营和管理等行为能够符合合规要求。就结果而言，合规是企业最终需要达到的一种合乎规范的目标状态。

笔者将在本章中就企业合规的内涵、合规义务主体、合规义务来源，以及合规管理功能定位等有关文创合规管理体系的相关基础内容进行解析。

第一节　企业合规的内涵

合规一词是舶来品，英文为 Compliance，是指企业及其员工的经营管理行为符合法律法规、监管规定、行业准则和企业章程、规章制度，以及国际条约、规则等要求。企业合规主要包括主体合规、商业模式合规、公司治理合规、民商事领域合规、行政监管合规、刑事合规等内容。

企业合规管理，是指以有效防控合规风险为目的，以企业和员工经营管理行为为对象，开展包括制度制定、风险识别、合规审查、风险应对、责任追究、考核评价、合规培训等有组织、有计划的系统性管理活动。

合规是企业得以存续与发展壮大的根基，是企业具有长久生命力与竞争力的必备因素，也是稳定产业健康发展，维持社会经济秩序的有力保障。

2021 年 4 月 10 日，国家市场监管总局依法作出行政处罚决定，责令阿里巴巴集团停止违法行为，并对其处以人民币 182.28 亿元的罚款。自 2015 年以来，阿里巴巴集团滥用市场支配地位，对平台内商家提出"二选一"要求，禁止平台内商家在其他竞争性平台开店或参加促销活动，并借助市场力量、平台规则和数据、算法等技术手段，采取多种奖惩措施保障"二选一"要求执行，维持、增强自身市场力量，获取不正当竞争优势。这一罚款数额打破了我国《反垄断法》生效近13年来的罚款最高纪录。阿里巴巴集团在收到行政处罚决定后，同日发表官方回应表示，对此处罚"诚恳接受，坚决服从"。此外，阿里巴巴还称以后将强化依法经营，进一步加强合规体系建设，立足创新发展，更好地履行社会责任。

2021年7月4日，国家互联网信息办公室发布通报称，根据举报，经检测核实，"滴滴出行"App存在严重违法违规收集使用个人信息问题。国家互联网信息办公室依据《网络安全法》相关规定，通知应用商店下架"滴滴出行"App，要求滴滴出行科技有限公司严格按照法律要求，参照国家有关标准，认真整改存在的问题，切实保障广大用户个人信息安全。滴滴出行就App被网信办下架一事，在其官方微博发表回应称："将认真整改，不断提升风险防范意识和技术能力，持续保护用户隐私和数据安全，防范网络安全风险，持续为用户提供安全便捷的服务。"

一张张罚单让企业警醒，合规是企业的生命线，应引起足够重视。建立科学、有效、合理的合规管理体系，并切实有效地执行，是企业健康、可持续、高质量发展的必由之路，是增强企业实力与竞争力的基石，是维持国家经济秩序的有力保障，是中国企业国际化发展的"通行证"。

第二节　文创企业合规义务主体

一般而言，合规义务主体可以理解为企业合规管理体系所规制的对象，主要包括企业、员工以及商业合作伙伴。

一、企业

企业是承担企业合规义务的主体，是企业合规管理体系所规制的主要对象。企业是独立的营利性组织，其履行合规义务具有天然的法律依据。我国企业的主要形式包括有限公司、股份公司、合伙企业、个人独资企业。其中，公司属于法律意义上的法人，《民法典》规定，法人是具有民事权利能力和民事行为能力，独立享有民事权利和承担民事义务的组织。合伙企业和个人独资企业虽然属于非法人组织，但是其以自己的名义独立从事民事活动，独立享有民事权利，承担民事义务。《刑法》对单位犯罪也作出了专门的规定，公司、企业、事业单位、机关、团体实施的危害社会的行为，法律规定为单位犯罪的，应当负刑事责任。法律是企业重要的合规义务来源，企业作为合规义务主体系为必然。

二、企业员工

除了企业之外，企业员工也属于企业合规义务的主体。这里所说的员工需要作扩大解释，不仅包括企业的一般职工、雇员，也包括董事、监事、各级管理人员等领导，甚至还包括各类兼职、实习、退休返聘、劳务派遣人员；等等。

对于企业犯罪，我国司法机关采取的是双罚制原则。所谓双罚制，是指对单位判处罚金的同时，也对其直接负责的主管人员和其他责任人员判处刑罚。单位犯罪虽然在很大程度上区别于自然人犯罪，但考虑企业终究是法律上拟制的主体，实际上企业犯罪都是通过具体的个人进行组织与实施，单位并不能凭空产生犯罪故意，故而法律往往将处罚也落于自然人的身上。前述直接负责的主管人员和其他责任人员就属于合规义务的主体。

文创企业的合规风险中，由员工的不合规行为引发的合规问题占有很大的比重。企业在进行合规管理的过程中，不仅要关注员工的职务行为，还需要注意员工的个人行为也会给企业带来合规风险。例如，在发生某些刑事犯罪的情况下，即使该犯罪行为最终被认定为属于员工个人行为，单位不须承担法律责任，但是在注重商业形象的市场环境下，员工的不合规行为仍然会对企业的声誉以及品牌形象造成一定的负面影响。

三、商业合作伙伴

事实上，关于商业合作伙伴的合规管理常常被企业忽视，企业在经营过程中，往往需要与其他企事业单位打交道，磋商、合作中会发生买卖、借贷、租赁等各种法律关系。企业不仅需要注意与商业合作伙伴打交道过程中的合规管理，也需要注意一旦商业合作伙伴出现违法违规或违背商业道德的现象，极易波及企业自身，应提前做好风险管控。企业在进行自身合规管理的同时，也应当将对商业合作伙伴的合规管理纳入企业的合规管理体系中来。目前，国内外许多大型企业都建立了较为科学、完整的商业伙伴合规管理体系，针对商业伙伴的类型不同，合规管理的重点也不同。针对供应商，应当注意其提供产品或服务的合法合规性；针对客户，应当注意其财务、付款方面的合规性；针对联营等密切合作伙伴，则需注意其股权结构、公司内部治理方面的合法合规性；等等。

第三节　文创企业合规义务来源

ISO 37301：2021《合规管理体系要求及使用指南》对合规义务的解释为："组织强制必须遵守的要求以及组织自愿选择遵守的要求。"笔者将企业合规义务分为两大类：强制性合规义务和自愿性合规义务。强制性合规义务主要包括国家制定的具有强制执行力的法律、行政法规、部门规章、地方性法规和规章等，这里的国家并非单指中华人民共和国，对跨国企业或涉及跨境业务的企业来说，东道国的法律也是合规义务来源。自愿性合规义务是指企业自愿承诺遵守的规范，主要包括公司章程等企业内部管理制度、行业自律性规定、商业惯例、商业道德准则以及其他不可强制执行的规则和规范。

文创企业因其所处行业性质、商业模式、组织架构、收益来源等不尽相同，其合规义务来源也存在些许差异，但总体来说，主要来源于以下几个方面。

一、法律

这里的法律仅指全国人大及其常委会制定的法律，在我国法律体系框架下，除宪法外，全国人大及其常委会制定的法律具有最高效力。就法律层面的制度供给要求来说，要实现企业合规目的，仅依靠某一个单独的法律部门是远远不够的，而是需要借助多个法律部门协同调整方能完成。[①] 对于文创企业来说，还需特别注意《电影产业促进法》《旅游法》《体育法》《广告法》《公共文化服务保障法》等相关法律的规定，另外，基于文创企业以创意为核心的特点，《著作权法》《商标法》《专利法》等知识产权领域的法律也应得到足够的重视。

二、行政法规

行政法规是指由国务院制定的法规，效力次于法律。对于文创企业来说，应重点关注《出版管理条例》《娱乐场所管理条例》《音像制品管理条例》《公共文化体育设施条例》《广播电视管理条例》《电影管理条例》《广告管理条例》《营业性演出管理条例》等。

[①] 赵万一、王鹏：《论我国公司合规行为综合协同调整的法律实现路径》，载《河北法学》2021年第39期，第58—75页。

三、地方性法规和部门规章

地方性法规是指省、自治区、直辖市的人大及其常务委员会根据本行政区域的具体情况和实际需要制定的法律规范。部门规章是指国务院所属的各部、委员会根据法律和行政法规制定的规范性文件。

四、标准及行业规范

任何产业的合规发展都离不开标准的制定。我国的《标准化法》规定，标准包括国家标准、行业标准、地方标准和团体标准、企业标准。国家标准分为强制性标准、推荐性标准，行业标准、地方标准是推荐性标准。强制性标准必须执行，国家鼓励采用推荐性标准。对于企业来说，适用强制性标准是底线，若想全面合规，那么适用的推荐性标准就应越多。简言之，越标准就越合规。

五、商业惯例

商业惯例更多地适用于具有涉外因素的企业，由于国内法对国际商事行为调整的不适当性，在国际经济贸易中，慢慢形成了一套特有的不成文规范，通常体现在合同、运输、保险、支付和仲裁等方面。[①] 若企业正在或者行将进行跨国业务，那么国际商业惯例也是重要的合规义务来源之一。但是，国际惯例并不当然对所有跨境商业主体具有约束效力，通常在当事人主动约定适用并明确约定适用哪一条商业惯例的前提下，该条具体的商业惯例才成为约束当事人的规范，也即此时企业才需将其纳入自身的合规管理体系义务来源中。

六、内部规章制度

如果说上述五种合规义务来源都是外部加诸于企业的规范，那么内部规章制度就是企业将上述规范内化于自身的结果。企业应当结合自身经营目标、经营范围、设立宗旨、组织结构等，设计符合自身实际情况的内部规章制度。一般而言，内部规章制度除包括《企业章程》这一总体的战略性制度外，还辅以其他诸多具体制度，例如，《财务管理制度》《安全生产管理制度》《人力资源管理制度》《供应商管理制度》《客户管理制度》《关联方交易制度》《保密制度》等。

---

① 陈亚芹：《国际商业惯例的效力基础及其适用模式》，载《甘肃政法学院学报》2008 年第 5 期，第 55—63 页。

七、道德规范

道德规范主要包括社会公德、职业道德、家庭美德等。道德规范是否属于企业的合规义务来源尚存在争议。我国发改委、外交部等 7 部门联合发布的《企业境外经营合规管理指引》中，将道德规范明确列为合规义务来源。而国资委发布的《中央企业合规管理办法》中，并未将其列入在内。

即使在国外，如合规先行者美国，直至 20 世纪 80 年代，还对合规的基础究竟是法律还是道德这一问题存在争议。① 马克思主义认为，人们的行为，凡是有利于社会进步和社会发展的，就是合乎道德的，反之就是不道德的。无论如何，合规的目的是要实现企业的健康可持续发展从而获得持续稳定的利益，从这个方面来说，合乎道德规范无疑是有利于这一目的之实现的，尽可能遵守道德规范也是有必要的。

第四节　文创企业合规管理功能定位

2021 年 4 月 13 日，国际标准化组织正式发布了 ISO 37301：2021《合规管理体系要求及使用指南》。中国标准化研究院标准化理论战略研究所指出，伴随着全球贸易关系的复杂化，全球产业链进入深度调整与重构时期。在国家层面，各国建立了严格的合规监管制度，监管机构加强了立法深度和执法力度，引导和督促企业实施更加主动的合规经营。在国际层面，联合国、经济合作与发展组织、世界银行集团、亚洲太平洋经济合作组织等国际性组织相继制定全球性契约、指南和指引等，对合规管理核心问题达成国际共识，在相关贸易活动中对不合规行为实施联合惩戒。

随着第三产业在国家经济中发挥的作用越来越大，文创企业必将更加深入地参与到经济活动中，作为市场主体不可分割的一部分，文创企业既有一般企业所具有的共性，也有自己的个性。共性是文创企业与大多数企业一样，以获得利润为目的而从事生产和销售等商业行为；个性是文创企业生产和销售的不是普通商品，而是一种符号，一种以创意为内核、能够满足人的精神文化需求的符号。这种个性就决定了文创企业的合规也具有自己特殊的价值意义和要求。

总体来说，文创企业合规管理的意义主要体现在以下几个方面。

---

① 刘相文、王德昌、刁维俣、赵超、王涛：《中国企业全面合规体系建设实务指南》，中国人民大学出版社 2019 年版。

一、事前——风险防范

企业建立完善的合规管理体系，最重要的功能体现在防范风险方面。企业在经营管理过程中，会面临市场风险、法律风险、合规风险等各类风险。市场风险指由于市场波动带来的风险，例如，原材料价格上涨、销售渠道变窄等，这类风险的后果主要是企业的经济利润受损。法律风险是指企业因违反法律法规承担法律责任或因违反合约承担违约责任的风险。合规风险是指企业及其员工因不合规行为，引发法律责任、受到相关处罚、造成经济或声誉损失以及其他负面影响的可能性。法律风险和合规风险相近，但二者也有区别。合规所合乎的规范不仅仅是法律法规，还有监管规定、行业自治准则、商业惯例、商业伦理规范等，因此合规所包含的范畴远大于法律。合规管理体系建立的过程中还要求特别关注商业伙伴的合规情况，因商业伙伴的舞弊或其他不诚信行为而导致本企业受到牵连的，属于合规风险而非法律风险。

企业通过合规管理体系来实现规避风险功能的一个重要措施是风险评估。在《合规管理体系要求及使用指南（ISO 37301：2021）》中，专门描述了组织的合规风险评估：组织应基于合规风险评估、识别、分析和评估其合规风险；组织应通过将合规义务与其活动、产品、服务和运营的相关方面相关联来识别合规风险；组织应评估与外包和第三方流程相关的合规风险；组织应定期评估合规风险，并应在情况或组织环境发生重大变化时进行评估；组织应确保有关合规风险评估以及应对其合规风险的措施的书面信息。

一般认为，合规风险存在于企业的多部门、多环节、多领域中，诸如生产销售、劳动用工、环境保护、知识产权、行贿受贿、国际贸易、数据保护、反洗钱等，都有可能存在风险。合规风险一旦爆发，不但会导致企业经济利益受损，通常还会对企业的商誉和形象造成巨大冲击，企业因合规问题而导致品牌影响力大跌，甚至倒闭的案例并不鲜见。

结合文创企业自身性质，笔者从知识产权、数据保护等方面梳理合规管理体系的建立与运行的现实意义。

合规管理体系的建立和运行有利于文创企业管控知识产权风险。没有知识产权的文创企业如同没有枪的士兵。美国总统林肯曾说："专利制度是为智慧之火浇上利益之油。"同样，严密的知识产权合规管理体系就是文创的利益之伞。文创企业大多为轻资产企业，版权通常是文创企业最重要的资产，若版权开发、登记、授权、使用等任一环节中出现合规问题，对包括授权方和被授权方在内的文创产业主体都是巨大的、甚至是毁灭性的打击。以电影制作为例，剧本是电影的文学基础，制作方可以通过自行开发、委托制作、直接购买等多种方式获得剧本，一个具有完整版权或合法授权的剧本是电影得以合规制作的基础与重要保障，若剧本出现抄袭或授权链不完整等版权不合规问题，导致拍摄暂停，甚至阻碍宣发，最终满盘皆输的案例不胜枚举。

合规管理体系的建立和运行有利于文创企业管控数据风险。依托于现代数字技术产生和发展的高科技企业是文创产业的重要组成部分。数据时代蓬勃发展，大数据、云计算、人工智能等先进信息技术在人类社会广泛应用，个人信息数据权益需要切实有效的保障。举例来说，某视讯平台以向用户提供产品或服务为目的，开发了某 App，平台用户在使用 App 时，按 App 的提示提供了个人信息，则该视讯平台应严格按照《数据安全法》《个人信息保护法》《网络安全法》等法律法规的规定进行用户个人信息数据采集、使用、传输、管理，并采取必要措施保障所处理的个人信息的安全。若企业涉及境外业务的，可能还需要遵守《通用数据保护条例》[①] 等境外法律法规。这些法律法规的复杂性和专业性决定了企业必须重视建立数据合规管理体系，以管控数据风险。

二、事中——迅速响应

企业建立合规体系的目的是防范风险、实现可持续发展，但是即使事前合规做得再完美，也难免还是会有意想不到的违规风险发生，此时合规体系的事中功能就充分凸显出来——迅速响应，并将损失控制在最小范围。

一方面，企业的经营和管理不可能一成不变，随着业务的变化与调整，企业随时会面临新的风险，当原有的合规体系出现裂缝时，因合规意识的深入和惯性，企业上下能迅速对违规现象展开响应，合规部门或负责人能够按照事先确定的合规流程展开调查、评估、惩处、反馈等措施，而其他部门仍然能有条不紊地平稳运营，避免违规行为发生时企业陷入混乱局面，从而最大限度地降低损失。

另一方面，事中的企业合规还能为事后的豁免责任奠定基础。事中的合规意味着合规部门必须自发现违规行为时就尽到证据留存的义务，当违规行为较为严重，甚至涉及司法责任时，这一步就显得尤为重要了。在司法程序中证据的地位不言而喻，例如，在出现员工舞弊等情况时，企业作为受害方的情形下，事先固定住的银行流水、员工访谈等证据不仅能够加快司法程序的推进，也能进一步明确涉事员工的责任，从而最大限度地维护企业的利益。

---

① 简称 GDPR，欧盟于 2018 年 5 月 25 日正式颁布实施，号称是史上"最严格"的数据保护法规。

又如，在企业自身可能存在实施违规行为的情形下，充分的证据留存能够最大化地还原事实，此时可以借助公司法务人员或专业律师的力量，收集对企业有利的证据，为企业未来面临法律追究时做好相应的准备。

三、事后——豁免责任

若说防范风险是企业建立合规管理体系在前端的价值与功能，迅速响应、控制损失是合规在事中的功能，那么豁免责任就是合规的后端功能了。企业全面合规是一种理想状态、应然状态，现实中百密也难免一疏，企业管理行为是一个动态的过程，很难将管理行为量化到百分之百合规，这是否就意味着企业不需要追求合规，不需要建立合规管理体系呢？显然并不是。恰恰相反，一旦发生涉嫌不合规事件，合规管理体系的存在能够有力地证明企业自身的合规性要求以及对不合规行为的禁止，有利于企业明晰主体责任边界，帮助企业减轻甚至豁免处罚责任。下面以曾经轰动一时的"雀巢案"为例进行阐述。

2011 年至 2013 年 9 月，郑某、杨某为了抢占市场份额，在推销雀巢奶粉的过程中，授意多人通过拉关系、支付好处费等手段，多次从多家医院多名医务人员手中非法获取大量公民个人信息。检察机关指控郑某、杨某等人犯有侵犯公民个人信息罪。庭审期间，郑某等被告人提出本案属于单位犯罪，行贿和收集行为均是雀巢公司授意的，郑某等被告人无罪。

雀巢公司则通过证明企业合规，该案不属于单位犯罪，系为数名被告人的个人行为进行抗辩。雀巢公司提供企业合规制度文件以及员工接受合规培训的承诺函等证据证明，雀巢公司已经建立了企业合规管理体系，不允许员工未经正当程序和公司批准而主动收集公民个人信息，禁止向医务人员支付费用获取公民信息，禁止对医务专业人员进行金钱、物质引诱等。

法院认为，单位犯罪是为本单位谋取非法利益之目的，在客观上实施了由本单位集体决定或者由负责人决定的行为。雀巢公司手册、员工行为规范等证据证实，雀巢公司禁止员工从事侵犯公民个人信息的违法犯罪行为，郑某等违反公司管理规定，为提升个人业绩而实施的犯罪为个人行为。法院经过开庭审埋之后判决，郑某等人犯侵犯公民个人信息罪，依法承担相应的刑事责任。雀巢公司则因其合规管理体系的建立及有效执行豁免了责任。

第四章 文创企业合规管理体系建设

合规管理是企业自发的一种科学管理方式，文创企业要建立并实施一套行之有效的合规管理体系，离不开人和制度。其中，人的部分要求企业必须建立起合规管理组织架构，制度的部分则要求企业必须明确合规管理体系运作的流程。这是文化企业合规管理体系建设的应有之义和基本条件。

第一节 文创企业合规管理组织架构

企业合规管理组织架构是指在企业中承担合规管理的人所组成的部门、层次及其内部的排列方式。企业合规管理组织架构类型多样，实践中，主流的管理组织架构分为决策层、管理层、执行层。决策层通常是指合规委员会，合规委员会的主要成员由公司董事会成员以及高级管理人员担任，承担合规管理的组织领导工作，研究决定合规管理重大事项，全面指导、监督和评价合规管理工作。管理层通常是指合规管理部门，在合规委员会的领导下开展具体的合规管理工作，普遍称其为"合规部"。执行层主要是指合规负责人或者合规专员，其具体负责企业的各项合规事项。

一般而言，以上述三个层级搭建合规管理组织架构的企业主要有以下三种。

一是规模比较大的企业，如跨国公司、上市公司等。自2008年西门子因其全球范围内的商业行贿行为被处罚高达16亿美元事件以来，跨国公司对合规的重视程度逐渐增强，纷纷建立或巩固本公司的合规管理体系。跨国、上市公司的业务条线多、商业伙伴多、企业员工多、违规风险多的特点共同决定了其合规内容复杂，工作量大，有必要建立专门的合规部门。

二是特殊行业企业，如银行、证券公司等金融机构。金融业向来重视合规管理，一般会设立专门的合规部，这与其高风险、严监管、专业性强的行业特点有关，央行、证监会、银保监会等颁布过若干正式文件指引银行、证券公司等企业的合规管理工作。如早在2006年就发布的《商业银行合规风险管理指引》和2017年公布、2020年修正的《证券公司和证券投资基金管理公司合规管理办法》等。

三是具有长远发展眼光的企业。当企业的创始人不是基于短期的盈利目标而设立企业，而是为了在相对较长的时期内保持企业健康良好，或者是出于将企业传承给家族后代的目的，那么这类企业通常也更愿意花费时间和精力来建立专门的合规管理体系。

实践中，根据企业规模、所处行业、经营目标、组织架构、发展阶段不同，企业应选择符合自身实际需要的合规管理组织架构。在一些中等规模或者规模较小的企业中，没有专门设立合规部门或成立合规委员会的必要，但又需要进行企业合规管理，在这种情况下，仅聘用合规负责人或合规专员负责合规管理就是比较好的选择。与专门的合规部多人参与、互相监督和制衡不同，在合规负责人或合规专员个人单独负责企业合规管理的情况下，企业要尤其注意对合规负责人或合规专员的选聘，要对其独立性和个人品行有所要求。

文创企业可以根据企业的规模大小、细分行业的特点以及合规目标等实际情况来确定适合企业自身的组织架构。就文创企业的特殊性而言，由于文化产业中的相当一部分行业都属于外商准入禁止类行业以及资质特许类企业，在形成合规组织、招纳合规人员时，除了要求对行业有所了解外，还要特别关注该应聘人员有无相关法律基础知识、是否具有对政策的高度敏感性，这些都是在合规管理工作具体展开时需要用到的素质和能力。

第二节　文创企业合规风险识别评估机制

合规风险，是指企业或员工因不合规行为，遭受法律制裁、监管处罚、重大财产或声誉损失以及其他负面影响的可能性。文创企业应当建立必要的制度和流程，识别合规风险，及时预警，并通过分析已经违规或可能造成违规的原因、来源、发生的可能性、后果的严重程度等进行合规风险评估，以便及时有效地采取应对措施，最大限度降低损失。

文创企业合规风险识别应当坚持"预防为主"的原则，注重法律风险的事前防范，就企业在实际运营中已经出现或可能出现的不合规问题和风险进行披露和预测，通过制定合规风险清单，评估合规风险等级，并提出相应的合规处置建议。

合规风险清单应明确企业已经出现或可能出现的具体的合规风险点，并分析判断可能引起该法律风险的行为。明确合规风险点是评估合规风险等级的前提，合规风险等级可以分为以下 5 个等级，依次为"1 级——较低风险、

2级——低风险、3级——中级风险、4级——较高风险、5级——高风险"，等级越高说明潜在的风险性越大。

企业应根据合规风险评估，提出恰当的合规处置建议，合规处置建议应当包括"合规风险应对策略"和"风险处置措施"两部分内容。一般而言，应当根据企业的合规目标要求、风险发生的原因和风险重要性水平，综合考虑风险的可控性程度，并作出适当的风险反应，采取包括回避风险、控制风险、转移风险、接受风险等在内的不同风险应对策略。回避风险是指退出产生风险的各种活动或消除风险根源从而避免损失。例如，避免违反法律的禁止性条款等。控制风险是指采取行动或措施减少风险发生的可能性，或降低风险影响程度，或两者同时降低。例如，建立或优化业务流程、增加相关控制措施等。转移风险是指通过将风险转移或者分担部分风险来减少风险的可能性和影响。例如，投保保险、外包业务等。接受风险是指不采取任何行动去降低风险的可能性或影响。若确定对合规风险采取回避、控制或转移的应对策略，则需要对具体合规风险现状给予评估，提出恰当的控制和处置措施，形成具体行动方案并予以落实。

第三节　文创企业合规管理运行机制

2017年12月29日，我国的国家标准《GB/T 35770—2017合规管理体系指南》正式发布，并于2018年8月1日生效，这标志着我国国内企业建立合规管理体系有了一般指引。根据这部指南的规定，笔者结合文创企业的行业特点，通过培训、考核、举报、调查、处置、改进的合规管理全流程，解读文创企业合规管理的运行机制。

一、文创企业的合规培训

合规是一个全员参与的过程，上至企业的创始人、董事长、实际控制人，下至企业的每一个基层员工。如何确保基层员工能够融入合规管理体系，合规培训是关键。通过科学系统的培训，让企业的每一个员工都能形成合规意识，潜移默化地指导自己的行为，从而使合规文化浸润企业的每一个角落。即使在某一方面尚未制定详细具体的合规制度，员工也能根据原始的道德准则、合规原则来行事。

根据《GB/T 35770—2017合规管理体系指南》，企业对员工进行合规培训时，应注意针对员工角色和职责相关的义务和合规风险量身定制，对基层员工的培训要求必定不同于对公司高级管理人员的培训，例如，基层员工不必了解公司治理中会存在哪些合规风险；在适当时，以对员工知识和能力缺口的评估为基础；在组织成立时就提供并持续提供合规培训；与组织的培训计划一致，并纳入年度培训计划；与员工的日常工作相关，并且以相关行业、组织或部门的情况作为案例；培训营足够灵活，涉及各种技能，以满足组织和员工的不同需求；必要时要对培训效果组织考试等效果测试，以调整下次培训；按要求更新；最后，应当记录并保存，记录是极其重要且必要的一个步骤，每项合规环节的实施都应有迹可循，以确保确实出现违规事由时，合规培训记录可以作为有效的抗辩依据。

在实际操作过程中，有专门合规管理部门或合规委员会的企业，可以根据企业自身的情况设计符合企业需求的合规培训课程并进行内训。对于规模较小或者预算不足的企业来说，组织系统性的合规培训较为困难，除了由合规负责人或合规专员组织合规培训之外，亦可以考虑将合规培训外包给专业的培训机构，既能保证培训的专业性，也节省了企业在合规管理上的时间和精力。目前市场上已经出现了专业性较强的合规培训机构，这些机构中不乏具有法律、财务、业务等专业技能的复合型人才，企业将自身的合规培训需求和经营特征告知培训机构后，由培训机构设计培训课程和课后测试，经由企业确认后再由机构全程组织培训。

二、文创企业的合规考核

合规考核的前提是明确合规指标。清晰的合规指标有助于企业对合规目标的实现进行量化。《GB/T 35770—2017 合规管理体系指南》将合规指标分为三类，分别是活动类指标、反应类指标和预测类指标。活动类指标包括得到有效合规培训的员工占总员工数量的比例、监管部门联系企业或其部门的频率、反馈机制的使用（包括用户对这些机制价值的评价）以及对于每项不合规采取何种类型的纠正措施。反应类措施包括根据类型、区域和频率报告已经识别的问题和不合规现象、不合规的后果（包括对经济补偿、罚款和其他处罚、补救成本、声誉或员工时间成本影响的估价）、报告和采取纠正措施所花费的时间。预测类指标包括一定时期的不合规风险〔以目标的潜在损失/收益（收入、健康和安全、声誉等）测量〕、不合规的趋势（基于过去趋势预测合规率）。

考核是提升合规执行力的重要举措，员工绩效计划是一种确保合规义务履行的有效控制措施。[①] 在大多数企业中，绩效考核是考核员工工作能力的一

---

① 王志乐：《企业合规管理操作指南》，中国法制出版社 2017 年版。

种较为成熟的方式，将合规考核融入员工的综合关键绩效指标（KPI）考核是较为可行的操作。但是同时也应看到，合规是企业发展的底线，尤其是当合规义务来源是法律法规等强制性义务来源时，不合规事件的发生对企业或个人都是毁灭性的打击，是不能容忍的，此时业务成绩再好也无济于事，也即对于员工来说，合规与否具有一票否决的性质。正如《劳动合同法》第三十九条第二、第三、第六项所规定的，劳动者严重违反用人单位的规章制度的；严重失职，营私舞弊，给用人单位造成重大损害的或者被依法追究刑事责任的，用人单位可以解除劳动合同。因此，对于强制性合规义务来源，在对员工的整体绩效考核中应独立成项。而对于道德准则、企业内部规章制度等非强制性合规义务来源在员工整体绩效的占比，企业可根据自身的经营状况、目标和定位选择一个合理的比例区间。

三、文创企业的合规举报

企业即使建立了完备的内部规章制度，也不能保证完全合规，培训和考核只能降低企业的违规风险，无法完全杜绝合规风险。举报是发现违规事由的重要来源。

举报机制主要以两种形式体现：一种是对内，在企业内部建立举报机制，任何员工发现其他同事的违规行为，都可以向企业的合规部门或合规负责人举报，由后者按照规章制度处理；另一种是对外，在企业与外部合作时，通过在合同列明反腐败条款等方式，列明禁止事项，如发现业务合作中己方人员有行贿、受贿、收受回扣等行为的，对方有义务向己方举报，并附上举报热线和监督人。反腐败条款既表明了企业对合规的要求，震慑己方员工不要违规，同时又向合同相对方提供了直接举报的渠道。

四、文创企业的合规调查

企业收到举报信息之后，进行专项合规调查是证实违规事项存在的必要环节。企业应根据举报材料的来源可靠性、详细程度等来初步判断举报内容的真实性。接下来应分步骤进行合规调查。

第一步，组建调查团队。调查团队需要由合规部门或合规专员负责牵头组建，其脱离具体业务，能最大限度地保持客观中立。在举报所涉及事项严重时，还应将企业的管理层、董事、监事也作为调查小组的成员（领导成员），但是必须保证这些人员是非被调查对象，和被调查对象也不存在任何利益冲突，并且具备丰富的调查经验或专业知识。

第二步，制订调查方案或调查计划。调查计划应列明已知事实、调查目标、调查对象、待证内容、需取得的证据清单、预计完成时间、调查方式、可能遇到的阻碍及其应对措施等。由合规职能部门制订好调查计划后，应经过调查小组全体成员确认通过，并在正式调查的过程中严格执行。在有特殊情形发生时，也可以根据实际情况和进展适当修改调查计划以保证效率。

第三步，收集审阅证据。这是调查环节中最为关键的一步，可以说调查的核心就是找证据以及核实证据。在企业内部合规调查中，所涉及的证据多为书面材料，此时就需要调查小组对文件信息进行审阅和判断。在不错漏信息又要兼顾效率的情形下，十分考验调查人员的细心、耐心和专业度。调查小组可以根据初步了解到的事实预判哪类文件可能会涉及所需的证据，再缩小调查范围。在收集电子证据时，务必甄别其真实性。无论是书面材料还是电子信息，调查时都要注意不能污染证据，切勿随意篡改或剪切证据，保证其原始性。

第四步，访谈涉事人员和走访现场。访谈和走访对还原事实能够起到切实的效果，通过对被访谈人员的神情举止以及事发现场细节的观察，能够发现在书面资料中无法察觉的信息。由于访谈的有效机会通常只有一到两次，因此在访谈前应做好充分的准备，包括了解被访谈人的背景信息、在企业的身份、性格特征，以及在被调查事项中的地位和作用等，并据此以及先前收集到的证据设计好访谈提纲。在访谈过程中应做好记录工作，必要时也可采取录音录像的方式，但是切记不得采用窃听器等专用设备，否则一旦诉诸法院，该证据的合法性可能得不到法院的承认。

第五步，出具调查报告，整改运营漏洞。合规调查报告是整个调查环节最终呈现的一个成果，无论调查有无最终确定性结论，都应出具一份详细的书面报告作为先前所有工作的总结。报告应尽可能详细地把调查的过程以及经证实的证据叙述清晰，以此作为企业内部按照合规制度对被调查人进行处理的依据。

五、文创企业的合规处置

在合规调查这一环节完成后，形成了专项调查报告，这份调查报告及其所附的证据就是企业处置违规人员的依据。根据违规人员的违规性质，由不同的机构对违规人员进行处置，而违规性质的判断就取决于其违反的是哪项合规义务来源。

若违规人员触犯的是民事法律违规，对外通常可由企业与合同相对方协商解决，对内由企业合规职能部门按照所制定的合规制度进行纪律处分，如警告、记过、辞退等。若违规人员的违规情形严重到犯罪的程度，那么违反的就是强制性合规义务来源。在企业中，一般最容易触犯的罪名包括行贿罪、非国家工作人员受贿罪、虚开增值税专用发票罪、职务侵占罪等，对文创企业来说，犯罪率较高的还有侵犯公民个人信息罪、侵犯商业秘密罪、侵犯著作权罪和销售侵权复制品罪等。在涉及刑事犯罪的情况下，依靠企业自身的力量往往是不够的也是不允许的，此时必须要有公权力机关的介入，企业正式报案后，由公安机关、检察机关和司法机关按照法定程序进行立案、侦查、公诉和审判，并处以刑事处罚。当然这是最严重的情形，若违反的是行政法规和部门规章中具有强制性效力的规范，则由相关主管部门进行行政处罚，这也是企业在合规道路上最容易碰到的问题，通常行政处罚比刑事处罚更为常见。

六、文创企业的治理改进

在合规培训、考核、举报、调查、处置一系列合规流程走完后，或是被证实无不合规事项，或是违规人员受到了一定处罚，看似违规事项已经告一段落，合规制度也发挥了作用，那么此后企业是否就能返回原点，当作什么事都没有发生一样继续经营管理呢？答案是否定的。原因在于，从某种意义上讲，违规事件的出现，对企业来说也许是一个查漏补缺的好机会，借助这个机会，企业知道自身在哪一方面存在问题，公司治理层和合规管理部门可以有针对性地对此进行整改，有利于对合规管理制度进行优化升级。

第五章　文创企业的投融资合规

　　资金是文创企业得以顺利运转的血液，无论是公司股权层面还是具体的项目运作层面，流畅的资金循环是企业得以生存和发展的基础与保障。在公司股权层面，从公司创立到 A 轮、B 轮等多轮次融资，再到首次公开募股，企业发展的每一步都需要资金的支持；在项目运作层面，从创意转变为商品的过程中，开发、设计、生产、销售的每一个环节都离不开资金的流转。企业投资和融资是一个良性互动、双向奔赴的过程。伴随着企业的发展壮大，企业基于增强自身竞争力与抗风险能力、拓宽业务布局、完善事业版图等多种商业目的的考量，往往会通过对外进行收购、兼并或投资等方式获得更为可观的利润，这也为企业在更广阔的范围内获得资金方的青睐创造了条件。文创企业的投融资行为，对企业的生存与发展具有举足轻重的作用，笔者将在本章中详细拆解文创企业常见的投融资风险，并对相应的风险管理措施予以解析。

第一节　文创企业投融资领域合规风险

一、文创企业的融资风险

　　文创企业融资一般是指文创企业为满足自身生产经营活动资金需求，与金融机构或其他投资主体达成合意，获得所需资金后按照约定给予对方一定投资回报的行为。

　　文创企业融资方式多样化趋势明显，常见的融资方式有股权（股票）融资和债权（债券）融资，随着金融工具的创新，市场上还出现了存托凭证融资、商业票据融资、应收账款融资等多种新型融资方式。

　　文创企业融资不但能够获得维持企业正常生产经营所需的资金，还能为企业规模扩大、技术改造、服务升级、宣传推广等提供资金支持。但是，如果文创企业在融资过程中忽视风险防范，不仅起不到前述积极作用，反而会给企业带来意料之外的负面后果。笔者将在下文中就有关"担保风险"、"对赌风险"及"集资风险"等文创企业常见的融资风险进行阐述。

（一）债权融资担保风险

企业作为债务人，向金融机构或其他民事主体借款，因企业债权融资中的借款数额通常较高，债权人往往会要求借款企业提供担保。常见的担保方式主要有借款企业自身对债务提供抵押、质押等物的担保，第三人为借款企业提供担保等情形。

以创意为核心的文创企业具有轻资产的特点，即文创企业通常并不具有厂房、设备等债权人信任、青睐的重资产，计算机、数据电文、纸张等为载体的知识产权是这类企业最为核心的资产。但是，知识产权确权难、价值评估难、处置变现难，具有不稳定因素，普遍认为将其作为担保物的风险较大，这也是文创企业在债权融资中的痛点。以影视剧版权质押为例，某影视公司为了筹集摄制制作资金向某银行申请贷款，在没有银行认可的其他资产的情况下，影视制作公司以一部电影作品的版权作为资产向银行质押。此时，影视制作公司就需要注意，其所提供用于质押的电影作品的权属必须清晰，版权链应该完整且无瑕疵，若版权链不完整或存在瑕疵的，应在提供该质押物时及时向银行披露，否则，影视公司将存在无法拿到融资甚至是骗贷的风险。

文创企业为他人提供借款担保或第三人为文创企业提供借款担保时，则需注意担保程序合规，否则将存在程序违规而导致担保无效的风险。根据我国《公司法》第十六条第一款的规定，公司向其他企业投资或者为他人提供担保，依照公司章程的规定，由董事会或者股东会、股东大会决议；公司章程对投资或者担保的总额及单项投资或者担保的数额有限额规定的，不得超过规定的限额。若企业的法定代表人未经公司股东（大）会、董事会等公司机关的决议授权擅自为他人提供担保，构成越权代表，根据2019年11月8日最高人民法院发布的《全国法院民商事审判工作会议纪要》（下称《九民纪要》）的规定，在法定代表人越权代表的情况下，若债权人是非善意的，此时担保合同面临无效的风险。前述善意是指债权人不知道或者不应当知道法定代表人超越权限订立担保合同。

（二）股权融资对赌风险

如果说担保风险是债权融资领域的代表性风险，那么对赌风险则是股权融资领域的代表性风险。对赌是投融资领域的一个较为时髦的概念。对赌协议，又称估值调整协议，是指投资方与融资方在达成股权性融资协议时，为解决交易双方对目标公司未来发展的不确定性、信息不对称以及代理成本而设计的包含股权回购、金钱补偿等对未来目标公司的估值进行调整的协议。

对赌风险主要有两种：一是对赌本身效力风险与执行风险；二是对赌失败风险。

从对赌协议的合同主体来看，主要有两种对赌方式：一是投资方与目标公司（也即融资企业）的股东或者实际控制人对赌；二是投资方与目标公司本身对赌。根据《九民纪要》的有关规定，对于投资方与目标公司的股东或者实际控制人订立的"对赌协议"，如无其他无效事由，[①] 应当认定有效并支持实际履行，实践中对此并无争议。对于投资方与目标公司订立的"对赌协议"是否有效以及能否实际履行则较为复杂。在有关对赌的标志性案件"海富案"中，业界倾向于认为投资方与目标公司的对赌协议属于无效协议，但是，《九民纪要》出台之后，投资方与目标公司订立的"对赌协议"在不存在法定无效事由的情况下，目标公司仅以存在股权回购或者金钱补偿约定为由，是无法主张"对赌协议"当然无效的。一般认为，对赌协议是合同双方充分评估商业风险后所作的自主安排，是特别设立的投资者保护的约定。在认定对赌协议有效性时，需要注意对赌协议是双方的真实意思表示，对赌协议下的投资安排对目标公司有利、回购或补偿价格公允合理、程序合法合规、不违反目标公司章程、不损害债权人利益、合同具有可履行性等。

对于融资主体来说，无论是和股东或实际控制人的对赌还是和企业本身对赌，在对赌有效的情况下，一旦目标公司没有达到当初协议约定的业绩指标，目标公司或其股东/实控人就要面临回购投资方的股权或以现金补偿投资方的局面，对于融资方来说，这是在签订对赌协议时就应该预判到的风险。但实际上，在很多投融资案例，特别是文创企业投融资的案例中，融资方为了拿到眼前的巨额融资而忽视将来可能发生的对赌风险，或者对自己企业的业绩过于自信，相信能够完成对赌业绩，但是最终对赌失败的案例并不鲜见。

（三）资金募集风险

文创企业作为融资主体，还应当注意在资金募集、使用、管理等方面的刑事合规。相较于前面所述的担保、对赌等商业风险来说，企业因违法犯罪行为受到刑事追究后，想再次崛起是非常困难的事情，在极度注重商业名誉、竞争激烈的现代经济社会中，企业一旦涉及刑事犯罪就等于自掘坟墓。在因融资引发的刑事犯罪案件中，文创企业非法集资风险呈现上升的态势，需要予以关注。以影视剧拍摄制作为例，某影视公司与某基金管理公司以投资影

---

① 法定无效事由主要是指《民法典》规定的无民事行为能力人签订违反法律、行政法规的强制性规定的合同以及与相对人恶意串通，损害他人合法权益的合同。

视项目并返还利息为由，通过打电话、开讲座等方式向社会公开宣传，并承诺高额返利，大量投资者看中保本保收益随即进行投资，最终电影没拍成，投资者的投资款也随之血本无归。前述行为存在被认定为变相吸收公众资金的可能，有构成非法集资罪的刑事风险。

事实上，通过基金方式融资已成为很多企业的选择。目前我国的基金市场已经相对成熟，但不乏鱼目混珠的不法分子，打着基金的幌子行非法集资之实。合法的基金募资和非法集资都有募集资金的行为，如何区分二者？笔者所述基金，在本书中特指私募基金。私募基金是指以非公开方式向特定投资者募集资金并以特定目标为投资对象的投资基金，包括私募股权投资基金、私募证券投资基金和私募创投基金等。私募基金投资文创企业，以私募股权投资基金为主要方式。以私募文化产业股权投资基金投资文创企业为例，其基金设立常规流程是指在中国证券投资基金业协会登记的基金公司作为基金管理人，向特定的合格投资者以非公开方式募集完资金后，成立一支私募文化产业股权投资基金并在中国证券投资基金业协会备案。基金的主要形式分为有限合伙型基金、公司型基金、契约型基金。基金管理人将募集到的资金投向目标文创企业，即融资主体，用于企业日常生产经营，并将经营过程中获得的收益回报，分配给投资者们。非法集资则是指单位或个人未依照法定程序经有关部门批准，以发行股票、债券、彩票、投资基金证券或其他债权凭证的方式向社会公众筹集资金，并承诺在一定期限内以货币、实物及其他方式向出资人还本付息或给予回报的行为。通常具有"非法性""社会性""公开性""利诱性"等特征。

二、文创企业的投资风险

文创企业在发展壮大的过程中，往往会通过对外投资，完善自身产业布局、扩大产业规模、提高市场竞争力。一般而言，对投资领域的熟悉程度深刻影响着投资成功与否，文创企业的投资领域首选还是文创产业，可能是上下游产业，也可能是进军另一个有关联的子产业。文创产业管理运作的某些相通点使得文创企业之间的隔膜不像其他产业之间那样大，进入相关产业的难度也低于其他不相关产业。例如，动漫产业和电子游戏产业，因二者的平面设计基础、人物场景建模技术、应用软件技术相同或类似，所以动漫企业发展壮大后选择开辟电子游戏产品的概率会更大，比如，投资收购一家规模中等的电子游戏制作企业。

任何性质的投资都有风险，这是最基本的常识。投资风险的产生是多种因素综合作用的结果，如市场供求变化的影响、技术变化的影响、投资决策的影响、自然因素乃至政治因素的影响等。文创企业的投资也不例外，除了企业都会遇到的惯常风险外，还面临文创产业所特有的风险。企业惯常的投资风险主要分为系统性风险和非系统性风险，前者指企业自身不可控制的风险，包括金融风险、市场风险、政治风险、法律风险等；后者主要指企业自身可以控制的风险，包括生产风险、资金风险、完工风险、资质风险、环保风险等。文创企业特殊的风险也有很多，总的来说，以下 3 点较为突出。

（一）经济周期影响

经济周期是资本社会的产物，分为繁荣、衰退、萧条和复苏 4 个经济阶段。经济周期对产业经济影响甚广，出现原因以及如何避免是部分经济学家终身研究的课题。每个行业都有自己的生命周期，有些是顺经济周期的，有些是逆经济周期的，从大范围来说，文创产业属于后者。当整体社会经济处于繁荣期时，文创产业总体上呈现下降趋势；反之，当整体社会经济处于衰退期时，文创产业却呈上升趋势。

中国社会科学院发布的《文化蓝皮书》显示，2008 年世界金融危机时期，国内电影票房达到 43 亿余元，电影综合收入更是超过 84 亿元，不但实现了双增长，而且均创历史新高，动漫游戏消费也增长近一倍。国内旅游人数超过 17 亿人次，比上年增长 6.3%；出境旅游人数达 4500 多万人次，比 2007 年增长 12%。

对于这种现象，有专家分析，在经济危机下，以资本、原材料或劳动力为主要生产要素的产业出现衰退，大量人群失业、精神过分压抑，需要通过文化产品的消费来治疗精神上的伤痛，这就极大地刺激了以创意和精神力量为核心特征的文化产业迸发生机。

同时也应注意，文创产业中并不是所有的子产业都是逆宏观经济周期的，例如报业，有研究表明，世界性的经济、金融危机对报业的负面影响较大；又如广播电视行业和影视产业，宏观经济衰退对前二者的影响利弊参半。[1]

综上所述，文创企业对外投资文创产业时受宏观经济的影响较大也较为复杂，其风险因素难以精准把控。如何准确地选择投资时机成了一个关键性问题。

（二）政策风险

监管政策对文创企业的发展以及业务的实际开展都具有重要的影响力。以影视行业为例，行业资格准入、内容审查、发行审批等方面的行业监管政

---

① 陈悠悠编著：《文化产业行业分析与投资指导》，广州出版社 2012 年版。

策贯穿于影视企业的设立以及影视项目制作、生产、宣传、发行全流程之中。①

文创产业的核心产品是内容，内容是精神层面的创造，必然反映一定的意识形态属性，一般而言，国家和政府都会对文创产业施以政策监管。政策风险主要有政策的不确定风险、政策变化风险和政策执行风险。国家的行业政策总是反映当下的社会背景、行业的发展情况以及需求，但是，行业政策在某种程度上具有滞后性，当某一新兴产业出现，政策制定与出台的脚步很可能跟不上产业的发展速度。政策变化风险体现在政策的不稳定状态，政策一旦发生变动，存在投资方原本依赖于相关政策进行的投资准备付诸东流的风险。即使政策本身是确定和稳定的，其在执行过程中也会面临风险，例如，因执行人员对政策理解差异而导致政策被误读、歪曲；又如，执行机构组织不力、人手欠缺、资金不足或者物资保障不到位等原因导致政策执行面临失败的风险等。

（三）道德、内容敏感性和舆论风险

文创产品以内容为核心，而内容依靠传播和媒介而生，传播和媒介又必然与舆论相伴而行，现代社交媒体的广泛普及，公众的评论可以渗透到社会生活的各个角落。在娱乐业，社会舆论成了威力巨大的催化剂，不容小觑。娱乐明星、公众人物的一举一动都被媒介放大，其道德品行、私生活等对商业价值的影响力在舆论的催化下呈几何式增长。例如，演艺人员罗某因触发道德底线，引来大量网友关注和抨击，一时间，罗某所代言的品牌、参与录制的综艺节目等纷纷宣布与其解约，相关各方损失惨重……这样的例子在当下的娱乐圈中不在少数。舆论是一把双刃剑，利用得当可以带来资本红利；反之，稍有不慎就能摧毁一家企业，甚至影响一个行业。

第二节　文创企业投融资合规管理

文创企业在投融资之前，应根据自身的实际情况进行企业合规整顿，同时应制订合理的企业合规计划，必要时可以聘请专业律师提示投融资过程中的法律风险，也可以聘请专业的财务顾问进行投融资交易架构的设计。合规的文创企业，在面临投资方的尽职调查时，可以完整地、有条不紊地提供投资方所需的各类尽调材料，展现企业的综合实力；反过来，在对外进行投

---

① 郝红颖编著：《私募影视投资基金法律实务操作指引》，中国民主法制出版社 2018 年版。

资时，优质资方有能力为被投企业全方位赋能。企业投融资合规有利于交易成本降低，有利于交易进程的推进，甚至会对企业的估值产生良性影响。文创企业投融资合规管理，至少应注意以下3点。

一、熟悉企业投融资法律法规

任何交易都应在法律法规和政策的框架下进行，而且对政策和法规越熟悉就越能保证投融资的顺利进行。对文创企业来说，进行投融资之前，不仅要了解投融资领域的法律法规和政策，还需要了解与交易相关的文创产业的法律法规和政策。投融资领域的法律法规和政策数量繁多，比如《公司法》、《证券法》、《证券投资基金法》、《民法典》中合同部分和担保部分、《最高人民法院关于审理民间借贷案件适用法律若干问题的规定》等。对于已经上市的文创企业来说，还应当注意证监会、交易所对上市企业投融资的一些禁止性规定和报告义务等。另外，还需要特别注意的是，文化产业属于外商投资负面清单中禁止外资进入的产业，因此文创产业在融资时要格外注意审查引入的资本中是否含有外资成分，在监管趋严的情况下，需要对拟引入的资本进行穿透式审查。

二、科学详尽的尽职调查

以文创企业对外投资为例，文创企业对被投企业有投资意向的，应同时着手实施尽职调查。调查的范围包括但不限于资产负债情况、生产经营情况、法律关系、行政许可、处罚情况，以及被投对象的潜在风险。尽职调查分为法律尽职调查、财务尽职调查、业务尽职调查和税务尽职调查，每一项调查的实施人员中都应配备具有专业知识的人员，尤其是法律尽职调查和财务尽职调查，应由专业的律师和会计师全程参与并出具详尽的尽职调查报告，并作为是否实施投资的重要参考。

以投资影视公司为例，除了常规股权类投资尽职调查内容之外，法律尽职调查还应重点关注以下3个方面：一是影视公司的资质、经营范围以及具体影视项目制作与发行相关的资质许可（如《广播电视节目制作经营许可证》《电视剧制作许可证》《电影发行许可证》等）；二是审查公司资产，特别是知识产权类资产，在涉及具体的影视项目时，还应着重审查版权链条的完整性和有效性；三是审查公司对外签订的所有重大合同，包括《联合投资摄制协议》《导演聘用协议》《演员聘用协议》《剧本委托创作协议》《发行代理协议》等。

三、全面专业的合同拟定与审核

对交易双方来说，除了法律法规的规定，在投融资领域最为重要的依据和保障就是合同。目前，越来越多的文创企业在投融资的商务谈判中，选择由专业律师全程主导并进行投融资交易文件的拟定和审核；同时，各方对交易文件的内容要求也更加专业、完备、细致。以股权投融资为例，交易双方签订的正式完整的《股权转让合同》中通常应包括前言、定义、交易标的、各方的陈述和保证、股权转让条款、对价支付条款、交易标的交割、公司治理规则、工商登记变更、各方的权利义务、反稀释条款、对赌条款、竞业禁止条款、保密条款、违约责任、不可抗力、通知与送达、法律适用与争议解决、合同的解除与生效等内容。合同条款看似冗长繁多，但每一个条款都有其存在的价值与意义。当然，投融资双方应根据自身的实际情况确定具体的合同内容。以文创企业的对赌条款为例，投融资双方应合理设定业绩指标。作为投资方，应根据被投企业以及行业发展规律、市场环境、政策导向等因素，与被投企业共同设定合理的业绩指标。融资企业的实际控制人应当客观理性地分析自身企业的综合实力以及行业风向，切勿盲目自信，也切勿为了获得融资就不顾实际地同意投资方不合理的对赌标准。在有些交易中，投融资双方还会尝试加入双向对赌条款，即当企业的业绩达到协议中约定的目标时，不仅投资方可以获得预期的收益，融资企业也可以获得一定比例的奖励。笔者认为，这种双向对赌方式有利于正向激励融资企业努力经营、提高业绩，某种程度上可以说是一种双赢的交易。

第三节　文创企业投融资领域案例解析

一、私募影视投资基金纠纷案[①]

（一）基本案情

2018年5月25日，霍尔果斯某影业有限公司（下称某影业公司）作为甲方与作为乙方的华信某文化产业私募投资基金一期、华信某文化产业私募投资基金二期（下称华信基金）签订了《影片联合投资协议》，华信基金的管理人为苏州某资产管理有限公司（下称某资产公司）。《影片联合投资协议》

---

① （2018）京 0105 民初 88511 号。

约定，甲方将影片《一出好戏》的发行份额中的 5% 转让给乙方，该影片的投资总额为人民币 4 亿元，故乙方需向甲方支付人民币 2000 万元以购买在影片中享有的权益份额，同时乙方可获得大陆院线全部发行收入的 5%，某资产公司在乙方华信基金管理人处盖章。

同日，某影业公司作为甲方，北京某投资有限公司（下称某投资公司）作为乙方，华信基金作为丙方，三方签订《关于〈影片联合投资协议〉之补充协议》，约定：各方已经知晓并确认《影片联合投资协议》中约定的华信基金的违约责任由乙方承担。《影片联合投资协议》第二条第二款规定，华信基金备案成功后 5 个工作日内，向某影业公司支付投资总额的 55%（即 1100 万元）的基础上，乙方承诺华信基金上述款项支付最迟不晚于 2018 年 5 月 29 日。某资产公司在丙方处盖章。某影业公司收到影片《一出好戏》的第一期投资款 1100 万元及第二期投资款 330 万元，共计 1430 万元。

2018 年 5 月 28 日，华信某文化产业私募投资基金一期成立，并于 2018 年 6 月 20 日在中国证券投资基金业协会完成了备案。2019 年 5 月 15 日，某影业公司（甲方）、华信基金（乙方）、华信某文化产业私募投资基金一期投资人崔某某、冯某等九人（丙方）、西安某影视文化有限责任公司（丁方，担保方）签订了《〈影片联合投资协议〉之补充协议二》，约定：各方共同确认，乙方向甲方实际支付的电影投资款共计 1430 万元，由甲方支付至华信基金账户，甲方按本协议约定支付投资本金及收益后，乙方（及丙方）不再就该电影向甲方主张任何权利。甲方于 2019 年 7 月 1 日前向华信基金账户支付 715 万元，于 2019 年 7 月 31 日前向华信基金账户支付 715 万元。电影《一出好戏》投资总额为 4 亿元，乙方（及丙方）投资 1430 万元，占总投资额的 3.575%。乙方（及丙方）享有的权益份额除上述 1430 万元本金之外的投资收益，待甲方收到票房分账款后支付至华信基金账户，甲方同时提供双方认可的分账证据材料。如甲方逾期付款，逾期利息按中国人民银行同期贷款利率（4.75%／年）计算。

某影业公司认为，按照合同约定，某投资公司与某资产公司应向其支付总计 2000 万元的投资款，但截至起诉时，尚余 570 万元未支付，遂诉至法院，请求判令某投资公司与某资产公司共同支付电影《一出好戏》的剩余投资款 570 万元和逾期付款利息。

（二）案例分析

本案的争议焦点涉及两个主要问题：一是某资产公司代华信基金签署

《影片联合投资协议》及其补充协议是否有效；二是华信基金占涉案影片的投资和收益份额究竟是多少，某影业公司是否有权要求某投资公司与某资产公司补足投资款。

在确认某资产公司代华信基金签署《影片联合投资协议》及其补充协议是否有效之前，我们需要先弄清楚私募基金与私募基金管理人的关系，以及私募基金管理人代表私募基金签章的有效性。私募基金的类型可分为公司型基金、合伙企业型基金和契约型基金 3 种，每类基金的法律关系都不相同，尤其是类似于本案中的"华信基金"，其存在形式并非公司或合伙企业，可推测其是一支契约型基金。契约型基金中各方的法律关系及其权利义务都由一纸合同来约定，较公司和合伙企业这种组织形式而言，具有不稳定性。

契约型基金不像公司型基金和合伙企业型基金那样具有法人组织，因此无法以法人形式作出有效的法律行为，实践中，通过基金合同约定，相关协议可由基金管理人代为签署。本案中的当事人对此明知，故在《影片联合投资协议》及其补充协议中都明确约定："鉴于乙方华信基金不具有独立的法律主体资格，故由其基金管理人代为签署本合同，并代为享有、履行本协议项下的法律权利与义务，但代为享有的权利（或代持的财产/权益）仍属于华信基金的权利/财产，独立于管理人的自有财产与其他民事权利。"该做法具有一定的法律依据，契约型私募基金中投资者和基金管理人之间是信托法律关系，《信托法》第二条规定："本法所称信托，是指委托人基于对受托人的信任，将其财产权委托给受托人，由受托人按委托人的意愿以自己的名义，为受益人的利益或者特定目的，进行管理或者处分的行为。"因此，在契约型基金中基金管理人的地位是受托人，可以作为对外缔约和履约的主体，以自己的名义管理、处分信托财产。

某资产公司作为基金管理人代华信基金签署《影片联合投资协议》及其补充协议并无不妥，其签署的合同具有有效性。

我们还需要关注另一个重要的问题，如果《影片联合投资协议》及其补充协议合法有效，华信基金占涉案影片的投资和收益份额究竟是多少，某影业公司是否有权要求某投资公司与某资产公司补足投资款？根据《影片联合投资协议》的约定，某资产公司作为华信基金的管理人决定将华信基金一期、华信基金二期的资金投资影片《一出好戏》，其以 2000 万元购买在影片中享有的权益份额的 5%。后某影业公司与某资产公司、华信基金一期投资人签订的《〈影片联合投资协议〉之补充协议二》，确认某资产公司已经支付的投资款 1430 万元，并变更其在影片中享有的权益份额为 3.575%，故《〈影片联合投资协议〉之补充协议二》是对《影片联合投资协议》内容的实质性变更，各方应按《〈影片联合投资协议〉之补充协议二》的约定继续履行合同义务。根据该协议约定，某影业公司无权要求某资产公司与某投资公司继续支付投资款 570 万元并支付相应利息。法院经过公开开庭审理之后，判决驳回了原告某影业公司的诉讼请求。

（三）法条链接

私募投资基金监督管理暂行办法

第二十条 募集私募证券基金，应当制定并签订基金合同、公司章程或者合伙协议（以下统称基金合同）。基金合同应当符合《证券投资基金法》第九十三条、第九十四条规定。

募集其他种类私募基金，基金合同应当参照《证券投资基金法》第九十三条、第九十四条规定，明确约定各方当事人的权利、义务和相关事宜。

中华人民共和国证券投资基金法

第九十二条 非公开募集基金，应当制定并签订基金合同。基金合同应当包括下列内容：

（一）基金份额持有人、基金管理人、基金托管人的权利、义务；

（二）基金的运作方式；

（三）基金的出资方式、数额和认缴期限；

（四）基金的投资范围、投资策略和投资限制；

（五）基金收益分配原则、执行方式；

（六）基金承担的有关费用；

（七）基金信息提供的内容、方式；

（八）基金份额的认购、赎回或者转让的程序和方式；

（九）基金合同变更、解除和终止的事由、程序；

（十）基金财产清算方式；

（十一）当事人约定的其他事项。

基金份额持有人转让基金份额的，应当符合本法第八十七条、第九十一条的规定。

第九十三条 按照基金合同约定，非公开募集基金可以由部分基金份额持有人作为基金管理人负责基金的投资管理活动，并在基金财产不足以清偿其债务时对基金财产的债务承担无限连带责任。

前款规定的非公开募集基金，其基金合同还应载明：

（一）承担无限连带责任的基金份额持有人和其他基金份额持有人的姓名或者名称、住所；

（二）承担无限连带责任的基金份额持有人的除名条件和更换程序；

（三）基金份额持有人增加、退出的条件、程序以及相关责任；

（四）承担无限连带责任的基金份额持有人和其他基金份额持有人的转换程序。

（四）案例延伸

影视项目的拍摄制作耗资巨大，一部电影的制作费用动辄上亿元，除了数家实力雄厚的影视公司联合投资这种方式以外，还有不少影视项目选择以私募基金作为融资手段。

私募影视投资基金主要分为影视投资专项基金和投向中包含影视产业的非专项基金，影视投资专项基金还可进一步分为投向影视企业的股权基金和投向单个影视剧项目的专项基金。基金区分为合伙型、公司型、契约型3种。企业在与基金签署合同时，因合伙型基金、公司型基金具备法人资格，可以与其直接签署，若合同相对方属于契约型基金的，可参照本案中各方当事人的做法，在相关协议中明确约定由基金管理人代为签署合同，但代为享有的权利仍属于基金的权利/财产，以避免发生争议时合同相对方以契约型基金本身没有能力签署合同为由来否认合同的效力。

近年来，私募基金暴雷、管理人跑路的案例频发，这提醒着被投企业或项目一定要仔细甄别和判断，在基金作为投资方的情况下，对方究竟是合法合规的基金还是披着基金外衣的非法集资。其实本案所涉电影《一出好戏》项目的投融资过程也牵涉到了刑事犯罪问题，2013—2018 年间，郑某、荆某以华信某资产管理有限公司、某投资公司的名义，以高额返利为由，与客户签订《合伙协议》《委托投资协议》等书面协议，非法吸收公众资金 2700 余万元，其中 1430 万元正是被投入《一出好戏》项目中，法院经过公开开庭审理之后判决，郑某和荆某犯非法吸收公众存款罪，[①] 依法受到了相应的刑事处罚。相信这也是电影《一出好戏》的制作出品方不愿意看到的。

在与基金打交道的过程中，建议文创企业对私募基金管理人以及相关私募基金产品做反向尽职调查，应当注意私募基金管理人是否已经登记，相关私募基金产品是否已经备案。私募基金管理人在初次开展资金募集、基金管

---

① （2019）京 0105 刑初 3309 号。

理等私募基金业务活动前，应当按照规定在基金业协会完成登记。未经登记，任何单位或者个人不得使用"基金""基金管理"字样或者近似名称进行私募基金业务活动，法律、行政法规另有规定的除外。登记和备案情况都在中国证券投资基金业协会官方网站上进行公开披露，被投企业与基金方签署协议前可以通过登录网站查看核实，在与基金方合作的过程中，也应随时关注基金管理运作情况。

二、固定收益投资合同纠纷案[1]

（一）基本案情

西安某影视制作有限公司（下称西安某公司）拍摄制作电影《老腔》，电影进入后期制作时，资金面临不足，故西安某公司找到了陕西某集团影视文化有限公司（下称陕西某公司），邀请后者参与"定期定额"投资。

2014年4月30日，双方签订了《电影投资合作协议书》（下称《协议书》），约定陕西某公司向西安某公司一次性投入固定资金200万元，支持电影《老腔》后期制作，投资期限为西安某公司收到投资款之日起的10个整月，期限届满后，西安某公司一次性还款240万元。电影的发行收入第一顺序用于返还陕西某公司的定投款和收益，西安某公司保证期限届满后陕西某公司的固定回报率为投资额的20%，即40万元。

《协议书》还约定，西安某公司作为影片执行方，负责电影的立项、申报、送审等所有审批备案手续以及后期制作、发行等工作。陕西某公司对影片的财务情况以及拍摄进度、质量等享有知情权和监督权，享有电影的署名权，有权参加电影《老腔》剧组举行的新闻发布会、首映等所有活动，享有各种奖项及荣誉的获得权。影片宣传物料应有甲方作为出品人之一的采访影像，同时，为确保双方长期合作需要，西安某公司需安排陕西某公司的一名工作人员参与电影的后期策划、宣传、发行等全部活动。

自然人李某以自身的房产为西安某公司的240万元支付义务提供抵押担保。《协议书》还约定了违约责任，如西安某公司不按时或拖延支付给陕西某公司投资款及固定收益，除继续结算外，每逾期一日，按本协议应增加支付款项的万分之五支付违约金。

2015年3月20日，《协议书》约定的投资期限届满，西安某公司偿还了60万元，其中，40万元为投资收益，20万元为投资款本金。

---

[1]　（2018）陕01民终2070号。

2015 年 3 月 31 日，双方签订了《补充协议》，约定西安某公司延期 6 个月偿还剩余投资款 180 万元，按照月息 2% 向陕西某公司支付延期偿还的利息。

2015 年 11 月 16 日，双方又签订《补充协议（二）》，约定西安某公司仍欠陕西某公司投资款本金 180 万元及约定的收益（约 27.8 万元，共 207.8 万元），西安某公司承诺于 2015 年 12 月 31 日前向陕西某公司全额归还本金及按合同约定的收益，逾期按合同约定违约条款履行。

2016 年 3 月 1 日，陕西某公司向西安某公司发出催款通知，李某在该通知上签名并确认收悉，但并未支付款项。

随后数月，因电影《老腔》未能如期播映，导致西安某公司无法获得发行收入，进而无法向陕西某公司支付投资款和收益，所以西安某公司三次向陕西某公司发出《还款承诺书》和《延期还款申请书》。

陕西某公司为追讨投资款本金以及相应收益，向法院起诉要求西安某公司和担保人李某按照协议约定返还投资款本金 180 万元、暂计投资收益 57.6 万元、逾期付款违约金暂计 18.9 万元。

西安某公司和李某不同意还款，认为《协议书》是双方基于共同投资、共同经营、共担风险、共享收益的联合投资、摄制和出品电影《老腔》的联营行为，联营合同中的保底条款无效，陕西某公司应当自己承担电影亏损的风险，无权根据无效合同条款要求西安某公司返还投资款、固定收益和违约金。

西安某公司和李某的说法是否正确呢？陕西某公司的投资款和收益还要得回来吗？

（二）案例分析

本案的焦点在于陕西某公司和西安某公司之间的协议究竟是什么性质的合同，是西安某公司和李某所说的联营合同吗？这个问题关乎西安某公司是否需要返还剩余的 180 万元以及相应的投资收益与逾期违约金。

单纯从《协议书》名称的字面意思来看，该协议是投资协议，按照西安某公司和李某的说法，双方的合作属于联营，应当共同投资、共同经营、共担风险、共享收益，陕西某公司应在自己的投资额度内自行承担责任。但是正如法院在判决书中所写到的："衡量一个合同的性质，应从合同的内容、特征及主要条款等加以理解和识别，而不能限定于合同'名称'。"

在《协议书》的内容中，不止一处表明陕西某公司和西安某公司实际达成的是借款合意，例如，投资期限为固定的 10 个月、投资回报是投资款的

20%，以及若西安某公司无法按时还本付息时设定的违约金条款，等等。双方甚至还约定了李某对西安某公司还款义务的担保责任，通常只有借款关系中才会附加担保，这一点也极不符合投资应有的风险性特征。并且，随后西安某公司出具的《还款承诺书》和《延期还款申请书》，再一次明确了西安某公司的还款义务及还款期限，这都能说明其与陕西某公司之间的资金往来名为投资、实为借贷。

法院经过公开开庭审理之后，判决支持了原告陕西某公司要求被告西安某公司支付投资款本金 180 万元的诉讼请求；因被告西安某公司已按约定支付了 40 万元投资收益，故不支持原告 57.6 万元的收益请求；西安某公司存在违约行为，故酌情按照每日万分之一的标准承担违约金。

（三）法条链接

中华人民共和国民法典

第六百六十七条　借款合同是借款人向贷款人借款，到期返还借款并支付利息的合同。

第六百七十四条　借款人应当按照约定的期限支付利息。对支付利息的期限没有约定或者约定不明确，依据本法第五百一十条的规定仍不能确定，借款期间不满一年的，应当在返还借款时一并支付；借款期间一年以上的，应当在每届满一年时支付，剩余期间不满一年的，应当在返还借款时一并支付。

第六百七十六条　借款人未按照约定的期限返还借款的，应当按照约定或者国家有关规定支付逾期利息。

（四）案例延伸

本案涉及投融资款项性质如何认定问题，此类纠纷在企业投融资过程中很容易发生，投融资双方在签订合同时应明确约定款项性质，避免将来因此产生争议而对簿公堂。实践中，很多财务投资方与被投方约定在项目上投入资金，并按照项目周期收取一定的固定回报，但实际并不参与项目的经营或管理，这种投资方和融资方之间的关系存在被认定为是借贷关系的可能。

所谓"投资"，通常指特定经济主体为了在未来可预见的时期内获得收益或资金增值，在一定时期内向一定领域投放一定数额的资金的经济行为，其实质是一个货币转化为资本的过程。股权投资行为的一个最明显特征就是风险和收益并存，即投资者在未来的收益并不是确定的，而是根据所投标的的实际经营管理和股权退出情况来决定的。随着现代经济的发展以及金融产品的迭代升级，投资还衍生出了另一层含义，即债权投资关系。投资方向融资方出借一定金额的资金作为本金，约定还款时间以及利息，期限届满后融资方须向投资方还本付息。一般这种投融资方式也称为固定收益投资，因为无论投资标的将来的经营状况和退出情况是好还是坏，都和投资方无关，投资方在将来某个时刻拿到的回报是固定的，不承担任何形式的资金亏损风险。从法律定性上看，所谓的债权投资关系的本质就是投资方和融资方之间形成了借贷法律关系。在借贷关系中，所谓的投资人事实上就是出借人，其权利和义务就是出借资金以及将来收回本金和相应利息，通常不参与投资项目的实际运营，对投资标的没有决策权；所谓的融资人事实上就是借款人，其权利和义务就是有权使用借款以及将来归还本金以及利息。

法院在审理该类案件时，通常也都是遵循双方的法律关系是否符合"风险共担、收益共享"的投资关系本质，以及收益是否固定、投资人是否实际参与企业或项目的经营管理、是否履行法定的出资或入伙程序等因素来综合判断。

除了协议本身性质以外，本案中还有两点也同样值得关注：一是借贷类融资时的利息问题；二是违约金问题。企业在进行借贷类融资时，对这两点也需要予以重点关注。

首先是利息问题，司法实践中，法院一般认为，投资合同对于投资本金的约定应视为对于借款本金的约定，对于固定收益的约定应视为对于借款利息的约定。西安某公司在《协议书》中约定给陕西某公司的固定回报率为20%，在补充协议中又约定西安某公司按照月息2%向陕西某公司支付延期偿还的利息。虽然最终法院驳回陕西某公司的利息请求是因为西安某公司已经支付了协议书中的40万元收益，但是假设西安某公司与陕西某公司于2022年签署《协议书》，且西安某公司未支付该40万元，法院又是否会支持这么高的利息约定呢？

《最高人民法院关于审理民间借贷案件适用法律若干问题的规定》对借款利率上限作了规定，双方约定的借款利率超过合同成立时一年期贷款市场报价利率（LPR）4倍的，法院不予支持。陕西某公司的主张会因超过4倍LPR而不被法院认可超过部分。

关于逾期违约金问题，我们可以看到，本案中双方当事人约定了每日万分之五的逾期违约金，但是法院最终酌情调整为每日万分之一的逾期违约金。为什么法院没有按照当事人之间的合同约定，按照每日万分之五来计算逾期违约金，其实也是有法律依据的。法律规定，约定的违约金低于造成的损失的，人民法院或者仲裁机构可以根据当事人的请求予以增加；约定的违约金过分高于造成的损失的，人民法院或者仲裁机构可以根据当事人的请求予以适当减少。本案中法院认为双方当事人在《协议书》中约定的每日万分之五的逾期违约金过高，所以酌情予以降低。

第六章 文创企业的合同合规

作为民事主体意思自治的形式，合同是文创企业日常经营与开展业务的重要载体。文创企业以合同的形式对合同当事方的权利义务进行约定，通过合同的履行实现合同目的。合同关乎企业命脉，应当专业、细致、审慎处理。文创企业应注意合同领域的合规，合同中存在的风险应通过合规管理的方式予以避免。

在实践中，因合同的订立、履行而产生的纠纷呈上升态势，甚至"一字之差，满盘皆输"的案例亦不胜枚举。有些企业在前期商务谈判的过程中绞尽脑汁、费尽心力，却缺乏将谈判成果转化并落实为合同条款的能力，导致合同内容不完备或者存有疏漏；有些企业在合同签订后不注意与不同合同相对方的履约细节，按照企业自身的惯常做法或者所谓的行规惯例去履行合同，最终造成违约的被动局面；还有些企业忽视合同的档案管理，甚至出现在纠纷发生时找不到合同的情形⋯⋯

前述种种合同不合规，犹如一颗颗或大或小的定时炸弹，一旦引爆，将会对企业造成风险，但是，这种风险往往是可以事先预知或者避免的。笔者将在下文中对文创企业的主要合同风险以及合同风险管理进行解析。

第一节 文创企业合同领域的风险

一、合同相对方的主体风险

合同相对方的主体风险主要是指因合同相对方不具备签订合同的资格、资质而产生的风险。企业在签订合同时不但要重点关注商业条款，比如，价款与价款支付、交付时间与交付方式等，还应当留意交易相对方是否具备相应的资格、资质，是否具有全面履约的能力。在与合同相对方产生合作意向之初，企业就应当对合同相对方的资信进行全面调查，否则，即使商务条款设计得再完美，若对方不具备相应的资信，整个交易也同样无法顺利完成。

合同相对方不具备签订合同的资格，存在导致合同无效的风险。《民法典》对民事法律行为的主体要求是具备民事行为能力，无民事行为能力人实施的民事法律行为无效。就文创企业而言，合同相对方多数是产业链的上下游企业等法人，但也不乏自然人，例如，与艺术家或设计师个人签订《委托创作协议》；与导演个人签订《导演聘用协议》；与群众演员个人签订《劳务合同》；等等。无论合同相对方是企业法人还是自然人，都应具备民事行为能力。企业法人的民事行为能力从企业成立时就产生了，法人的成立应当满足法律法规规定的条件和程序，而自然人的民事行为能力的认定，以自然人年龄和智力状况为标准，一般而言，合同相对方年满十八周岁或已满十六周岁未满十八周岁，但能够以自己的劳动所得为主要生活来源的，且精神智力状况正常，就可以与之独立签订合同。在与自然人签约时，应当特别注意其是否具备民事行为能力。以演艺业为例，无论是荧屏之上还是实景舞台演出，我们经常会看到很多未成年演艺人员的身影在活跃着，他们因表演或剧情需要参与演艺，表现了极强的表演天赋。实践中，剧组或经纪公司在与这些未成年演艺人员签订合同时，就需要注意根据未成年演员的实际情况，判断是否应与未成年人的监护人以及未成年人本人作为合同相对方进行签约。

合同相对方无资质，存在导致合同目的不能实现的风险，合同相对方是否具备相应资质对文化企业来说尤为重要。文化产业的精神性属性对其提出了高准入门槛和严监管的要求，并不是所有企业都能进入文创领域，文创行业大多数细分产业都以获得相关部门审批许可的证照资质作为开展此项业务的前提。例如，《出版物经营许可证》《音像制品经营许可证》《互联网出版许可证》《网络文化经营许可证》《广播电视节目制作经营许可证》等。比如，某公司A和某公司B欲共同开发一个网络阅读网站，一个有资金，一个有经验，但是都没有所必需的《网络文化经营许可证》。根据有关规定，开发、管理、运营网络阅读网站必须持有《网络文化经营许可证》，在某公司A和某公司B都没有《网络文化经营许可证》的情况下，联合开发运营网络阅读网站这一目的也就无法实现了。文创企业还应特别注意核查相关许可证的发放机关和发放日期，检查是否尚在有效期，以验证许可证的真实性。

二、履约过程中的信用风险

本节所指的信用风险，可以理解为合同相对方或者债务人不能按照合同约定全面、按时地履行其合同义务，或者信用状况的不利变动而导致的风险。《孟子·离娄章句上》有云："诚者，天之道也；思诚者，人之道也。"信用是现代市场主体最为重要的无形资产之一，是企业安身立命与长远发展的根基所在。守诚信是企业最大的财富，失诚信则企业发展之路必将崎岖艰难。

签约之前，企业应通过多种渠道了解合同相对方的信用状况。若企业拟合作的对象存在因自身违约而导致的诉讼（仲裁），被法院列为失信被执行人，在央行征信中心有失信记录等情况时应当警惕，确认根据企业的实际需要是否必须与其签约。若确定与其签约，应通过合同条款上的细化约定以及其他担保等方式最大限度保证其能全部履行，防止出现履约风险。在企业特别是文创企业信用风险中，还需要特别提及合同相对方保密义务风险。与资金密集型和劳动密集型产业不同，文创类企业的核心竞争力就是设计、创意、版权等，若该信息不当外泄，则存在对企业造成重大损失的风险。文创企业应根据自身实际情况对保密条款作出有针对性的特殊设计。不同企业、不同项目的保密信息的内容应有所差别，例如，影视项目中的保密信息除了我们在常规的保密条款中经常列举的经营信息、财务信息、技术信息等之外，还包括影视项目的剧本、剧情、情节、角色、对白、造型、服装、场景布置、演职人员、拍摄进展、主创人员信息、营销策略、宣发策略等。

第二节　文创企业合同合规管理

合同合规管理是企业经营管理中的重要组成部分。企业应当建立健全合同合规管理制度，企业内设的各个部门应把合同闭环管理制度落到实处，建立系统性、动态性、闭环性的合同合规管理制度。合同合规包括合同谈判、拟定、审核、签署、履行、归档、争议解决等全流程合规。

一、合同签署前的合规管理

合同的合规管理并不是从签订合同那一刻开始，从项目或者需求产生之时，企业就应当迈出合同合规之路的第一步。合同相对方的资信情况对于合同的效力和履行至关重要。在合同签署之前，企业应当对合同相对方的资信情况进行调查，必要时，可以在企业内部对合同相对方进行系统性的资信管理。合同相对方的资信管理内容主要包括：资信调查评估、资信档案的建立和管理、资信信息的定期更新。对于首次合作的合同相对方来说，应当重点关注资信的调查评估和档案建立；对于多次合作的合同相对方而言，则应更多关注资信信息的定期更新。

合同签署前的合规管理中，关于企业授权代表人的合规管理亦应引起注意。在实践中，为了提高交易的效率，我们经常会遇到企业授权业务人员以授权代表的形式直接对外签订合同的情况。文创企业在授权代表人对外签约时，应尽量做到一事一委托。另外，企业还应注意，在将企业印章交予授权代表人使用保管的过程中，极易产生印章越权使用、保管不当丢失等风险，因此企业必须建立严格且全面的印章管理制度，制度内容原则上应至少包括企业印章的范围（公章、财务专用章、合同专用章和业务专用章等）、保管部门或负责人、用印审批登记或备案流程、印章的领取与归还制度、禁止事项以及违规责任等。若在合同签署前，合同相对方的签署人员为授权代表人的，企业应注意收取并留存合同相对方出具的加盖合同相对方企业印章的授权委托书原件、授权代表人的身份证复印件，审核时应重点关注授权委托书中的授权范围是否包括本次交易内容、授权期限是否过期、实际签约人是否与受托人一致等。

二、合同拟定与审核的合规管理

合同草拟完毕后且正式签署前，由企业法务人员或律师进行全面的合同审核是防范合同风险最为关键和有效的一个步骤。企业内部的法务人员或与企业常年合作的律师不仅熟悉相关法律法规，而且对本企业内部的规章制度、企业管理运作的具体情况也有所了解，他们会根据企业的实际情况，以专业的视角辨别风险并提出规避风险的建议措施。

同时，企业的业务部门和法务部门之间应建立专门渠道沟通交流合同内容，确保信息沟通的准确与顺畅。企业的管理决策层和业务层万万不可认为，有了法务人员或律师，就可以对合同放手不管，或者认为听律师的准没错，这种想法是不正确且危险的。通常情况下，法务人员或者律师仅负责对合同条款本身的法律问题进行审阅修订，在未参与商务谈判、未能全面了解合同签署背景的情况之下，在某些商务条款上，法务人员或律师很可能无法判断或者无法全面判断其风险。他们往往会以修订、批注的形式进行提醒，此时业务部门必须充分重视这些修订与批注，全面理解其含义，从提高合同拟定与审核效率的角度出发，建议对于合同拟定与审核过程中的法务问题，业务部门可与法务人员/律师面谈或直接电话交流。

三、合同履约过程的合规管理

通常情况下，在没有特殊约定或依合同性质不须向相关部门审批的情况下，合同自当事人签署之日起成立并生效。合同生效之后便进入合同的履行环节。在此环节中，最重要的就是合同当事方均应严格按照合同约定的内容全面实际履行，切勿出现迟延履行、不适当履行、部分履行、不履行以及履行方式不当等违约情形。

在合同履行过程中，若文创企业自身发生了可能或已经影响合同履行的特殊情况的，企业员工应当按照企业内部流程及时将相关情况上报给部门负责人，部门负责人视情况严重程度决定是否上报给管理层；同时，应积极采取措施避免可能影响合同履行的情况的发生，已经产生影响的，应将影响降至最低。若合同是由于自然灾害等不可抗力导致无法履行的，应当及时通知对方，并提供证据加以证明，合同双方共同努力以减少损失。

在合同履行过程中，若文创企业发现了合同相对方违约的事实，应在及时保存证据之后，与其进行充分的协商沟通，并寻求解决方案，将因合同相对方违约而造成的影响降至最低。企业在发现对方违约时，应当在第一时间完整地保存好相关证据，例如，邮件记录、往来函件，甚至是社交平台聊天记录等，必要时应及时进行公证，这些都是企业要求对方承担法律责任或者行使不安抗辩权、同时履行抗辩权等的重要依据。

四、合同档案制度的合规管理

在文创领域，很多企业倾向性地认为合同履行完毕，合同就成了废纸，可以随意处置。从企业长远发展的角度来说，这种想法并不正确。合同按照约定履行完毕不是合同合规管理的最后一步，企业应当注意对合同进行归档，建立企业的合同档案制度。尤其是在规模较大或业务条线较多的企业，合同的数量多、类型复杂、周期长，归档的重要性就凸显出来。归档时应当将合同相对方信息、合同原件以及双方的履约证据等进行全面的整理和归纳，有条件的企业可以建立同步线上合同数据库并通过技术手段实现合同数据的可视化，不仅便于检索合同内容、查看履约细节，通过建立不同应用场景及模块的合同图表，还能为企业进行同类型经营或事项的决策，提供更为科学和有力的依据。

第三节　文创企业合同领域案例解析

一、联合投资合同纠纷案①

电视剧《大军师司马懿之军师联盟》（下称该剧）于 2017 年 6 月 22 日开播，这部历史题材的电视剧因视角独特、制作精良，赢得了不错的口碑和收视率，并将第 31 届电视剧"飞天奖"优秀电视剧奖收入囊中。但是，该剧的

---

① （2018）苏 10 民终 3144 号。

投资方之间却因收益分配问题产生了纠纷并诉至法院，案件历经一审和二审，波及甚广，引发业内热议。

（一）基本案情

2013 年 4 月 21 日，江苏某文化传媒有限公司（下称江苏某公司）与张某签订《备忘录》，载明江苏某公司拟组建分公司投资拍摄影视剧，聘请张某担任副总经理主持工作。但是，江苏某公司的分公司始终未成立。随后两年内，江苏某公司分别与编剧、导演等签订了聘用合同，合同尾部江苏某公司的签章处均加盖了江苏某公司行政章，并由张某作为代表人签名。

2015 年 12 月 14 日，江苏某公司与东阳某影视文化有限公司（下称东阳某公司）签订了《联合投资合同》，《联合投资合同》的主要内容为，约定该剧的投资总额为 1.5 亿元，双方的投资比例为各 50%，并按实际投资比例分配收益，双方可将投资份额及对应权益转让给第三方。江苏某公司拥有该剧的全部知识产权，并负责该剧的组建、摄制筹备、拍摄、后期制作等事宜，东阳某公司负责该剧的全球独家发行，发行所得收益全部汇入东阳某公司账户，在扣除 15% 发行代理费后向双方按投资比例进行分配，采取到账一笔分配一笔的结算方式。合同尾部，江苏某公司的签章处由其法定代表人金某签名并加盖了江苏某公司合同专用章，东阳某公司的签章处由徐某签名并加盖了东阳某公司合同专用章，落款时间均为 2015 年 12 月 14 日。

2015 年 12 月 15 日，江苏某公司与霍尔果斯某文化传媒有限公司（下称霍尔果斯某公司）签订了《拍摄制作协议》，约定江苏某公司委托霍尔果斯某公司拍摄、制作该剧，双方共同委派张某担任总制片人等内容。合同尾部，江苏某公司的签章处由其法定代表人金某签名并加盖了江苏某公司合同专用章，霍尔果斯某公司的签章处由张某签名并加盖了霍尔果斯某公司合同专用章。霍尔果斯某公司自 2015 年 9 月 21 日成立起至 2017 年 11 月 8 日，法定代表人一直由张某担任。

2016 年 1 月 25 日，江苏某公司与东阳某公司签订《补充协议》一份，约定，由于演职人员酬金的增加导致预算超支，双方各自追加投资 3500 万元，该剧总投资额增至 2.2 亿元，增加投资后的甲乙双方投资比例保持不变。合同尾部，江苏某公司的签章处由其实际控制人金某签名并加盖了江苏某公司合同专用章，东阳某公司的签章处由徐某签名并加盖了东阳某公司合同专用章，落款时间均为 2016 年 1 月 25 日。

2016 年 6 月和 7 月，东阳某公司通过向江苏广电集团发行该剧取得发行款 8032 万元，向优酷公司发行该剧取得发行款 1.08 亿元。

2017年9月，江苏某公司向东阳某公司发送催款函，要求分配江苏广电集团已经支付的该剧发行收益，并将该催款函抄送东阳某公司的母公司。东阳某公司的母公司随即回函称，根据《联合投资合同》《补充协议》《补充协议一》《补充协议二》，该剧在江苏广电集团播出的全部收益归东阳某公司所有。

而后，江苏某公司向一审法院提出诉讼请求，要求东阳某公司立即向江苏某公司支付该剧来自江苏广电集团的发行收入。

在一审法院第一次证据交换中，东阳某公司为证明该剧来自江苏广电集团的发行收入不应分配给江苏某公司，提供了《补充协议二》《补充协议三》作为证据。《补充协议二》由江苏某公司、东阳某公司、霍尔果斯某公司三方签订，载明该剧总投资额增至3.6亿元，江苏某公司将其持有的45%份额转让给霍尔果斯某公司，并保有以剧本成本折抵的5%投资份额等内容。该协议尾部盖有三方合同专用章，但均无人签字，落款时间为打印的"2016年"，具体月日处为空白。《补充协议三》同样由前述三方签订，约定东阳某公司因无能力追加投资款而将份额全部转让给霍尔果斯某公司，该剧的发行也全部由霍尔果斯某公司负责，另外还约定了该剧自江苏广电集团取得的发行收入全部归东阳某公司所有。该协议尾部盖有三方合同专用章，江苏某公司签字代表一栏无人签字，东阳某公司签字代表为徐某，霍尔果斯某公司签字代表为张某，落款时间为打印的"2016年"，具体月日处为空白。

江苏某公司称《补充协议二》和《补充协议三》签章处江苏某公司的章是伪造的，对这两份补充协议的内容并不知情，法院经过委托鉴定，确认《补充协议二》和《补充协议三》签章处江苏某公司的印文与《联合投资协议》《补充协议》签章处江苏某公司的印文不是同一印章盖印形成。

2018年2月9日，伊犁州公安局对张某涉嫌职务侵占、挪用资金罪进行了立案。张某称，其是受江苏某公司实际控制人金某授意私刻了合同专用章，与东阳某公司、霍尔果斯某公司签订了《补充协议二》《补充协议三》等协议。江苏某公司法定代表人金某称，江苏某公司与张某签订《备忘录》是事实，但江苏某公司的分公司一直未成立，且其未授意张某私刻合同专用章，《补充协议二》《补充协议三》上用印的合同专用章是伪造的。

东阳某公司和霍尔果斯某公司认为自己善意且无过失，有理由相信张某可以代表江苏某公司签署合同，两份补充协议应当有效。江苏某公司则认为，两份补充协议对其没有约束力，东阳某公司应按照《联合投资合同》《补充协议》的约定向江苏某公司支付该剧来自江苏广电集团的发行收入。

（二）案例分析

本案最重要的争议点在于，《补充协议二》和《补充协议三》对江苏某公司是否有约束力？

诉讼过程中，经法院委托鉴定，确认《补充协议二》《补充协议三》签章处江苏某公司的印文与《联合投资协议》《补充协议》签章处江苏某公司的印文不是同一印章盖印形成。张某称印章是经过江苏某公司法定代表人金某的同意私刻的，但金某予以否认。

我们先来看一下，张某是否有权代表江苏某公司签订《补充协议二》和《补充协议三》，其行为是否构成表见代理。表见代理可以理解为，行为人没有代理权、超越代理权或者代理权终止后，仍然实施代理行为，相对人有理由相信行为人有代理权的，代理行为有效。表见代理是合同领域的一个特殊规则，构成表见代理必须满足两个要件：第一，行为人没有代理权而与相对人实施了民事法律行为；第二，无权代理行为在外观上使相对人相信其有代理权，且相对人对该相信系善意无过失。

本案中，江苏某公司与张某曾经签订《备忘录》，拟在北京设立分公司并聘请张某担任副总经理，但各方当事人均确认北京分公司始终未成立，张某依据《备忘录》担任江苏某公司分公司副总经理的事实并不存在，即，张某非既江苏某公司高管也非公司员工，不存在任何依职务行为代理的依据。即使在《编剧合同书》《聘请导演合约》上，张某均是以江苏某公司"代表人"的名义签字，那也只能认为张某只是在特定事项上取得了江苏某公司的单次授权，而非永久授权。张某在没有代理权的情况下，私自刻制合同专用章与东阳某公司、霍尔果斯某公司签订《补充协议二》和《补充协议三》的行为属无权代理，且事后也未得到江苏某公司的追认。

霍尔果斯某公司和东阳某公司主张其有理由相信张某能够代理江苏某公司签订《补充协议二》和《补充协议三》，对此，法院未予以支持。霍尔果斯某公司和东阳某公司没有充分证据证明其相信张某能够代理江苏某公司，霍尔果斯某公司和东阳某公司作为有丰富经验的商事主体，应在涉及巨额利益处分以及合同相对方授权链条的审查等方面具有较高注意义务。霍尔果斯某公司和东阳某公司在诉讼中均陈述张某系联系人，仅负责对协议的传递与沟通，对江苏某公司时任法定代表人为金某，张某无权代理江苏某公司一事明知。而且，两公司均未合理注意合同签订形式存有疑点、订立方式与协议约定不同等，存在过失。《联合投资协议》《补充协议》与《补充协议二》《补充协议三》在合同签订形式上存在重大疑点，《联合投资协议》《补充协议》签订在前，均由江苏某公司时任法定代表人金某签名并手写具体的年月日时间，《补充协议二》《补充协议三》中均未见江苏某公司法定代表人或授权代表人签名，且落款时间仅为打印的年份，具体月日处为空白。合同订立方式与协议约定的内容不同，协议明确约定，合同的签署人为公司的法定代表人或授权代表人，且合同自三方"签字盖章"之日起生效，《补充协议二》《补充协议三》中江苏某公司法定代表人或授权代表人签名处均为空白。法院综合考虑交易事项重要性、交易过程、交易习惯以及东阳某公司、霍尔果斯某公司的认识能力等因素，认定霍尔果斯某公司和东阳某公司并非善意无过失的合同相对方，其相信张某能够代理江苏某公司不符合事实或具有明显过失；另外，张某时任霍尔果斯某公司法定代表人，即使张某有权代理江苏某公司，也违反了法律关于禁止双方代理的规定。

江苏某公司和东阳某公司基于双方真实意思表示签订的《联合投资合同》和《补充协议》合法有效。《补充协议二》和《补充协议三》的签订未得到江苏某公司授权，张某以江苏某公司名义签订该两份协议不构成表见代理，且违反关于禁止双方代理的法律规定，对江苏某公司不具有法律约束力。江苏某公司完成约定的投资后有权依据《联合投资合同》及《补充协议》的约定向合同相对方东阳某公司主张分配相应发行收入。

（三）案例延伸

表见代理，使无权代理行为具有法律效力，其法律后果由被代理企业承受，企业作为被代理人，牺牲自身利益保护善意相对人的合法权益，从而在整体上保护交易安全和秩序，促进交易行为的规范化。本案中，若最终认定张某的代理行为属于表见代理，江苏某公司就需要承担张某签署《补充协议二》《补充协议三》的行为后果，那么本案的结局就是完全不同的局面了，江苏某公司与东阳某公司关于剧集发行收入的收益分配比例将确认为5%：95%，本案涉案金额巨大，对于江苏某公司来说，这样的结果将是难以承受的。

文创企业应当注重合同合规管理，通过建立印章管理制度、规范内部授权委托流程、核实并确认合同相对方资格等合规措施避免无代理权、超越代理权、代理权终止之后的表见代理行为的发生。

企业应当建立印章管理制度，企业印章，是公司处理内外部事务的印鉴。企业印章一般包括公章、财务专用章、发票专用章、合同专用章、法人章等。因印章类型不同使其具有不同的使用范围，例如，公章是企业身份和权力的证明，使用范围最广，可以在企业合作签约、授权委托、出具证明等情况下使用，但公章却不能盖在发票上，发票只能盖发票专用章。在合同上盖公章或者合同专用章的行为，即为企业对合同内容的认可，以盖章用印来表明同意收到来自合同的约束。实践中，有很多企业在合同中关于合同生效条款会直接写明"本合同自双方盖章之日起生效"，可见，公章之于企业的重要性。企业应当建立印章管理制度，对印章刻制、启用、保管、交接、使用、停用、缴销等做全流程监管。例如，在印章使用制度中，企业应严格禁止对外出具空白的或授权模糊的授权委托书、任命书、证明等。

企业应规范授权委托流程。企业在生产经营的过程中，除法定代表人依法代表企业行使民事权利、履行民事义务之外，往往还会授权企业员工或其他民事主体代为行使权利、履行义务。企业应当建立健全授权委托流程，不仅要做好与授权委托相关的内部申请、登记、用印、备案、归档等手续，还应当注意对授权委托情况的持续跟踪。若企业与法定代表人、代理人及有关员工之间的法律关系发生变更或终止的，应当及时跟进处理变更或终止以后各方的相关行为，还应当及时通知相关的合同相对方，使其了解代理权限的真实情况。

企业应主动核查合同相对方资格。企业应当对合同相对方的代表人是否获得了充分且完整的授权进行全面的审查。在本案中，法院在判定东阳某公司与霍尔果斯某公司是否是善意且无过失时，也重点关注了两家公司是否对江苏某公司的代表人的授权委托是否进行了审查。两公司授权委托审查行为的缺失，成为法院认为两公司未能尽到合理注意义务，存在过失的依据之一。实践中，应主动要求合同相对方提供企业出具的授权委托书原件并留档，在某些情况下还应当要求合同相对方提供关于批准合作项目的内部决策文件。

二、企业格式条款被举报案[①]

（一）基本案情

自然人杨某是某网络游戏的玩家，该网络游戏由上海某网络科技发展有限公司（下称某公司）提供网络服务平台。杨某在注册游戏账户时，需要点击"免费注册××游戏通行证"，点击该内容就表示杨某同意并接受某公司制定的《最终用户许可协议》。杨某在玩该网络游戏时，发现其付费购买的时间数因无法兑换游戏点数而无法使用等情形，杨某认为某公司及其代理公司侵犯自身财产权益，遂将某公司及其代理公司作为被告提起了民事诉讼。

---

① （2020）沪 02 行终 147 号。

法院认为，杨某和某公司之间形成了网络服务合同关系，双方应受到《最终用户许可协议》的约束。《最终用户许可协议》约定了双方发生争议且协商不成的，通过仲裁处理，由位于北京的中国国际经济贸易仲裁委员会仲裁。我国《民事诉讼法》第一百二十七条规定："人民法院对下列起诉，分别情形，予以处理：……（二）依照法律规定，双方当事人达成书面仲裁协议申请仲裁、不得向人民法院起诉的，告知原告向仲裁机构申请仲裁……"《最终用户许可协议》虽是由某公司单方提供的格式条款，但其中通过仲裁解决争议的条款不违反法律、行政法规的强制性规定，依法成立、生效，对双方均具有约束力，故以杨某的起诉不属于人民法院受理范围为由，裁定驳回其起诉。

杨某认为，《最终用户许可协议》中包括上述仲裁条款在内的多数条款都违反了格式条款的规定导致其无法进行公平合理的诉讼，遂通过邮寄方式向上海市浦东新区市场监督管理局（下称浦东市监局）提交了申诉书，要求对某公司格式条款违法行为进行查处。

浦东市监局收到杨某的申请和材料后开展了调查，询问了某公司，还在调查过程中电话联系了杨某，杨某表示其反映的是某公司《最终用户许可协议》中的仲裁和诉讼条款约定在北京仲裁，不能到法院起诉，增加了消费者的负担，违反了有关格式条款的规定，应当予以查处。浦东市监局则认为某公司的格式条款未违反相关法律规定，故向杨某送达了对其举报事项不予立案的《举报处理情况告知书》。

杨某认为浦东市监局对自己的投诉行为按举报行为进行处理，且未对某公司进行查处，不符合法律规定，遂以浦东市监局为被告，向法院提起了行政诉讼，请求撤销《举报处理情况告知书》并责令浦东市监局重新作出行政行为。

浦东市监局辩称，杨某仅要求对某公司的格式条款进行查处，并未提出处理要求，所以按举报处理并无不当，且涉案格式条款并未排除消费者的救济权利，故某公司不存在违法行为，浦东市监局所作举报处理告知行为执法程序合法，认定事实清楚，适用法律正确。

（二）案例分析

本行政诉讼案最大的争议焦点为被诉行政行为，即浦东市监局对杨某送达《举报处理情况告知书》是否违法的问题。进一步来说，就程序方面而言，杨某要求浦东市监局对某公司格式条款违法行为进行查处这一行为的性质究竟属于举报还是投诉？浦东市监局将其按举报处理是否正确？就实体方面而言，某公司制定并使用的格式条款是否侵犯了杨某等消费者的合法权益，是否违反了相关法律规定？

本案是一起较为典型的因企业制定并使用格式条款被消费者举报，市场监督管理局介入处理的纠纷案件。所谓格式条款，是指当事人为了重复使用而预先拟定，并在订立合同时未与对方协商的条款。杨某认为，某公司制定并使用的《最终用户许可协议》中的争议解决条款系为格式条款，侵犯了消费者的合法权益，遂要求市场监管局予以处理。在杨某究竟是举报某公司还是投诉某公司这一问题上，双方产生了不同的意见。有些人可能会产生疑惑"是举报还是投诉"，这个问题重要吗？很多人都会认为两个行为的性质相差并不大，都是表达对经营主体的不满，要求监管部门予以处理的意思。但是，从法律规定以及行政机关处理程序上说，两者还是存在较大区别的。

根据国家市场监督管理总局于 2019 年 11 月 30 日发布，并于 2020 年 1 月 1 日实施的《市场监督管理投诉举报处理暂行办法》的规定，"投诉"是指消费者为生活消费需要购买、使用商品或者接受服务，与经营者发生消费者权益争议，请求市场监督管理部门解决该争议的行为；"举报"是指自然人、法人或者其他组织向市场监督管理部门反映经营者涉嫌违反市场监督管理法律、法规、规章线索的行为。由此可以看出，二者最大的两点不同如下。

第一，申请事项是否与本人权益有关。当申请人认为自己的合法权益因经营者的行为受到了实际影响，则应当选择投诉程序；当申请人发现经营者的行为存在违法违规的现象，但是并未损害自己的权益时，则可以将该违法违规线索向市场监管部门进行举报。简言之，投诉是为私益目的，而举报带有公益性质。

第二，处理方式不同。对于投诉，市场监管部门的主要处理方式是调解，可以自行调解，也可委托消费者协会等代为调解。达成调解协议的，市场监管部门还应当制作调解书，消费者、经营者和监管部门三方签字盖章后生效。如果市场监管部门在调解中发现经营者违法违规的，还应当在核查后按照法律规定予以处罚。对于举报，市场监管部门应当核查举报线索，并根据法律法规的规定决定对被举报行为的处理方式，同时还应将举报处理结果及时告知举报人。

投诉和举报是两种不同法律性质的行为，通常监管部门推出的线上政务服务平台上，也会设置"我要投诉"和"我要举报"两个不同的功能选项，供市民选择。本案中，杨某在向浦东市监局递交材料时并未明确表明究竟是举报还是投诉，也并未要求浦东市监局对其和某公司之间的消费者权益纠纷进行处理，只是要求浦东市监局对某公司格式条款违法行为进行查处。因此，从程序上说，浦东市监局将杨某的申请作为举报处理，出具案涉《举报处理情况告知书》的行为并没有违反法律规定。

本案还有一个争议焦点，涉案格式条款是否属于合同违法行为。从实体法角度来说，这一行为是否违法的关键在于某公司制定并使用格式条款究竟有没有违反相关法律规定。《民法典》规定，提供格式条款一方不合理地免除或减轻其责任、加重对方责任、限制或排除对方主要权利的，该格式条款无效；《消费者权益保护法》规定，经营者不得以格式条款等方式，作出排除或者限制消费者权利、减轻或者免除经营者责任、加重消费者责任等对消费者不公平、不合理的规定，否则格式条款无效。

在本案中，杨某认为某公司提供的《最终用户许可协议》中的争议解决条款系格式条款，通过约定仲裁方式解决纠纷，排除了消费者的诉讼权利，侵犯了消费者的合法权益。争议解决条款是合同的常规条款，其主要作用是在合同中约定，当出现争议时应适用哪一国的法律，以及在何地通过何种方式处理该争议。其实，无论是仲裁还是诉讼，都是法定的解决民事争议的方式，都能达到使当事人的合法权利得到救济的效果，无优劣好坏之分，不存在因为选择了仲裁的方式就会减损当事人合法权利的情形。而且，该争议解决条款是对双方有效的，并非只针对消费者一方。实践中，出于仲裁不公开的保密特点或一裁终局的高效特点等原因，许多商业往来中的当事人也都会选择仲裁的方式。无论是浦东市监局还是法院，都认为仲裁条款并没有侵犯杨某的权利，因为仲裁同样能起到解决争议的作用。

法院最终判决，驳回杨某的全部诉讼请求。

（三）案例延伸

文创企业作为市场主体，其主要经营行为之一就是生产和销售文化创意产品，而文创产品的最终使用者是消费者，因此在销售这一过程中，文创企业必然面临如何处理和消费者的关系这一重要问题。同时，各级市场监督管理部门作为企业生产经营活动的监管机关，在企业和消费者之间发生纠纷时，发挥着重要的调解、保护、决断和处罚等功能。本案在文创企业处理与消费者的纠纷以及应对市场监督管理部门的监管等方面具有一定的参考意义。

格式合同是法律所允许的一种书面合同。文创企业在日常经营过程中提供格式合同的行为已经十分常见，尤其是文创企业提供的文创服务日益互联网化的今天，许多文创企业会在其经营的计算机软件或移动端应用软件上提供《用户协议》《使用协议》等格式文本，消费者对该文本并无协商修改的余地，要想使用服务就只能以点击同意的方式予以签署。企业的这种行为最大限度地保护了自身的权益，表面上看似乎对企业非常有利，但事实上，若格式条款只强调一方权利，损害另一方权益，违背公平原则的，则该格式条款应属无效。

根据《民法典》第四百九十六条第二款的规定，采用格式条款订立合同的，提供格式条款的一方应当遵循公平原则确定当事人之间的权利和义务，并采取合理的方式提示对方注意免除或者减轻其责任等与对方有重大利害关系的条款，按照对方的要求，对该条款予以说明。提供格式条款的一方未履行提示或者说明义务，致使对方没有注意或者理解与其有重大利害关系的条款的，对方可以主张该条款不成为合同的内容。由此可见，格式合同的条款只在存在法律规定的无效情形时，才能被宣告无效，并非只要是格式合同就一定无效。而且，企业还应注意，根据《民法典》第四百九十八条的规定，对格式条款的理解发生争议的，应当按照通常理解予以解释。对格式条款有两种以上解释的，应当作出不利于提供格式条款一方的解释。格式条款和非格式条款不一致的，应当采用非格式条款。在实践中，文创企业应注意在提供格式条款时避免发生类似的合同合规风险，企业与消费者地位平等，一方不得将自己的意志强加给另一方，双方应当遵循公平原则确定各方的权利和义务，应当遵循诚实信用原则行使权利、履行义务。企业还应当正确处理和消费者的关系，重视对本企业的举报或投诉，及时自查，当发现确实存在相关违法违规事项时，主动积极采取整改措施，争取获得不予处罚或不予立案的宽大处理。①

---

① 《行政处罚法》第三十三条第一款规定："违法行为轻微并及时改正，没有造成危害后果的，不予行政处罚。初次违法且危害后果轻微并及时改正的，可以不予行政处罚。"

《市场监督管理行政处罚程序规定》第二十条规定："经核查，有下列情形之一的，可以不予立案：（一）违法行为轻微并及时改正，没有造成危害后果；（二）初次违法且危害后果轻微并及时改正；（三）当事人有证据足以证明没有主观过错，但法律、行政法规另有规定的除外；（四）依法可以不予立案的其他情形。决定不予立案的，应当填写不予立案审批表。"

第七章　文创企业的知识产权合规

在社会主义市场经济中，"知识产权战"是企业隐形竞争的一种表现形式，在某些以知识产权作为核心资产的企业，企业的竞争就是知识产权的竞争。那些成功的企业往往是对知识产权精心布局、科学管理的企业。著名企业华为就秉持着"有远见的企业应尽早做好知识产权布局"这样的观点，早在 2003 年与思科专利国际诉讼一战后，华为就深刻认识到知识产权在其全球扩张中的重要性，开始着手建立系统而严密的知识产权计划。典型标志是调整了研发过程中对专利的使用，同时加大专利申请力度，开启系统化、职业化的专利申请之路。世界知识产权组织于 2021 年 3 月 2 日发布 2020 年国际专利、国际商标和设计体系报告，报告显示，中国仍然保持世界知识产权组织《专利合作条约》（PCT）体系"国际专利申请年度最大用户位置"，即国际专利申请量最多的国家，华为技术有限公司以 5464 件已公布 PCT 申请量连续第四年成为最大的申请人。

同时，我们也应该注意，知识产权不合规给企业造成的负面影响也越来越大，表现较为突出的一个方面是，涉及进出口业务的企业因知识产权不合规而遭遇外国政府部门的调查，例如，中美贸易战中美国对我国频繁开展的"337 调查"。美国如认为进口到本国的产品侵犯了在美国合法登记并使用的版权、专利、商标、商业秘密等知识产权，只要美国在相关领域已经存在或正在建立该产业，ITC（美国国际贸易委员会）就有权对进口企业及其进口行为进行调查并制裁。据相关统计数据显示，2020 年 ITC 共发起的 48 起调查中涉及中国企业的有 19 起，占比高达 39.6%，被诉的 87 家企业中，45 家企业进行了应诉，而其中有 21 家企业败诉。知识产权不合规对企业的另一个负面影响体现在企业的 IPO 上。在企业公开上市的审核中，无论是主板，还是创业板、科创板，都会对企业的知识产权问题予以重点关注。例如，打造过《中国好声音》《这！就是街舞》等多部知名综艺节目的灿星文化在 2021 年初申请创业板上市被否，创业板上市委对其节目版权未决诉讼问题进行了问询，报告期内，灿星文化在与精英许可股份有限公司、蜂鸟音乐有限公司、韩国文化广播公司等多家企业的版权、商标权纠纷中败诉。

毋庸置疑，知识产权属于文创企业最重要、最宝贵、最核心的资产，知识产权风险控制与合规梳理对于文创企业至关重要。笔者将在下文中对文创企业未登记/注册的风险、商业秘密泄露的风险以及侵权风险等主要风险给予解析并进行合规梳理。

第一节　文创企业的知识产权合规风险

一、未登记/注册的风险

知识产权包括著作权（版权）、专利权和商标权，客体有作品、发明、实用新型、外观设计、商标、商业秘密等。有些知识产权是与生俱来的，有些是需要相关部门确认授予的。

著作权是与生俱来的一种权利，即个人或企业创作出某一作品，创作完成的瞬间其就享有了对该作品的著作权，这是一种自发的事实行为，不需对外进行任何意思表示。著作权保护客体是作品，但是，并不是所有被创作出来的东西都可以被叫作作品。根据《著作权法》的规定，作品是指文学、艺术和科学领域内具有独创性并能以一定形式表现的智力成果。所谓"独创性"，也就是要"独"和"创"。"独"是指必须独立创作，能体现作者自身的个人特征或情感想法，而非抄袭他人而成；"创"是指作品要有一定的艺术价值，如英国法律认为的作者创作时用脑筋到"额头出汗"的程度才能算是智力成果的体现。那么，这是否意味着企业"额头出汗"后就真的可以放在一边不管，高枕无忧地享受权利了呢？各种经验告诉我们，最好不要。虽然作品一经产生就受法律保护，但是若不登记，在著作权受到侵犯时，就可能面临权属认定不清、举证困难等风险，这对于文创企业来说风险更大。文创企业的重要利润来源之一就是版权流转，而流转过程中极易发生纠纷。我国建立了著作权自愿登记制度，笔者建议作者在作品完成后，积极地进行作品著作权登记并取得版权局出具的证明，日后一旦发生版权纠纷，该登记证明可以作为证据提交，以维护自身的合法权益。

与著作权自动取得不同，专利权只有当专利申请人向国家专利主管机关提出申请，并经该机关审批核准后方能取得；商标权的取得有两种方式，即通过注册取得商标权以及通过使用取得商标权。经商标局核准注册的商标为注册商标，法律、行政法规规定必须使用注册商标的商品，必须申请商标注册；未经核准注册的，不得在市场销售。为相关公众所熟知的商标，持有人认为其权利受到侵害时，可以依照商标法的规定请求驰名商标保护。但是，法律不保护躺在权利上睡觉的人，若文创企业忽视对商标和专利的注册与申请授予等知识产权保护，就存在被其他主体模仿或盗用，或者被其他主体抢先注册、恶意注册的风险。

二、商业秘密泄露的风险

商业秘密对企业的重要性不言而喻。自 2017 年起，我国在《民法总则》（现已失效，相关规定在《民法典》中延续）中将商业秘密纳入与作品、发明等同等地位的知识产权客体。《反不正当竞争法》中将商业秘密定义为，不为公众所知悉、具有商业价值并经权利人采取相应保密措施的技术信息、经营信息等商业信息。商业信息认定为商业秘密必须要满足以下 4 个条件：（1）不为公众所知悉；（2）具有商业价值；（3）经权利人采取相应保密措施；（4）必须是技术信息、经营信息等商业信息。《反不正当竞争法》规定的侵犯商业秘密的行为，主要包括以下 4 种：（1）以盗窃、贿赂、欺诈、胁迫、电子侵入或者其他不正当手段获取权利人的商业秘密；（2）披露、使用或者允许他人使用以前项手段获取的权利人的商业秘密；（3）违反保密义务或者违反权利人有关保守商业秘密的要求，披露、使用或者允许他人使用其所掌握的商业秘密；（4）教唆、引诱、帮助他人违反保密义务或者违反权利人有关保守商业秘密的要求，获取、披露、使用或者允许他人使用权利人的商业秘密。

在实践中，企业商业秘密可能通过磋商阶段泄密、竞争对手窃密、员工离职泄密、采购/销售泄密等多种途径被泄露。磋商阶段泄密主要是指企业与另一商事主体在合作前期的接触与谈判磋商中，出于展示企业实力或者主观疏忽等原因将企业的技术或创意等商业秘密透露给对方的行为。竞争对手窃密一般是指竞争对手派自己员工或聘请第三人卧底到商业秘密权利人企业，从事能够接触到核心技术信息或经营信息的岗位，将相关信息通过一定方式告知竞争对手，或者是竞争对手以商业合作为理由恶意获得权利人商业秘密的行为，此时就与前述第一种泄密途径发生了竞合。相较于以上两种泄密方式，员工离职泄密的情况较为普遍，能够接触到企业商业秘密的技术或销售等人员离职后，跳槽到有竞争关系的企业，将本企业的商业秘密带到新企业并为后者所用。若在保密协议和禁业限制协议流于形式的情况下，这种跳槽泄密风险防不胜防。采购泄密主要表现为企业在采购过程中不得不披露的相关秘密，被供应商有意无意地泄露。销售泄密则主要是指销售人员在推销产品时未注意或者忽视商业秘密的保护，为完成销售目的，凸显产品的竞争实力，将企业的重要技术信息向对方透露的行为。采购/销售泄密还包括采购/

销售渠道、采购/销售价格、采购/销售范围等经营信息本身的泄露。

三、侵犯他人知识产权的风险

有些企业只顾着建立自家企业的知识产权防护网，别人是攻不进来的，但是却忽略了企业自己或其员工侵犯他人知识产权的可能。在文创产业中，侵犯他人专利权或侵犯他人商标权的行为并不鲜见，但是著作权内容侵权的现象却更为普遍。

内容侵权体现最为明显的就是版权内容的搬运、抄袭和篡改。2014年陈某诉余某《宫锁连城》抄袭《梅花烙》案是较早引发全民关注的版权侵权案，经法院对作品段落和情节等的对比审查，认定《宫锁连城》侵犯了陈某原创的剧本及小说《梅花烙》的改编权、摄制权，判决《宫锁连城》各出品方立即停止该电视剧的复制、发行和传播行为；余某及各出品方连带赔偿陈某经济损失及诉讼合理开支共计人民币500万元；余某刊登致歉声明，公开赔礼道歉、消除影响。随后几年，随着抖音、微博、微信公众号、小红书等自媒体平台的兴起和飞快发展，图文、音频、短视频、网络直播内容侵权行为高发的同时，呈现"隐蔽性"的特点。比如，某微信公众号为了快速获得关注和流量变现，未经作品权利人同意，将权利人已经发布的内容进行拼凑、篡改、删减后进行再次发布，究其本质还是属于抄袭行为。

内容侵权的另一种常见表现形式是视频内容的搬运，例如，某些视频平台涌现大量的影视作品二次创作"作品"，类似的现象还有将这一平台的热门视频稍加剪辑发布到另一平台，等等，此类侵权行为频发且已经达到了行业难以容忍的程度。2021年4月9日，由中国电视剧制作产业协会、中国电影评论学会、中国广播电视社会组织联合会演员委员会、爱奇艺、优酷、腾讯、芒果TV、咪咕视频等70多家组织和机构发表联合声明，称短视频自媒体等公众账号生产运营者将影视作品进行任意剪辑、切条、搬运、传播等，引发一系列盗版侵权问题和纠纷，严重侵犯影视作品权利人的合法权益、损害影视作品的完整性、曲解影视作品内容的主旨原意、破坏了影视行业的健康生态，相关权利人将采取必要、集中的法律维权行动，并呼吁各界共同预防、抵制该侵权行为，维护行业秩序。

无论是抄袭还是非法视频搬运，其本质都是未经过他人授权而擅自使用他人的版权进行盈利，都是对权利人合法权利的侵犯。文创企业在生产经营过程中，在增强版权意识维护自身合法权利的同时，亦应注意对他人知识产权的尊重，如此，才能建立起社会市场经济体系下良性健康的行业秩序。

第二节　文创企业的知识产权合规管理

对知识的传播与共享应通过合法渠道进行。文创企业应当做好自身知识产权的保护，以使其能够在未来发挥最大的经济价值，同时企业应将知识产权合规工作渗透到企业经营管理的方方面面，这是文创企业内部控制的基本内容、目标和保障，也是文创企业进行全面风险管理的重要和核心内容。

文创企业知识产权的风险防范主要体现在企业的主动积极作为。比如，通过提前规划布局知识产权保护、建立商业秘密保护制度，以及全面审查授权链条等多个维度对文创企业知识产权进行合规管理。

一、规划布局知识产权保护体系

文创企业只有将知识产权掌握在自己手中，抓住知识产权的规划和布局这个"牛鼻子"，才能在市场中保持主动和领先的地位，在企业日后的发展过程中也会拥有更多选择。如在前章节所述，文创企业自身应注意作品著作权登记的重要性，此处不再赘述。在实践中，企业还应注意著作权保护的全面性，应根据自身的实际需求准确界定版权登记的作品类型，表现形式较为复杂的文化产品还须进行组合式的版权登记。以电影为例，电影剧本可以登记为文字作品，甚至在剧本未写完前，其故事梗概、分集大纲也可单独进行版权登记；电影作品本身可以进行版权登记；电影主题曲可以申请音乐作品登记；电影海报可以申请美术作品登记；摄制花絮或宣传片可以登记为视听作品；[①] 等等。著作权保护不但要具有重要性、全面性，还应当具有前瞻性。以版权衍生品开发为例，在作品版权开发制作阶段，文创企业应该注意作品版权的衍生与基于作品版权可能出现的未来产品，并尽可能地将版权衍生品/未来产品的开发与版权归属落实在相关合作合同之中。以《变形金刚》系列电影为例，除了电影本身的高票房以外，"大黄蜂""擎天柱"等形象的手办也屡屡卖出高价，为其版权链条上的多家公司带来巨大收益。文创企业不仅要做好著作权保护，还应根据企业的实际情况及早规划布局商标权与专利权等知识产权的保护。

以时下火爆元宇宙领域的虚拟数字人为例，虚拟数字人是数字化时代的产物，是元宇宙的重要参与者，对于相关数字科技行业公司来说，虚拟数字

---

① 根据 2020 年 11 月 11 日修正的《著作权法》，原"电影作品和以类似摄制电影的方法创作的作品"修改为"视听作品"。

人的知识产权是公司最重要的资产之一。为了防范可能产生的知识产权风险，企业在创造虚拟数字人之初，就需要提前做好全面的知识产权布局。

虚拟数字人本身属于《著作权法》保护的作品，首先建议对其进行作品著作权登记。一般而言，虚拟数字人在申请著作权登记时应选择的作品类别为"美术作品"；若公司为虚拟数字人拍摄照片，则系列照片可申请的作品类别为"摄影作品"；若公司为虚拟数字人拍摄宣传片等，则宣传片等视频可申请的作品类别为"电影和类似摄制电影方法创作的作品"。

此外，虚拟数字人的形象、名称等元素均具有较大的潜在商业价值，企业应及早进行相关商标权的知识产权保护。注册商标表明了企业品牌的独属性，有利于树立品牌形象，保护品牌的价值，而且商标作为企业的无形资产，可以通过转让、抵押或许可使用来为企业创造收益。申请注册的商标无论是否实际使用，只要获得商标核准注册即受法律保护，其他人未经同意或许可，不得使用，否则须承担法律责任。为了日后防范不法分子"傍名牌""搭便车"、抢注商标等行为，企业在进行商标注册时还可以采取注册防御商标的形式对商标进行全方位保护。注册防御商标指企业注册与虚拟数字人有关的近似商标，让"山寨"无路可走。

在专利方面，虚拟数字人可寻求的知识产权保护方式也较为广泛。在发明方面，虚拟数字人研发的基础是计算机算法技术，根据《专利审查指南》的规定，"包含算法特征或商业规则和方法特征的发明"属于专利保护范围。在外观设计方面，不仅虚拟数字人的整体形象可以申请外观设计专利，局部形象也可获得专利保护。外观设计是指对产品的整体或者局部的形状、图案或者其结合以及色彩与形状、图案的结合所作出的富有美感并适于工业应用的新设计。外观设计专利权被授予后，任何单位或者个人未经专利权人许可，都不得实施其专利，即不得为生产经营目的制造、许诺销售、销售、进口其外观设计专利产品。

以上从著作权、商标权以及专利权3个方面，全方位地为企业研发的虚拟数字人产品的知识产权保护提出了一些法律建议。在实践中，企业应根据自身运营实际情况，按需选择相应的知识产权保护措施并加以实施，该知识产权保护体系的规划布局，有助于企业解决文创产品创作以及企业管理运营过程中的后顾之忧。

二、建立商业秘密保护制度

根据《中央企业商业秘密保护暂行规定》的规定，企业商业秘密的保护范围主要包括：战略规划、管理方法、商业模式、改制上市、并购重组、产权交易、财务信息、投融资决策、产购销策略、资源储备、客户信息、招投标事项等经营信息；设计、程序、产品配方、制作工艺、制作方法、技术诀窍等技术信息。2020 年 10 月 8 日，全国首个商业秘密省级地方标准浙江省《商业秘密保护管理和服务规范（DB33/T 2273—2020)》（下称《规范》）实施，浙江省民营企业的需求催生出了这份文件，也给文创企业建立商业秘密保护制度提供了参考。《规范》核心部分为商业秘密事项管理、企业自主保护、商业秘密维权和协同保护，最后还附上了《员工保密合同》、《竞业限制协议》及《委托加工保密合同》等参考文本。

在商业秘密保护制度建立与完善的过程中，企业内部首先应当根据信息的经济价值、泄露带来的损失程度对商业秘密进行核查和评估，并为其进行保护等级划分；在与供应商、客户、合作方等的沟通和信息往来中，应当隐藏或删除涉密信息或对涉密信息进行模糊化处理，对接触商业秘密的供应商或客户等相关人员进行告知并与其签订保密协议；随着事件发展情形变化，该商业秘密不再需要保护时，企业应落实消除标识等解密措施；最后，应当通过颗粒化粉碎、焚烧以及电子文件永久删除等合理措施销毁涉及商业秘密的文件、资料、电子信息、载体和物品等。

企业应当采取以下方式进行自我保护：入职阶段、培训、履职监督和离职时的人员涉及商业秘密管理；制定并实施具体的涉密信息保护方式，对文件资料、账户、电子信息等采取保管、流转、隔离、审批、设置权限和口令、录音录像、监控等措施。在 2020 年 9 月 4 日国家市场监管总局发布的《商业秘密保护规定（征求意见稿）》中规定，企业具有下列情形之一，足以防止涉密信息泄露的，可以认定满足商业秘密四要件之一的"采取相应保密措施"：（1）限定涉密信息的密级、保密期限和知悉范围，只对必须知悉的相关人员告知其内容；（2）任职离职面谈，提醒、告诫现职员工和离职员工履行其保密义务；（3）对该信息载体采取了加密、加锁、反编译等预防措施或在相关载体上加注保密标志或加密提示；（4）对于涉密信息采用密码或者代码等；（5）对于涉密的机器、厂房、车间等场所限制来访者，采取基本的物理隔离措施，如门禁、监控、权限控制等；（6）制定相应的保密管理制度并与相关人员签署保密协议；（7）在竞业禁止协议中对保密义务进行明确约定的；（8）权利人在劳动合同或保密协议中对商业秘密范围有明确界定且与其所主张的秘密范围相符的；（9）确保涉密信息他人轻易不能获得的其他合理措施。

企业还应提前制定泄密处置预案，当商业秘密已经泄露或存在可能泄露的风险时，根据预案及时采取维权行动，包括以通知声明等方式防止商业秘密的进一步扩散、责成专门小组对商业秘密被侵犯的损害事实进行调查，并采取向市场监管部门举报投诉、起诉（仲裁）等方式进行维权。

三、全面审查知识产权授权链条

知识产权的流转是文创企业商业价值的重要来源之一，而知识产权领域的侵权高发区就发生在知识产权流转过程中涉及的授权与被授权的过程之中。一般而言，每一次授权的授权主体、范围、性质、期限以及限制等条件的约定都存在差异，每叠加一次授权，发生侵权风险的概率就增加一些。对于被授权企业，必须对每一次权利流转的细节都审查清楚，确保企业不发生相关合规风险。

以某著名网络小说 IP 改编为影视作品为例，其版权授权链条包括原作家将小说的版权卖给某网文平台、某网文平台将版权卖给某影视公司、某影视公司将版权卖给某视讯平台并顺利播出。这一过程中就包含了多次授权，对某视讯平台来说，若只关注与某影视公司之间签订的版权授权协议是不够的，还应对前两次授权进行全面的审核，若某影视公司的前手，即某网文平台对某影视公司的授权存在权利瑕疵，某视讯平台就存在法律风险。从商务合作的角度而言，相较于存在版权瑕疵的作品，当一个具有完整清晰版权链条的作品放在合作方面前时，一定更有利于顺利推进与合作方的合作。实践中，某视讯平台通常会提供版权链条审核文件清单给某影视公司，某影视公司应当完整提供清单内的文件与资料，若不能完全提供，某视讯平台应该在充分预估自身风险，并认为风险可控的前提下，要求某影视公司提供版权声明，声明某影视公司对授权作品具有完整版权，若因版权问题引致的一切法律责任由某影视公司承担，若因此造成某视讯平台损失的，某影视公司应赔偿某视讯平台的全部损失。

知识产权是文创企业心血的结晶，文创企业应当重视建立知识产权合规管理制度体系。在作品筹备、制作、完成的创作过程中，应当注意对作品知识产权的保护，及时拟定、整理、收集知识产权证明文件并留存。在采购版权作品时，亦应注意全版权链的审查，确保不发生任何形式的法律风险。

四、依法进行著作权保护

对于著作权侵权行为，著作权保护制度向权利人提供司法保护和行政保护。文创企业可以通过行政、民事或刑事途径获取保护，追究侵权人的责任。从行政保护的角度来说，若公共利益受到侵权行为的损害，通过权利人的投诉或者知情人的举报，或者由行政机关立案调查，行政机关可以依法追究侵权人的行政责任。权利人可以根据侵权情况向侵权行为实施地、侵权结果发生地（包括侵权复制品储藏地、依法查封扣押地、侵权网站服务器所在地、侵权网站主办人住所地或者主要经营场所地）的著作权行政管理部门投诉。

从司法保护的角度来说，文创企业可以通过民事或刑事的途径来救济权利。经权利人提起民事诉讼，司法机关将依法追究侵权人的民事责任；在侵权行为涉嫌构成犯罪的情况下，司法机关将依法追究侵权人的刑事责任。知识产权刑事司法保护是知识产权保护中最具有强制力和威慑力的方式，目前社会公众对侵犯知识产权法律后果的认识多停留在民事赔偿，对侵害著作权行为在一定条件下可以构成犯罪缺乏足够的认识。

第三节　文创企业的知识产权案例解析

一、文创企业商标权纠纷案[①]

（一）基本案情

韩国某游戏企业制作了网络游戏《地下城与勇士》，其向我国商标局核准注册了第 6828568 号"DNF"商标、第 6640964 号"地下城与勇士 DNF"商标（下称涉案商标），核定使用商品为第 41 类包括"提供在线游戏"等。

2016 年 6 月 17 日，该韩国游戏企业向深圳某公司出具《授权书》，将其享有的《地下城与勇士》网络游戏涉及的商业标识使用权、著作权使用权、信息网络传播权、合法使用游戏所必需的邻接权，以及设计、制作、宣传、销售该游戏周边衍生品的权利独占专有许可给深圳某公司，其中包括上述两个注册商标。

深圳某公司发现广州某公司和某网络股份有限公司（下称某股份公司）通过在百度搜索引擎中将其享有独占许可使用权的涉案商标设置为搜索关键词的方式，借用涉案商标知名度误导相关公众，增加自身游戏下载量，提高收入，且在公开网页中使用了注册商标进行宣传推广，使得公众将《格斗猎人》网游误认为《地下城与勇士》网游，侵害了深圳某公司的商标权。且因商标侵权获利巨大，相关网站的运营者为广州某公司，《格斗猎人》（手机/平

---

① （2016）粤 0106 民初 17797 号。

板客户端游戏软件）的著作权人为广州某公司，广州某公司是某股份公司的全资子公司，深圳某公司向法院起诉广州某公司和某股份公司，要求两被告停止侵权行为，赔偿损失 1000 万元。

广州某公司、某股份公司认为其行为没有侵犯深圳某公司的商标权，理由为：其并未在产品上直接使用深圳某公司所诉求保护的商标，其在手机百度搜索中使用"地下城与勇士 DNF""DNF 手游"等属于文字性的描述使用，不侵犯深圳某公司的商标权。同时，《格斗猎人》是一款手机游戏（手游），而《地下城与勇士》是一款电脑端游戏（端游），两者市场不同，《格斗猎人》与深圳某公司的第 6640964 号商标的注册类别也不相同，① 且第 6640964 号商标属于图形商标，与深圳某公司所诉链接的描述不同，不构成商标侵权，另外，深圳某公司所诉之行为并不构成消费者的混淆。

（二）案例分析

本案的主要争议焦点为，关于"地下城与勇士 DNF""DNF"等文字的使用是否属于商标性使用？广州某公司、某股份公司的涉案行为是否构成对深圳某公司注册商标专用权的侵害？

根据《商标法》第五十七条第一款第一、第二项的规定，未经商标注册人的许可，在同一种商品上使用与其注册商标相同的商标的；未经商标注册人的许可，在同一种商品上使用与其注册商标近似的商标，或者在类似商品上使用与其注册商标相同或者近似的商标，容易导致混淆的行为均属于商标侵权行为。商标侵权的核心行为应落在"使用"行为上，这一"使用"并不是日常用语中的含义，应理解为特定的"商标性使用"。侵权人的使用行为是否是商标意义上的使用，是判断商标侵权与否的前提。何谓"商标性使用"？《商标法》第四十八条给出了明确的定义："本法所称商标的使用，是指将商标用于商品、商品包装或者容器以及商品交易文书上，或者将商标用于广告宣传、展览以及其他商业活动中，用于识别商品来源的行为。"即，商标性使用具有的两个含义：在商业活动中使用以及以区分商品或服务来源为目的的使用。本案中，深圳某公司的工作人员在百度搜索引擎中搜索"DNF 手游""地下城与勇士 DNF"等关键词，搜索结果显示为广州某公司、某股份公司的广告或推广链接。法院认为，"手游"已经明确了商业性服务的类别，"DNF""地下城与勇士 DNF"等文字则具有指示该种服务来源的功能，相关的广告或

---

① 第 6640964 号商标的注册类别为第 41 类：教育，提供培训，健身，娱乐，文体活动。具体包括：教育，组织和安排教育、文化、娱乐等活动，图书馆服务，出版服务，文娱，体育活动的服务，驯兽，单一服务。

推广链接可以明确识别服务的提供者，搜索结果中对"DNF""地下城与勇士DNF"的使用属于商标性使用。

广州某公司、某股份公司认为《格斗猎人》是手游，而《地下城与勇士》是端游，两者市场不同，不存在混淆，又该如何认定呢？我国《商标法》第五十七条明确将容易导致混淆纳入判定侵犯注册商标专用权的行为之一，而判断是否构成混淆，还有一个重要前提是商品处于同一市场中。所谓"同一市场"，可以理解为只有当商品处于消费者互相重合的同一市场，即同一选择范围内，才可能构成"混淆"。本案中，深圳某公司运营的《地下城与勇士》属于电脑端网络游戏，广州某公司、某股份公司运营的《格斗猎人》属于手机端网络游戏，二者都属于横版格斗类网络游戏，只是运营的载体不同，应认定为属于同一市场。深圳某公司运营的网游《地下城与勇士》知名度较高，广州某公司、某股份公司的涉案行为使公众误认为所链接网站、游戏为深圳某公司运营的《地下城与勇士》网站或者相关手机游戏，或使公众对深圳某公司运营的《地下城与勇士》网游与广州某公司、某股份公司以及《格斗猎人》网游之间产生错误的联系，有"傍名牌""搭便车"的嫌疑，属于容易导致"混淆"的行为，该行为侵犯了深圳某公司享有的"DNF""地下城与勇士DNF"注册商标独占许可使用权。

最终，法院根据《地下城与勇士》游戏以及《格斗猎人》游戏两者的知名度、市场影响力、每用户平均收入值、游戏注册人数、侵权行为持续时长等因素，判决广州某公司以及某股份公司连带赔偿原告深圳某公司经济损失以及维权合理开支共计人民币500万元。

（三）法条链接

中华人民共和国商标法

第五十七条 有下列行为之一的，均属侵犯注册商标专用权：

（一）未经商标注册人的许可，在同一种商品上使用与其注册商标相同的商标的；

（二）未经商标注册人的许可，在同一种商品上使用与其注册商标近似的商标，或者在类似商品上使用与其注册商标相同或者近似的商标，容易导致混淆的；

（三）销售侵犯注册商标专用权的商品的；

（四）伪造、擅自制造他人注册商标标识或者销售伪造、擅自制造的注册商标标识的；

（五）未经商标注册人同意，更换其注册商标并将该更换商标的商品又投入市场的；

（六）故意为侵犯他人商标专用权行为提供便利条件，帮助他人实施侵犯商标专用权行为的；

（七）给他人的注册商标专用权造成其他损害的。

（四）案例延伸

近年来，我国网络游戏业保持着蓬勃的发展态势，据工信部统计，截至 2021 年 12 月末，我国国内市场上监测到的 App 中，游戏 App 数量排在首位，占全部 App 比重为 28.2%，游戏类移动应用的下载量排在首位，达 3314 亿次。网游用户规模的增长直接带动了整个网游市场规模的扩大，与之相伴的技术与市场的发展催生了低成本侵权的可能性，这一领域的纠纷也越来越多。例如，网游《逆水寒剑》侵犯"逆水寒"商标案，网游《地下城勇士与魔女》侵犯商标权案，网游《英雄血战》抄袭《王者荣耀》地图案，等等。网游行业业态复杂、网络技术迭代更新快、网游产品多元化、网络用户低龄化等现状，对我国网络游戏行业的知识产权保护提出了新的问题与挑战。

但是，无论行业如何发展，有何种变化，随着我国对知识产权保护力度的加强，权利人对自身权利意识的觉醒，提前规划布局自身的知识产权保护体系，同时尊重他人知识产权、不侵犯他人知识产权，把规则意识植入血脉之中，是文创企业在这万千变化之中安身立命的根基。

本案中，韩国某游戏企业制作完成网络游戏之后，向我国商标局核准注册了涉案商标，深圳某公司通过韩国某游戏企业的授权，依法合规地取得了涉案注册商标的独占许可使用权，涉案注册商标的授权链条清晰完整。侵权行为一旦发生，权利人便可以及时有效地采取包括但不限于诉讼等方式，维护自身的合法权利。我国《商标法》第九条规定："申请注册的商标，应当有显著特征，便于识别，并不得与他人在先取得的合法权利相冲突。商标注册人有权标明'注册商标'或者注册标记。"商标通过个性化的、显著的、独一无二的外观展示，使其与商品或服务之间建立起一种稳定的联系，并与其他商品或服务进行明显区分。商标权依法受到保护，未经商标注册人许可，在同一种商品上使用与其注册商标相同的商标，构成犯罪的，除赔偿权利人的损失外，还要依法追究刑事责任。为维护自身的合法权益，防范相关知识产权风险的发生，建议文创企业在生产经营的过程中，及时注册商标、按需注册防御商标、主动进行商标监测、严厉打击商标侵权行为。

二、侵犯著作权刑事犯罪案①

（一）基本案情

李某与华某为夫妻。2016 年，李某与华某在某处分别注册经营两家公司并担任法定代表人。2017 年，李某以 28 万元的价格购买了懒人听书网站，并以个人信息在安徽省对该网站的域名进行了备案。懒人听书网自带第三方正规网站的链接解析功能，也就是该网站可以通过技术手段盗链有版权的网站链接，从而使得网站用户可以免费收听作品。网站有单田芳、刘兰芳、郭德纲和岳云鹏等人的作品。

李某明知网站上的作品并没有获得著作权人的相应授权。其间，华某明知未获得著作权人授权，却依旧帮助李某对懒人听书网站上没有图片的作品进行配图，以此增加网站的人气。同时，华某也会和百度公司联系，确定广告收入的相关事宜。

经勘验，该网站内共有作品 1 万余部。2018 年 2 月 12 日，北京德云社文化传播有限公司认定，懒人听书网站内共 679 部相关作品未获得其授权。2018 年 4 月 11 日，李某卖掉该网站，截至案发之时，懒人听书网站非法获利合计人民币数千元。

李某、华某到案后如实供述犯罪事实，并退还全部赃款。但李某、华某认为其不构成犯罪，应宣告无罪。

（二）案例分析

著作权保护的作品包括在文学、艺术与科学领域内具有独创性并能以一定形式表现的智力成果。未经著作权人同意对作品进行复制发行是侵犯著作权的常见行为。随着信息技术的快速发展，著作权侵权行为越发多样化，出现了通过利用深层链接、爬虫技术等技术手段侵权的行为，严重影响了正版作品市场交易。

本案中，李某的侵权行为属于一种盗链行为。李某在庭审中提出，其仅仅是通过技术手段盗链有版权的网站链接，达到用户可以免费收听作品的效果。但懒人听书网站本身并不直接向用户提供作品，因此其行为不构成对他人作品的复制发行。公诉人针对李某关于其盗链行为发表的上述辩护意见提出如下公诉意见：通过阅看本案行政机关远程勘验的录像资料，用户点击懒人听书网站相关链接的结果并非跳转到该被涉链网站，用户仍是在懒人听书

---

① （2020）皖 11 刑终 129 号。

网站域名下对被侵权作品进行收听，其无法看到来自被涉链的标识、网址以及涉链网站的网页广告。因此，懒人听书网站的涉案行为属于司法解释中的发行。法院在裁判说理时认为盗链行为是对作品的复制发行，[①] 因此认定该行为侵害了涉案作品的著作权。在盗链模式中，著作权人丧失了其对作品版权和传播范围的控制，无法从中获取利益。而若对该种盗链行为听之任之的话，势必会影响著作权人的创作动力，影响市场公平和资源效率。

另外，还有利用数据爬虫技术实施侵犯著作权的行为。在段某侵犯著作权一案[②]中，段某在互联网上设立某视频网站，利用搜索爬虫技术，对各知名视频网站的作品设置加框链接，用户点击即可播放。在网站运营期间，段某通过在网站内发布广告等方式牟利。段某通过信息网络向公众传播他人作品的行为被依法认定为"发行"他人作品，构成侵犯著作权罪。

依托技术的新兴媒介，如网络云盘、视频聚合等是一把双刃剑，其在促进作品传播的同时，也容易成为他人的侵权工具。与信息技术的发展和普及相伴而生的是，通过信息网络传播这种方式侵权的行为也越来越多，带来大量涉及新技术、新产业、新业态、新商业模式的知识产权纠纷，为了激励创新，加大知识产权保护力度，必须提高侵权代价和违法犯罪成本，对知识产权犯罪形成威慑。

值得一提的是，《刑法修正案（十一）》出台之后，对于侵害著作权罪的犯罪情形，增加了通过信息网络向公众传播作品、录音录像制品、表演的规定。实践中，许多权利人为了保护著作权及相关权利，对作品采取了技术加密等保护措施，但通过避开、破坏技术保护措施，侵犯著作权或者与之有关的权利的行为也越来越多，《刑法修正案（十一）》对上述情况专门作出规定，明确可以依照《刑法》关于侵犯著作权罪的规定予以惩治。

（三）法条链接

中华人民共和国刑法

第二百一十七条　以营利为目的，有下列侵犯著作权或者与著作权有关的权利的情形之一，违法所得数额较大或者有其他严重情节的，处三年以下有期徒刑，并处或者单处罚金；违法所得数额巨大或者有其他特别严重情节

---

① 最高人民法院、最高人民检察院于 2004 年发布的《关于办理侵犯知识产权刑事案件具体应用法律若干问题的解释》第十一条规定，通过信息网络向公众传播他人文字作品、音乐、电影、电视、录像作品、计算机软件及其他作品的行为，应当视为《刑法》第二百一十七条规定的"复制发行"。

② 段某侵犯著作权案，（2017）沪 0104 刑初 325 号。

的，处三年以上十年以下有期徒刑，并处罚金：

（一）未经著作权人许可，复制发行、通过信息网络向公众传播其文字作品、音乐、美术、视听作品、计算机软件及法律、行政法规规定的其他作品的；

（二）出版他人享有专有出版权的图书的；

（三）未经录音录像制作者许可，复制发行、通过信息网络向公众传播其制作的录音录像的；

（四）未经表演者许可，复制发行录有其表演的录音录像制品，或者通过信息网络向公众传播其表演的；

（五）制作、出售假冒他人署名的美术作品的；

（六）未经著作权人或者与著作权有关的权利人许可，故意避开或者破坏权利人为其作品、录音录像制品等采取的保护著作权或者与著作权有关的权利的技术措施的。

（四）案例延伸

知识产权是大多数文创企业的核心竞争力，是企业财富增长的依托。企业通过对知识产权的开发与利用，实现自身资产的增值和产业链的延伸。近年来，侵权案件时有发生。不少热播剧集或院线电影一上线，其盗版资源就被大肆传播。2021 年 11 月，因开发"人人影视字幕组"网站及安卓、苹果操作系统等客户端（内有大量未授权影视作品），梁某被判处侵犯著作权罪，相关技术、运营人员也依法受到处理。2020 年 12 月，李某指使他人注册玩具厂，复制发行乐高公司（LEGO A/S）创作的拼装玩具等若干系列产品，被判处侵犯著作权罪。

对于知识产权侵权行为，著作权人可以通过各种途径进行维权。我国《刑法》针对商标、专利、著作权的侵权行为规定了假冒注册商标罪、假冒专利罪、侵犯著作权罪等相关罪名与刑罚。在经营过程中，文创企业应当避免侵害其他主体的著作权，也应当警惕自身的著作权遭到侵害，通过对企业自身著作权、专利权、商标权等的保护与价值发掘，建立起自己的品牌的知名度。

第八章　文创企业信息数据合规

21 世纪是互联网时代、数据时代、信息时代，"数字经济"全面渗透社会经济活动。特别是新冠肺炎疫情暴发以来，叠加周期性经济波动，经济下行趋势明显，但是，数字经济未降反升，在疫情下发挥着重要的作用，我国数字经济规模占 GDP 的比重已经接近四成，涉数据企业的增长量远远超过其他行业。据工信部统计，截至 2021 年 12 月末，我国国内市场上监测到的 App 数量为 252 万款，第三方应用商店在架应用分发总量达到 21072 亿次。其中，游戏类移动应用的下载量达 3314 亿次；日常工具类、音乐视频类、社交通信类下载量分别达 2817 亿次、2477 亿次和 2449 亿次；生活服务类、新闻阅读类、系统工具类和电子商务类分别达 1960 亿次、1599 亿次、1572 亿次、1405 亿次。然而，相伴数字经济高速发展而来的数据合规问题越发严峻。根据中国消费者协会的统计，约有 85% 的用户都遭遇过各种各样的信息泄露、数据被盗取等问题。美国通信巨头威瑞森发布的《2021 年数据泄露调查报告》中显示，新冠肺炎疫情下远程办公的兴起和企业业务云端迁移潮，加大了网络罪犯的可能性。

2021 年 5 月 21 日，国家互联网信息办公室（下称网信办）组织对短视频、浏览器、求职招聘等 App 的个人信息收集使用情况进行了检测，检测结果显示，有 105 款 App 违法违规收集使用个人信息。6 月 11 日，网信办对运动健身、新闻资讯、网络直播、应用商店、女性健康等 App 组织了检测，检测结果显示，有 129 款 App 产品存在非法获取、超范围收集、过度索权等侵害个人信息的现象。7 月，在滴滴赴美上市之际，网信办会同公安部、国家安全部、市场监管总局等部门联合进驻滴滴出行开展网络安全审查，随后发布通报称"滴滴出行"App 存在严重违法违规收集使用个人信息问题，要求滴滴出行严格依法整改，保障广大用户个人信息安全。"滴滴"旗下的全部 25 款 App 全部在应用商店下架，暂停了新用户的注册服务。

数据合规系为企业合规体系不可或缺的重要组成部分，企业应当将依法依规收集、使用、管理数据纳入自己的必修课之中。或许有人认为数据是互联网企业的专属，只有像 BAT（百度、阿里巴巴、腾讯）那样的"大厂"才需要数据合规，自己只是一个小小的文创公司，很少与数据打交道，可以忽略数据合规。这种想法显然不对，互联网企业固然是数字经济中的主流，但并不意味着其他类型的企业就完全与数据绝缘。在信息时代，任何产业可能正在或即将成为"互联网＋"大家族的一员，数据是信息的载体，信息是数据的内容，现代社会中没有企业能脱离信息，从这个意义上讲，没有企业能够脱离数据。

文创企业和数据的联系紧密程度，不亚于互联网企业。就互联网企业和文创企业的关系而言，二者并非排斥关系，而是相交重合关系，许多文创企业同时也是互联网企业。在互联网产业和文创产业皆方兴未艾的背景下，网络文化产品的春天才刚刚来到，文创企业建立、管理、巩固自身的数据合规体系正当时。

第一节　文创企业信息数据合规风险

根据我国《数据安全法》的规定，数据是指任何以电子或者其他方式对信息的记录。一般而言，企业收集和使用的数据可以分为个人数据与非个人数据，其中，个人数据即个人信息，是以电子或者其他方式记录的与已识别或者可识别的自然人有关的各种信息，不包括匿名化处理后的信息，主要包括自然人的姓名、出生日期、身份证件号码、生物识别信息、住址、电话号码、电子邮箱、健康信息、行踪信息等。通常企业收集和使用的个人信息主要是员工的个人信息与客户（用户）的个人信息。非个人数据是与个人信息无关的数据，包括但不限于国家安全数据、公共安全数据以及其他数据。

数据合规风险高发区以及监管重点是违规收集、使用用户个人信息问题以及数据跨境流动问题。在网信办组织的关于 App 软件的数次检测中，监管层面关注的问题多为收集信息是否违反必要原则；收集的信息与其提供的服务是否有关；收集前是否经过用户同意；是否公开了收集使用信息的规则；是否按法律规定提供了删除或更正个人信息的功能；是否明示了收集使用个人信息的目的、方式和范围；等等。实践中，数据跨境流动过程也是企业风险的高发区。笔者将在下文中从"数据收集"、"数据使用"及"数据跨境"这三个方面对企业的数据合规风险进行重点阐述。

一、数据收集合规风险

数据有自己的生命周期，分为数据收集—数据存储—数据处理—数据传输—数据交换—数据销毁共计 6 个阶段。其中，数据收集是数据生命周期的起点，是数据从无到有的动态过程，这个动态过程的合规管理是数据合规的重中之重，于文创企业而言，必须注意数据收集的合规风险。

2020 年 10 月 1 日实施的 GB/T 35273—2020《信息安全技术个人信息安全规范》（下称《个人信息安全规范》）中，将"收集"定义为获得个人信息的控制权的行为，控制可以理解为能够决定个人信息的处理目的、方式等。收集行为包括以下三类：第一类是个人信息主体（即个人信息所标示或关联的自然人）主动提供，例如，用户注册 App 时填写的手机号码、邮箱地址或某些实名制网站需要填写身份证号码等信息的行为；第二类是通过与个人信息主体交互或记录个人信息主体行为等自动采集行为，例如，运动健康类 App 获取的行走步数、电商平台记录用户的浏览喜好以有针对性地推送用户感兴趣的商品等行为；第三类是通过共享、转让、收集公开信息等间接方式获得个人信息。第一类、第二类属于直接收集信息，第三类属于间接收集信息。

在直接收集信息的过程中，文创企业需要重点关注《用户隐私协议》以及类似协议的拟定与合规签署，防止出现数据合规风险以及合同效力风险等。《用户隐私协议》以及类似协议可以理解为，企业以书面的方式告诉用户，企业如何处理有关用户的信息以及企业如何保护这些信息的安全，并且确认企业为了处理用户的个人信息而获得了用户授权的协议。实践中，这些协议通常是格式文本。比如，我们在注册或登录某一网站或 App 时，在该页面的下方通常会写着"我已阅读并同意'用户协议和隐私条款'"，这句话前面还有一个小框需要勾选，只有勾选了才能进行下一步操作。那么，为什么要设置这样一个前置条款呢？是因为《网络安全法》《个人信息保护法》等法律法规明确规定了知情同意原则，即网络运营者收集、使用公民个人信息，应当明示收集、使用信息的目的、方式和范围等，未经被收集者同意，不得收集、使用个人信息。但是，又有多少用户仔细阅读了这些协议呢？这些协议动辄字数上万，句意晦涩难懂，还有很多的专业名词和法律术语，用户们往往会"偷懒"，一勾了之。网络运营者形式化地设置隐私条款看似满足了监管的要求，但是，由于格式文本无法更改、未作出提示说明义务、网络运营者可以单方面随意修改其中条款而不主动告知用户等情况的存在，在可能出现的数据合规风险之外，很容易导致合同效力风险等其他风险。此外，有些网络运营者在隐私协议中过分扩大可收集的信息范围，将与自身服务无关的信息也纳入用户同意的范围，这就违背了"最小必要原则"——只处理满足个人信息主体授权同意的目的所需的最少个人信息类型和数量。这些原则的违背都可能引起企业的信息收集行为不被认可，进而导致企业的数据合规风险。

企业通过间接方式收集个人信息时，存在的风险是未获得个人信息主体全部同意而导致侵犯个人信息权益。企业通常会与信息控制方签订协议来获得后者掌握的个人信息，为了节省成本和提高效率，通常协议中会要求信息控制方保证其已经充分获得了个人信息主体的同意和授权，而间接收集信息的企业则不会再向个人信息主体获得原始授权。在平台数据共享越发普遍的情况下，其中的合规风险应当引起各相关参与方的注意。北京知识产权法院审结的"新浪微博诉脉脉不正当竞争纠纷案"中就确立了上述情形下的"三重授权原则"。新浪微博与脉脉通过开放平台开展数据共享合作，但由于脉脉在合作过程中违反约定非法抓取新浪微博用户信息被提起诉讼。法院认为，间接收集方通过开放平台模式获取用户信息时应坚持"用户授权"＋"平台授权"＋"用户授权"的三重授权原则，即间接收集方基于商业合作模式利用用户信息时，除应取得数据控制方同意外，还应再次取得用户（个人信息主体）的直接同意。该案最终以脉脉刊登声明为新浪微博消除影响并赔偿新浪微博 200 万元结案。

二、数据使用合规风险

在国家有关主管部门的专项调查中，因未按法律规定提供删除或更正个人信息的功能而被通报整改的 App 不在少数，这是数据使用时容易违规却又常常被忽略的一个问题。数据删除和更正权是个人信息主体对其信息的重要权利，《网络安全法》第四十三条规定，个人发现网络运营者违反法律、行政法规的规定或者双方的约定收集、使用其个人信息的，有权要求网络运营者删除其个人信息；发现网络运营者收集、存储的其个人信息有错误的，有权要求网络运营者予以更正。网络运营者应当采取措施予以删除或者更正。《个人信息保护法》第四十六条规定，个人发现其个人信息不准确或者不完整的，有权请求个人信息处理者更正、补充。个人请求更正、补充其个人信息的，个人信息处理者应当对其个人信息予以核实，并及时更正、补充。第四十七条规定，有下列情形之一的，个人信息处理者应当主动删除个人信息；个人信息处理者未删除的，个人有权请求删除：（1）处理目的已实现、无法实现或者为实现处理目的不再必要；（2）个人信息处理者停止提供产品或者服务，或者保存期限已届满；（3）个人撤回同意；（4）个人信息处理者违反法律、行政法规或者违反约定处理个人信息；（5）法律、行政法规规定的其他情形。法律、行政法规规定的保存期限未届满，或者删除个人信息从技术上难以实现的，个人信息处理者应当停止除存储和采取必要的安全保护措施之外的处理。生活中很容易见到的情形是用户对某个 App 或网站不想继续使用了，就选择注销该账户，相应地，跟该账户关联的个人信息应当一并被删除。用户的注销行为其实就代表着一种数据删除请求行为，是撤回同意的意思表示，此时企业应当履行注销账户以及删除用户个人信息在内的相关义务。

数据使用过程中另一个不得不防范的风险，是员工利用在企业收集的用户个人信息牟利的风险。员工是企业合规的当然义务主体，员工的数据不合规问题通常会牵连到企业本身。大数据时代，包括互联网、银行、物流等许多行业在内，当掌握海量个人信息的企业未能做到数据合规时，企业内部员工参与个人信息倒卖，并在黑色产业链中起到关键性作用的案件并不鲜见，最终难免会累及企业，给企业造成负面影响以及重大经济损失。例如，某大型招聘网站的员工因参与倒卖个人信息而入罪的新闻引发轰动，除了员工本人应承担刑事责任之外，公众的关注点更多地集中在该招聘网站的数据合规问题，引致企业陷入重大负面舆情。

三、数据跨境合规风险

随着我国对外开放程度的不断提高，数据跨境的需求也越来越多，相应地，数据跨境遇到的风险也得到了越来越多人的关注。数据跨境流动风险防范关乎三重利益的保障，即个人信息主体的信息安全和隐私权利保障、企业的商业利益保障以及国家整体的安全利益保障。当数据上升为一种战略性资源，并被赋予政治性色彩时，维护数据主权和数据安全就具有了更高层面的价值和意义。2021 年 9 月 1 日生效的《数据安全法》是规制数据跨境的基础性法律，其不仅是信息领域的法律制度，更是国家安全领域的重要制度。《数据安全法》对于数据安全审查、数据出口管制、重要数据出境管理以及对等反制措施皆提出了要求。2021 年 10 月 29 日，为了规范数据出境活动，保护个人信息权益，维护国家安全和社会公共利益，促进数据跨境安全与自由流动，《数据出境安全评估办法（征求意见稿）》公布，对数据处理者向境外提供在中华人民共和国境内运营中收集和产生的重要数据和依法应当进行安全评估的个人信息的评估办法等予以规定并广泛征求意见。

涉外企业在国外数据规范规制下面临的风险非常严峻。各国为争夺数据资源纷纷建立严格的数据保护法律，甚至将这些法律的管辖范围延伸至境外主体，例如，美国时任总统特朗普于 2018 年签署的《澄清境外数据合法使用法案》（CLOUD 法案），使美国政府更方便调取存储于他国境内的数据，联邦调查局有权依靠法院传票，收集他国的电子邮件和个人信息；欧盟的《通用数据保护条例》（GDPR）被认为是史上最严最全面的隐私法，在该《通用数据保护条例》（GDPR）的框架下，欧盟设立了白名单，白名单内的地区被认为是安全的，数据可以自由传输，而对白名单以外地区的企业则采用标准合同条款或是约束性规则限制其数据传输，《通用数据保护条例》（GDPR）对违反其隐私规则的企业规定了严厉的处罚责任。2021 年 7 月，卢森堡当局就对亚马逊开出了一张欧盟有史以来最大的数据隐私泄露罚单，罚款金额高达 7.46 亿欧元（约 57.29 亿元人民币，8.88 亿美元）。而此前，谷歌也曾因类似违规行为被处以 1 亿欧元的罚款。此外，多项国际贸易谈判协定都将数据跨境传输纳入了议题，例如，TPP（《跨太平洋伙伴关系协定》）、中美 BIT（《中美双边投资协定谈判》）、RCEP（《区域全面经济伙伴关系协定》）等，都为我国企业"走出去"时的数据合规套上了一层更紧的紧箍。

第二节　文创企业信息数据合规管理

在当下复杂多变的市场环境、监管环境、国际环境下要做到数据完全合规确实不易，但是经济社会的智能化、数字化、国际化发展方向决定了企业数据的合规化管理必成趋势。国内外的信息数据法律法规都在不断完善，作为合规义务来源，企业应当紧跟相关法律法规完善的脚步，根据自身实际情况逐步建立数据合规体系。《个人信息保护法》的正式施行，使个人信息保护成为当下热议的话题，本节将以文创企业的个人信息数据合规管理为例，从数据合规安全原则要求、管理组织要求和技术要求 3 个方面进行解析。文创企业应当在此基础上依法规范企业内部与个人信息保护相关的行为，梳理相关合规管理制度，以避免或减少新法实施给企业的生产经营带来的风险。

一、数据合规的安全原则要求

无论是号称史上最严的《通用数据保护条例》，还是其他国家的数据保护法律制度，抑或是我国的相关法律法规，几乎都认为合法、正当、必要是数据采集和使用的基本原则。根据《个人信息安全规范》的规定，个人信息安全基本原则主要包括以下 7 个方面：（1）权责一致原则。企业是收集、使用数据的行为主体，应当采取措施保障数据的安全，依法对数据泄露或滥用等行为给数据主体造成的损害承担责任。（2）目的明确原则。企业不可随意收集或使用数据（个人信息），只有在具有明确、清晰并且具有具体的个人信息处理目的时方可依法依规地收集和使用，明确的目的不仅是企业建立后续保护措施的依据，也是国家监管部门对企业进行审查和评估的重点。（3）知情同意原则。在收集和使用数据前必须向数据主体充分告知数据收集或使用的目的、方式、范围以及其有何权利等内容，只有在征得数据主体同意的前提下才能处理数据。（4）最小必要原则。企业收集、使用信息时不得超过满足数据主体授权同意的目的所需数据类型和数量，也即企业收集和使用信息的范围和其要达到的目的之间要有合理的对应关系，目的所不能涵括的处理行为就不能被允许，在该目的达成后企业还应当及时删除、销毁数据。（5）公开透明原则。企业应当以明确、易于理解、合理的方式公开收集、使用数据的范围、目的和规则等，并接受外部监督。这一原则并不是指企业公开数据本身，而是指告知公众自己将收集和使用哪些数据、为何收集使用以及如何收集使用等。（6）确保安全原则。企业应当对数据的安全风险进行评估，并使自己拥有相应的对抗风险的能力，必须采取足够的管理手段和技术措施保护数据的保密性、完整性和可用性。（7）主体参与原则。在企业收集和使用的过程中每一个阶段，都应当畅通与数据主体的交流机制，向数据主体提供数据查询、更正、删除、撤回授权同意、注销账户、投诉等功能，并在收到数据主体的请求时及时地予以回应。

二、数据合规的管理组织要求

在我国现行的法律法规框架下，企业以自愿与法定相结合的方式设立数据合规管理组织。根据《数据安全法》的规定，重要数据的处理者还应当明确数据安全负责人和管理机构，落实数据安全保护责任。《个人信息保护法》专门规定了"个人信息保护负责人"的岗位及其岗位职责，处理个人信息达到国家网信部门规定数量的企业应当指定个人信息保护负责人，负责对个人信息处理活动以及采取的保护措施等进行监督。根据《个人信息安全规范》的规定，满足主要业务和个人信息处理有关且从业人员规模大于 200 人、正在或将在未来一年内处理 100 万人以上的个人信息以及处理 10 万人以上的个人敏感信息三个条件之一的企业，应当设立专职的个人信息保护负责人和个人信息保护专门机构。

在满足前述条件或者企业自身条件允许时建立专门的数据合规管理组织是有必要的。身处数字经济时代，企业若想走得长远，组建专门的数据合规部门，选任具有信息技术和数据保护专业知识技术并具有相关工作经验的人担任数据合规官（Data Protection Officer，缩写"DPO"）不仅是出自对个人信息的保护，也是出自对企业自身利益、公共利益乃至国家安全的考量。当然，并不是只有数据合规官或者数据合规部门对企业的个人信息安全负责，企业的法定代表人或主要负责人需要对企业的数据安全负全面领导责任，包括为数据保护工作提供人力、财力和物力保障等。

三、数据合规的技术要求

技术是检验企业数据安全保护能力的重要维度，是保障企业数据合规的重要支撑，否则即使企业的数据合规制度再完善，制度落实的过程也将困难重重，甚至流于表面形式。以移动智能终端个人信息保护技术要求中关于移动智能终端个人信息的收集为例，移动智能终端应对系统资源的调用予以监控、保护和提醒，确保收集行为受控；移动智能终端系统和应用程序，通过调用操作系统或其他安装的第三方软件系统提供的 API 接口收集个人信息时，应告知用户，让用户知晓被收集的个人信息的种类、用途，且应收集能够达到已告知目的的最少信息；持续收集个人信息时，应允许移动智能终端用户配置、调整或关闭个人信息收集功能；等等。

企业应当采取必要的技术手段，就个人信息在线采集的自动化控制以及个人信息处理的相关安全控制工具等，建立内部个人信息保护的整体安全技术方案，通过对个人信息识别和溯源建立个人信息库管理，通过对个人信息的生命周期监控实现对信息数据合规现状以及未来的全景把控，通过技术手段实现对数据处理过程中的匿名化、去标识化等以满足数据合规管理的相关要求。

关于重要数据，企业应当制定重要数据风险监控技术方案；建立重要数据风险监控平台，记录重要数据的全生命周期操作行为日志；定期审核重要数据的操作记录，保证对重要数据风险的量化管理；对重要数据生命周期相关操作行为进行合规性分析；企业还应具备重要数据的自动化脱敏机制，支持如匿名、泛化、随机和加密等脱敏手段，并建立相应的脱敏有效性评价功能；对于大数据服务中沉淀的数据，应监控通过大数据服务中的沉淀数据获取重要数据的风险。

第三节　文创企业信息数据合规案例解析

一、文创企业网络侵权责任纠纷案[①]

（一）基本案情

某直播平台是由某公司运营的主打音乐和歌曲演唱视频互动的直播平台。该直播平台的登录方式为输入账号和对应密码或输入手机号和对应验证码，

①　（2020）粤 0192 民初 38173 号。

在网络异常等特殊情况下需要用户进行人脸识别后方能登录。

2016 年，王甲在某平台上以其本人的身份证号码注册了直播账号，确认并同意了《某平台用户账号规则》《某平台直播用户服务协议》，同时应平台要求进行了实名认证，同时绑定了王乙的手机号。

随后，王乙向王甲借用其在某平台的直播账号并进行网络直播活动，双方也未对账号的归属问题做过约定。王乙签署了《某平台直播开播协议》，该账号的登录密码由王乙掌握。

2020 年，该直播账号已拥有 30 余万粉丝，财富等级和明星等级值均较高，并于 2019 年获得过平台相关比赛的冠军和季军等荣誉。王乙向某公司提出申请，要求将上述直播账号的实名认证信息变更为王乙本人，某公司在未告知王甲的情况下按王乙的要求作出了变更。此后由王乙继续使用该账号进行直播。

王甲认为某公司与王乙恶意串通，在未经过自己同意的情况下将直播账号的实名认证信息变更为王乙，自己对账号享有的财产权益受到了侵害，故向法院提起诉讼，要求某公司将账号的实名认证人重新更改回王甲。

（二）案例分析

直播账号不具有实体形态，而是存在于网络世界的一串数字，这串数字能够在特定的网络系统中指代特定用户的身份，并作为该用户享有一系列用户权利的象征。更具体来说，直播账号的财产权益包括两个层次：其一是账号本身；其二是在该账号上添附的虚拟财产权。

首先，我们要解决的是涉案直播账号的归属权问题，拥有直播账号所有权的主体究竟是某公司还是注册用户，某公司是否有权单方终止王甲使用账号？目前我国尚未有法律对网络平台或应用账号归属的规定，学术或司法实践对这一问题也未有统一意见，有观点认为，这一类账号应当属于某公司这些运营商，也有观点认为属于用户个人所有。笔者认为，账号归属主要取决于用户和平台之间签署的协议是否对此进行了约定。本案中，王甲与某公司签订了《某平台用户账号规则》，其中有关条款如下，"您不得赠与、借用、租用、转让、售卖账号，或者以其他方式许可他人使用账号，某平台发现或者有合理理由认为使用者并非账号初始注册人，为保障账号安全，某平台有权立即暂停或终止向该账号提供服务，并有权永久禁用该账号"，很明显，规则约定了用户仅享有账号的使用权，而无所有权。不管王甲出于何目的，其将账号出借给王乙使用已经属于违约，在《某平台用户账号规则》有效的情况下，某公司有权按照约定终止王甲使用该账号，不属于违约。同时，某公司与王乙订立新的合同，将相关账号使用权让渡给王乙，属于双方真实意思表示，未违反法律法规的禁止性规定。

其次，关于涉案账号上的财产权益，即该账号经过王乙使用和经营而使之增值部分的财产权益，应当如何处分？王甲在某平台上注册了账号，并进行了实名认证，却从未签署过某平台的直播开播协议，其并无通过在某平台直播来获得账户财产收益的明确意思表示，也未使用涉案账号进行直播。事实上，在王甲持有该账号期间，是王乙的一系列创造行为使得该账号添附了财产性内容，具体体现为账号下数十万粉丝基于王乙的直播内容进行的打赏等财产性收益以及"财富等级""明星等级"以及其他荣誉等无形的数据，将该财产权益分配给王乙符合劳有所得和公平原则。

法院经过审理之后判决，驳回王甲的全部诉讼请求。

（三）法条链接

中华人民共和国民法典

第一百二十七条 法律对数据、网络虚拟财产的保护有规定的，依照其规定。

（四）案例延伸

虚拟财产权最重要的问题之一是其归属问题，正是由于目前相关法律的缺失，所以在讨论平台账号的归属时最主要的还是依据平台规则。讨论这一问题的重要前提是认为虚拟财产权的性质属于物权性质，因为只有物权才会包含所有权这一权能。其实，目前无论是理论界还是司法实践，对虚拟财产的法律性质都有不同的观点，归纳起来共有四种看法，分别认为其属于"物权"、"债权"、"知识产权"和"独立的新型权利"，不同的看法下对虚拟财产的继承、交易等关系中各方的权利义务分配都有所差异。不管理论上如何界定，网络虚拟财产作为一种新型的财产权利，在法律尚无明确规定的情况下，还是需要各方以约定方式明确各自的权利义务，以避免纠纷发生。

随着大数据和网络时代的到来，越来越多的虚拟财产在网络社会中产生、交易和流转，与之相伴的，与虚拟财产相关的纠纷也引起了法律界的关注。2020年的《民事案件案由规定》已经将"网络侵害虚拟财产纠纷"规定为独立的案由。《民法典》首次以法律的形式对数据和网络虚拟财产的保护作出了规定。长远来看，文创企业在提供网络服务的过程中如何在法律的框架下保护自己和用户的权益、完善管理规则、拟定平台协议等都是非常值得思考的问题。

二、文创企业侵犯公民个人信息案①

（一）基本案情

杨某、翁某二人共同出资设立了某公司，某公司主要从事文化艺术交流服务、珠宝首饰、工艺品、日用百货以及化妆品销售等业务，平时主要由杨某负责公司的经营。

某公司成立后盈利水平一直不佳，为扩大公司的销售量、提高公司的盈利水平，杨某和翁某商议通过何种方式能实现点对点的推销。最后决定由翁某想办法获取一些公众姓名和对应的电话号码，可以让公司工作人员挨个拨打号码，有针对性地推销公司的产品。

随后，翁某加入了某 QQ 群，在 QQ 群里收集含有姓名、联系方式等内容的个人信息，并将这 7 万余条的公民个人信息复制在 Excel 表中，之后又将该 Excel 表格通过 QQ 邮箱发送给了杨某。

杨某收到表格对这些信息进行了整理，后将其分发给了某公司的话务员，让话务员逐一拨打表格中的号码，推销公司的"某宝玺""某吉祥如意玺"等工艺品。某公司共计盈利了 20 余万元人民币。

因涉嫌非法侵犯公民个人信息犯罪，公安机关对杨某进行了抓捕，翁某则随后主动向公安机关投案。随后，检察机关以某公司、杨某、翁某犯侵犯公民个人信息罪向法院提起了公诉。

（二）案例分析

公民的个人信息安全和合法权利依法受到保护。根据相关法律法规的规定，任何组织、个人不得非法收集、使用、加工、传输他人个人信息，不得非法买卖、提供或者公开他人个人信息；不得从事危害国家安全、公共利益的个人信息处理活动。违反国家有关规定，向他人出售或者提供公民个人信息，将在履行职责或者提供服务过程中获得的公民个人信息出售或者提供给他人，窃取或者以其他方法非法获取公民个人信息的，存在涉嫌刑事犯罪的可能。

为打击这种公民个人信息被随意获取和随意泄露的现象，立法部门早在 2009 年通过《刑法修正案（七）》增设了《刑法》第二百五十三条之一，规定了出售、非法提供公民个人信息罪和非法获取公民个人信息罪。随着新型个人信息犯罪形式的出现，《刑法修正案（九）》又进一步完善了该法律条

---

① （2019）苏 0118 刑初 98 号。

文，规定为"侵犯公民个人信息罪"，不仅扩大了犯罪主体的范围，也提升了法定刑的配置水平，从而能够更广、更深地打击个人信息犯罪，更好地在大数据时代保护公民个人信息。

个人信息的处理应当遵循"知情同意"等原则，本案中，某公司、杨某、翁某从QQ群里大量获取公民个人信息的行为，不但违反了该原则，而且已经构成《刑法》规定的侵犯公民个人信息罪。杨某、翁某以推销商品营利为目的，从QQ群里非法获取公民个人信息7万余条，且赚取了巨额利润，侵害了自然人个人信息权益，情节严重，属于侵犯公民个人信息的犯罪行为，前述犯罪行为属于单位犯罪，杨某、翁某系犯罪单位的直接负责的主管人员和直接责任人员，且具有刑事责任能力，依法应当分别承担相应的刑事责任。

法院经过审理后判决，某公司犯侵犯公民个人信息罪，判处罚金人民币8万元；杨某、翁某犯侵犯公民个人信息罪，因杨某、翁某归案后如实供述犯罪事实，构成坦白，另翁某主动投案并如实供述犯罪事实，构成自首，故判处杨某有期徒刑11个月，缓刑1年，并处罚金4万元；翁某有期徒刑11个月，缓刑1年，并处罚金4万元。

（三）法条链接

中华人民共和国刑法

第三十条 公司、企业、事业单位、机关、团体实施的危害社会的行为，法律规定为单位犯罪的，应当负刑事责任。

第三十一条 单位犯罪的，对单位判处罚金，并对其直接负责的主管人员和其他直接责任人员判处刑罚。本法分则和其他法律另有规定的，依照规定。

第二百五十三条之一 违反国家有关规定，向他人出售或者提供公民个人信息，情节严重的，处三年以下有期徒刑或者拘役，并处或者单处罚金；情节特别严重的，处三年以上七年以下有期徒刑，并处罚金。

违反国家有关规定，将在履行职责或者提供服务过程中获得的公民个人信息，出售或者提供给他人的，依照前款的规定从重处罚。

窃取或者以其他方法非法获取公民个人信息的，依照第一款的规定处罚。

单位犯前三款罪的，对单位判处罚金，并对其直接负责的主管人员和其他直接责任人员，依照各该款的规定处罚。

（四）案例延伸

数字时代，谁能掌控精准数据，谁就率先抢占了市场。大大小小的App、银行、通信网点、门禁系统等，生活中需要公民提供个人信息的场所数不胜数。相信许多人也接到过陌生号码的来电，不仅能够准确地喊出自己的姓名，而且也了解自己目前的需求，从而精准推销某些商品。

本案就涉及这种情形，可以说目前这种现象在我们生活中已经非常频繁，接到陌生来电或短信的推销信息不仅扰乱公民个人生活的安宁，也使公民的个人信息处于可随意处置的危险状态中，若被不法分子掌握，甚至存在危害公民的财产安全乃至人身安全的可能，依法应当予以严惩。

而对于文创企业而言，受本案启发，应当格外重视业务宣传和销售端口的数据合规，企业主要管理人员应熟知当前法律法规对数据、信息方面的规定和要求，判断本企业的宣传、销售模式是否存在违法的风险，同时对宣传、销售人员重点培训包括《网络安全法》《数据安全法》《个人信息保护法》以及本地数据条例等在内的法律法规，明确宣传部门、销售部门负责人的合规义务，以及必要时定期对企业的宣传人员和销售人员进行数据合规考核和检查。

第九章　文创企业反不正当竞争领域的合规

随着市场的进一步扩大和技术手段的进步，经营主体不正当竞争行为的数量呈现上升趋势，行为模式越来越新，社会影响力也越发广泛。2021 年 4 月，上海知识产权法院发布了《不正当竞争案件审判情况白皮书（2015—2020）》。统计显示，5 年间仅上海知识产权法院就受理了各类不正当竞争案件 950 件，并且数量逐年增加。在市场自由化竞争状态下，企业受利益驱动采取非法或不道德的手段以获得竞争优势的行为，损害了竞争对手和消费者的合法权益。企业的长远发展离不开健康的市场竞争秩序。为保护市场秩序的健康稳定，各国纷纷制定了与反不正当竞争相关的法律法规，将诚实守信、保守秘密、遵守交易习惯等商业道德伦理法律化。市场经济中的竞争并不是完全的自由竞争，而是在法律允许范围内的自由竞争。经营者违反《反不正当竞争法》等法律法规的规定，应当承担民事责任、行政责任和刑事责任。

第一节　文创企业的不正当竞争风险

不正当竞争行为是指经营者在生产经营活动中，违反法律规定，扰乱市场竞争秩序，损害其他经营者或者消费者的合法权益的行为。我国的《反不正当竞争法》规定了 7 类不正当竞争行为，分别是混淆、贿赂、虚假宣传、侵犯商业秘密、不当有奖销售、商业诋毁以及不当网络经营。

一、混淆

混淆行为是指故意引人误以为是他人商品或者与他人存在特定联系的行为，也俗称"搭便车""傍名牌"，例如，擅自使用与他人有一定影响的商品名称、包装、装潢等相同或者近似的标识；擅自使用他人有一定影响的企业名称（包括简称、字号等）、社会组织名称（包括简称等）、姓名（包括笔名、艺名、译名等）；擅自使用他人有一定影响的域名主体部分、网站名称、网页等。

以影视行业"搭便车"的混淆行为为例,[1] 厦门蓝火焰公司出品、北京基点公司发行了《汽车人总动员》动画电影,电影宣传时将海报中《汽车人总动员》的"人"字用"轮胎"图形遮挡,且海报正中有汽车的拟人化形象,在视觉效果上变成《汽车总动员》,与迪士尼公司和皮克斯制作发行的电影《赛车总动员》仅一字之差,两部电影名称构成近似。蓝火焰公司的法定代表人将《汽车总动员》作为电影名称在微博中进行宣传,所附图片中使用的名称也是《汽车总动员》。后者播映多年,在国内外市场均拥有一定知名度,经法院认定属于知名商品的特有名称。[2] 法院认为,对于电影行业而言,电影海报、媒体报道等对公众决定是否观看某部电影有着重要影响。被告的行为极易使相关公众对涉案电影与《赛车总动员》系列电影产生混淆,且主观上存在攀附他人知名商品特有名称的故意,其行为构成擅自使用知名商品特有名称的不正当竞争行为。最终蓝火焰公司被判赔人民币 100 万元,基点公司承担 80 万元的连带责任,且二者被判决要求停止复制、发行、展览及通过信息网络传播《汽车人总动员》电影、电影预告片、电影海报,停止使用《汽车总动员》作为电影名称的不正当竞争行为。

二、贿赂

防范商业贿赂一直是企业合规的重点工作。《反不正当竞争法》明确禁止为谋取交易机会或者竞争优势而贿赂交易对方的员工或其他受托人员的行为。商业交易中给予对方折扣或向中间人支付佣金应当以明示的方式进行,无论是支付方还是接收方都应如实入账。

A、B 公司是关联企业,先后与 C 公司等多家单位签订了合作协议,获得了代理我国某市区公交车身广告的部分业务资格。在业务开展过程中,A、B 公司独自承揽客户的广告业务并收取相应的广告费,再向 C 公司等支付费用后使广告得以发布,并赚取差价作为其广告代理费。A、B 公司为获得更多交易机会,在业务洽谈以及后续跟进过程中,委托 C 公司员工通过提供广告代理费一定比例的经费对客户经办人以吃请娱乐、赠送消费卡券、礼品等形式进行客情维护。A、B 公司通过此举已收取广告代理费共计人民币 80 余万元,均未缴纳税费。当地市场监督管理局调查核实后,认为 A、B 公司的前述行为

---

① (2017)沪 73 民终 54 号案。

② 《反不正当竞争法》于 2017 年修订,修订前的该法中第五条第二项规定:"擅自使用知名商品特有的名称、包装、装潢,或者使用与知名商品近似的名称、包装、装潢,造成和他人的知名商品相混淆,使购买者误认为是该知名商品。"

属于商业贿赂的不正当竞争行为，罚没 A、B 公司款项共计人民币 100 余万元。①

三、虚假宣传

商家为了提高销量，在做广告时夸大商品的性能、功能、质量、销售状况、用户评价、曾获荣誉等行为误导、欺骗了消费者，损害了消费者的合法权益的，属于不正当竞争行为的一种表现形式。同时，若存在帮助其他经营者虚假宣传的行为扰乱了正常的市场秩序的，也属于不正当竞争行为。

杭州某文化创意有限公司在"华夏评级币销售活动"总结宣传文案中，使用"24 小时线上拍卖""打造古钱放心拍卖场"等字样，使消费者误以为举办的是经过拍卖许可的拍卖活动，而其实质仅是提供交易的媒介，让平台内经营者独立开展以竞价方式的在线交易。有大量投诉举报称，该公司平台内商家以低价方式吸引消费者购买假冒商品。此外，该公司在宣传中声称"当天活动成交额突破 265 万元"，而实际成交额为 72 万余元。根据执法部门调查结果，作为电子商务平台经营者，该公司未在首页或显著位置公示其自身营业执照，且未对自营、非自营商品作显著区分。杭州市市场监督管理局以虚假宣传（不正当竞争行为）对该公司罚款 135 万元。②

四、侵犯商业秘密

侵犯商业秘密既是侵犯权利人知识产权的行为，也是不正当竞争行为，二者发生了竞合，本书第七章第一节已对此进行了详细论述，故此处不再赘述。

五、不当有奖销售

对符合条件的消费者进行奖励是一种惯常的促销手段，但是不当的有奖销售会被认为是不正当竞争，法律禁止以下 3 类行为：（1）所设奖的种类、兑奖条件、奖金金额或者奖品等有奖销售信息不明确，影响兑奖；（2）采用谎称有奖或者故意让内定人员中奖的欺骗方式进行有奖销售；（3）抽奖式的有奖销售，最高奖的金额超过 5 万元。相比其他几种行为，文创企业因不当有奖销售而遭遇诉讼或处罚的情形并不多见，这种行为更多地发生在零售行业。

---

① 甬市监处〔2017〕7 号。
② 杭市监罚处〔2021〕7201 号。

某 App 产品主打"生活阅读"，以新闻资讯为主体内容，其运营商公司在 App 中设置提现活动，其目的是激励吸引用户，增加用户黏度，从而实现增加 App 内有效用户数及提升活跃度来获取更多商业利益，其返利商业模式构成了有奖销售行为。该公司在有奖销售活动中，多次变动规则，增加用户提现门槛，影响了已有用户已有金币的提现，加重了用户负担，不利于消费者，这种行为违反了《反不正当竞争法》第十条的规定，构成了不正当有奖销售的违法行为。当地市场监督管理局对其处以责令改正和罚款 1 万元的行政处罚。①

2020 年 12 月 1 日，国家市场监管局制定的《规范促销行为暂行规定》开始生效，这部规章专门对促销行为、有奖销售行为、价格促销行为进行了规范，并明确了相应的法律责任。

六、商业诋毁

所谓"拉踩"一词，指通过贬低其他人或物来吹捧自己喜欢的人物，以对比来体现差异。在市场经营中也不乏类似的"拉踩"行为，经营者通过编造、传播虚假信息或者误导性信息损害竞争对手的商业信誉、商品声誉，来凸显自己产品的优势，进行不正当竞争。

以 B 站诉脉脉的案例为例，② 某用户在求职网站脉脉上发帖询问"B 站算法和平安科技上海算法职位如何选择"，该帖下一名为"哔哩哔哩员工"的用户回帖称："B 站能睡××"，该回帖迅速被列为热门评论，并引发了其他网站用户的广泛关注、转发及评论。B 站诉至法院，认为该评论是脉脉所发，恶意损害 B 站的商誉。脉脉则抗辩自己是求职网站，与 B 站并非竞争对手，且评论是用户所发，脉脉仅提供网络服务，但是脉脉并未提供证据证明这一点。法院认为，涉案评论会使他人对宽娱公司（B 站的运营者及所有者）的企业形象、企业文化以及工作环境产生怀疑，导致出现否定性的评价，使得宽娱公司的社会评价降低，属于损害宽娱公司商业信誉的行为。法院经过公开开庭审理之后，最终判决脉脉承担发布声明以消除恶意诋毁对方商誉的影响，以及赔偿 B 站人民币 30 万元。

七、不当网络经营

2017 年修订的《反不正当竞争法》首次将互联网经营纳入规制范围，并

---

① 沪市监闵处〔2021〕122021003742 号。
② （2019）京 0108 民初 35520 号。

在 2019 年修正时得以延续。经营者不得未经其他经营者同意，在其合法提供的网络产品或者服务中，插入链接、强制进行目标跳转；不得误导、欺骗、强迫用户修改、关闭、卸载其他经营者合法提供的网络产品或者服务；不得恶意对其他经营者合法提供的网络产品或者服务实施不兼容；以及兜底性地不得实施其他妨碍、破坏其他经营者合法提供的网络产品或者服务正常运行的行为。

以快手诉湖南某网络科技公司不正当竞争案为例，该案例属于典型的强制目标跳转情形。用户首次将快手 App 中的视频链接地址复制粘贴到毛驴助手 App 后，再次复制快手 App 中的视频链接地址后会直接跳转至毛驴助手 App 中，这种行为未经快手公司的同意，干扰并代替用户作出选择，而且该结果若非通过相应技术手段是无法实现的。根据《反不正当竞争法》第十二条第二款第一项的规定，上述行为属于在快手公司经营的快手 App 中强制进行目标跳转的行为，构成不正当竞争。法院经过公开开庭审理之后，判决被告某网络科技公司赔偿原告快手公司人民币 3 万元。[①]

2021 年 8 月 17 日，市场监管总局发布了《禁止网络不正当竞争行为规定》的征求意见稿，进一步对网络领域中的不正当竞争行为进行规制。其中又列举了一些予以禁止的行为，如经营者不得利用技术手段，通过影响用户选择、限流、屏蔽、商品下架等方式，减少其他经营者之间的交易机会，实施"二选一"行为；经营者不得利用技术手段，非法抓取、使用其他经营者的数据，并对其他经营者合法提供的网络产品或者服务的主要内容或者部分内容构成实质性替代，或者不合理增加其他经营者的运营成本，减损其他经营者用户数据的安全性，妨碍、破坏其他经营者合法提供的网络产品或者服务的正常运行等。

第二节 文创企业的不正当竞争合规管理

企业在复杂的市场环境中，不仅要时刻注意并防止自身及员工的不正当竞争行为，同时也要警惕并防范被不正当竞争的风险。

一、不正当竞争执法调查的应对

企业或其员工一旦实施了"搭便车"、夸大宣传等不正当竞争行为，除了存在被竞争对手诉至法院以民事手段解决的情形外，还常常面临着行政部门

---

① （2018）京 0108 民初 68074 号。

的行政强制手段。《反不正当竞争法》第三章专门就行政执法部门对涉嫌不正当竞争行为的调查进行了规定。通常情况下，监管部门可以进入涉嫌不正当竞争行为的经营场所进行现场检查；可以询问被调查的经营者、利害关系人及其他有关单位、个人，要求其说明有关情况或者提供相关资料；可以查询、复制有关的协议、账簿、单据、文件、记录、业务函电和其他资料。此外，监管部门还可以查询经营者的银行账户并查封、扣押有关财物。

现行行政法律法规确立了协商性的行政监管理念。企业面对行政机关的执法措施时，若能积极配合调查、采取补救挽损措施、披露违规事实和违规责任人或者主动整改制度的，监管部门通常可以在法定责任范围内酌情减轻处理。企业若在出现违法违规行为之前，已经建立合规管理机制的，存在行政机关作出免予行政处罚或者减轻行政处罚的决定的可能。对于这种以合规作为宽大行政处理依据的制度，学界通常称之为"行政合规的实体激励机制"。[①] 体现在反不正当竞争领域，则是《反不正当竞争法》第二十五条明确规定的"经营者违反本法规定从事不正当竞争，有主动消除或者减轻违法行为危害后果等法定情形的，依法从轻或者减轻行政处罚；违法行为轻微并及时纠正，没有造成危害后果的，不予行政处罚"。

企业面对不正当竞争调查时，应当区分为以下几种情况进行应对。

第一种情况，企业自身或授意员工故意实施不正当竞争行为的。这种情况下，企业故意违规，损害了竞争对手、消费者乃至社会整体市场秩序的利益，理应受到法律的惩治。当监管部门着手启动调查程序时，通常已经掌握了违法行为的初步证据，企业此时万不可存有侥幸心理，企图通过其他违法手段逃避责任，此时直接责任人应主动坦白相关不正当竞争的事实、积极赔偿竞争对手和消费者受到的损失，及时承担罚款等处罚责任，以争取行政机关的宽大处理。

第二种情况，员工自行实施不正当竞争行为且企业不知情的。这种情况在实践中也时有发生，销售人员为提高销量，谋求个人的奖金奖励或职位晋升，在明知企业禁止相关不正当竞争行为的情况下，仍然实施贿赂交易客户或收受回扣、夸大宣传等行为。根据《反不正当竞争法》第七条第三款的规定，经营者的工作人员进行贿赂的，应当认定为经营者的行为；但是，经营者有证据证明该工作人员的行为与为经营者谋取交易机会或者竞争优势无关的除外。企业应举证证明贿赂行为是员工的个人行为，企业并未从中获利，

---

① 陈瑞华：《论企业合规在行政监管机制中的地位》，载《社会科学文摘》2022 年第 2 期。

但是这并不容易。需要企业在平时的经营管理中就注意对员工的业务规范培训，明确必须禁止的行为，做到有据可查、有迹可循。

企业或其员工确实未实施不正当竞争行为的。这种情况并不多见，原因在于监管部门的调查是以掌握不正当竞争的初步证据为基础的，但也不乏企业被竞争对手陷害或被其他不法分子利用，以捏造证据被恶意举报。这种情况下，企业更应当充分配合调查，和执法部门保持沟通，提供企业的合规管理制度，让执法部门进驻现场证明企业的合规运作。执法部门的处罚依据是事实和法律，在企业确无相关违法违规事实的前提下，应当充分相信执法部门会秉公处理。

二、企业被不正当竞争的合规应对

市场经济下企业间竞争激烈，企业即使自身合规，也存在面临来自其他经营者不正当竞争的风险。对此，企业的正确应对以及及时有效的救济措施能够有效避免风险、挽回经济损失。

企业的救济途径主要有提起民事诉讼，要求对方承担道歉、赔偿损失等民事责任；向监管部门举报投诉，对不正当竞争方启动调查并予以行政处罚；若对方的不正当竞争行为情形严重的，可以向公安机关报警立案，启动刑事程序。

实践中，对被不正当竞争的企业来说，提起民事诉讼，获得经济赔偿以弥补损失，是非常重要的救济途径。大多数不正当竞争行为的特点在于，侵权行为与损害后果同时发生，例如，商业诋毁，如果侵权人持续发布诋毁竞争对手的信息，那么对被诋毁的企业的商誉以及经济利益的损害就会一直持续，可以说，早一分钟停止侵权行为，对受害人的损失就能少一分。在民事诉讼中，诉前行为保全，也称诉前禁令，是一种行之有效的保全方式。

第三节　文创企业的不正当竞争案例解析

一、文创企业诉前行为保全案[①]

（一）基本案情

某猫是一款视频聚合软件，其主要服务内容为向用户提供电视节目单、

---

① （2018）沪 73 民终 167 号。

剧情介绍、节目预告以及视频点播。某猫网站的运营商为上海某公司。

北京某公司运营的某平台，是国内的大型影视剧、节目等视频播放平台。北京某公司每年耗费巨资购买视频版权在其平台上供用户在线点播观看或下载，并通过在视频播放前、暂停时或在播放页面周边投放广告以获得广告收益或免广告会员费。

某猫向用户提供的某综艺节目视频来源链接为北京某公司的某平台，但并未经过北京某公司的合法授权，且某猫在其自身网站播放该综艺节目前屏蔽了北京某公司设置的片前广告和暂停广告，使得用户在非成为会员的情况下也可不观看广告。

北京某公司发现该现象后向当地法院提出申请，要求某猫立刻停止该综艺节目的播放行为，同时提供了担保。法院经过审查后，认为某猫的行为有可能构成不正当竞争。若不及时采取措施，可能对北京某公司某平台的竞争优势、市场份额造成难以弥补的损害。对此法院应北京某公司的申请出具了诉前禁令，裁定上海某公司立即停止在播放来源于某平台视频时绕开片前广告、视频暂停时广告的行为。

随后北京某公司向法院起诉上海某公司，要求立即停止不正当竞争行为，赔偿经济损失以及合理费用共计 52 万元，刊登声明消除不正当竞争行为造成的影响。

（二）案例分析

本案中，上海某公司经营的某猫在播放来源于某平台的作品时绕开了北京某公司设置的广告。上海某公司的行为实质上使得既不愿意观看广告也不愿意支付会员费的消费者转而使用某猫软件，由于某猫及某平台均向受众提供视频点播服务，两者具有直接竞争关系。所以，上海某公司的行为已经造成了对北京某公司的合法权益的损害，有可能构成不正当竞争。两个公司所运营的视频网站均用户数量巨大，若不及时制止上海某公司的行为，可能对北京某公司的竞争优势、市场份额造成难以弥补的损害。同时，上海某公司为诉前行为保全申请提供了担保，采取保全措施也不会损害社会公共利益。基于前述理由，法院向上海某公司下达了诉前禁令，上海某公司收到后也按照要求中断了侵权视频的链接。

上海某公司通过屏蔽广告，造成部分用户从某平台转向某猫，不当利用某平台的市场成果来谋求自身竞争优势，损害了北京某公司的合法权益，有违生产经营活动的公平诚信原则以及法律、商业道德。上海某公司的行为已经触犯了《反不正当竞争法》。

法院经过审理之后判决，上海某公司于一审判决生效之日起立即停止通过其经营的某猫视频软件以不正当的方式播放北京某公司运营的某平台的视频，并赔偿北京某公司经济损失 2 万元及其为制止不正当竞争行为所支出的合理费用 6000 元，共计 26000 元。

值得一提的是，本案提供了不正当竞争领域的诉前行为保全这一思路，引起了业界和司法界的关注。诉前禁令又称诉前行为保全，是指当一方当事人为一定行为或不为一定行为而给另一方当事人的合法权益造成损害的，正在遭受损害的当事人可向法院申请要求行为方停止该行为的民事强制措施。《民事诉讼法》第一百零四条第一款规定，利害关系人因情况紧急，不立即申请保全将会使其合法权益受到难以弥补的损害的，可以在提起诉讼或者申请仲裁前向被保全财产所在地、被申请人住所地或者对案件有管辖权的人民法院申请采取保全措施。

（三）法条链接

中华人民共和国民事诉讼法

第一百零四条 利害关系人因情况紧急，不立即申请保全将会使其合法权益受到难以弥补的损害的，可以在提起诉讼或者申请仲裁前向被保全财产所在地、被申请人住所地或者对案件有管辖权的人民法院申请采取保全措施。申请人应当提供担保，不提供担保的，裁定驳回申请。

人民法院接受申请后，必须在四十八小时内作出裁定；裁定采取保全措施的，应当立即开始执行。

申请人在人民法院采取保全措施后三十日内不依法提起诉讼或者申请仲裁的，人民法院应当解除保全。

中华人民共和国著作权法

第五十六条 著作权人或者与著作权有关的权利人有证据证明他人正在实施或者即将实施侵犯其权利、妨碍其实现权利的行为，如不及时制止将会使其合法权益受到难以弥补的损害的，可以在起诉前依法向人民法院申请采取财产保全、责令作出一定行为或者禁止作出一定行为等措施。

中华人民共和国反不正当竞争法

第二条 经营者在生产经营活动中，应当遵循自愿、平等、公平、诚信的原则，遵守法律和商业道德。

本法所称的不正当竞争行为，是指经营者在生产经营活动中，违反本法规定，扰乱市场竞争秩序，损害其他经营者或者消费者的合法权益的行为。

本法所称的经营者，是指从事商品生产、经营或者提供服务（以下所称商品包括服务）的自然人、法人和非法人组织。

（四）案例延伸

在北京某公司诉上海某公司不正当竞争这一案例中，法院审查是否实施诉前行为保全的标准为以下 3 点：（1）申请人（即北京某公司）具有胜诉可能性；（2）不采取保全措施会对申请人造成难以弥补的损害；（3）采取保全措施不损害社会公共利益。

在维沃移动通信有限公司、深圳市优品通电子科技有限公司侵害商标权纠纷中，① 法院主要考虑的因素为：（1）申请人是否是权利人或利害关系人；（2）申请人在本案中是否有胜诉可能性；（3）是否具有紧迫性，以及不立即采取措施是否可能使申请人的合法权益受到难以弥补的损害；（4）损害平衡性，即不责令被申请人停止相关行为对申请人造成的损害是否大于责令被申请人停止相关行为对被申请人造成的损害；（5）责令被申请人停止相关行为是否损害社会公共利益；（6）申请人是否提供了相应的担保。

在以上案例以及诸如在腾讯诉字节跳动"王者荣耀"游戏短视频侵权案、网易云音乐侵害信息网络传播权诉前禁令案、《中国好声音》诉前禁令案等案例中，法院进行审查时主要关注点在于，是否具有紧迫性，不采取保全措施是否会对申请人造成难以弥补的损害，采取保全措施是否损害社会公共利益，同时也会对纠纷进行实质性审查，考察申请人在后续实体性诉讼程序中是否存在胜诉可能性，等等。

从事相关版权业务以及网络传播行业的文创企业尤其应充分利用诉前禁令保护自己的合法权益。通常文创企业的主营业务涉及较多知识产权，而网络时代下知识产权纠纷案件往往具有诉讼周期长、扩散性强、损害性大、时效性强等特点，等拿到最终的胜诉判决再去要求侵害方停止侵权行为，很可能已经为时已晚，造成了难以弥补的损害。若企业发现自己的权益正在遭受侵害，务必第一时间采取措施固定证据，在起诉前申请行为保全，要求侵害方立即停止侵权行为，达到最快时间内减少损失的目的。

---

① （2019）粤 0304 民初 3587 号。

二、文创企业商业秘密纠纷案[①]

（一）基本案情

2016 年 9 月 13 日，某传媒集团有限公司（下称某集团公司）与北京某文化传媒股份有限公司（下称北京某公司）签署《电影〈悟空传〉音频制作委托合同》（下称《委托合同》），北京某公司受托为某集团公司制作电影《悟空传》的后期音频，合同价款为 82 万元。《委托合同》第六条约定了北京某公司的保密义务，北京某公司不得向第三方泄露某集团公司提供的影片内容、剧情等素材以及其他未公开信息，否则须按合同总款项的 30% 支付违约金。

2017 年 3 月 27 日，某集团公司工作人员通过"手递手"的方式将六段电影素材交接给北京某公司的工作人员，素材内容为未经后期制作完成的《悟空传》电影，包含了电影情节，能够体现人物设定、人物造型、全部拍摄场景及道具等，其中还包含有绿幕布、威亚、三维设计图及未经加工的动画场景等最终电影成片中不可出现的原始素材内容，另有部分占位素材，且视频中对须进行后期处理的画面进行了标注提示。

签订《委托合同》后，北京某公司将部分工作内容外包给案外人缪某所在的公司处理。北京某公司在 2017 年 3 月 27 日收到涉案素材后，由于其内部 FTP 文件传输协议发生故障，其员工史某就临时将涉案六段素材以"WKZ"为名上传至其百度云盘，让缪某到百度云盘进行下载并进行后期制作。但在留存云盘期间，有网友通过搜索工具搜索到了以"WKZ"命名的素材并进行了下载、压缩、转制，后某集团公司收到网友举报，网友称在互联网上看到涉案素材。

2017 年 6 月 21 日，《悟空传》获得《电影公映许可证》。2017 年 7 月 8 日，某集团公司再次发现网上流传有《悟空传》的未经制作的资源，监测到 5000 多条侵权链接。2017 年 7 月 9 日，《悟空传》电影首映。

某集团公司认为交接给北京某公司的电影素材属于其商业秘密，北京某公司的行为侵犯了某集团公司商业秘密，故起诉北京某公司，要求其赔偿经济损失 9900 万元以及合理支出 30 余万元。

北京某公司则辩称某集团公司主张的商业秘密权不成立，涉案电影全片素材系未完成版本，与最终完成片呈现效果相去甚远，无观影价值及商业价值，且涉案素材中包含的服装、道具及场景等是已经公开的素材，并不是商

---

① （2017）京 0105 民初 68514 号。

业秘密。另外，北京某公司与某集团公司不具有竞争关系，北京某公司无侵犯某集团公司商业秘密的故意，也没有侵犯商业秘密的过程及行为。

（二）案例分析

本案的主要争议焦点为，流传到网上的未经后期制作的《悟空传》电影素材是否属于某集团公司的商业秘密；北京某公司的涉案行为是否属于侵犯商业秘密的侵权行为。

在论证片源泄露是否属于侵犯商业秘密的行为之前，需要解决的一个关键性的前提问题，就是影视剧制作中的过程片源是否属于商业秘密的范畴。根据我国《反不正当竞争法》的规定，商业秘密应当满足3个要件：（1）"不为公众所知悉"；（2）"能为权利人带来经济利益"；（3）"经权利人采取保密措施"，也即"秘密性"、"价值性"和"保密性"。

关于"价值性"，某集团公司拍摄、制作《悟空传》电影，其目的就是通过电影的发行获取商业利润，涉案素材虽然是未完成版本，但已基本涵盖了即将上映影片的全部内容，能为权利人带来经济利益。

关于"保密性"，某集团公司对涉案素材已经采取了适当的保密措施。某集团公司与北京某公司签署的《委托合同》中有关于保密义务的专门约定，且在涉案电影拍摄的其他各环节均签订有保密条款。

关于"秘密性"，是本案中最有争议的一点。本案主审法官巫霁在其撰写的《重大过失可构成"披露"商业秘密行为的主观要件》一文中明确提出，对于含有部分公开信息的技术信息或经营信息是否能构成商业秘密，应当区分信息的组成部分与由各个部分有机结合而成的信息本身，即便技术信息或经营信息的组成部分已为公众知悉，但只要该信息并非此等组成部分的简单结合，各部分相互结合取得全新意义，该信息仍可作为商业秘密受到法律保护。回到本案，虽然本案《悟空传》电影中人物的相关造型、道具以及场景已经在宣传过程中向公众披露，但是这些内容只是电影的各个组成部分相互结合后产生的，电影作品是编剧、导演、演员等多人的创造性劳动成果，具有全新的意义，在电影放映前当然不应该为公众所知，因此涉案电影素材符合不为公众所知悉的"秘密性"特征。

关于北京某公司的行为是否构成侵犯商业秘密的问题，我国《反不正当竞争法》规定的侵犯商业秘密的行为包括"违反保密义务或者违反权利人有关保守商业秘密的要求，披露、使用或者允许他人使用其所掌握的商业秘密"等。本案中，北京某公司违反《委托合同》的保密约定，将涉案素材向缪某披露，而且其在明知影片素材须"断网"，以线下"手递手"方式传递这一行业惯例下，仍然将影片素材上传至公众可接触到的网盘空间，并取名"WKZ"。也许北京某公司主观上没有泄露素材的故意，但是无论如何都具有过失，且是重大过失，其没有预见或已经预见到其行为可能导致涉案素材泄露但轻信不会泄露而未采取任何的措施，属于侵犯商业秘密的行为，应当承担停止侵害、消除影响、赔偿损失等法律责任。

法院经过公开开庭审理之后，判决北京某公司赔偿某集团公司经济损失300万元以及维权合理费用30余万元，且北京某公司须在媒体上公开登载相关声明，以消除泄密给某集团公司造成的不良影响。

（三）法条链接

中华人民共和国反不正当竞争法

第九条 经营者不得实施下列侵犯商业秘密的行为：

（一）以盗窃、贿赂、欺诈、胁迫、电子侵入或者其他不正当手段获取权利人的商业秘密；

（二）披露、使用或者允许他人使用以前项手段获取的权利人的商业秘密；

（三）违反保密义务或者违反权利人有关保守商业秘密的要求，披露、使用或者允许他人使用其所掌握的商业秘密；

（四）教唆、引诱、帮助他人违反保密义务或者违反权利人有关保守商业秘密的要求，获取、披露、使用或者允许他人使用权利人的商业秘密。

经营者以外的其他自然人、法人和非法人组织实施前款所列违法行为的，视为侵犯商业秘密。

第三人明知或者应知商业秘密权利人的员工、前员工或者其他单位、个人实施本条第一款所列违法行为，仍获取、披露、使用或者允许他人使用该商业秘密的，视为侵犯商业秘密。

本法所称的商业秘密，是指不为公众所知悉、具有商业价值并经权利人采取相应保密措施的技术信息、经营信息等商业信息。

（四）案例延伸

片源泄露也被业内称为"片源走版"，一般是指电影或电视剧在未公开上映前，特定或不特定的主体就能通过各种方式在网络上或其他渠道上获得该影视剧的资源。国内外影视剧片源泄露事件时有发生，成为威胁影视剧版权方利益的最大隐患之一。较为轰动的是2009年《金刚狼》电影片源泄露事件。在《金刚狼》正式上映的一个月前，尚未完成全部后期制作的《金刚狼》电影完整版被人非法上传至互联网并供人大量下载。据悉，该电影片源泄露事件给出品方 20 世纪福克斯公司造成的直接经济损失高达数千万美元，并惊动了美国联邦调查局介入调查影片泄露事件。国内影视剧片源泄露事件，也常常见诸报端，例如，由演员张天爱、陈柏霖主演的电视剧《鳄鱼与牙签鸟》，在正式播出前，其前十集送审片源泄露并在互联网上大量传播。

　　痛定思痛，企业应当思考的是如何通过内部合规管理防患于未然。企业应主动作为，对于涉密信息必须采取"保密措施"，做好商业秘密的保密工作。本案中，在某集团公司和北京某公司签订的委托合同中约定了保密条款，在电影拍摄的其他各环节签署有保密协议或保密条款均属于权利人采取保密措施的行为，是法院认定涉案素材构成商业秘密的要件之一。除了签署保密协议或保密条款，企业还可以采取涉密信息载体加锁、对涉密信息采用密码或者代码、在涉密信息载体上标记"保密"等措施，防止涉密信息泄露。企业还应采取审慎、合理的措施注意防止涉密信息的传递过程中的信息泄露风险。若有涉密信息泄露事件发生，应在第一时间固定与涉密信息泄露有关的证据，必要时进行相关证据的公证保全，以便于顺利开展后续的维权行动。

第十章 文创企业的反垄断合规

市场经济可能出现不正当竞争的现象，也可能出现限制竞争甚至是垄断的现象，两者都不利于市场的健康有序发展。垄断是一种经济现象，是无序竞争的结果，反而又限制了竞争。资本肆意扩张、行业头部集中容易形成垄断。垄断给市场带来的危害，包括排除其他经营者的进入、损害消费者的利益、限制行业创新发展，等等。

我国在 2008 年实施了《反垄断法》，同时设置了国务院反垄断委员会作为专门执法机构，虽然相比其他发达的市场经济体来说起步较晚，但是此后又陆续发布了多部规定、指南等配套措施，在一定程度上满足了实践中的反垄断工作需求。近几年，我国进一步加大了对市场中反垄断行为的规制。2020 年 12 月 18 日结束的中央经济工作会议将"强化反垄断和防止资本无序扩张"确定为 2021 年的重点任务之一，2021 年 1 月 9 日召开的中央政法工作会议也提出要"加强反垄断和反不正当竞争执法司法"。2022 年 6 月，《反垄断法》完成修正，并于 2022 年 8 月 1 日起施行。

第一节 文创企业的垄断风险

小微文创企业通常会认为垄断离自己很遥远，只有那些行业巨头、集团公司才会面临反垄断监管和调查，自己小本经营远远构不成垄断，因此也不会对反垄断合规事项多加注意。而事实上，确实是大企业更容易形成垄断，但是小企业也不能就此认为自己完全可以置身事外了。小企业自身可能是大企业垄断下的受害者，而且随着市场划分越来越细，深耕某一小众市场的企业也会受到反垄断调查。例如，上海市市场监管局就曾经对一家成立仅 7 年、注册资本不过 200 万元的小企业作出了罚款 100 万元的行政处罚，① 理由是该公司利用在上海市提供英文服务的在线餐饮外送平台服务市场的支配地位，

---

① 沪市监反垄处〔2020〕06201901001 号。

实施了限定交易的行为，锁定了相关市场内的大量合作餐厅商户资源，严重削弱了竞争对手的竞争能力，在相关市场产生了排除、限制竞争的效果，且没有正当理由，违反了《反垄断法》第十七条第一款第四项规定，构成滥用市场支配地位限定交易的行为。

文创企业以创意起家，商业模式新颖独特，不少前卫新潮的企业致力于开发新兴小众的文化产品，将自己定位为小市场、新市场的领头羊。这种雄心可以成就一家企业，但也极可能因垄断市场而毁了一家企业。

具体来说，在我国的监管框架下，企业实施以下这些行为会带来被认定为垄断的风险。

一、达成垄断协议

垄断协议是指排除、限制竞争的协议、决定或者其他协同行为，其核心是经营者的共谋。我国的《反垄断法》规定了两类垄断协议：横向垄断协议和纵向垄断协议。

横向垄断协议又称卡特尔协议，是世界各国均禁止的主要垄断行为，签订主体是具有竞争关系的经营者，这类协议的模式主要有：（1）固定价格，体现为固定或者变更价格水平、价格变动幅度、利润水平或者折扣、手续费等；约定采用据以计算价格的标准公式；限制参与协议的经营者的自主定价权。（2）限制商品的生产数量或者销售数量，前者包括限制、固定产量，停止生产或者限制特定品种、型号商品的生产数量；后者包括限制商品投放量、限制特定品种、型号商品的销售数量。（3）分割销售市场或原材料采购市场，前者包括划分商品销售地域、市场份额、销售对象、销售收入、销售利润或者销售商品的种类、数量、时间；后者包括划分原料、半成品、零部件、相关设备等原材料的采购区域、种类、数量、时间或者供应商。（4）限制购买/使用/租赁/投资/研发/拒绝使用新技术/新工艺/新设备/新产品。（5）联合抵制交易，包括联合拒绝向特定经营者供应或者销售商品、联合拒绝采购或者销售特定经营者的商品、联合限定特定经营者不得与其具有竞争关系的经营者进行交易等。

纵向垄断协议是经营者与交易相对人之间达成的一致行动的协议，这类协议表现为：（1）固定向第三人转售商品的价格（包括价格水平、价格变动幅度、利润水平或者折扣、手续费等）。（2）限定向第三人转售商品的最低价格（限定价格变动幅度、利润水平或者折扣、手续费）。纵向垄断协议在产业上下游的企业之间很常见，集中表现为经销制度，白酒、电器、医药等行业都会采用这种制度，从生产商到一级又一级的代理商之间几乎所有的经销协议都会明确约定销售价格，并对不按此价格销售的行为苛以严格的违约责任。那么是否这些协议的存在就能直接认定相关企业实施了垄断行为呢？倒也未必，还需要根据该产品的市场竞争状况、上级代理商的市场地位以及固定转售价格的实际目的等因素综合考量。

为了防止监管上的一刀切，《反垄断法》特地对有些情形下的固定价格等协议进行了区分，这些情形根据协议的目的而定，只要企业能够证明签订一致协议的目的是以下之一的，就能豁免行政责任：改进新技术、研发新产品；为提高产品质量、降低成本、增进效率，统一产品规格、标准或者实行专业化分工；提高中小经营者经营效率，增强中小经营者竞争力；实现节约能源、保护环境、救灾救助等社会公共利益；因经济不景气，缓解销售量严重下降或者生产明显过剩；保障对外贸易和对外经济合作中的正当利益。除了前述最后一点外，存在其他几点原因的，企业还需要证明达成的协议不会严重限制相关市场的竞争，并且能够使消费者分享由此产生的利益。

二、滥用市场支配地位

滥用市场支配地位是法律规制的第二大类垄断行为，规制的对象为具有市场支配地位的经营者。什么是市场支配地位？经营者在相关市场内能够控制商品或服务的价格、数量等交易条件，或者能够阻碍、影响其他经营者进入相关市场，这样的经营者就具有市场支配地位。但是这一标准仍然较为模糊，市场支配地位与其市场份额、财力和技术条件、相关市场的竞争状况等多种因素有关，对此，《反垄断法》根据经营者在相关市场上占据的市场份额进行量化推定，即单独一个经营者在相关市场的市场份额达到二分之一、两个经营者合计份额达到三分之二、三个经营者合计份额达到四分之三的，只要出现这三种情况之一，就可以认定经营者具有市场支配地位。

这类具有市场支配地位的经营者往往是行业的龙头老大，能够对所在市场产生较大的影响，若放任其肆意制定市场规则，则将严重限制竞争对手的权益。因此，法律禁止滥用市场支配地位的行为，具体包括以下5种情况。

第一种，打价格战。销售价格明显高于或购买价格明显低于其他相同条件下的经营者；在成本基本稳定的情况下，超过正常幅度提高或降低价格；没有正当理由低于成本价销售……巨头经营者有资本有实力对价格实行补贴，面对这种局面，其他竞争者要么一同降价坐等亏损，要么维持原价失去销量，无论是哪种都会被排挤出市场。而对于消费者来说，通过价格战形成市场垄断后，只能接受提价。

第二种，拒绝交易。巨头企业掌握了行业的话语权，作为强势一方，利用其地位削减与合作方的交易数量、拖延或中断现有交易、拒绝新的交易、对合作方设置限制性的交易条件等，这种行为不仅受到《反垄断法》的规制，而且也违背了民法中最基本的诚实信用、信守承诺原则。

第三种，限定交易对象。这类行为主要是指，行业巨头利用市场支配地位要求其他竞争者只能与自己或自己指定的经营者进行交易，或不允许其他竞争者和某特定经营者进行交易。根据合同领域的自由原则和意思自治原则，市场主体有权决定和谁交易、如何交易。

第四种，捆绑销售。2017年，因艺人韩雪公开在微博上声讨，作为国内在线旅行平台一哥"携程"被爆出大量捆绑搭售的新闻，携程等许多票务平台在没有征得消费者同意的情况下，在订票页面通过设置默认选项，单方面为消费者选择了机票、火车票之外的服务，这严重侵犯了消费者的知情权、自主选择权、公平交易权等。

第五种，差别对待。对条件相同的交易相对人应当实行相同的交易条件，否则有违最基本的公平原则。禁止经营者利用市场支配地位实施差别对待，包括不同的交易价格、数量、品种、品质等级、付款条件、交付方式、数量折扣、保修内容和期限、维修内容和时间、零配件供应、技术指导等。

三、违法实施经营者集中

垄断形成的一条重要途径就是集中，经营者通过合并、购买股权或资产、协议控制等形式，建立或强化独立市场力量之间的联系，当原本相互独立的经营者之间的控制关联关系发生了变化，那么就将对市场竞争产生影响。[①] 早在2008年，可口可乐收购汇源引来反垄断审查，商务部认为收购完成后可口可乐公司可能利用其在碳酸软饮料市场的支配地位，搭售、捆绑销售果汁饮料，或者设定其他排他性的交易条件，集中限制果汁饮料市场竞争，导致消费者被迫接受更高价格、更少种类的产品，挤压国内中小型果汁企业的生存空间，最终否决了这场收购，这也是自《反垄断法》出台以来的第一个被否决的外资并购案。

根据《经营者集中审查暂行规定》，经营者集中的本质是取得了对其他经营者的控制权或能够对其他经营者施加决定性影响，在实际中，控制权的取得通过考察交易目的和未来计划、交易前后该经营者的股权结构及其变化、董监高的组成及表决机制、是否存在一致行动协议等来判断。

---

① 叶军：《经营者集中法律界定模式研究》，载《中国法学》2015年第5期，第223—247页。

合营是许多企业在发展壮大过程中会考虑的策略，市场允许合营以实现资源优化配置，但是当集中达到一定的程度，威胁到市场的竞争秩序时，就会触发来自反垄断机构的审查。集中达到申报标准的，经营者应当事先进行申报，未申报的不得实施集中。那么这个标准是多少呢？国务院对此作出了规定：参与集中的所有经营者上一会计年度在全球范围内的营业额合计超过100亿元人民币，并且其中至少两个经营者上一会计年度在中国境内的营业额超过4亿元人民币；参与集中的所有经营者上一会计年度在中国境内的营业额合计超过20亿元人民币，并且其中至少两个经营者上一会计年度在中国境内的营业额超过4亿元人民币。具有上述情形之一的，企业就应当依照法定程序向国务院反垄断执法机构申报。

第二节　文创企业的垄断合规要求

在反垄断立法领域，除了核心的《反垄断法》之外，我国已发布多部配套文件，尤其是对三大主要垄断行为制定了对应的暂行规定以进一步细化相关标准（《禁止垄断协议暂行规定》《禁止滥用市场支配地位行为暂行规定》《经营者集中审查暂行规定》等），为我国的反垄断执法提供了依据。而对于经营者，因类型不同、行业不同，亦有各种合规指南，例如，适用于所有企业的《经营者反垄断合规指南》，还有《国务院反垄断委员会关于知识产权领域的反垄断指南》《国务院反垄断委员会关于汽车业的反垄断指南》《国务院反垄断委员会关于平台经济领域的反垄断指南》《国务院反垄断委员会垄断案件经营者承诺指南》等。不仅如此，地方也纷纷出台了适用于本行政区划内的经营者的反垄断合规指引，例如，《河南省行业协会反垄断合规指引》《湖南省经营者反垄断合规指引》《四川省经营者反垄断合规指南》。企业可以根据法律法规以及合规指南，结合自身的实际情况，从风险排查、风险处置、畅通举报渠道、专题合规培训等方面制定反垄断合规体系。除此之外，本文再从以下3个易被忽略的角度对企业的合规义务提一些建议。

一、明确企业自身的竞争图景

在实践中，企业在缺少合规管理的情况下，若遇到执法部门的反垄断调查，往往第一步就是想要寻求外部律师的帮助，这本身没有错误，只是律师虽能提供法律方面的专业指导和服务，但是在应对反垄断调查时，有些事项有赖于企业相关部门的配合，这些事项往往还涉及是否构成垄断或者能否减轻处罚的核心，这是外部律师很难在短时间内掌握并厘清的。例如，律师必须弄清涉事企业所处的相关市场的范围、涉事企业占据相关市场的份额、涉事企业是否具有市场支配地位、涉事企业的客户或供应商的相关资料等。若企业自身对所处的市场及其竞争情况也不甚清晰的话，那么对于外部律师来说，也是巧妇难为无米之炊，无法做到精准有效的抗辩。为防患于未然，建议企业在平时就要注意建立与自身相关的竞争图景，业务部门、销售部门、采购部门、市场部门、法律部门、财务部门等应通力协作，通过销售数据、采购数据、市场调研反馈等手段对自身的市场份额以及市场当下的竞争现状等信息有较为清醒的认知。

二、善用豁免制度

《反垄断法》从正面列举了3类主要的垄断行为，所对应的3部暂行规定不仅对其中的标准和概念进行了明确和细化，也从反面列举了哪些行为不应被认定为垄断，以及企业的哪些行为能够减轻处罚。企业一旦面临反垄断调查，这些豁免制度就是抗辩的关键。纵观整个反垄断法律领域，豁免可以分为法定豁免和酌定豁免。

法定豁免是指法律法规明确规定不予处罚的情形。如《反垄断法》第十五条规定的垄断协议的除外情形，有学者表示经营者依该条提出豁免申请的案件非常少，不知是因为经营者的抗辩意识不强还是执法配套措施不完善，若是前者，则企业或可受到启发，收集证据充分证明自己签订类似协议是为了改进技术或提高效率等有益目的。又如，滥用市场支配地位的行为，法律规定低价销售、拒绝交易、捆绑销售、限定交易相对人以及差别对待只有在没有正当理由的前提下才构成垄断，被调查企业可以通过陈述自己正当理由进行抗辩。

酌定豁免是指执法机关根据个案情况行使自由裁量权不予或减轻处罚的情形，也被称为宽大制度。《反垄断法》明确规定了经营者主动报告达成垄断协议的有关情况并提供重要证据的，反垄断执法机构可以酌情减轻或者免除对其的处罚。曾经就有企业因提供了部分重要证据而被执法机关减少了50%的处罚。

三、特殊主体的特殊垄断义务

《反垄断法》的效力不仅仅在国内适用，在我国境外发生的垄断行为，只要对我国境内的市场产生排除或限制影响的，也能适用。此种一定程度上的长臂管辖为我国加大对外开放的道路扫清了部分来自竞争领域的障碍，有利于我国企业走出去和境外企业引进来。对于文创企业来说，走国际化道路是发展的趋势之一，在学习国外先进的制度和经验时，面对复杂的国际市场，也要学会利用反垄断机制保护企业利益和国家利益。

《经营者反垄断合规指南》第十八条明确规定，经营者在境外开展业务时，应当了解并遵守业务所在国家或者地区的反垄断相关法律规定。经营者在境外遇到反垄断调查或者诉讼时，可以向反垄断执法机构报告有关情况。目前世界上超过一半的国家审查经营者的集中行为，大型文创企业若参与跨境并购类交易，反垄断申报这一环节不可轻视。在交易之初就须了解并遵守交易涉及的司法管辖区的反垄断法律法规，对于以跨境业务为常态的企业来说，将对方或者世界主要国家的反垄断法律纳入自己的合规管理制度也是很有必要的。此外，在交易细节上也要注意，例如，在交易文件中合理分配由反垄断审查带来的风险，若经营者集中审查未获通过，双方如何承担由此导致的时间、人力以及经济上的损失。

另一个特殊主体是平台的反垄断合规义务。数字经济下平台的发展受到尤其多的关注，平台垄断的苗头不断涌现，引发担忧。平台也是文创产品传播和营销的重要阵地，不少文创企业都正在或将要开辟自己的平台，以跟上数字时代的步伐。2021 年 2 月 7 日，《国务院反垄断委员会关于平台经济领域的反垄断指南》（下称《指南》）正式发布，对相关市场界定、轴辐协议、二选一限定交易、大数据杀熟等特殊问题都进行了回应。《指南》与《电子商务法》《个人信息保护法》《反不正当竞争法》等法律之间存在着一定的交叉关系，平台企业在构建反垄断合规制度时，应当全面综合审视这些合规义务来源。在平台经营者的严格监管态势下，涉平台企业应充分完善内部合规制度，对垄断领域的问题进行定期自查，提高平台内相关制度的公开性和透明度，保持算法、数据等技术使用的客观性和中立性。同时，企业也要明白这种监管并不是为了限制行业的发展，而是以维护市场竞争的公平为目的，对企业的发展壮大给予科学的指导。

第三节　文创企业反垄断合规案例解析

一、文创企业拒绝交易纠纷案[①]

（一）基本案情

深圳某公司经营某网络即时通信类 App（某平台），用户可在其上通过聊天、发布动态来进行社交，聊天时用户还可以通过发送表情包来增加对话的

---

① （2017）最高法民申 4955 号。

有趣性。这些表情包也是深圳某公司提供的服务，用户可以收藏他人发送的表情包，或从深圳某公司运营的网络商城里免费下载或付费购买表情包。

徐某的职业是律师，其在线上开设了一家互联网律师事务所，提供法律咨询等服务。徐某也热爱艺术，其自行创作了卡通人物形象"问问"，并对其进行了著作权登记。徐某还将"问问"设计、制作成了 24 个表情包，欲将其发布在某平台，供其他用户下载使用。

根据某平台的规则，在网络商城里发布表情需要签署服务协议、制作指引、审核标准等协议，徐某签署了这些协议，并将"问问"表情包提交给了某平台审核。后某平台驳回了徐某的发布申请，理由是：审核标准规定，"表情不得包含与表情内容不相关的其他信息及任何形式的推广""信息作品内容不允许含有任何组织机构、产品或服务的名称、标识、产品包装、吉祥物及其他推广相关信息"。而某平台认为徐某发布"问问"表情包是为了推广其互联网律师事务所。

其时，徐某已经通过许多渠道实现了对其互联网律师事务所的推广，主要包括：苹果 App、豌豆荚应用中心和应用宝 App，微博、搜索引擎服务平台如百度百科，互联网社交平台如微信公众号以及徐某自己开办的网站等，此外，徐某在线下也推出过"问问"的卡通形象实物。

徐某认为，某平台对其表情包审核不通过是拒绝、限制交易的行为，构成了滥用市场支配地位的垄断行为，故将深圳某公司告上了法庭。

（二）案例分析

本案涉及的争议焦点是深圳某公司拒绝审核通过徐某的"问问"表情包是否属于滥用市场支配地位的垄断行为。构成滥用市场支配地位的前提是深圳某公司是否具有市场支配地位，若深圳某公司不具备市场支配地位，那么当然也就无法构成滥用市场支配地位的垄断行为了。在该前提下，进一步的问题是深圳某公司不予审核通过是否构成法律意义上的滥用行为。

要判断深圳某公司是否具有市场支配地位，首先需要对相关市场的范围进行界定。若徐某需求的市场和深圳某公司提供服务的市场不属于统一市场，那么在二者不具有竞争关系的情况下，不必考虑深圳某公司是否构成了垄断行为。《反垄断法》定义的相关市场是指"经营者在一定时期内就特定商品或者服务进行竞争的商品范围和地域范围"。徐某承认自己向某平台投稿"问问"表情包的目的之一是推广其线上法律服务，其认为本案的相关市场应限定为表情开放平台。而某平台则认为相关市场不限于此，应为包含线上搜索引擎服务平台、手机应用商店平台等在内的所有能推广法律咨询服务的市场。对此，最高人民法院在再审时从需求替代分析和供给替代分析两个方面进行了论证：前者从需求者徐某角度而言，徐某的需求是通过"问问"表情推广其线上法律咨询服务，而这一目的并不必然要以某平台为渠道，徐某通过其他渠道亦可以实现，事实上，徐某也已经通过豌豆荚应用中心、应用宝 App 等平台实施了推广，即某平台并不是其唯一选择。后者是从供给者深圳某公司而言，就目前而言，并非只有深圳某公司提供表情推广服务，其他许多社交软件、网络平台等都能提供类似服务，即某平台提供的服务完全可以有替代者。因此法院认为本案的相关市场应界定为"互联网表情服务"。

某平台在互联网表情服务市场是否具有市场支配地位呢？根据《反垄断法》的规定，这需要从某平台的财力和技术条件、在这一市场占据的份额、其他经营者进入这一市场的难度等多种因素综合考虑。尽管徐某主张某平台在这一市场占据份额达到了"独一无二"的程度，《反垄断法》也对市场份额的推定作出了规定，但是法院认为，在高度动态竞争的互联网环境下，市场份额只是判断市场支配地位的一项比较粗糙且可能具有误导性的指标，并且由于徐某未对此提供足够的证据，因此也无法认定某平台在互联网表情服务具有市场支配地位。

本案经历了一审、二审以及最高人民法院再审，某平台的行为未被认定为滥用市场支配地位的垄断行为，徐某的诉请没有得到支持。

（三）法条链接

中华人民共和国反垄断法

第七条　具有市场支配地位的经营者，不得滥用市场支配地位，排除、限制竞争。

第二十二条　禁止具有市场支配地位的经营者从事下列滥用市场支配地位的行为：

……

（三）没有正当理由，拒绝与交易相对人进行交易；

……

本法所称市场支配地位，是指经营者在相关市场内具有能够控制商品价格、数量或者其他交易条件，或者能够阻碍、影响其他经营者进入相关市场能力的市场地位。

关于相关市场界定的指南

第四条　替代性分析

在反垄断执法实践中，相关市场范围的大小主要取决于商品（地域）的可替代程度。

在市场竞争中对经营者行为构成直接和有效竞争约束的，是市场里存在需求者认为具有较强替代关系的商品或能够提供这些商品的地域，因此，界定相关市场主要从需求者角度进行需求替代分析。当供给替代对经营者行为产生的竞争约束类似于需求替代时，也应考虑供给替代。

第五条　需求替代

需求替代是根据需求者对商品功能用途的需求、质量的认可、价格的接受以及获取的难易程度等因素，从需求者的角度确定不同商品之间的替代程度。

原则上，从需求者角度来看，商品之间的替代程度越高，竞争关系就越强，就越可能属于同一相关市场。

第六条　供给替代

供给替代是根据其他经营者改造生产设施的投入、承担的风险、进入目标市场的时间等因素，从经营者的角度确定不同商品之间的替代程度。

……

（四）案例延伸

除了监管部门对互联网巨头的反垄断调查处罚外，还有不少个人、企业针对互联网企业个别竞争行为的合法合理性提出挑战，认为其单方制定的规则侵犯了自己的利益。本案就是十分典型的一个例子。

大型互联网平台汇集数亿级别的用户数量和千亿级别的数据资料，平台对此制定合理的管理规则是十分正常且正当的事情，正如最高人民法院在本案判决中所说："对于任何平台经营者而言，合理规制平台使用者的行为，防止个别使用者对平台整体具有负外部性的不当行为发生和蔓延，有利于提升平台经营者的利益和平台用户的长远利益。因此，平台经营者有权设定合理的平台管理和惩戒规则，以实现良好的平台管理。"

而如何划清平台自主管理行为和垄断行为的界限，是广大涉平台服务的企业在做内控合规时应该思考的问题。从程序上说，平台企业应当充分做好管理规则的制定规范、发布规范和变更规范。从内容上说，平台企业针对用户管理制定的自治规则必须考虑长远利益，符合《反垄断法》《国务院反垄断委员会关于平台经济领域的反垄断指南》等法律法规的要求，符合目的正当、权责一致、公平竞争等要求。

二、文创企业限定交易和捆绑销售纠纷案①

（一）基本案情

中国音像著作权集体管理协会（下称音集协）是国家版权局批准成立的我国唯一音像集体管理组织，依法对音像节目的著作权以及与著作权有关的权利实施集体管理。其职责主要包括与会员签订音像著作权集体管理合同、根据会员的授权以及相关法律法规与音像节目的使用者签订使用合同并收取使用费、将收取的音像著作权使用费向会员进行分配。全国多个城市均设有音集协的分协会，负责本地范围内的音像制品版权管理工作。

某地音集协与深圳某公司签署了委托合同，深圳某公司主要负责音集协的著作权授权的具体手续，包括办理合同签订手续、交付使用费发票、业务咨询等事项。通常著作权使用需求方与音集协、深圳某公司签署三方协议来完成著作权授权。

潮州某公司是一家经营 KTV 等娱乐会所业务的企业，主要向消费者提供卡拉 OK 影音设备与视唱空间等服务。在服务过程中使用的音像制品是通过和第三方签订《曲库系统安装合同》购买而来。后得知音集协是 KTV 曲库中相关作品的集体管理组织，可以提供相关音像制品的正版使用许可，故向深圳某公司发送了签署著作权许可使用合同的请求，但是双方对签约条件、收费标准等无法协商一致。此后，潮州某公司直接向当地音集协发出了著作权许可的签约请求，但是音集协三次回函拒绝直接签约。

多封函件往来沟通无效后，潮州某公司向法院起诉，认为音集协拒绝签约的行为属于《反垄断法》第二十二条第一款第四项、第五项规定的"没有正当理由，限定交易相对人只能与其进行交易或者只能与其指定的经营者进行交易；没有正当理由搭售商品，或者在交易时附加其他不合理的交易条件"，构成滥用市场支配地位的垄断行为，要求音集协以合理、同等条件与潮州某公司签订著作权作品的许可使用合同。

（二）案例分析

据不完全统计，滥用市场支配地位是我国发生类型最多的垄断纠纷，其次是垄断协议纠纷，经营者集中纠纷数量最少。

同样是滥用市场支配地位，本章的第一个案例中的原告方主张被告拒绝

---

① （2018）京 73 民初 775 号。

交易，而本案例原告方主张的是被告限定交易和捆绑销售。虽然被诉具体行为不同，但是分析思路具有类似之处。

首先是界定相关市场，这是最为复杂的一步，也是对被诉行为定性的前提条件。对于需求方潮州某公司而言，其在经营 KTV 过程中，除曲目本身这一音像制品以外，通常还需要放映相关曲目的 MV，根据最新修订的《著作权法》，这类 MV 应当属于视听作品的范围。在传统技术下，KTV 通常使用的是视听作品的放映权。在现代技术下，大多数 KTV 都可以向消费者提供曲目的实时点播服务，即在消费者的选定时间和选定地点传播歌曲和 MV，故属于《著作权法》规定的信息网络传播权。因此根据潮州某公司的需求，音集协需要提供的是音像制品的信息网络传播权以及视听作品的信息网络传播权或放映权。

但是上述音像制品和视听作品通常并不是仅在 KTV 中使用，音乐播放软件、商场等地也有使用曲目的需求，而潮州某公司经营 KTV 的需求是在 KTV 这一特定场所中使用曲目的著作权，众所周知，KTV 中可以供消费者点唱的曲目通常都高达数十万首，因此若音集协不予授权，潮州某公司显然无法和每首曲目的原著作权人签订授权合同，也无法从其他音乐软件经营主体或商场经营主体获得授权。综上所述，本案的相关市场应当界定为视听作品和音像制品在 KTV 经营中的信息网络传播权和放映权许可使用市场。

其次是判断音集协在相关市场是否具有支配地位，音乐作品的著作权集体管理活动只能由音集协来进行，且《著作权集体管理条例》要求每个著作权集体管理组织之间的业务范围不能出现交叉和重合，再加上前述 KTV 经营所需曲目之多这一事实，故实践中，音集协是在相关市场中提供视听作品和音像制品在 KTV 经营中的信息网络传播权和放映权许可的唯一主体。因此，本案中的音集协被认定为具有市场支配地位。

最后是音集协不与潮州某公司签署授权协议是否属于限定交易和捆绑销售行为。这涉及音集协和深圳某公司之间的关系，根据双方当事人提供的证据，深圳某公司受音集协委托开展代收费用等授权手续服务，本身并不是相关著作权的授权主体，即并非相关授权业务的经营者，当然也就并非《反垄断法》规定的"指定经营者"。因此音集协的行为不构成限定交易行为。至于捆绑销售或附加不合理的交易条件，因深圳某公司无法证明，法院也未作出认定。

综上所述，音集协的行为未被认为是滥用市场支配地位的垄断行为，原告潮州某公司的诉讼请求被驳回。

（三）法条链接

著作权集体管理条例

第二条 本条例所称著作权集体管理，是指著作权集体管理组织经权利人授权，集中行使权利人的有关权利并以自己的名义进行的下列活动：

（一）与使用者订立著作权或者与著作权有关的权利许可使用合同（以下简称许可使用合同）；

（二）向使用者收取使用费；

（三）向权利人转付使用费；

（四）进行涉及著作权或者与著作权有关的权利的诉讼、仲裁等。

中华人民共和国反垄断法

第二十二条 禁止具有市场支配地位的经营者从事下列滥用市场支配地位的行为：

……

（四）没有正当理由，限定交易相对人只能与其进行交易或者只能与其指定的经营者进行交易；

（五）没有正当理由搭售商品，或者在交易时附加其他不合理的交易条件；

……

（四）案例延伸

本案涉及著作权集体管理组织运作机制、收费方式等诸多热点问题，被评为 2020 年中国法院十大知识产权案件之一，同时也入围了"2020 中国十大文化娱乐法治事件"，活动组委会对本案这样评价：本案是司法判决首次对著作权集体管理组织在反垄断视野下的角色进行研判，对于促进 KTV 经营者依法依规经营、推动文化产业有序发展具有积极意义，对中国文化娱乐法治建设起到重要的推动、引导和指引作用。

想必从事版权业务的文创企业或多或少都与著作权集体管理组织打过交道，但是未必清楚这个组织在法律上属于何种性质。著作权集体管理组织是根据《著作权集体管理条例》设立的社会团体，目前我国已设立的此类组织包括中国音乐著作权协会、中国文字著作权协会、中国摄影著作权协会、中国电影著作权协会等。理论界其实也一直对著作权集体管理组织和《反垄断法》之间的关系存在争议，例如，中国人民大学法学院的孟雁北教授就曾经对著作权集体管理组织到底给《反垄断法》实施带来了哪些挑战提出过3个问题。[①] 本案中，法院就这一问题明确了司法观点，音集协以自己的名义提供音像节目的使用许可等服务，是市场行为的主体，应当受到《反垄断法》的规制。

著作权集体管理组织因被相关法律赋予了管理著作权的职权，且在相关细分行业内具有管理主体的唯一性，因此较容易在行使职权的过程中滥用其著作权授权的权利，造成限制或排除竞争的垄断结果。因此，著作权集体管理组织务必要在法律和原著作权权利人授权的范围内，审慎使用自己的权利，有必要对自身的业务做一次合规体检，尤其应当注意其制定的著作权许可使用合同是否存在诸如限制对方主要权利的霸王条款、收费标准不明确、分配方案不透明等问题，同时不忘这一组织设立的初心，也即发挥著作权人和著作权使用需求方之间的桥梁和对接作用，明确自身的双向服务属性和公益性质。

---

① 孟雁北：《著作权集体管理组织给反垄断法实施带来的挑战》，载微信公众号"北京知识产权法研究会"，2019 年 8 月 8 日，https：//mp. weixin. qq. com/s？src＝11&timestamp＝1645279161&ver＝3630&signature＝IzDH9dWVSUxDZf6Rt6ribMOTUtTmaBPqz93oYZpSs－＊Y4Sjh26agajtxL7－nF9Xw4NucO1ssh1ckSGEu1aDa0IjzmtaQCqCR1JEKNL－1FZ1SHMAnrQ99－8w9nnBVWXYy&new＝1。

第十一章　文创企业的劳动用工合规

文创产业所涉类别广泛，自身发展变化迅速，使得文创企业劳动用工方式也更为丰富，而且伴随着近年数字经济与平台经济的快速发展，市场呈现了新就业形态，① 因此，除企业一般性用工风险外，文创企业涉及劳动用工争议与风险的种类呈现多样性特点。新就业形态之下，对文创企业在劳动用工领域的合规工作也提出了更高的要求。保护劳动者权益是稳定就业、改善民生的重要内容。企业需要转变观念，规范公司治理。笔者将在本章中对文创企业在劳动用工过程中涉及的，如未订立书面劳动合同、企业单方调岗、内部规章制度适用、竞业限制、多元用工方式等可能存在的风险进行揭示，并剖析文创企业防范劳动风险之道与应对用工纠纷之策，以期帮助文创企业合规经营。

第一节　文创企业劳动用工领域的风险揭示

随着社会的进步、时代的发展，劳动者的维权意识普遍增强，劳动争议类型从工伤纠纷扩展到加班工资、奖金、经济补偿金等常态化劳动纠纷。笔者将在本节中对文创企业高发的诸如未订立书面《劳动合同》、单方面调整劳动者工作岗位、适用不合规的规章制度、超范围约定竞业限制、违法解除劳动关系等风险进行揭示。

一、未订立书面《劳动合同》的风险

实践中，有些企业可能陷入错误的认识，以为不签订《劳动合同》就能规避《劳动法》任意辞退员工；也有些员工可能因为缺乏自我保护意识或将当前工作视为跳板方便离职，忽视或者没有主动要求与企业签订《劳动合

---

① 2021年7月，由人力资源社会保障部、国家发展改革委等8部门联合发布了《关于维护新就业形态劳动者劳动保障权益的指导意见》，该指导意见中将网络直播、网约配送员、网约车驾驶员、货车司机、互联网营销师等依托互联网平台的就业形式称为"新就业形态"。

同》。无论出于何种理由，应签订却未签订《劳动合同》都是不合法的。对于用工企业来说，较为突出的风险是，由于存在事实劳动关系触发企业方对员工的双倍工资的赔偿，企业因此承担订立无固定期限劳动合同的风险，员工可以自身不符合录用条件为由随时解除劳动合同，以及可能受到来自劳动行政管理部门的相应处罚，等等。企业应当遵循平等自愿、协商一致、诚实信用等原则依法与员工订立《劳动合同》，企业自身需要尽到诚实磋商的义务，同时也要防范因员工原因导致双方未及时订立《劳动合同》的风险。

二、企业单方面调整劳动者工作岗位的风险

《劳动合同法》规定，用人单位在特定情况下，诸如劳动者患病或者非因工负伤、经过培训仍不能胜任工作、劳动合同订立时所依据的客观情况发生重大变化、经济性裁员，可以享受法定的单方调岗权。需要注意的是，即便是上述法定情形下企业拥有单方调岗权，但是在行使该权限时，制定的调岗方案和实施调岗行为也需要具有合理性，否则单方调岗将无法对员工产生约束力，且存在合规风险。

除法定情形外，文创企业基于业务发展的需要以及其他各种自身的或非自身的原因，势必会发生业务调整、组织架构变动、人员优化等变动，而这种变动通常也会导致企业对部分员工进行岗位调整，薪资、工作时间、工作地点等也会随之变化。而这种非法定情形的单方调岗往往非常容易引发企业与员工之间的劳动争议。

实践中，对于判断非法定调岗有效性的问题，主要取决于企业是否能够证明单方调岗的合理性。而对于合理性的证明，主要通过以下几个因素进行判断：是否在《劳动合同》中书面约定或者在企业规章制度中规定单方调岗的条件、调岗方式等具体内容；调岗理由是否基于企业正常的经营管理变化，且该变化与员工的岗位调整具有因果关系；调岗程序是否具备合理性，有没有充分听取员工意见并进行相应回复；调岗内容是否具备合理性，新工作岗位与原工作岗位待遇、工作条件、工作强度是否相适应；等等。

三、企业规章制度的适用风险

企业内部的规章制度是企业实施内部管理的指南与准则，也是企业行使用工自主权的重要依据。然而在实践中适用内部规章制度时也潜藏着不少风险。例如，母公司制定的人事规章制度是否当然适用于子公司的劳动者？企业的规章制度存在不合法内容，或滥用自主管理权，过分强调对劳动者的义务要求，在劳动者违反公司规章制度时，企业能否作出解除劳动

合同的决定呢？若企业规章制度与劳动合同约定存在冲突或不一致，又应当如何适用呢？

《最高人民法院关于审理劳动争议案件适用法律问题的解释（一）》第五十条第一款规定："用人单位根据劳动合同法第四条规定，通过民主程序制定的规章制度，不违反国家法律、行政法规及政策规定，并已向劳动者公示的，可以作为确定双方权利义务的依据。"为此，必须明确对于企业的规章制度，若不具备"制定主体适格、制度内容合法、制定程序民主、履行公示告知"的法定要件，该规章制度对劳动者则不具有效力，如适用不合规的规章制度，企业在用工管理中的各项行动也成了无本之木，甚至可能被认定为违法行为而面临向劳动者支付赔偿金的法律风险。

四、企业超范围约定竞业限制的风险

实践中，与员工签订《竞业限制协议》或竞业限制条款成了各大企业抢夺核心人力资源、保护商业秘密重要的防御手段。随着企业相关意识的不断增强，竞业限制手段的广泛应用，由竞业限制引起的纠纷案件也不断攀升，并逐渐成为最具代表性的劳动争议类型之一。而且，此类纠纷集中凸显出竞业限制签约范围扩大的特点。部分用人单位存在不区分员工具体从事何种岗位，是否接触商业秘密，一律签订竞业限制协议的情况。

事实上，员工虽然签有《竞业限制协议》，但实际上并不掌握商业秘密，《竞业限制协议》对员工来说也是不发生效力的。例如，重庆某企划公司与刘某、北京某咨询公司重庆分公司竞业限制纠纷一案[①]中，法院认为，刘某在公司工作期间担任的文案助理和咨询类工作，不属于高级管理人员、高级技术人员的范畴，公司也未举示证据证明刘某在其工作中掌握了公司的商业秘密，故刘某不属于《劳动合同法》第二十四条第一款规定的竞业限制适用的人员范围，双方签订的竞业限制条款不发生法律效力。企业需要确认哪些员工是需要签署竞业限制协议的适格主体，切忌一味扩大竞业限制适用对象的范围，增加企业管理难度和经济成本。

五、企业违法解除劳动关系的风险

企业如何面对员工违法解除劳动合同以及企业应当如何合法解除员工劳动合同，一直是劳动争议中涉及最多的问题。

---

① （2014）渝五中法民终字第 05874 号。

员工未经法定条件和程序或者约定的条件和程序单方解除劳动合同，例如，员工未提前三十天通知企业擅自离岗的，属于违法解除劳动合同的行为，因此给企业造成损失的，应当承担相应的赔偿责任。

企业违法解除劳动关系包含违反法律规定解除劳动合同和违反劳动合同的约定解除劳动合同两种情形。具体表现形式有如下几种：企业滥用关于试用期的单方解除权，在没有约定试用期，或者试用期的约定违法，或者已经过了试用期的情况下仍以试用期内不符合录用条件为由解除与劳动者的劳动合同；企业滥用关于违反劳动纪律或者用人单位规章制度的单方解除权，在没有企业规章制度或者企业规章制度内容违法、制度未公示或者违纪行为轻微的情况下，企业以劳动者严重违反劳动纪律或者用人单位的规章制度为由，解除与劳动者的劳动合同；企业滥用经济性裁员的单方解除权，在不符合经济性裁员的条件和程序的情况下解除与劳动者的劳动合同；企业滥用工资奖金分配权和劳动用工管理权，随意对劳动者调岗、降职、减薪，如果劳动者不服从安排或者一两天不上班就以劳动者不服从安排或者旷工为由予以辞退，或者逼迫劳动者自动离职；企业随意辞退"三期"女职工和在医疗期内的劳动者；等等。

违法解除劳动合同的表现形式不一而足，在构建和谐劳动关系的当下，企业应当建立和完善科学的离职管理制度，在实践中严格遵守并执行，保障劳动者的合法权利。

六、采用多元用工方式的风险

新就业形态下，劳动者工作时间不局限于"朝九晚五"，具有灵活性和自主性的特征，用工方式的多样性需要文创企业及时布局和掌握。疫情催生之下，更多灵活用工模式应运而生。除了与劳动者标准的全日制劳动用工关系之外，多元用工方式还包括非全日制用工关系、服务合同关系以及采用劳务派遣方式用工等。

（一）非全日制用工关系

非全日制用工关系下，劳动者的工资一般以小时为单位进行结算，工作每天不超过四小时，每周累计不超过二十四小时，对于劳动者而言，选用此种就业方式可以更为灵活地分配时间。对于企业来说，在合适的岗位上采用非全日制用工不失为一种节省用工成本的选择。但也正因为非全日制用工具有随意性，导致企业面临由于非全日制用工不当而带来的法律风险，如可能被认定为全日制用工、因未对非全日制劳动者加强用工管理而导致企业商业秘密被泄露、忽视为员工缴纳工伤保险而需承担工伤待遇等法律风险。

（二）服务合同关系

企业有时也会通过与劳务的提供方签订服务合同的方式获得相应的劳务。以企业聘请直播带货的主播为例，若企业只是在某次或多次直播带货中需要主播服务，企业与主播签订的往往是具有主播服务性质的合同，而不是劳动合同。双方之间的权利义务关系受到的是民事法律关系调整，企业无须履行劳动关系中用人单位的法定义务。但是，平台主播起诉企业要求确定双方之间存在劳动关系的案例也并不鲜见。在此类合同关系中，若提供服务一方在向企业提供服务过程中，具有鲜明的人格从属性、组织从属性和经济从属性等劳动关系特征，就存在被认定构成劳动关系的法律风险。

（三）劳务派遣用工模式

劳务派遣用工模式灵活便利，与文创企业的适配度很高，然而，与用人单位以及被派遣劳动者之间的关系处理不当，不仅会使文创企业自身经营陷入困境，也会使得本就处于弱势地位的被派遣劳动者面临更多潜在的风险。

在劳务派遣关系中存在三方主体：劳务派遣单位、用工单位和被派遣劳动者。劳务派遣单位即为《劳动合同法》所称用人单位，是与劳动者存在劳动关系的主体，应当履行用人单位对劳动者的义务。用人单位将劳动者派遣至用工单位，用工单位是实际"使用"被派遣劳动者的单位，与被派遣劳动者不存在劳动关系。假设用人单位未与被派遣劳动者签订劳动合同，或者被派遣劳动者的劳动合同已经到期尚未续签，在这种情况下，用工单位"使用"劳动者的行为存在被认定为与其形成事实劳动关系的风险，依法应承担相应的法律责任。

劳务派遣用工受到一定限制，并非所有的岗位都可以适用劳动派遣。法律规定，用工单位只能在临时性、辅助性或可替代性强的工作岗位上使用被派遣劳动者，且用工单位需要控制被派遣劳动者的数量。根据《劳动法》规定，临时性体现为在该岗位工作不能超过 6 个月，用工单位被派遣劳动者数量不得超过其用工总量的 10%。

用人单位与用工单位权利义务的分配也值得企业管理者重视。谁负责支付劳动者的工资？谁负责缴纳劳动者"五险一金"？谁负责支付劳动者的经济补偿金、赔偿金？被派遣劳动者给第三人造成的损害，谁来承担责任？处理不好上述问题，企业在采用劳务派遣方式用工时很容易产生劳动纠纷。

（四）人力资源服务外包

人力资源服务外包①因不受岗位限制逐渐成为当前灵活用工服务市场中最受欢迎的方式之一。由于人力资源服务外包与劳务派遣具有一定相似性，实践操作中对其性质的认定一直是争议焦点以及风险高发地带。一旦被认定为劳务派遣，发包单位则需要履行劳务派遣法律关系中用工单位的相应义务及责任，按照同工同酬的原则支付劳动报酬，并且发包单位还可能承担因违法退回外包人员给外包人员造成的损失等法律责任。若被认定是"假外包服务，真劳动关系"，原本的发包单位将对承包单位提供劳动的员工履行用人单位的相应义务。

第二节　文创企业的劳动用工合规管理

在劳动用工方面，企业应当对劳动法律法规给予重视，树立风险防范意识。劳动用工政策具有较强的地域性，因此，企业在劳动用工合规管理过程中应当注意因地制宜，遵循企业当地政策，并将合规落实到用工过程中的方方面面，积极履行用工责任。

一、依法建立劳动用工关系

对于建立全日制劳动关系的劳动者，企业应当及时订立书面《劳动合同》；依法使用非全日制用工的，建议企业与劳动者签订非全日制书面《劳动合同》；对于依托企业的平台自主开展经营活动、从事自由职业的个人，双方应当订立书面合同，按照民事法律关系调整双方的权利义务；对于采用劳务派遣方式用工的，企业应当与劳务派遣单位订立《劳务派遣协议》。以《劳务派遣协议》的拟定为例，企业应当特别关注《劳务派遣协议》中的工作岗位名称和岗位性质、工作地点、派遣人员数量和派遣期限、是否按照同工同酬原则确定劳动报酬数额和支付方式、社会保险费的数额和支付方式、被派遣劳动者工伤、生育或者患病期间的相关待遇、经济补偿等费用、劳务派遣协议期限、劳务派遣服务费的支付方式和标准、违反劳务派遣协议的责任等事项。除了上述必备条款之外，用人单位和用工单位可以在《劳务派遣协议》中约定用人单位未及时足额缴纳社会保险的法律责任，约定被派遣劳动者在

---

① 人力资源服务外包主要指的是企业作为发包单位，将非核心岗位、劳务或服务项目外包给承包单位，由承包单位及其员工完成相应工作内容的用工模式。例如，一些文创公司只负责创意设计，选择将非核心岗位如制作、加工、包装等外包给承包单位，由承包单位完成相应工作内容。

哪些情况下可以被退回以及明确具体的退回方式有哪些等。

不同的合同关系选择可能会引发不同的法律后果，文创企业可以从商业利益和法律风险防控角度考量，结合自身业务模式和市场需求，就不同需求的工作岗位制定不同的人才策略，明确建立何种法律关系，进而签订书面协议约定双方权利义务关系。

二、加强企业规章制度的合规审查

没有规矩，不成方圆。建立合法合规、科学有效且具有可执行性的规章制度是企业的必经之路，是企业奖惩管理规范化的重要手段，是企业预防和妥善解决劳动纠纷的重要依据。

企业的规章制度在内容上应当合法。根据我国《劳动合同法》的相关规定，[1] 涉及劳动者切身利益的企业规章制度不应当违反法律、法规规定。除了在劳动争议个案中，企业规章制度面临合法性审查，在日常经营管理过程中，劳动行政部门也有权进行审查。企业应当了解劳动方面的法律、行政法规、地方法规以及行政规章，了解规章制度违法的法律后果。

企业制定规章制度亦应程序合法，即履行民主公示程序。[2] 根据《劳动合同法》第四条第二款的规定，对于涉及劳动者切身利益的规章制度或者重大事项，应当与工会或职工代表平等协商确定。对于没有成立工会或者职工代表大会的企业，可以通过举行职工代表座谈或向员工公开征求意见等方式进行，并做好会议记录，由员工或相关人员进行签字确认。企业应当将经民主程序制定或修改的规章制度进行公示或告知劳动者。实践中，企业可以通过包括但不限于由员工进行签字确认签收、以电子邮件方式群发至邮箱、会议宣传或企业网站公示、下发《员工手册》等形式履行公示或告知义务。上述过程建议以书面形式留存，为企业做好风险管理。

---

① 《劳动合同法》第八十条规定，用人单位直接涉及劳动者切身利益的规章制度违反法律、法规规定的，由劳动行政部门责令改正，给予警告；给劳动者造成损害的，应当承担赔偿责任。

② 《劳动合同法》第四条规定，用人单位应当依法建立和完善劳动规章制度，保障劳动者享有劳动权利、履行劳动义务。用人单位在制定、修改或者决定有关劳动报酬、工作时间、休息休假、劳动安全卫生、保险福利、职工培训、劳动纪律以及劳动定额管理等直接涉及劳动者切身利益的规章制度或者重大事项时，应当经职工代表大会或者全体职工讨论，提出方案和意见，与工会或者职工代表平等协商确定。在规章制度和重大事项决定实施过程中，工会或者职工认为不适当的，有权向用人单位提出，通过协商予以修改完善。用人单位应当将直接涉及劳动者切身利益的规章制度和重大事项决定公示，或者告知劳动者。

三、合理合法运用竞业限制约定

企业作为劳动关系中的管理者，商业秘密的持有者，通过设置严谨的竞业限制制度来保护企业的商业秘密，进而维持本企业的竞争优势，这种做法已经非常常见。虽然企业与劳动者间存在着管理与被管理关系，但是竞业限制的约定应由企业与劳动者经充分协商并达成一致，企业应当合理合法运用竞业限制的约定。

竞业限制主体应适格。根据《劳动合同法》第二十四条第一款的规定，竞业限制的人员限于用人单位的高级管理人员、高级技术人员和其他负有保密义务的人员。法律规定竞业限制主体只有前述3类人员，其中，"其他负有保密义务的人员"在实践认定中存在较多争议。按照《反不正当竞争法》的规定，商业秘密是指不为公众所知悉、具有商业价值并经权利人采取相应保密措施的技术信息和经营信息。对于负有保密义务的人员不以职位高低一概而论，而应以其实际从事岗位的性质以及是否能接触到商业秘密为审查基础，如职务属于技术研发、销售、财务等敏感岗位，具有接触企业技术秘密或经营秘密便利的，可以成为竞业限制协议的签订主体。

竞业限制约定应具体、明确。竞业限制约定一般应以书面形式签订。竞业限制条款可以约定在劳动合同中，也可以与劳动者单独签订《竞业限制协议》，但均要求企业在《劳动合同》或《竞业限制协议》中明确、具体约定竞业限制条款，而不能仅在企业内部规章制度中笼统规定对劳动者设定离职后的竞业限制义务。竞业限制的内容，一般包含劳动者竞业限制范围、地域和期限。竞业限制范围包含与本企业生产或者经营同类产品、从事同类业务的有竞争关系的企业。竞业限制地域范围依据企业经营事业的影响力确定。对于竞业限制期限，法律也作了限制性规定。[①] 竞业限制期限的设置超过二年的，超过部分因违反法律法规强制性规定无效。

注意及时支付竞业限制经济补偿金。企业应严格按照法律规定和《竞业限制协议》的约定支付竞业限制经济补偿金，并掌握其支付的3个要点，即支付时间为解除或者劳动合同终止后；支付方式必须为按月支付；留存好支

---

① 《劳动合同法》第二十四条规定，竞业限制的人员限于用人单位的高级管理人员、高级技术人员和其他负有保密义务的人员。竞业限制的范围、地域、期限由用人单位与劳动者约定，竞业限制的约定不得违反法律、法规的规定。在解除或者终止劳动合同后，前款规定的人员到与本单位生产或者经营同类产品、从事同类业务的有竞争关系的其他用人单位，或者自己开业生产或者经营同类产品、从事同类业务的竞业限制期限，不得超过二年。

付凭证。对于可能存在联系不上离职员工导致支付不能的风险，建议企业在《竞业限制协议》中，明确约定员工竞业限制经济补偿金的收款账号以及员工在信息变动时的及时书面告知义务等。

第三节　文创企业的劳动用工案例解析

一、文创企业确认劳动关系纠纷案[①]

（一）基本案情

随着直播的兴起，钱某对主播行业产生了巨大的兴趣。钱某找到了上海某公司，并与其签订了《公司直播平台主播独家合作协议》。

该合作协议约定，钱某与上海某公司为合作关系，合作期限 3 年，钱某将上海某公司直播平台作为其互联网独家分享平台，未经上海某公司书面同意不得在其他任何第三方直播平台上进行直播。上海某公司则为钱某提供公司直播平台的有关资源，帮助其提升人气，增加收益，其中包括价值不低于800 万元人民币的包装推广，根据主播产出内容帮助其向第三方平台进行输出。

该协议对其他事项亦作出了细致约定。例如，钱某在公司直播平台上取得的用户打赏、虚拟道具等应当依照公司制定的兑换规则换取收益；钱某应该按照公司安排，参与公司组织的相关宣传、比赛等活动，如相关产品的发布推广活动，视频解说活动等，每月不少于两次。对于钱某的费用，月直播天数（每日连续直播时长达 30 分钟为有效）应当在 14 天以上且月日均直播人气应当在 3000 人以上，在满足该前提下，根据每月直播时长，支付给钱某相应的费用。若钱某在合作期间有 2 个月未能达到上述条件，则上海某公司享有解除合作协议的权利。

后钱某提起劳动仲裁，要求确认双方在《公司直播平台主播独家合作协议》存续期间存在劳动关系。仲裁裁决对钱某的所有仲裁请求不予支持。钱某不服仲裁裁决，诉至法院。

（二）案例分析

本案的焦点在于钱某与上海某公司之间是否存在劳动关系。欲判断钱某与上海某公司之间是否存在劳动关系需要明确认定存在劳动关系的标准。司

---

① （2018）沪 0113 民初 11088 号。

法实践中通常从劳动关系的核心特点——劳动者对用人单位的人身隶属性和经济依附性进行考察。

钱某对上海某公司不具有人身隶属性。首先，本案中，双方签订的协议名称为《公司直播平台主播独家合作协议》，从本质上看，双方的合作模式为上海某公司为钱某提供互联网分享平台并提供包装推广渠道，钱某将其作为互联网独家分享平台，属于通过平等合作实现互利共赢，双方没有建立劳动关系的合意。其次，上海某公司虽然在直播时长方面制定了有关规定，但对于直播的时间、地点、方式和内容等方面并无强制性要求，钱某对此享有一定的自主性，无须受到上海某公司的约束、支配和管理。最后，对于上海某公司对钱某需要遵守平台规则的要求，既符合行业惯例，也并未突破双方的合作关系。故钱某并非是在接受用人单位的管理，遵守其规章制度，为上海某公司提供劳动。

钱某对上海某公司不具有经济依附性。钱某的收入来源不仅是上海某公司根据直播时长支付的费用，还有用户赠送的虚拟道具的相应兑换收益，本质上是钱某基于合作关系借用上海某公司的平台而取得的收益。对于钱某认为其收益是提成的不同表现形式的观点，最终法院并未采纳。

因此在该案中，钱某要求确认其与上海某公司之间存在劳动关系的请求并不合理也无法得到支持。

（三）法条链接

关于确立劳动关系有关事项的通知

一、用人单位招用劳动者未订立书面劳动合同，但同时具备下列情形的，劳动关系成立。

（一）用人单位和劳动者符合法律、法规规定的主体资格；

（二）用人单位依法制定的各项劳动规章制度适用于劳动者，劳动者受用人单位的劳动管理，从事用人单位安排的有报酬的劳动；

（三）劳动者提供的劳动是用人单位业务的组成部分。

二、用人单位未与劳动者签订劳动合同，认定双方存在劳动关系时可参照下列凭证：

（一）工资支付凭证或记录（职工工资发放花名册）、缴纳各项社会保险费的记录；

（二）用人单位向劳动者发放的"工作证"、"服务证"等能够证明身份的证件；

（三）劳动者填写的用人单位招工招聘"登记表"、"报名表"等招用记录；

（四）考勤记录；

（五）其他劳动者的证言等。

其中，（一）、（三）、（四）项的有关凭证由用人单位负举证责任。

（四）案例延伸

劳动关系是具有人身关系和财产关系性质，兼有平等关系和隶属关系特征的社会关系。认定劳动关系的核心标准是"劳动管理"，劳动管理不仅是指劳动状态下的管理，还指用人单位对劳动者在非工作状态下的管理。一旦建立起劳动关系，劳动者应当听从用人单位的指挥，接受用人单位的管理，服从用人单位工作时间、工作任务等安排并遵守其规章制度。

在确认劳动关系纠纷类型的案件中，人身隶属性和经济依附性是两个评判劳动者与公司是否存在劳动关系的重要标准。一般来说，人身隶属性的表现有对劳动者进行严格的人事管理，例如，劳动者适用考勤制度、奖惩制度。双方签订的协议、沟通记录、考勤记录、门禁卡、直播账号的所有权约定、公司为劳动者办理个人业务开具的证明等均可用于证明公司与劳动者之间存在管理与被管理的关系。经济依附性表现在劳动者的工资由公司发放，公司将劳动者的直播时长与其收入挂钩，约定劳动者直播的收益属于公司，再由公司将直播收入分配给劳动者，这种貌似"合作"实际上符合隶属性特征，应当被认定为公司与劳动者存在劳动关系。在北京某传媒科技有限公司与张某确认劳动关系纠纷案[1]中，企业虽与张某签订的是《全职主播签约协议》，但张某在向公司提供劳动过程中具有鲜明的人格从属性、组织从属性和经济从属性，认定双方构成劳动关系。在某工作室与龙某劳动合同纠纷案、[2] 某传播公司与邹某劳动合同纠纷案[3]等案件中，主播与公司签订的合同中包含遵守公司制度的约定、竞业限制的约定等劳动合同应当具备的主要条款，最终被判定双方存在劳动合同关系。

延伸开来说，若文创企业主动选择与主播建立劳动合同关系，那么企业和主播之间则存在隶属关系，并且企业与主播之间的权利义务关系需要受到劳动法律关系调整。主播需要遵守企业依法制定的各项规章制度，接受企业的管理并且忠实履行劳动义务，向企业交付劳动成果换取报酬。基于劳动合

---

[1] （2020）京 0115 民初 12563 号。

[2] （2019）川 07 民终 7 号。

[3] （2017）黑 0811 民初 563 号。

同关系，企业要为主播提供劳动条件和劳动保护，并及时支付劳动报酬，缴纳社会保险，提供休息休假时间，并按约支付劳动报酬。对直播违规行为，企业可以根据内部规定扣除其奖金或者绩效工资，对主播在工作中自身以及给他人造成的损害，例如主播受伤、售卖"假货"、虚假宣传等，企业则需要依法承担相应的责任。

二、文创企业的竞业限制纠纷案①

（一）基本案情

2014 年 6 月，孙某入职北京某科技有限公司（下称北京某公司），担任商务主管，主要工作内容为进行 App 推广。在工作过程中，孙某可以获取到公司的推广渠道、推广计划、合作商信息、相关成本、比重、投放量、价格等信息。

2017 年 6 月 4 日，双方签订无固定期限劳动合同及《不竞争协议》。根据《不竞争协议》，双方约定，劳动者无论因何种原因与公司解除劳动关系，均需要履行竞业限制义务。竞业限制期限内，劳动者不得到与公司存在竞争关系或潜在竞争关系的单位工作。协议同时明确，该协议的效力、竞业限制补偿金标准以劳动关系解除（终止）时公司出具的竞业限制协议效力确认书为准。

后续时间顺序为：2017 年 6 月 15 日，孙某提出离职；2017 年 7 月 12 日，双方解除劳动关系；2017 年 8 月 30 日，北京某公司向孙某支付竞业限制补偿金；2017 年 9 月 5 日，北京某公司向孙某送达《不竞争协议履行提醒通知》。

后北京某公司发现孙某入职与本公司存在竞争关系的其他单位，未履行约定的竞业限制义务，故提起仲裁申请，要求孙某继续履行《不竞争协议》并支付违约金、返还竞业限制经济补偿金对应的个人所得税。

经过审理，仲裁委作出仲裁裁决，认为北京某公司未能举证证明其已履行《不竞争协议》中约定的通知义务，即北京某公司未明确告知孙某应履行竞业限制义务，因此驳回北京某公司的仲裁申请。北京某公司不服该裁决结果诉至法院。

（二）案例分析

对于竞业限制类纠纷，主要需要判断竞业限制的限制主体以及竞业限制协议中的生效问题，具体到本案之中即为，孙某究竟能不能成为竞业限制的

---

① （2018）京 0108 民初 7633 号。

适格主体，以及孙某与北京某公司签订的《不竞争协议》中所约定的单方通知是否有效。具体而言，北京某公司在双方劳动关系解除时并未告知孙某应当依照《不竞争协议》履行竞业限制义务，此时是否意味着孙某无须履行竞业限制义务？劳动关系解除一个月后，北京某公司向劳动者支付竞业限制补偿金、发送《不竞争协议履行提醒通知》的行为，能否视为北京某公司对于未及时履行通知义务而采取的有效补救措施？

审理中，孙某主张其在工作中获取的与北京某公司相关的如推广计划、投放比重等信息均为公开信息，但孙某对其主张无法举证证明。孙某属于可接触到公司商业秘密的劳动者，系为竞业限制的适格主体，北京某公司有权就竞业限制与其作出约定。根据《不竞争协议》有关条款约定，北京某公司为自身设置了单方权益，即不竞争协议的效力以及竞业限制补偿金标准应当以北京某公司在双方劳动关系解除或终止时出具的书面通知确定。北京某公司作为文本提供者，亦应当受制于文本中所约定的规则。其通过该文本制定的规则不仅对公司的人力资源管理工作提出了要求，也表明公司就"劳动合同解除或终止时向孙某出具竞业限制协议效力确认书"事宜自愿承担举证责任。

一般而言，在双方劳动关系解除时，北京某公司并未履行该项通知义务的情况下，劳动者无须在离职后履行竞业限制。基于此，需要进一步判定的是，北京某公司随后采取的补救措施是否有效呢？

笔者赞同本案法院的裁判观点，也即在劳动合同解除或终止这一特定时点，劳动者是否需要履行竞业限制义务应当处于确实状态。具体而言，在劳动合同解除或终止后，对于应当履行竞业限制义务的劳动者，其即处于负担竞业限制义务的状态；而对于无须履行竞业限制义务的劳动者，其应当处于有权进行自由择业的状态。本案中，北京某公司向孙某支付竞业限制补偿金、送达履行提醒通知的行为均发生于劳动合同解除或终止长达一个月以后，不构成公司通知义务的履行与补救，北京某公司不应当在劳动者离职后对其劳动自由权进行限制。

在本案中，北京某公司的全部诉请并未得到支持。

（三）法条链接

中华人民共和国劳动合同法

第二十三条　用人单位与劳动者可以在劳动合同中约定保守用人单位的商业秘密和与知识产权相关的保密事项。

对负有保密义务的劳动者，用人单位可以在劳动合同或者保密协议中与劳动者约定竞业限制条款，并约定在解除或者终止劳动合同后，在竞业限制期限内按月给予劳动者经济补偿。劳动者违反竞业限制约定的，应当按照约定向用人单位支付违约金。

第二十四条　竞业限制的人员限于用人单位的高级管理人员、高级技术人员和其他负有保密义务的人员。竞业限制的范围、地域、期限由用人单位与劳动者约定，竞业限制的约定不得违反法律、法规的规定。

在解除或者终止劳动合同后，前款规定的人员到与本单位生产或者经营同类产品、从事同类业务的有竞争关系的其他用人单位，或者自己开业生产或者经营同类产品、从事同类业务的竞业限制期限，不得超过二年。

（四）案例延伸

竞业限制纠纷是劳动争议中较为常见且多发的类型之一。此类案件的核心与难点较多，涉及竞业限制协议的法律效力、违反竞业限制协议的认定、违约金及违约责任的支持与调整等。

在竞业限制类纠纷案件中，竞业限制协议至关重要，对于预防、规避风险具有非常重要的意义。在本案中，劳动者与公司签订有《不竞争协议》，尽管因企业未能及时履行通知义务最终无法追究劳动者的违约责任，但其通过竞业限制协议来约束双方值得每一位管理者落实到实践之中。实践中，有些企业仅在内部规章制度中笼统规定对劳动者设定离职后的竞业限制义务，若发生纠纷，企业往往难以得到法院支持。而且竞业限制制度不应流于形式，若仅仅是机械套用模板或一味排除劳动者权利，这不仅无形中增加了企业的成本，也增加了企业在劳动用工中的风险。

文创企业在设计竞业限制协议条款时要注意风险防范，如果竞业限制协议中出现漏洞、瑕疵，可能给企业带来巨大的法律风险和严重不利后果。企业作为强势方，制定格式条款在限制劳动者劳动自由权保护自身利益的同时，不应当一味增设限制条件，如此反而容易忽视协议履订上的合理性，搬起石头砸自己的脚。本案给企业的启示在于，劳动者是否应当履行竞业限制应以双方之间有无合法有效的竞业限制约定为准，并且是否应该履行竞业限制最晚在双方劳动关系解除时就应当确定下来。

第十二章　文创企业的资质许可合规

文创企业在市场经济活动中，除了要与其他民商事主体发生民商事关系外，还常常需要与政府部门打交道。从宏观经济学角度看，市场这只"看不见的手"在引导着生产者与消费者，通过供求、价格、竞争等机制发挥作用，调节人、财、物在社会中的配置；政府这只"看得见的手"通过制定法律法规、产业政策、财政和货币政策、采取行政手段等对宏观经济进行调控或管理，与市场共同优化社会资源配置。习近平总书记曾指出，在市场作用和政府作用的问题上，要讲辩证法、两点论，"看不见的手"和"看得见的手"都要用好，努力形成市场作用和政府作用有机统一、相互补充、相互协调、相互促进的格局，推动经济社会持续健康发展。随着我国经济持续快速发展，政府对于文创领域监管体系的构建也日臻完善，文创企业在应对行政监管方面做到合规是十分必要且重要的。

第一节　文创企业资质许可领域的风险

一、文创企业无证无照经营的风险

不同于市场中其他产品，文创产品是为了满足大众精神层面的需求而产生的，甚至能够在一定程度上影响人的思想和意识，本身带有意识形态色彩。我国学者胡惠林就提出了"要把文化产业作为意识形态来抓"的观点。政府对文创产业的监管活动在某种程度上已经上升到了维护意识形态安全战略意义的高度，这也体现在对文创产业的全流程监管之中，包括相关市场准入。文创产品进入市场的通行证——相关资质、许可的获得，是文创企业必须面对的第一道关口，也是企业所有市场活动的开端。

实践中，文创企业未获得相关资质就开展文创产业生产和经营活动，受到来自政府部门行政处罚的案例不胜枚举。我们来看一下以下几个典型案例。

　　案例一,[①] 从事艺术品经营活动应当提前向文化行政部门备案。××文化艺术有限公司 2015 年 10 月 16 日领取营业执照后,从事艺术品经营活动,但未按规定向文化行政部门备案,直至 2017 年 5 月 5 日被执法人员查获,已构成设立艺术品经营单位未按规定向文化行政部门备案的违法行为,违反原文化部《艺术品经营管理办法》第五条"设立从事艺术品经营活动的经营单位,应当到其住所地县级以上人民政府工商行政管理部门申领营业执照,并在领取营业执照之日起 15 日内,到其住所地县级以上人民政府文化行政部门备案"的规定。文化市场行政执法大队依据《艺术品经营管理办法》第十九条的规定,对××文化艺术有限公司处以 500 元罚款。

　　案例二,[②] 某电商公司在不具备营业性演出经营资质的前提下,使用另一贸易公司租用的某影视中心演播厅场地以及器材,于 2019 年 7 月某日晚在该影视中心演播厅举办"×××直播三周年粉丝节"。直播活动中,邀请某外国乐队现场进行演奏和英文歌曲串烧演唱表演,直播活动当天,现场有 180 多人,网络直播观看量达 546 万余人次。演出器材由场地方提供,因未售票故无违法所得。该地的文化和广电旅游体育局认为,此次演出活动虽未售票,但有利于提升该直播间的品牌影响力,并给该直播间做了广告宣传,符合原文化部《营业性演出管理条例实施细则》第二条第三项"以演出为媒介进行广告宣传或者产品促销的"方式,以营利为目的的现场文艺表演活动,认定属于营业性演出。相关政府主管部门对作为活动主办方的该电商公司罚款人民币 5 万元。根据《营业性演出管理条例》,举办营业性演出,应当向演出所在地县级人民政府文化主管部门提出申请。对符合条件的,发给批准文件。违反上述规定的,由县级人民政府文化主管部门予以取缔,没收演出器材和违法所得,并处违法所得 8 倍以上 10 倍以下的罚款;没有违法所得或者违法所得不足 1 万元的,并处 5 万元以上 10 万元以下的罚款;构成犯罪的,依法追究刑事责任。还需要注意的是,不仅未取得资质从事营业性演出经营活动要受行政处罚,超过资质范围从事营业性演出经营活动,变更营业性演出经营项目,未向原发证机关申请换发营业性演出许可证等情形都会面临行政处罚。

　　案例三,[③] 北京市文化市场行政执法总队执法人员对某科技公司运营的手机 App"相××多"进行了远程勘验。勘验中发现,该 App 通过互联网向公众提供了戏曲、小品等视听节目,而该科技公司现场和事后都不能提供《信

---

①　杭上文广新罚字〔2017〕第 6 号。
②　杭萧文旅罚字〔2019〕第 42 号。
③　(京)文执罚〔2019〕第 400042 号。

息网络传播视听节目许可证》。执法部门认为，该科技公司未经批准擅自从事互联网视听节目服务的行为，违反了《广播电视管理条例》和《互联网视听节目服务管理规定》相关规定，对其处以警告和罚款人民币 5000 元的处罚。《互联网视听节目服务管理规定》第七条第一款、第二款规定，从事互联网视听节目服务，应当依照本规定取得广播电影电视主管部门颁发的《信息网络传播视听节目许可证》或履行备案手续。未按照本规定取得广播电影电视主管部门颁发的《许可证》或履行备案手续，任何单位和个人不得从事互联网视听节目服务。

文创企业在行政监管方面的首要风险，是其未能依法合规地取得相关资质许可，却心存侥幸地开展相关生产经营活动。对文创企业来说，并不是起"×××文化传媒有限公司"的名称就代表可以随心所欲地从事相关文创产业的相关活动，文创企业的多数生产经营活动没有获得相关政府部门的审批和许可都无法开展，可以说无相关证照的文创企业如同无本之木、无源之水，寸步难行。

二、股东外资成分的风险

2020 年 1 月 1 日《外商投资法》的正式生效，标志着三资法①退出了我国的历史舞台，《外商投资法》是我国全面建立和完善外商投资法律体系的基础性法律。根据《外商投资法》的规定，我国对外资准入实行负面清单管理制度，即负面清单规定禁止投资的领域，外国投资者不得投资；负面清单规定限制投资的领域，外国投资者进行投资应当符合负面清单规定的条件。

在最新的《外商投资准入特别管理措施（负面清单）》（2021 年版）中，与文创产业有关的规定主要有：出版物印刷须由中方控股；禁止外商投资互联网新闻信息服务、网络出版服务、网络视听节目服务、互联网文化经营（音乐除外）、互联网公众发布信息服务（上述服务中，中国入世承诺中已开放的内容除外）；禁止投资新闻机构；禁止投资图书、报纸、期刊、音像制品和电子出版物的编辑、出版、制作业务，禁止投资各级广播电台（站）、电视台（站）、广播电视频道（率）、广播电视传输覆盖网；禁止从事广播电视视频点播业务和卫星电视广播地面接收设施安装服务；禁止外商投资广播电视节目制作经营（含引进业务）公司；禁止投资电影制作公司、发行公司、院线公司以及电影引进业务；禁止投资文物拍卖的拍卖公司、文物商店和国有

---

① 指《中外合资经营企业法》、《外资企业法》及《中外合作经营企业法》。

文物博物馆；禁止投资文艺表演团体；等等。

对于国家禁止外资进入的产业领域，文创企业在引进投资时仍要给予十足的关注，有必要对投资人进行穿透式的审查，一旦股权层面涉及外资成分，将存在无法继续开展相关业务的风险。例如，某出品多部知名电视剧的影视公司在《广播电视节目制作经营许可证》到期时向有关国家主管部门申请续期，工作人员在审查材料时发现该影视公司的股东层面含有外资成分，不予办理续期。经影视公司自行核实后发现，该影视公司为了扩大规模经历过多轮融资，在某一轮融资中引进的合伙企业向上穿透股东后发现竟然是一家在我国香港特别行政区注册的公司。根据《广播电视节目制作经营管理规定》第五条的规定"国家鼓励境内社会组织、企事业机构（不含在境内设立的外商独资企业或中外合资、合作企业）设立广播电视节目制作经营机构或从事广播电视节目制作经营活动"，显然，主管部门认为该影视公司在股东穿透式核查下，属于在境内设立的中外合资企业，不符合《广播电视节目制作经营许可证》的颁发或续期条件。类似地，在申请颁发《网络文化经营许可证》《网络出版服务许可证》时，相关主管部门持同样的穿透式审查态度，无论该外资股东持股比例是多还是少，只要公司股东涉及外资成分，就存在申请相关证照被否的可能性。

第二节　文创企业资质许可合规管理

文创企业进行生产经营活动，应根据企业实际生产经营需要，办理相关资质证照。企业生产经营的资质证照合规，不仅是法律法规的强制性要求，也有利于企业生产经营活动合法地、顺利地开展。而且，企业关于相关资质证照的申请，应该具有前瞻性，甚至在企业成立之前，就应该将相关资质证照的申请列入企业的布局与规划之中。

由于篇幅所限，本书无法列举文创行业涉及的所有证照许可及要求，以下仅对各个子产业所需的常见资质证照及法律依据作简单梳理，[①] 供文创企业在办理相关证照时参考。笔者在此要提醒文创企业的是，企业资质证照的合规管理是一个动态的过程，建议企业应有专人负责资质许可事项，包括实时了解法律法规等相关依据并保持与相关主管部门的持续沟通，根据企业生产经营的实际需要，依法合规地申领、延展或注销本企业的证照等。

---

① 根据截至 2021 年 8 月 16 日现行有效的法律法规整理。

表1　相关证照及法律依据汇总

行业分类	资质证照	法律依据
出版业	• 《出版物经营许可证》 • 《音像制品经营许可证》 • 《报纸出版许可证》 • 《期刊出版许可证》 • 《网络文化经营许可证》 • 《网络出版服务许可证》 • 《印刷经营许可证》 • 进口图书备案号 • 订户订购进口出版物批准 • 其他出版资质	《出版管理条例》 《出版物市场管理规定》 《出版物进口备案管理办法》 《订户订购进口出版物管理办法》 《报纸出版管理规定》 《印刷业管理条例》 《音像制品管理条例》 《音像制品进口管理办法》 《电子出版物出版管理规定》 《网络出版服务管理规定》
网络直播、在线试听和阅读	• 《网络文化经营许可证》 • 《增值电信业务许可证》（ICP） • 《信息网络传播视听节目许可证》 • 《互联网新闻信息服务许可证》	《互联网文化管理暂行规定》 《电信业务经营许可管理办法》 《互联网视听节目服务管理规定》 《互联网新闻信息服务管理规定》 《互联网新闻信息服务许可管理实施细则》 《网络表演经营活动管理办法》 《互联网直播服务管理规定》
影视业	• 《广播电视播出机构许可证》 • 《广播电视频道许可证》 • 《剧本备案证明》 • 《电影公映许可证》 • 《国产电视剧发行许可证》 • 《电视剧制作许可证》 • 网络剧/微电影备案号	《广播电视管理条例》 《电影产业促进法》 《电影管理条例》 《广电总局办公厅关于启用新〈国产电视剧发行许可证〉的通知》
演出业	• 《营业性演出许可证》 • 演出系列相关备案证明 • 演出经纪资格证书 • 公安部出具的安全许可	《营业性演出管理条例》 《营业性演出管理条例实施细则》 《演出经纪人员管理办法》 《大型群众性活动安全管理条例》
动漫业	• 《国产电视动画片发行许可证》 • 《广播电视节目制作经营许可证》 • 国产动画片制作备案	《电视剧内容管理规定》 《国产电视动画片制作备案公示管理制度暂行规定》

（续表）

行业分类	资质证照	法律依据
艺术品业	● 《艺术品经营单位备案证明》	《艺术品经营管理办法》
游戏/电竞业	● 《网络文化经营许可证》 ● 《增值电信业务许可证》（ICP） ● 《计算机软件著作权登记证书》 ● 《游戏运营备案》 ● 《游戏运营版号》 ● 《营业性演出许可证》	《互联网信息服务管理办法》 《关于移动游戏出版服务管理的通知》 《网络表演经营活动管理办法》 《营业性演出管理条例》 《关于加强网络视听节目直播服务管理有关问题的通知》 《互联网直播服务管理规定》
广告业	● 广告发布登记准予文件	《广告法》 《广告管理条例》

第三节　文创企业行政处罚案例解析

一、文创企业"准印证"与"承印验证"行政诉讼案①

（一）基本案情

某电源股份有限公司（下称某电源公司）的人力资源部编写了《少年阳光说》书籍，又名《某电源 20 周年庆典故事集》，准备用于公司内部交流学习使用。

某电源公司与合肥某印务有限公司签订了《产品采购合同》，约定某电源公司委托合肥某印务公司印刷《少年阳光说》3500 册。

合肥某印务公司接到该订单后自己未实际印刷，而是另行委托了具有印刷经营许可的合肥某印刷公司进行印刷，费用为 14340 元。

当地文化和旅游局（下称文旅局）派执法人员对合肥某印刷公司进行日常现场检查时发现，合肥某印刷公司正在印刷的《少年阳光说》没有履行承印验证，涉嫌违法。经检查，发现该书载明的出版单位是"某电源公司人力

---

① （2019）皖 01 行终 183 号。

资源中心"，扉页印有"供内部传阅"、尾页印有"内部发行"的标注，但是未见版权页和准印号。文旅局检查人员因合肥某印刷公司涉嫌印刷非法出版单位出版的出版物，对合肥某印刷公司印刷好的《少年阳光说》予以扣押，并出具了《现场检查（勘验）笔录》《扣押物清单》；同时，检查人员还对现场进行了摄像等取证工作。

检查后次日，文旅局将《少年阳光说》报送当地省级新闻出版广电局进行鉴定，后者出具《出版物鉴定书》，结论为"依据《出版管理条例》第九条、《内部资料性出版物管理办法》第三条等规定，《少年阳光说》属非法出版物"。

随后，文旅局对此事予以立案查处。文旅局在调查中，对合肥某印务公司中负责联系该业务的工作人员进行了询问，该工作人员称公司事先并不了解内部资料性出版物需要办"准印证"。后对合肥某印刷公司的管理人员进行询问，后者认可承印《少年阳光说》时没有验证印刷委托手续和"准印证"。

经过调查，数月后，文旅局向合肥某印刷公司送达《行政处罚事先告知书》，告知其拟作出处罚决定的内容、事实、理由及依据，并告知其有申请听证、陈述申辩等相关权利义务。合肥某印刷公司遂提出听证申请，在案件听证会召开并听取其陈述和申辩理由后，文旅局结合案件调查证据及听证意见，认定合肥某印刷公司印刷非出版单位出版的出版物，依照《印刷业管理条例》第十七条和第三十八条的规定，予以责令停业整顿15天和罚款人民币86040元的行政处罚。

合肥某印刷公司认为《少年阳光说》是用于某电源公司内部学习交流的资料，根据《内部资料性出版物管理办法》规定，介绍推广本单位基本情况的宣传资料，无须申领"准印证"，即使印刷行为违法，停业整顿15天和罚款86040元的处罚也明显过重，有违过罚相当的原则。

合肥某印刷公司对处罚结果不服，以文旅局为被告向法院提起行政诉讼，要求确认市文旅局的处罚行为违法，并撤销处罚。

（二）案例分析

本案的争议焦点，主要在于书籍《少年阳光说》是否属于非法出版物？是否要申领《准印证》？

书籍《少年阳光说》是某电源公司编制的公司20周年庆典故事集，委托印刷的数量3500册，其性质上属于内部资料性出版物。所谓内部资料性出版物，是指在本行业、本系统、本单位内部，用于指导工作、交流信息的非卖性单本成册或连续性折页、散页印刷品。根据相关法律法规的规定，我国对内部资料性出版物的编印，实行核发《内部资料性出版物准印证》（简称"《准印证》"）管理，未经批准取得《准印证》，任何单位和个人不得从事内部资料的编印活动。

合肥某印刷公司认为书籍《少年阳光说》属于介绍推广某电源公司基本情况的宣传资料，根据《内部资料性出版物管理办法》第九条第二项的规定，不需要办理《准印证》，但经有关部门鉴定《少年阳光说》属非法出版物。换句话说，《少年阳光说》的文字具有思想性，而非简单地介绍单位基本情况的宣传资料，依法应当申领《准印证》。

本案中，除了未依法申领《准印证》之外，我们还应当注意印刷公司在接受印刷委托时，是否履行了"承印验证"手续。根据有关法律法规的规定，印刷公司接受委托印刷内部资料性出版物的，必须验证县级以上地方人民政府出版行政管理部门核发的《准印证》原件并收存《准印证》复印件。但是，合肥某印刷公司在接受印刷委托时，未对某电源公司或合肥某印务公司提出查验《准印证》的要求，未履行"承印验证"手续，依法应当予以处罚。

法院经过公开开庭审理之后，判决驳回了合肥某印刷公司的全部诉讼请求。

（三）法条链接

内部资料性出版物管理办法

第三条　对内部资料的编印，实行核发《内部资料性出版物准印证》（以下简称《准印证》）管理。未经批准取得《准印证》，任何单位和个人不得从事内部资料的编印活动。

印刷业管理条例

第十七条　从事出版物印刷经营活动的企业不得印刷国家明令禁止出版的出版物和非出版单位出版的出版物。

第二十条　印刷企业接受委托印刷内部资料性出版物的，必须验证县级以上地方人民政府出版行政部门核发的准印证。

印刷企业接受委托印刷宗教内容的内部资料性出版物的，必须验证省、自治区、直辖市人民政府宗教事务管理部门的批准文件和省、自治区、直辖市人民政府出版行政部门核发的准印证。

出版行政部门应当自收到印刷内部资料性出版物或者印刷宗教内容的内

部资料性出版物的申请之日起 30 日内作出是否核发准印证的决定，并通知申请人；逾期不作出决定的，视为同意印刷。

（四）案例延伸

在电子书日益普及的背景下，纸质报刊书籍出版、印刷的数量虽然有下降的趋势，但是整体上仍存在一定规模的需求，很多企业、学会、协会、商会或者其他社会组织也会制作自己的内部资料供内部人员参阅。可能有人会认为，既然是内部资料，那么就不必像正式出版物那样必须由正式出版单位委托印刷，也不必履行什么手续。正是因为有这样的错误认识，或者是心存侥幸，本案中的合肥某印刷公司依法受到了相应的行政处罚。

本案中，合肥某印刷公司在承印时，未能依法合规地查验《准印证》，这在企业生产运营的过程中，貌似只是缺失了一个小小的合规动作，但正是因为这个查验动作的缺失，导致企业受到停工停产以及巨额罚款的行政处罚。对于印刷承印企业来说，应当建立健全的承印验证制度，严格按照《准印证》核准的项目印制，严禁擅自更改《准印证》核准项目，并保证印刷质量符合印刷质量标准。

对于有内部资料出版需求的企事业单位来说，应当严格遵守相关的法律法规的规定，除了依法申请获得相应的出版许可之外，不得擅自委托非出版物印刷企业印刷，且应严格限定在本行业、本系统、本单位内部交流，不得标价、销售或征订发行，不得在公共场所摆放，不得向境外传播，不得将服务对象及社会公众作为发送对象，也不得以提供信息为名，将无隶属关系和指导关系的行业、企事业单位作为发送对象等管理要求，内部资料的编印单位还应当对所编印的内容和质量负责，并承担法律责任。

天网恢恢疏而不漏，企业合规警钟长鸣。文创企业不但要重视相关资质的申领、延展、注销，也应当充分关注企业在生产经营过程中应履行的合规手续，并将其作为企业内控制度的重要组成部分，切实有效地执行，方可稳健发展。

二、文创企业他地放映电影案①

（一）基本案情

济南某影城有限公司（下称济南某公司）于 2013 年注册成立，并取得了《电影放映许可证》，主要从事影院电影放映。2015 年 9 月，济南某公司和山

---

① （2020）鲁行再 27 号。

东某大学团委签署了校企文化建设合作备忘录，由济南某公司提供电影片资源和电影放映设备，山东某大学提供放映场地，面向该校师生进行电影放映。2015 年 9 月，济南某公司在山东某大学开始电影放映活动，电影票按照半价收取。济南某公司的经营记录统计其经营额为 54510 元。

2015 年 12 月，当地区市场监督管理局（下称市场监管局）在执法中发现该影城公司的住所为该市某文化广场五楼，却在山东某大学三楼擅自设立电影放映厅从事放映行为，遂于当日立案，调查后扣押了济南某公司的设备等。

2016 年 1 月，市场监管局又进行了调查和现场检查，并向本市文化广电新闻出版局（下称文广新局）发函请求协助调查，文广新局作出相关说明，认为济南某公司在其住所以外的地点另设立放映场所从事放映行为，需要按规定办理经营许可等手续。后经市场监管局研究审议和集体讨论，对济南某公司下达了行政处罚告知书。

2016 年 2 月，在济南某公司的申请下，市场监管局进行了听证会。

2016 年 3 月，市场监管局向济南某公司送达《行政处罚决定书》，内容为因济南某公司违反《电影管理条例》第五条第一款以及第五十五条的规定，对济南某公司作出取缔其擅自放映电影的行为、没收济南某公司的放映设备、罚款人民币 20 万元的行政处罚。

济南某公司不服，向区政府申请行政复议，区政府维持了市场监管局的处罚决定。

济南某公司认为，公司早已取得《电影放映许可证》，其放映行为是为履行和山东某大学签署的文化合作备忘录，是电影进校园、进社区、进厂矿、进农村、响应政策、服务上门的正常经营行为，且山东某大学放映电影的活动室并非仅用于电影放映，并非固定经营场所，不能认定为《电影管理条例》规定的电影放映单位。相关法律法规也并无关于电影放映单位必须在住所范围内放映电影的规定。济南某公司对复议结果不服，以市场监管局和区政府为被告，向法院提起了行政诉讼。

（二）案例分析

本案的争议焦点在于有《电影放映许可证》的情况下，公司在住所地以外的地点放映电影的行为应如何认定？

济南某公司认为，公司已经取得《电影放映许可证》，只要在经营区域内放映电影，即使不在注册登记的住所进行，亦不属于设立新的电影放映单位，不属于擅自放映行为。市场监管局认为，济南某公司虽已取得《电影放映许可证》，但该许可仅限于在住所进行放映，在住所以外的场地放映电影属于设立新的电影放映单位，应当依法办理放映许可手续。诉讼中双方争议的焦点一直围绕着济南某公司在山东某大学放映电影的行为是否属于设立新的电影放映单位。但是，我们也应当注意，擅自设立放映单位与擅自从事放映活动是两个不同的违法行为。

我们应当确认市场监管局涉案行政处罚决定的合法性。根据《电影管理条例》第五十五条的规定，擅自设立电影片的制片、发行、放映单位，或者擅自从事电影制片、进口、发行、放映活动的，均属于行政违法行为。济南某公司在其住所地之外的山东某大学放映电影的行为，属于擅自从事电影放映活动的情形，市场监管局作为电影放映活动的监管主体对济南某公司的涉案行为进行处罚是合法的。

案件事实较为简单、清楚，却历经了一审、二审和再审程序，可谓曲折复杂。一审法院判决驳回济南某公司的诉讼请求。济南某公司不服，上诉至济南市中级人民法院，二审法院判决，撤销原一审法院判决，撤销被诉行政处罚决定书和被诉行政复议决定书。市监局不服该判决，向高级人民法院提起了再审申请。山东省高级人民法院作出维持二审判决的终审判决。

前面已经讲到市场监管局作为电影放映活动的监管主体对济南某公司的涉案行为进行处罚是合法的，但法院怎么最终还是判决撤销被诉行政处罚决定书呢？原因是法院认为市监局的处罚违背了过罚相当的原则。《行政处罚法》的立法目的是规范行政处罚的设定和实施，保障和监督行政机关有效实行行政管理，维护公共利益和社会秩序，保护公民、法人或者其他组织的合法权益。济南某公司的涉案违法行为轻微并已经及时纠正，且没有造成严重的社会危害后果，符合《行政处罚法》第三十三条第一款规定的不予行政处罚的情形。法院同时指出，从优化营商环境的价值导向出发，行政执法行为亦应有"温度"，包容审慎监管；同时，相关企业也应当意识到不处罚不代表未违法，企业应当依法合规经营，自觉维护社会经济秩序。

（三）法条链接

电影管理条例

第五十五条 违反本条例规定，擅自设立电影片的制片、发行、放映单位，或者擅自从事电影制片、进口、发行、放映活动的，由工商行政管理部门予以取缔；依照刑法关于非法经营罪的规定，依法追究刑事责任；尚不够刑事处罚的，没收违法经营的电影片和违法所得以及进行违法经营活动的专用工具、设备；违法所得5万元以上的，并处违法所得5倍以上10倍以下的罚款；没有违法所得或者违法所得不足5万元的，并处20万元以上50万元以下的罚款。

（四）案例延伸

电影院是电影产业的重要组成部分，其作为发行端的出口，起到了连接出品方和观众的桥梁作用，也是票房收益回收的重要方式。据统计，2021年，全国院线共51条，全年票房收入472.58亿元，城市院线观影人次11.67亿，银幕总数达到82248块，除此之外，我国尚存在大量的私人影院未纳入统计范围。

私人影院与老牌传统院线不同，其因片源丰富、观看时间自由、私密性相对较高等特点受到市场的欢迎。但是，私人影院在其野蛮生长阶段所凸显的，如片源盗版、消防不合规、易滋生黄赌毒违法犯罪行为等诸多问题，导致其合法性常常受到业内质疑。

电影院作为电影放映单位，其设立与管理运营的全流程均受到行政监管。《电影放映许可证》是设立电影院的前置许可，私人影院因不具备《电影放映许可证》被监管部门予以处罚的新闻不在少数。本案中的济南某公司依法取得了《电影放映许可证》，本身无疑不属于私人影院，但是将其电影放映设备挪到注册地以外，在学校另行放映，这一行为是否在本质上也属于"私人影院"，值得探讨。

私人影院是市场需求中催生出来的新兴产物，既不能一味取缔打压，亦不能放任不管。2018年3月10日，《点播影院、点播院线管理规定》（下称《管理规定》）正式施行，《管理规定》将私人影院命名为点播影院，并正式纳入监管范围。根据《管理规定》，设立点播影院或院线同样需要取得业务许可，并且只有符合条件的才能颁发许可证，擅自从事点播影院、点播院线电影放映、发行活动的，将依照相关规定予以处罚。关于私人影院常见的片源盗版的现象，《管理规定》要求点播院线发行影片要取得著作权人许可其在点播影院放映的授权，同时点播影院不得放映所加入的点播院线发行范围之外的影片。关于治安、消防、卫生等不合规的问题，《管理规定》要求点播影院遵守治安、消防、公共场所卫生等法律、法规规定，维护放映场所的公共秩序和环境卫生，保障观众的安全与健康。

电影是人民文娱消费需求的重要产品，电影下乡、电影进校、私人影院等非传统放映模式方兴未艾，对行业监管和从业者提出了双向挑战。对于政府机构来说，市场需求催生了产业新模式，新模式产生和发展的过程，往往是监管的灰色地带，但是监管不是限制发展，如何在鼓励创新的同时进行有效的监管，进而完善产业新模式，引导产业良性健康发展，是政府机构在相当长的一段时间内需要探索的问题。对于文创企业来说，应当树立合规思维与底线思维，相对于产业新模式诞生和发展的速度，法律虽然可能具有一定的滞后性，但法律的原则性指引始终存在，从当下我国营商环境的价值导向上说，政府机构在包容与审慎之间寻求平衡，其目的是在促进产业发展的同时，维护社会经济秩序。同样，企业创新的过程中，也应该在追求商业利润的同时，自觉遵守规则，企业是产业的主体，文创企业的规范化就是文创产业的规范化。

第十三章　文创企业的刑事合规

企业刑事合规，通常理解为企业通过构建合规管理体系等内控方式，使得企业各方面行为符合我国现行的刑事法律规范。某种意义上说，企业刑事合规是企业稳健经营发展的压舱石。企业刑事合规管理在帮助企业建立依法合规经营的企业文化，树立企业员工正确的价值观，依法指引企业防范法律风险等方面有着良好的效果。相较于其他行业，文创企业的刑事风险，突出体现在融资、税务、知识产权等领域。本章将通过对文创企业常见刑事风险、刑事合规管理以及相关刑事案例分析等角度解析文创企业的刑事合规。

第一节　文创企业常见刑事风险

我国《刑法》第三十条规定，"公司、企业、事业单位、机关、团体实施的危害社会的行为，法律规定为单位犯罪的，应当负刑事责任"。那么，哪些犯罪行为属于单位犯罪？在众多类型的单位犯罪中，哪些是文创企业作为犯罪主体或受害人高频发生的呢？笔者将通过对这些问题的梳理帮助文创企业了解企业易踏入的雷区，从而更有针对性地制定适合企业的刑事合规方案。

文创企业在生产经营过程中的刑事风险，散见于企业经营发展的各个阶段，甚至可以说是无处不在。本节将对文创企业在融资、日常经营、知识产权、合同、信息数据、财务等方面常见的刑事风险进行揭示。

一、文创企业融资刑事风险

近年来，一些文创企业涉嫌"非法集资"的新闻经常见诸报端。非法集资具有社会性、公开性、非法性、利诱性的特点。若某文创企业未经有关部门依法批准，通过散发传单、口口相传等方式，以高利息、高回报为诱饵，以"制作某某影视剧"名义向社会公众吸收资金，并且非法吸收公众存款数额巨大的，就存在涉嫌非法吸收公众存款罪的可能。若该文创企业未取得"某某影视剧"的股权份额，却谎称其拥有该剧股权份额，并对社会公众进行销售，就具有诈骗性质，存在涉嫌集资诈骗罪的可能。

除了文创企业自身在对外融资的过程需要注意刑事合规之外，还需要注意融资资金来源的合法性，以免因资金来源方非法集资而受到波及。以私募基金投资文创企业为例，近年来私募基金井喷式发展，市场鱼龙混杂，不少不法分子打着私募的幌子行非法集资之实。文创企业作为私募基金的被投资方时，务必对该私募基金进行反向尽职调查，防止成为不法分子非法集资棋局上的一枚棋子，深陷犯罪的泥沼而不自知。

在文创企业融资的过程中，骗取贷款罪和贷款诈骗罪也属于高频刑事风险。骗取贷款罪是指以欺骗手段取得银行或者其他金融机构贷款，给银行或者其他金融机构造成重大损失或者有其他严重情节的行为。贷款诈骗罪是指以非法占有为目的，编造引进资金、项目等虚假理由、使用虚假的经济合同、使用虚假的证明文件、使用虚假的产权证明作担保、超出抵押物价值重复担保或者以其他方法，诈骗银行或者其他金融机构的贷款、数额较大的行为。

二、文创企业日常经营刑事风险

企业所处行业不同，经营范围不同，在具体业务方面可能会触犯的罪名也不同。例如，外贸企业可能更多地涉及走私类犯罪风险，金融机构可能更多地涉及内幕交易罪等金融犯罪风险。文创企业在日常经营方面须警惕因内容制作、广告制作与发布、非法经营行为等引发的刑事风险。

在内容制作方面，经营者如为谋取经济利益，制作、复制、出版、贩卖、传播淫秽物品，则涉嫌构成制作、复制、出版、贩卖、传播淫秽物品牟利罪。而且该罪是选择性罪名，只要是实施了制作、复制、出版、贩卖、传播中的任何一个行为，都构成犯罪。所谓淫秽物品，是指具体描绘性行为或者露骨宣扬色情的淫秽性的书刊、影片、录像带、录音带、图片及其他淫秽物品。

在广告制作与发布方面，文创企业中包括广告企业在内的大部分企业都需要或者经常与广告打交道，要么是出于宣传目的广告主委托具有资质的企业发布广告；要么就是广告企业制作广告或具有代理资质的企业接受委托发布广告。文创企业应当重点注意在广告制作与发布的过程中，禁止出现不符合事实真相的宣传或承诺，以假充真，以无冒有。虚假广告不仅是不正当竞争法规制的行为，若广告主、广告经营者、广告发布者违反国家规定，利用广告对商品或者服务作虚假宣传，情形严重的，存在涉嫌虚假广告罪的刑事风险。

非法经营行为，主要是指违反国家规定，未经许可经营法律、行政法规规定的专营、专卖物品或其他限制买卖的物品的；或者买卖进出口许可证、进出口原产地证明以及其他法律、行政法规规定的经营许可证或者批准文件，或者未经国家有关主管部门批准，非法经营证券、期货或者保险业务的，或者非法从事资金结算业务的；以及从事其他非法经营活动，扰乱市场经济秩序，情节严重的行为。以图书出版为例，若某公司违反国家规定，印制大量图书类非法出版物，并通过淘宝网店等作为销售渠道向全国各地发行，扰乱市场秩序，情节严重的，应以非法经营罪追究其刑事责任。

三、文创企业知识产权刑事风险

知识产权是文创企业的核心资产，相较于其他行业，文创行业侵犯知识产权的犯罪行为最为突出，且呈现网络化、跨地域、隐蔽性等特点。不法企业不在自身的生产经营上下功夫，而是通过侵犯知识产权的犯罪行为，谋求非法利益，这种"傍名牌""搭便车"的行为害人又害己，终将受到法律的严惩。

侵犯知识产权的犯罪行为主要有假冒注册商标，销售假冒注册商标的商品，非法制造、销售非法制造的注册商标标识，假冒专利，侵犯著作权，销售侵权复制品，侵犯商业秘密等行为。

以侵犯著作权罪为例，某文创公司为了获取利润，未经著作权人某书法家同意，擅自在网络上下载某书法家的作品，并委托他人生产同字体的字帖数万套，然后对外大量销售，就属于侵犯著作权的行为，涉嫌侵犯著作权罪。侵犯著作权的行为主要包括：（1）未经许可，复制发行、通过信息网络向公众传播其文字作品、音乐、美术、视听作品、计算机软件等作品的；（2）出版他人享有专有出版权的图书的；（3）未经许可，复制发行、通过信息网络向公众传播他人制作的录音录像的；（4）未经表演者许可，复制发行录有其表演的录音录像制品，或者通过信息网络向公众传播其表演的；（5）制作、出售假冒他人署名的美术作品的；（6）未经许可，故意避开或者破坏权利人为其作品、录音录像制品等采取的保护著作权或者与著作权有关的权利的技术措施。

四、文创企业信息数据刑事风险

数据化和全球化的到来，对文创企业的数据合规提出了更高的要求。文创企业在收集、储存、使用、传输涉及国家、公民个人以及其他企业的相关信息数据时，需要特别注意其中的刑事风险点，避免企业陷入刑事风险。

以侵犯公民个人信息罪为例，2009年，《刑法修正案（七）》首次将公民个人信息纳入了《刑法》的保护范围，2015年，《刑法修正案（九）》通过扩大犯罪主体范围以及增加"情节特别严重"情形下法定刑档次，加强了对个人信息的保护力度。违反国家有关规定，向他人出售或者提供公民个人信息，情节严重的，窃取或者以其他方法非法获取公民个人信息的，依法应承担相应的刑事责任。信息的类型和数量、违法所得的数额、信息的用途、主体身份和前科情况等因素影响情节严重的认定。违反国家有关规定，将在履行职责或者提供服务过程中获得的公民个人信息，出售或者提供给他人的，应从重处罚。根据相关司法解释，上述行为中，向特定他人或不特定他人出售或提供公民个人信息的，即使不以营利为目的，也构成犯罪。另外，即使获得同意而收集的信息也不得随意向他人出售或提供。

五、文创企业财税刑事风险

企业在市场经营活动过程中负有依法纳税的义务。财税合规是企业得以长远发展的必然选择，也是新时代下企业综合竞争力的表现之一。以企业并购为例，若被收购企业存在利用欺骗、隐瞒手段进行虚假纳税申报或者不申报等税务问题，收购方因为被收购企业税务不合规而终止收购的案例比比皆是。财税不合规不仅会导致企业在民商事活动中的被动，还存在刑事风险。财税方面涉及的罪名主要有危害国家税收征管类型的罪名，最典型的如虚开增值税专用发票，用于骗取出口退税、抵扣税款发票罪，虚开发票罪和逃税罪等。

以虚开增值税专用发票罪为例，根据国家税务总局有关规定，企业在境内发生的支出项目属于增值税应税项目的，对方为已办理税务登记的增值税纳税人，其支出以发票作为税前扣除凭证；若该支出项目虽不属于应税项目，但按税务总局规定可以开具发票的，可以发票作为税前扣除凭证。企业从境外购进货物或者劳务发生的支出，也可以对方开具的发票等作为税前扣除凭证。企业取得私自印制、伪造、变造、作废、开票方非法取得、虚开、填写不规范等不符合规定的发票，以及取得不符合国家法律、法规等相关规定的其他外部凭证，不得作为税前扣除凭证，且存在引致企业财务刑事风险的可能。企业依法合规地使用发票进行税前扣除，可以有效降低企业的税负成本。没有货物购销或者没有提供或接受应税劳务而虚开专票，有货物购销或者提供或接受了应税劳务但是虚开数量或者金额不实的专票，以及进行了实际经营活动，但让他人为自己代开发票等行为，都存在涉嫌虚开增值税专用发票罪的刑事风险。而且无论是为他人虚开、为自己虚开、让他人为自己虚开，还是介绍他人虚开，都属于我国《刑法》禁止虚开增值税发票的行为。

除了虚开发票之外，文创企业在经营管理中，还需要注意逃税、抗税、逃避追缴欠税等财税刑事风险。近几年，明星的税务风波一直在发酵，范某某、郑某等知名演艺人员纷纷被爆出签订阴阳合同、偷逃税款，挑战国家法律底线。纳税人采取欺骗、隐瞒手段进行虚假纳税申报或者不申报，逃避缴纳税款数额较大并且占应纳税额百分之十以上的，存在涉嫌逃税罪的刑事风险。法律同时规定了逃税罪的刑罚阻却事由，即经税务机关下达追缴通知后，补缴应纳税款，缴纳滞纳金，已受行政处罚的，不予追究刑事责任。这一刑罚阻却事由还有例外，即五年内因逃避缴纳税款受过刑事处罚或者被税务机关给予两次以上行政处罚的，还是要受到《刑法》制裁。

六、文创企业内部舞弊刑事风险

近年来，越来越多的企业被爆出内部员工、高管存在舞弊行为。2021 年 8 月，字节跳动关联公司担任抖音热点运营职位的两位员工收受他人钱款共计 58 万元，为他人将其指定的内容推上抖音热榜，被判处非国家工作人员受贿罪。2020 年 12 月，北京某文化发展有限公司媒介部高管胡某菲通过签订虚假的代理协议，虚构业务以骗取公司代理服务费 100 万元，被判处职务侵占罪。类似的案件层出不穷。

对于文创企业而言，其在经营发展过程中也面临着内部舞弊问题。内部舞弊行为不仅给文创企业造成经济上的损失，同时也会带来形象上的减损。如何规避或降低内部舞弊行为发生的概率以及如何在舞弊行为发生后进行救济与维权，保护文创企业自身利益，需要文创企业将反舞弊工作提上日程。常见的舞弊刑事犯罪包括职务侵占罪、挪用资金罪、商业贿赂（包括如对非国家工作人员行贿罪、非国家工作人员受贿罪）等。

职务侵占罪是指公司、企业或者其他单位的工作人员，利用职务上的便利，将本单位财物非法占为己有，数额较大的行为。如何理解利用职务上的便利是本罪的关键。利用职务上的便利可以体现为主管、管理和经手单位财物三种行为方式。"主管"是指行为人虽不具体管理、经手单位财物，但对单位财物的调拨、安排、使用具有决定权。"管理"是指行为人对单位财物直接负有保管、处理、使用的职责，亦即对单位财物具有一定的处置权。"经手"是指行为人虽不负有管理、处置单位财物的职责，但因工作需要，单位财物一度由其经手，行为人对单位财物具有临时的实际控制权。[①]

挪用资金罪是指公司、企业或者其他单位的工作人员利用职务上的便利，

---

① 最高人民法院刑事审判一至五庭主办：《中国刑事审判指导案例》（01 卷），法律出版社 2009 年版。

挪用本单位资金归个人使用或者借贷给他人，数额较大、超过 3 个月未还的；或者虽未超过 3 个月，但数额较大、进行营利活动的；或者进行非法活动的行为。如上文所述，这里所指的"利用职务上的便利"同样可以理解为利用主管、管理和经手单位财物的便利。挪用资金罪与职务侵占罪的区别在于，挪用资金罪的行为人没有非法占有单位财物的目的，挪走单位财物用作他用，日后仍愿返还。那么何谓"归个人使用"呢？行为人将本单位资金供本人或亲友或其他自然人使用、以个人名义将本单位资金供其他单位使用、个人决定以单位名义将本单位资金供其他单位使用并谋取个人利益，这些情形都被认为是归个人使用。

商业贿赂行为是一种违法的商业竞争手段，妨碍经营者之间的健康竞争，破坏市场经济秩序。根据最高人民法院《关于办理商业贿赂刑事案件适用法律若干问题的意见》，商业贿赂犯罪涉及《刑法》规定的 8 种罪名：非国家工作人员受贿罪、对非国家工作人员行贿罪、受贿罪、单位受贿罪、行贿罪、对单位行贿罪、介绍贿赂罪、单位行贿罪。文创企业在商务经济往来中尤其应当注意的是非国家工作人员受贿、对非国家工作人员行贿这两种犯罪行为。非国家工作人员受贿罪是指行为人利用职务便利，索取或者非法收受他人数额较大的财物并为他人谋取利益的行为。对非国家工作人员行贿罪是指行为人谋取不正当利益，给予非国家工作人员财物，数额较大的行为。"非国家工作人员"是指公司、企业或者其他单位中除国家工作人员和以国家工作人员论的人员之外的人员。"财物"包括现金、有价证券、实物以及减免债务，提供担保、旅游，提供就业机会、晋升通道等特殊形式。

第二节 文创企业刑事风险合规管理

文创企业需要建立符合自身特性的刑事合规管理体系。该体系建立后在接下来的经营管理活动中如何予以完善，将企业的刑事风险控制在可控范围之内也至关重要。笔者将在本节中结合企业刑事合规文化建设、刑事风险的摸排与应对、合规不起诉制度等对文创企业刑事风险合规管理进行阐述。

一、企业刑事合规文化建设

在合规细则、合规组织和管理制度之上的是企业的刑事合规文化，合规文化体现了企业的管理者与员工对于刑事合规工作的重视程度。企业应当把刑事合规文化作为企业文化的一部分，将刑事合规的理念植根于每个管理者与员工的内心。企业也应当意识到刑事合规虽然不会给企业带来直接的经济效益，但对于企业的长远发展至关重要，企业发展并不只需要"踩油门"，适当地"踩刹车"也同样重要。企业的管理人员应当了解刑事合规的重要性，并坚定推行相应的刑事合规制度，对员工进行刑事合规培训，帮助员工树立刑事合规的意识，也可以通过设立内部激励机制，对具有刑事合规风险意识的部门或员工进行奖励等方式打造企业刑事合规文化。

二、企业刑事风险点摸排

文创企业刑事合规管理应当充分结合企业的自身特性以及行业特点，摸排可能出现的刑事风险点，并根据风险点产生的可能性以及后果严重性进行刑事风险等级划分。实践中，既存在因为风险点摸排过多过细，对企业经营机制的灵活性以及经济效益产生负面影响的现象；也存在因为风险点摸排过于宽泛，导致企业难以落地执行具体的风险管理措施从而无法有效地规避可能产生的刑事风险。一般而言，文创企业刑事风险点的摸排应当从治理结构、规章制度、人员管理、管理规范、组织体系、业务流程等角度入手，重点关注知识产权、信息数据、财税等与企业主营业务相关、行业特性相关的高发刑事风险点，建立符合文创企业实际情况的刑事合规管理体系，并以此来预防可能发生的刑事风险。

三、企业刑事合规风险的应对

在处理已经出现的刑事合规问题时，企业应当组成独立的、专门的调查小组，就涉事行为进行全面的调查取证，调查方式包括走访、访谈、调取监控视频、查看合同、财务报表等文件资料等，调查过程中务必注意分辨行为人行为与企业意志是否相关，企业是否明确授意或授权等。调查小组应当就整个过程及结果出具完整的调查报告，呈企业领导层决策。企业决策者根据调查报告以及企业内部规范，对涉事行为人作出处罚，情形严重的可以根据企业规章制度予以开除处理。若发现企业内部人员存在违法犯罪的情况，应当及时与公安机关联系。涉事行为处理完毕后，企业上下应当对此次事件有所警惕，反思该类事件发生的原因，对企业的规章制度、流程环节等不合理的地方进行整改，弥补漏洞，防止类似的事件再次发生。在上述调查的过程中，企业亦可结合自身的实际情况考虑是否引入第三方专业机构，很多时候外部机构的身份将更有利于查清事实真相，避免出现企业内部人员之间的互相包庇的问题。

四、充分利用合规不起诉制度

严格意义上讲，目前"合规不起诉"还不能称为一个真正意义上的"制度"，其尚在试点阶段。自 2020 年 3 月起，最高人民检察院在上海浦东、金山，江苏张家港，山东郯城，广东深圳南山、宝安等 6 家基层检察院开展企业合规改革第一期试点工作。2021 年 4 月，最高人民检察院下发《关于开展企业合规改革试点工作的方案》，开展第二期企业合规试点工作，涉及北京、辽宁、上海、江苏、浙江、福建、山东、湖北、湖南、广东等 10 个省市。试点检察院对民营企业负责人涉经营类犯罪，依法能不捕的不捕、能不诉的不诉、能不判实刑的提出适用缓刑的量刑建议的同时，要求企业建立合规制度，履行合规承诺，堵住合规漏洞，积极作出整改并落实，防范犯罪行为的再次发生。实践中，我们将这种附条件的"少捕慎诉"称为合规不起诉制度。

合规不起诉制度的重要意义，在于督促涉刑企业建立合规管理制度，履行合规承诺，根据企业的涉刑情况提出整改建议和意见，帮助企业实现合规经营，挽救涉刑企业，避免"因办理一个案子而搞垮一个企业"，减少和预防企业犯罪，促进市场主体的健康发展，营造法治化的营商环境，进而维护社会主义市场经济秩序。其实，从企业刑事合规风险管理的角度来说，无论企业是否涉刑，都应当了解并充分利用合规不起诉制度。企业不但要主动了解这一制度的内容，还要进一步了解当地检察机关开展合规不起诉工作的具体形式、内容和流程。企业一旦涉刑，符合相关条件的，应当尽早提出申请适用合规不起诉制度。

企业涉刑对企业的声誉肯定会产生负面影响，但是利用好合规不起诉制度或许能够转危为安。涉刑企业通过合规不起诉，在检察机关的指导下建立一套全面规范、行之有效的合规体系，通过企业自身的宣传手段，向行业传达该企业现在非常合规的信息，可能会给企业带来意想不到的转机和正面效果。

第三节　文创企业刑事犯罪案例解析

一、涉税类刑事犯罪案[1]

（一）基本案情

厦门某信息技术有限公司（下称厦门某公司）是一家主营文化传媒业务

---

[1] 厦门腾文信息技术有限公司、福州鑫景恒文化传播有限公司、福州市四季通悦文化传播有限公司等虚开增值税专用发票，用于骗取出口退税、抵扣税款发票罪一案，（2019）闽 02 刑申 1 号。

的公司。2014 年 5 月，时任厦门某公司总经理的汪某与福建某置业有限公司的营销总监陈某签订了一份《团购推荐合作协议》。该合同中福建某置业有限公司就其开发的"某湖滨首府"项目与厦门某公司达成如下约定：由厦门某公司为该项目提供广告资源，同时厦门某公司须负责对外办理团购推荐业务、收取团购费用。该交易模式具体指若客户提前缴纳 5 万元团购费用，可在其后续购买某湖滨首府指定楼盘时将该 5 万元团购费用抵扣购房款 15 万元。合同同时约定收取的团购费用 50% 用于厦门某公司支付广告推广费用，剩余部分则由福建某置业有限公司自由支配。合同履行过程中，陈某提出厦门某公司须向福建某置业有限公司多支付 30% 团购费用用于其支配，同时要求将其中部分款项转到陈某指定个人账户。

为套取资金用以支付该部分需要转到陈某指定个人账户的款项，汪某通过自身经营的公司为厦门某公司虚开增值税专用发票及普通发票，同时其指使王某、杨某让甘某、高某等人通过各自经营的公司虚开增值税专用发票及普通发票。通过上述方式，汪某套取厦门某公司所收取的部分团购款用以支付陈某所要求的款项。

2014 年 7 月至 9 月，王某联系高某让其为厦门某公司开票，并向其支付票面金额 10% 的开票费。在无真实交易的情况下，高某以某甲公司的名义为厦门某公司开具增值税专用发票，以谋取非法利益。

2014 年 7 月至 2014 年 10 月，汪某分别联系曾某与李某让其为厦门某公司开票，并向其支付票面金额 10% 的开票费。在无真实交易的情况下，曾某以某乙公司的名义、李某以某丙公司的名义为厦门某公司开具增值税专用发票，以谋取非法利益。

（二）案例分析

虚开增值税专用发票罪、虚开发票罪是企业高发的涉税类犯罪。根据《发票管理办法》第二十二条第二款[①]以及《刑法》第二百零五条第三款的[②]规定，虚开发票有四种行为类型，包括为他人虚开、为自己虚开、让他人为自己虚开、介绍他人虚开。对于虚开增值税专用发票的行为，最高人民法院在《关于适用〈全国人民代表大会常务委员会关于惩治虚开、伪造和非法出

---

① 《发票管理办法》第二十二条第二款规定，任何单位和个人不得有下列虚开发票行为：（一）为他人、为自己开具与实际经营业务情况不符的发票；（二）让他人为自己开具与实际经营业务情况不符的发票；（三）介绍他人开具与实际经营业务情况不符的发票。

② 《刑法》第二百零五条第三款规定，虚开增值税专用发票或者虚开用于骗取出口退税、抵扣税款的其他发票，是指有为他人虚开、为自己虚开、让他人为自己虚开、介绍他人虚开行为之一的。

售增值税专用发票犯罪的决定〉的若干问题的解释》① 中进行了具体说明，包括无应税行为而开具增值税专用发票、存在应税行为但开具与实际金额不符的增值税专用发票或让他人代为开具增值税专用发票。

对于虚开增值税专用发票的行为，其立案追诉标准②为虚开税款数额 1 万元以上或者虚开行为导致国家税款被骗数额在 5000 元以上。而对于虚开普通发票的行为，若虚开发票 100 份以上或者虚开金额累计在 40 万元以上，或者虽然没有达到上述数额标准，但 5 年内因虚开发票行为受过行政处罚 2 次以上，又虚开发票的则达到虚开普通发票罪的立案追诉标准。

本案作为近些年公开的文创企业涉及虚开发票罪的判决书中较为典型的代表案例，实际上主要涉及如下两个问题。

1. 虚开发票犯罪是否以"没有真实交易"为构成要件？

在本案的判决书中，法院多次使用"无真实交易的情况下"的表述，作为相关主体犯罪事实讨论的前提，而实际上需要解释的是，根据《发票管理办法》第二十二条第二款的规定，为他人虚开、为自己虚开、让他人为自己虚开以及介绍他人虚开均要求的是"与实际经营情况不符"。换言之，这里的有无真实交易应当理解为"与实际经营业务情况不符"。两者的区别在于后者的外延不仅包括无真实交易的情况，亦包括了即便存在真实交易，但犯罪主体通过虚增、虚列等方式使得开具的发票与真实交易不符的情况。

本案中，厦门某公司及相关责任人员为自己以及让他人为自己开具发票的行为，是否涉及虚开的问题，需要从两个审查梯度进行：第一步审查是否存在真实交易；若存在真实交易，则进入第二步审查，发票内容是否与真实交易相符。

2. 虚开发票犯罪主观上是否必须具备骗税之目的？

首先应当区分虚开增值税专用发票罪与虚开发票罪的概念。前者自 1995 年起即作为犯罪处理，而后者直到 2011 年《刑法修正案（八）》才作为犯罪

---

① 《关于适用〈全国人民代表大会常务委员会关于惩治虚开、伪造和非法出售增值税专用发票犯罪的决定〉的若干问题的解释》第一条规定，具有下列行为之一的，属于"虚开增值税专用发票"：（1）没有货物购销或者没有提供或接受应税劳务而为他人、为自己、让他人为自己、介绍他人开具增值税专用发票；（2）有货物购销或者提供或接受了应税劳务但为他人、为自己、让他人为自己、介绍他人开具数量或者金额不实的增值税专用发票；（3）进行了实际经营活动，但让他人为自己代开增值税专用发票。

② 《最高人民检察院、公安部关于公安机关管辖的刑事案件立案追诉标准的规定（二）》第五十六条规定，虚开增值税专用发票或者虚开用于骗取出口退税、抵扣税款的其他发票，虚开的税款数额在十万元以上或者造成国家税款损失数额在五万元以上的，应予立案追诉。

入刑。两者因发票的功能不同、保护的法益不同而应区别分析。

虚开增值税专用发票罪所保护的法益为国家税收，行为人利用增值税专用发票进行抵扣，以套取国家税款，社会危害性极大。目前通说认为，构成虚开增值税专用发票罪须以行为人主观上具有骗取税款的故意，客观上造成国家税款损失为必要条件。而虚开发票罪所保护的法益为国家的发票管理制度，从司法实践来看，其并不要求行为人主观上具备骗取税款之故意。

本案中，在没有实际交易的情况下，被告单位厦门某公司存在为自己以及让他人为自己开具增值税专用发票和普通发票的违法行为，属于单位犯罪，依法应当承担相应的刑事责任。单位犯罪直接负责的主管人员和其他直接责任人员亦应承担相应的刑事责任。

法院经过审理后判决，被告单位厦门某公司犯虚开增值税专用发票罪，判处罚金人民币 15 万元；犯虚开发票罪，判处罚金人民币 10 万元。数罪并罚，决定执行罚金人民币 25 万元。被告人汪某犯虚开增值税专用发票罪，判处有期徒刑一年；犯虚开发票罪，判处有期徒刑一年，并处罚金人民币 10 万元。数罪并罚，决定执行有期徒刑一年十个月，并处罚金人民币 10 万元。其他被告单位、被告人亦依法受到了法律的严惩。陈某也被依法另案处理。

（三）法条链接

中华人民共和国发票管理办法

第二十二条　开具发票应当按照规定的时限、顺序、栏目、全部联次一次性如实开具，并加盖发票专用章。

任何单位和个人不得有下列虚开发票行为：

（一）为他人、为自己开具与实际经营业务情况不符的发票；

（二）让他人为自己开具与实际经营业务情况不符的发票；

（三）介绍他人开具与实际经营业务情况不符的发票。

关于适用《全国人民代表大会常务委员会关于惩治虚开、伪造和非法出售增值税专用发票犯罪的决定》的若干问题的解释

一、根据《决定》第一条规定，虚开增值税专用发票的，构成虚开增值税专用发票罪。

具有下列行为之一的，属于"虚开增值税专用发票"：（1）没有货物购销或者没有提供或接受应税劳务而为他人、为自己、让他人为自己、介绍他

人开具增值税专用发票；（2）有货物购销或者提供或接受了应税劳务但为他人、为自己、让他人为自己、介绍他人开具数量或者金额不实的增值税专用发票；（3）进行了实际经营活动，但让他人为自己代开增值税专用发票。

......

中华人民共和国刑法①

第二百零五条 虚开增值税专用发票或者虚开用于骗取出口退税、抵扣税款的其他发票的，处三年以下有期徒刑或者拘役，并处二万元以上二十万元以下罚金；虚开的税款数额较大或者有其他严重情节的，处三年以上十年以下有期徒刑，并处五万元以上五十万元以下罚金；虚开的税款数额巨大或者有其他特别严重情节的，处十年以上有期徒刑或者无期徒刑，并处五万元以上五十万元以下罚金或者没收财产。

单位犯本条规定之罪的，对单位判处罚金，并对其直接负责的主管人员和其他直接责任人员，处三年以下有期徒刑或者拘役；虚开的税款数额较大或者有其他严重情节的，处三年以上十年以下有期徒刑；虚开的税款数额巨大或者有其他特别严重情节的，处十年以上有期徒刑或者无期徒刑。

虚开增值税专用发票或者虚开用于骗取出口退税、抵扣税款的其他发票，是指有为他人虚开、为自己虚开、让他人为自己虚开、介绍他人虚开行为之一的。

第二百零五条之一 虚开本法第二百零五条规定以外的其他发票，情节严重的，处二年以下有期徒刑、拘役或者管制，并处罚金；情节特别严重的，处二年以上七年以下有期徒刑，并处罚金。

单位犯前款罪的，对单位判处罚金，并对其直接负责的主管人员和其他直接责任人员，依照前款的规定处罚。

（四）案例延伸

我国《刑法》对于隐瞒收入、虚列成本、虚开发票等危害税收征管行为规定了相应的罪名与刑罚。随着国家不断加大对涉税违法犯罪行为的打击力度，文创企业以及相关工作人员应当规范自身的经营行为，彰显企业的价值和形象。

---

① 2020 年 12 月 26 日，第十三届全国人民代表大会常务委员会第二十四次会议通过《刑法修正案（十一）》，并于 2021 年 3 月 1 日起开始施行，故该部分采用最新的法律法规向各位读者提供指引。需要指出的是，由于法不溯及既往，本章节的案件均是以行为当时所施行的成文法律来确定行为是否构成犯罪、应否受刑罚处罚以及刑罚的轻重等。

　　企业应当合法诚信经营。企业开具发票时不得变更品名和金额，且应当按照有关规定的时限、顺序与栏目，如实开具并加盖发票专用章。对于不符合规定的发票，企业应当拒收并且不得作为财务报销凭证。对于已经开具的发票存根与登记簿，保存期限为 5 年。

　　企业不得以骗取税款为目的，在无实际生产经营活动的情况下虚开增值税专用发票，或者虽有实际生产经营活动，但却为他人、为自己、让他人为自己、介绍他人开具数量或者金额不符的增值税专用发票，抵扣进项税款或者骗取出口退税，造成国家税款损失。对于有实际生产经营活动而虚开增值税专用发票的行为，若并非出于骗取抵扣税款的目的且未造成增值税款损失的，企业不以虚开增值税专用发票罪论处。但若企业使用虚开的发票冲减营业额偷逃税额的，则属于偷税行为。根据相关的司法解释，虚开增值税专用发票入罪、数额较大、数额巨大的标准分别为 5 万元、50 万元和 250 万元。企业虚开普通发票的入罪标准是虚开发票 100 份以上，或者虚开金额累计在 40 万元以上的。虽未达到上述金额，但 5 年内企业因虚开发票行为受过行政处罚 2 次以上又虚开普通发票的，亦会被判定为虚开普通发票罪。

　　在无实际生产经营的情况下，企业亦不得违反国家发票管理规定，为他人、为自己、让他人为自己、介绍他人开具与实际经营业务情况不符的普通发票。所谓普通发票，即增值税专用发票或者虚开用于骗取出口退税、抵扣税款的其他发票外的发票。虚开普通发票罪的其他常见行为还包括：虽有实际生产经营或者业务往来，但为他人、为自己、让他人为自己、介绍他人开具交易内容、数量或金额不符的普通发票；违反规定让与业务无关的第三方开具普通发票；篡改电子发票信息、使用伪造或者变造的发票虚开。

　　综上，企业应建立并完善经营交易中各环节内控制度。企业在市场经营交易过程中，应当提前对交易对手方的有关资质、资信情况及经营规模等情况进行了解。在货物交易环节，企业财务人员应当根据真实交易文件，如出库凭证、购销合同等开具相应的发票。在结算环节，企业应尽量采取银行转账方式进行结算，保留有关结算凭证，企业亦可对交易对手方提供的发票信息与银行账户进行一致性审查。

二、职务类刑事犯罪案[1]

（一）基本案情

　　石某系上海某文化传播有限公司、上海某信息科技有限公司、上海某实

---

[1] 石某、刘某、唐某职务侵占罪一案，（2021）粤 05 刑终 92 号。

业有限公司、上海某文化传播合伙企业、上海某会展服务合伙企业、上海某企业管理咨询合伙企业的实际控制人。

沈某担任某娱乐股份有限公司互动娱乐事业群下属剧业及文学事业部总监，并先后任苏州某影视有限公司总经理、上海某数娱影视有限公司总经理。苏州某影视有限公司、上海某数娱影视有限公司、某影业投资（北京）有限公司均系某娱乐股份有限公司的全资子公司。

2017年，沈某通过吕某与北京某文化传媒有限公司商谈《某人》的著作权改编权授权事宜，吕某向北京某文化传媒有限公司声称上海某文化传播有限公司系某娱乐股份有限公司的子公司。2017年2月14日，吕某以上海某文化传播有限公司的名义与北京某文化传媒有限公司签订《某人》著作权改编权授权协议，授权费人民币70万元，后沈某利用苏州某影视有限公司与上海某文化传播有限公司签订《某人》著作权改编权授权协议，授权费180万元，从中侵占苏州某影视有限公司110万元，所得款项由沈某、吕某及石某瓜分，石某分得赃款及应缴税款共18.5万元。

2016年5月，吕某以上海某信息科技有限公司的名义与邢某签订《某语》的著作权授权协议，授权费65万元，后沈某利用苏州某影视有限公司与上海某信息科技有限公司签订《某语》著作权授权协议，授权费350万元，从中侵占苏州某影视有限公司285万元，所得款项由沈某、吕某及石某瓜分，被告人石某分得赃款及应缴税款共36.75万元。

2016年6月1日至2018年1月，沈某利用上海某数娱影视有限公司、苏州某影视有限公司、某影业（上海）有限公司与石某控制的上海某文化传播有限公司、上海某实业有限公司以《某裂》《某街》《某戏》《某街2》的咨询服务为由签订8份虚假协议，上海某数娱影视有限公司、苏州某影视有限公司、某影业（上海）有限公司共支付284万元给上海某文化传播有限公司、上海某实业有限公司。沈某通过石某将赃款284万元提现后，分给石某赃款及应缴税款共29.82万元，并将48万元作为顾问费付给李某、34万元作为顾问费付给梁某、8.4万元作为法务服务费付给张某，余款非法占为己有。

2016年5月至2016年12月，沈某为侵占苏州某影视有限公司的财物，以《某缘》剧本委托创作及《某脑》责任编剧合作为由，以苏州某影视有限公司的名义与石某控制的上海某文化传播有限公司签订虚假的合同及补充协议，后由苏州某影视有限公司支付给上海某文化传播有限公司50.72万元。沈某通过石某将该款提现，分给石某赃款及应缴税款共5.314万元。此后，沈某又以相同或类似的方式，利用其为苏州某影视有限公司总经理的职务之便，通过签订虚假的咨询顾问协议或委托创作合同书，向石某控制的公司转账并提现。

2019 年 10 月，石某因涉嫌非国家工作人员受贿罪被抓获，如实供述其罪行。其家属代为退赔相关单位 100 万元。

法院经过审理之后判决，被告人石某犯职务侵占罪，判处有期徒刑二年；犯非国家工作人员受贿罪，判处有期徒刑二年六个月；总和刑期四年六个月，决定执行有期徒刑四年。沈某及相关人等也依法受到了法律的严惩。

（二）案例分析

在本案中，沈某利用职务之便，实施职务侵占、非国家工作人员受贿的犯罪活动，自 2016 年开始，石某利用其控制的企业为沈某的犯罪活动提供帮助，从中非法获利。从本案的案件事实中，我们不难看出，沈某与石某属于共同犯罪，沈某系主犯，石某在共同犯罪中起辅助作用，系从犯。

但是，石某并不是被害单位某娱乐股份有限公司的人员，怎么犯了职务侵占罪呢？司法实践中对于职务侵占罪的认定，主要考虑行为人的主体身份、侵占的财产属性、行为人的行为是否利用了职务上的便利来综合判定。

职务侵占罪的主体为特殊主体，也即公司、企业或者其他单位的人员才能构成。而这里所谓的人员，实务当中普遍采用的是实质认定法，也即事实上是否存在劳动雇佣关系。即便是该人员并非单位的正式员工，那么也有可能被涵盖在本罪的行为主体之内。本案中，沈某担任某娱乐股份有限公司互动娱乐事业群下属剧业及文学事业部总监，并先后任苏州某影视有限公司总经理、上海某数娱影视有限公司总经理等职务，从主体角度来讲，其行为应当受到职务侵占罪的规制。而对于石某而言，即便其并非上述被害单位的工作人员，但其与沈某勾结，利用沈某职务上的便利，侵占被害单位财物的，亦可以作为职务侵占罪共犯处理。

职务侵占行为的对象为单位财物。单位财物包括货币（单位存放的现金、银行账户中存有的资金等）和物品（单位办公用品、生产器械、实物产品等），需要注意的是，单位财物并不局限于被害单位对该财物拥有所有权，即便是被害单位依法负有保管、运输等义务或是使用、占有等权利的非被害单位的财物，也属于职务侵占行为的对象。此外，笔者在办理职务侵占罪的案件之中，也曾遇到行为人将原本属于被害公司的业务机会转介绍给其他公司进行处理，并借此机会收取一定的中介费用的情况。最终司法机关认为这种被害单位可能获得的利益也应当属于单位财物。具体到本案之中，沈某、石某等人通过虚构交易的方式，直接套取被害单位的钱款，符合职务侵占行为的对象条件。

沈某和石某的行为亦符合利用职务上的便利这一构成要件。沈某作为被害单位的管理人员，实际上承担着与其他单位签订相应业务合同的职责。石某与其结伙，利用沈某在被害单位职务上的便利，将被害单位的财务非法占为己有，谋取非法利益。

（三）法条链接

中华人民共和国刑法

第二百七十一条　公司、企业或者其他单位的工作人员，利用职务上的便利，将本单位财物非法占为己有，数额较大的，处三年以下有期徒刑或者拘役，并处罚金；数额巨大的，处三年以上十年以下有期徒刑，并处罚金；数额特别巨大的，处十年以上有期徒刑或者无期徒刑，并处罚金。

国有公司、企业或者其他国有单位中从事公务的人员和国有公司、企业或者其他国有单位委派到非国有公司、企业以及其他单位从事公务的人员有前款行为的，依照本法第三百八十二条、第三百八十三条的规定定罪处罚。

（四）案例延伸

近年来，随着非公有制经济快速发展，内部舞弊现象是企业经营中常见的风险之一，对于文创企业而言亦是如此。实践中职务类犯罪涉案数额由几万元到上亿元不等，一些案件涉案金额甚至影响公司的正常运转，给文创企业造成特别严重的损失。随着《刑法修正案（十一）》的施行，法律层面也对职务类犯罪行为增加了处罚力度，这更加有利于对非公有制经济主体利益的保护。

企业运营发展的过程中，每一个环节都有可能出现员工舞弊行为。对于各类舞弊行为，企业应当建立健全相应的内控机制与风险处置管理措施，一方面，企业应事先完善自身管理制度以规避或降低员工舞弊行为发生的概率；另一方面，企业在事后可通过法律途径进行救济与维权，以实现自身利益的最大化保护。

1. 职务类犯罪的事前防范

（1）合理设计岗位，实现职权分离

根据国家有关法律法规的要求及自身实际情况，企业应当合理设置不相容岗位，实现不相容岗位分离，确保不相容岗位由不同的人员担任，并合理划分业务和事项的申请、内部审核审批、业务执行、信息记录、内部监督等方面的责任。企业的每项经济业务都要经过两个或两个以上的部门或人员的处理，使得单人或部门的工作必须与其他人或部门的工作相一致或相联系，明确职责权限，形成相互制衡机制。常见的不相容职务有支票保管与印章保管、合同谈判与合同订立、合同订立与合同审批、请购与审批等。

对于小企业而言，因资源限制等原因无法实现不相容岗位相分离的，应当采取抽查交易文档、定期资产盘点等替代性控制措施。

（2）规范档案管理，实现证据留痕

对于企业日常文件，尤其是涉及企业经济业务的重要文档如申请书、合同、发票、财务账目等，企业应当建立起相应的收集、签收、保管、存档制度，尤其是原始材料，应做到留痕可查。

除了书面文件，办公信息化时代应特别注意对电子文件的管理。但基于其易删除且易修改的性质，也对企业提出了挑战，尤其会给后期调查取证带来极大的困难。从企业规章制度上，应要求员工使用企业配置的工作电脑、工作邮箱等进行办公，对于重要的电子文件应上传至服务器进行备案保存。此外，企业可聘请专业技术人员做好维护与监控。

（3）定期外部监察，实现风险预警

除上述从企业内部进行防范舞弊行为之外，企业可采取外部监察的方式，即定期联合专业的会计师事务所、律师事务所对企业内部财务等方面进行审计与监督，帮助企业诊断风险。

2. 职务类犯罪的事后应对

当通过举报或其他途径获得某员工舞弊线索时，企业往往会对该员工开展调查、搜集证据，并将调查结果作为对其后续处理的依据。舞弊员工可能会面临被解雇，或被提起刑事控告或民事索赔等。但无论何种方式，对企业而言，搜集并固定证据显得尤为重要。特别是在实践中，若企业希望通过刑事控告追究涉案员工责任，其必须向立案机关提供较为充足的证明员工舞弊行为的证据材料，如此可提高立案的可能性，把控事件发展预期。

（1）取证范围

企业除了要提供基本的主体证明文件，包括涉案员工与企业的劳动关系证明（企业必须做好用工合规工作），以及能够证明涉案员工负有与舞弊行为有关的职务、职责的材料（如劳动合同、员工手册、授权文件等）外，关键在于提供能够直接证明员工存在舞弊行为的材料。以员工职务侵占案为例，此类舞弊行为大多涉及在企业财务账目上虚构伪造数据，企业应注意收集此类证据。实务中的舞弊行为往往复杂且具有隐蔽性，企业需要灵活应对。

（2）取证方式

实践中，书面证据材料整理、电子取证以及访谈是较为常见的调查取证途径。需要提醒注意的是，企业在收集并固定有关证据材料时，务必合法合规。例如，在电子取证过程中，最高人民法院、最高人民检察院、公安部于2016年印发《关于办理刑事案件收集提取和审查判断电子数据若干问题的规定》的通知，其中对电子数据的真实性、完整性以及收集提取程序的合法性作出规定。企业进行取证时，应避免因固定方式不当而导致相关证据的证明力减弱或丧失。

文创企业要实现健康稳定发展，必须防患于未然，未雨绸缪。通过分离不相容岗位实现内部牵制，在企业内部搭建起完善有效的内控及合规体系，从源头上减少员工舞弊行为的发生，从而及时掌握主动权。

第十四章　文创企业常用合同合规审核重点与合同范本

　　在本书第六章中，笔者重点阐述了文创企业的合同合规风险以及合规管理内容。文创企业从公司设立之初到日常运营管理的全生命周期几乎都离不开合同。合同的拟定与审核为合同合规管理体系中的重中之重。为便于文创企业从整体上了解合同结构，精准把握合同拟定与审核的关键点，笔者将从合同主体、主要内容、违约责任、通知及送达、争议解决方式等条款进行简要的解析。

　　文创企业在正式签订协议之前，需要充分了解合同相对方的主体资格以及运营情况等，并根据具体标的物、标的金额、标的物种类以及以往交易经验等多种因素，确定需要核查的重点，以确认合同相对方的履约能力。例如，法人的注册资本、经营范围、资格资质、经营业绩、商业信誉、涉诉情况以及自然人的民事行为能力、经济收入、信用情况等。合同相对方为企业的，上述信息可以从公开的企业信用公示系统查询，或至合同相对方所在地的市场监督管理部门查询；如条件允许，也可以向与其存在业务往来关系的企业进行调查。另外，若合同是由合同相对方的授权代理人作为代表签署的，必须审核授权代理人的代理范围及权限。

　　各方订立合同时，在合同首部签约主体信息部分，签约主体为自然人的，应当写明当事人的姓名、住所等；如为法人或社会团体的，应当写明当事人的名称、法定代表人（负责人）姓名、住所（包括注册地址或实际经营地址）等。

　　合同内容可以根据当事人意思自治的原则按照交易习惯拟定或采用各地政府部门官方网站颁布的合同范本。根据《民法典》的规定，当事人订立合同，可以采用书面形式、口头形式或者其他形式。实践中，为避免因非书面形式订立的合同发生争议，而出现无法判断合同当事方各方责任的情况，建议尽可能地以书面形式订立合同。

　　合同的主要内容通常包含合同签订背景，当事人信息，标的，数量，质量，价款或者报酬，履行期限、地点和方式，各方的权利与义务（保证及承诺），协议期限，违约责任，争议解决，不可抗力，保密条款，反商业贿赂以及其他条款等。当然，根据不同的合同类型、交易内容、交易习惯、行业惯例等会存在一些特殊条款。例如，在技术服务协议中，为了保障企业及其用户、关联方、合作方的数据与隐私安全，会特别约定数据保护条款；在委托创作协议中会约定知识产权条款，以明确委托创作作品的著作权归属；等等。实践中，出于对文创企业的需求及特殊商业安排的考量，企业也会就保密、廉洁诚信等事项，以另行签订单独协议的方式具体约束各方行为。

根据《民法典》第五百七十七条的规定，当事人一方不履行合同义务或者履行合同义务不符合约定的，应当承担继续履行、采取补救措施或者赔偿损失等违约责任。第一百七十九条明确了承担民事责任的主要方式，包括停止侵害；排除妨碍；消除危险；返还财产；恢复原状；修理、重作、更换；继续履行；赔偿损失；支付违约金；消除影响、恢复名誉；赔礼道歉。法律规定惩罚性赔偿的，依照其规定。前述承担民事责任的方式，可以单独适用，也可以合并适用。合同中对于违约责任条款的拟定，可以单设"违约责任"条款对合同当事方予以约束；如在合同当事方各方的权利义务条款中能够直接描述违反某项义务的违约责任，使得合同约定内容更加清晰并更具有逻辑性，也可以在不同条款中分别予以明确。

关于通知及送达条款。很多企业对其不以为意，但是这条看似在合同中并未发挥关键作用的条款，在实践中却引起了不少的纠纷。通知及送达条款的有效拟定，能够在很大程度上避免因送达存在瑕疵产生争议，或者因被认定为未及时、有效送达而承担不利后果。

关于争议解决条款。若因合同的签订、履行发生任何纠纷，合同各方首先须积极通过友好协商途径解决，如协商不成，在法律规定的期间内，可以根据合同约定的争议解决方式向人民法院提起诉讼或者申请仲裁。仲裁与诉讼是解决民事争议的两种不同的方式。我国实行或裁或审制度，即当事人在仲裁与诉讼中只能选择一种解决纠纷的方式。合同各方达成仲裁协议，一方向人民法院起诉的，人民法院不予受理，但仲裁协议无效的除外。同时，笔者需要重点提示的是，合同各方约定争议可以向仲裁机构申请仲裁也可以向人民法院起诉的，仲裁协议无效。

本章精选了部分与文创企业有关的合同文本作为企业日常经营活动之参考，并分别作出了签署要点的提示。但是，实践中每份合同的签署背景、合同相对方、合同内容、各方权利义务等不尽相同，相关合同示范文本在实践中还需要根据实际情况进行调整，不可以直接使用，仅供交流探讨。

第一节　增资协议

一、签署要点

文创企业的融资，除了能够解决企业运营资金问题，还可以通过投资方获得其他资源，帮助企业整合各方优势，为后续发展提供建设性的支持，若能获得知名投资机构的投资，则更利于企业提高知名度。投资方通常会以货币出资，或者以实物、知识产权、土地使用权等可以用货币估价并可以依法转让的非货币财产作价出资，获得企业的股权，以期获得投资收益回报。文创企业的融资合规离不开包括增资协议、股权转让协议、股东协议在内的交易文件。

通常情况下，文创企业的增资主要分为以下几个阶段：（1）投资意向阶段。增资方与企业的控股股东、实际控制人进行前期商业谈判，确定企业股权估值、业绩要求与退出方案等核心商业条款，并达成意向书或框架协议。（2）尽职调查阶段。随着各方谈判的深入，增资方除自己进行专业业务尽职调查之外，往往会聘请律师事务所、会计师事务所等专业第三方机构对标的公司进行全面的法律及财务尽职调查，各方分别出具尽职调查报告，供增资方投资决策参考使用。（3）签约阶段。谈判与签署增资协议是增资事项实施的重点阶段，增资方将与标的公司及其股东签署正式的增资协议或投资协议，作为约束各方的核心法律文件，各方将以此为依据签订股东协议，修改公司章程。（4）交割阶段。交割阶段标志着整个投资过程的阶段性完结，通常情况下，在标的公司完成了其在交易文件中的各项承诺并按照协议约定提交了全部相关材料之后，公司才能收到增资方的增资款项。

增资协议一般应由被投标的公司原股东、标的公司、增资方共同签署，并确定各方权利义务。增资协议的主要内容包括增资方式、投资价格、股权数量/比例、投资价款支付方式、交割安排、公司治理结构、各方的陈述与保证、保密条款、违约条款、退出条款、争议解决条款以及生效条款等。以下，笔者将就知识产权、原股东的优先认购权、公司治理结构、陈述与保证等重点条款进行阐述。

关于知识产权。对于文创企业来讲，知识产权是标的公司极为重要的无形资产，是企业收入的主要来源与市场竞争力的重要组成部分。所以，在增资协议中，投资方往往会要求公司对其所有或使用的知识产权拥有充分的合法权利，公司任何营销或出售的产品或服务均不得侵犯任何其他方的知识产权。这里所讲的知识产权主要包括：版权、专利、商标、实用新型、发明、服务标志、注册设计、域名、保密信息、商业秘密、专有技术、专有生产工艺和设备、品牌名称、数据库权利、商号或类似前述任何一项的权利。这不仅是增资方在投资文创企业时需要关注的重要事项，也是对被投文创企业在知识产权管理合规中的核心关注点。

关于原股东的优先认购权。根据《公司法》第三十四条的规定，"股东按照实缴的出资比例分取红利；公司新增资本时，股东有权优先按照实缴的出资比例认缴出资。但是，全体股东约定不按照出资比例分取红利或者不按照出资比例优先认缴出资的除外。"原股东在企业增资过程中有权按照实缴出资的比例优先认缴出资。所以，增资协议中原股东应就其享有的优先认购权的行使或放弃进行约定，并按照优先认购权情况确定增资后的公司股权架构。

关于公司治理结构。协议各方可以在增资协议中或者另行签署一份股东协议，对公司各股东于本次交易完成后的股东间权利、义务及公司治理等事宜进行明确约定。若增资方不参与管理仅享有投资利润，则应当对分红权明确约定，是按照实缴出资比例分红，还是由全体股东协商一致的其他分红方式进行分红，并将增资后的相应安排一并在章程修正案中调整。

关于陈述与保证条款。对于增资方在尽职调查中难以取得客观证据但仍须披露的事项，或在增资协议签署之日至交割日可能发生的妨碍投资或有损增资方利益的情形，增资方通常会在协议中要求标的公司及其原股东作出相应承诺与保证事项。实践中，被投资方企业往往会把协议审核的重点放在主要权利义务条款上，忽视陈述与保证条款的内容审查，但是实务中，企业因为违反了陈述与保证，触发包括回购在内的条款的情形屡见不鲜，故对陈述与保证条款需要予以充分关注。

二、合同范本

增资协议

本协议由以下各当事方于【　　】年【　　】月【　　】日在【　　市　　区】签订：

1.【　　】有限责任公司，一家依照中国法律成立的有限责任公司（公司；公司及其所有现有的和不时直接及/或间接控制的子公司、分公司、其他企业及其他分支机构及下属企业以下合称集团公司，各称各集团公司）。

2.【　　】，一名中国公民，与【　　】，一名中国公民（合称创始股东，与公司合称保证人）。

3.【　】有限责任公司，一家依照中国法律成立的有限责任公司（本轮投资方）。

在本协议中，以上签署方合称为"各方"，单独称为"一方"。

鉴于：

1. 公司的主营业务为【　】。创始股东合并持有公司 100% 的股权。公司拟将其注册资本从人民币【　】万元增加至人民币【　】万元，新增注册资本额为人民币【　】万元。

2. 本轮投资方拟根据本协议的条款和条件，认购新增注册资本额。

各方经友好协商，兹达成协议如下：

第一条　本次增资

1.1　保证人向本轮投资方确认，于本协议签署之日及在本次增资之前，公司的股权结构如下表所示：

序号	股东姓名或名称	认缴注册资本额 （单位：人民币/万元）	持股比例
1.			
2.			
	合计		

1.2　在本协议规定的所有交割条件（交割条件）均得到满足或被适当豁免的前提下，公司应将其注册资本从人民币【　】万元增加至人民币【　】万元，其新增的注册资本人民币【　】万元（新增出资额）应全部由本轮投资方依据本协议认缴（本次增资）。创始股东同意放弃对本次新增出资额的优先认购权及其他类似权利（如有）。

1.3　在本次增资完成后，公司的注册资本为人民币【　】万元，届时公司各股东认缴的公司注册资本额及其在公司持有的股权比例如下：

序号	股东姓名或名称	认缴注册资本额 （单位：人民币/万元）	持股比例
1.			
2.			
	合计		

1.4 本次增资完成后，公司的各股东根据各相关方另行签署的股东协议（股东协议）及公司新章程（公司新章程）的规定，享有并行使股东权利和承担相应的义务。

第二条 投资款的交付

2.1 作为认缴新增出资额的对价，本轮投资方应按本协议的约定向公司合计缴付【 】万元人民币（投资款）。

2.2 在本协议规定的交割条件均得到满足或被本轮投资方书面豁免之日，公司应于该日向本轮投资方出具书面证明文件，确认本协议规定的交割条件均得到满足或被本轮投资方书面豁免，本轮投资方应于收到前述证明文件后的【 】个工作日内书面回复公司（交割日）。

2.3 本轮投资方应当通过银行汇款的方式，于交割日将其应付的投资款相应部分支付至公司事先书面指定的公司专用银行账户。

2.4 在投资款支付完成后，公司应向本轮投资方出具，反映本轮投资方本次增资及认缴的新增出资额情况的，且由公司法定代表人签字并加盖公司公章的出资证明书和股东名册。

第三条 交割先决条件

3.1 本轮投资方履行其在本协议第二条项下向公司支付投资款的相应部分的义务取决于以下交割条件的全部满足或被本轮投资方书面豁免：

3.1.1 保证人在本协议项下作出的所有声明和保证于本协议签署日和交割日均是真实、准确、完整且不具有误导性的。

3.1.2 保证人履行并遵守了本协议规定的应在交割日或之前完成或遵守的各项约定、承诺和义务，且保证人并未违反本协议的任何规定。

3.1.3 自本协议签署之日起，公司一直在所有重大方面遵守了所有可适用的中国法律，并在所有重大方面按照符合中国法律，以及在中国得到普遍认可的商业道德和准则的方式从事其业务经营及一切相关活动，且其实际经营的业务仅限于其章程及营业执照中所规定的经营范围。

3.1.4 在自本协议签署之日起至交割日为止的期间内，并未发生任何应当或可能会对公司的合法存续、生产管理、经营许可、产品注册、业务经营、财务状况、商业信誉或其他重要方面产生任何重大不利影响的任何事件或情形（重大不利变更），且并未发生分红、分配或其他超出公司正常运营范围的事项。

3.1.5 各相关方已经签署及交付本协议、股东协议、公司新章程及其他所有交易文件（交易文件）。

3.1.6 公司已经就本次增资及公司签署、交付及履行交易文件取得了所有必要的股东、政府部门及/或第三方的批准、同意、弃权及/或豁免，包括但不限于创始股东已经以书面方式同意放弃行使针对新增出资额的优先认购权以及其他可能影响本次增资及/或本协议项下其他交易的优先权利（如有）。

3.1.7　公司的股东会及执行董事（或董事会）已经通过书面决议/决定批准如下事项：

（1）本次增资。

（2）公司签署及履行本协议、股东协议及其他交易文件。

（3）公司新章程。

（4）根据交易文件的规定，任命本轮投资方提名/委派的人员为公司董事。

3.1.8　公司已与公司核心员工（核心员工）、创始股东以及高级管理人员签署令本轮投资方合理满意的劳动合同以及保密、知识产权与不竞争协议。

3.1.9　本轮投资方及/或其顾问已经完成就公司的业务、财务、法律、技术、知识产权、人员和管理等各方面进行的尽职调查，且该尽职调查的结果令本轮投资方满意，且该尽职调查的结果显示公司及创始股东不存在任何欺诈行为。

3.1.10　本次增资已经获得本轮投资方的投资决策机构的批准。

3.1.11　公司已经就本次增资、公司新章程及新董事的任命在主管公司登记机关完成相关工商变更登记备案手续并取得新营业执照。

3.1.12　公司已就本次增资将用于接收投资款的公司专用银行账户信息以书面形式提供给本轮投资方。

3.1.13　保证人已经以书面方式向本轮投资方确认上述各项交割条件已得到满足，并已经向本轮投资方提供相关证明文件。

第四条　声明和保证

4.1　公司兹向本轮投资方作出以下声明和保证，且该等声明和保证在本协议签署之日，直至交割日均为真实、准确、完整，且不具有误导性：

4.1.1　其系根据注册地法律合法成立并有效存续的法律实体，并可以独立地作为一方诉讼主体。

4.1.2　其具备签署及履行本协议、本协议附件、股东协议、公司新章程及其他所有交易文件及其所述之交易的所有必要的能力、权力及授权，本协议构成对其有约束力的法律义务。

4.1.3　公司持有经营其业务及拥有其资产所需的所有必要的执照、许可、授权和同意，该等执照、许可、授权和同意目前仍然完全有效，且不会因为本次交易而被取消或不获续展。

4.1.4　任何公司作为当事方的所有重大合同均合法有效，且公司已在所有重大方面履行了其在该等合同下迄今为止应当履行的义务，而不存在任何违约情形。

4.1.5　公司拥有从事主营业务所需的全部知识产权的合法所有权或使用权，公司拥有或使用的各项知识产权均有效且可依法执行，不存在任何可能导致该等知识产权无效或不可执行的事项。公司未以任何方式侵犯或违法使用任何第三方享有任何权利、所有权或利益的任何知识产权，也未曾许可或允许任何第三方使用公司的任何知识产权；公司没有侵犯他人知识产权、商业秘密、专有信息或其他类似权利，不存在未决的或可预见能发生的要求公司对侵犯任何第三方的知识产权、商业秘密、专有信息或其他类似权利进行索赔的主张、争议或诉讼程序，不存在任何已知的第三方侵犯任何公司合法拥有的任何知识产权的情形。

4.1.6　公司应在交割日或之前提交主管税务机关的所有税务申报表及应完成的其他税务事项均已于交割日之前或将于交割日完成或提交所有该等纳税证明和报告，且在所有重要方面均真实、正确和完整，且该等纳税证明和报告上记载的应税额、适用税率及允许税前扣除项目均不存在虚假和错误；所有在交割日或之前到期应付的税费，公司均已经依法缴纳或计提；公司不存在任何未决或潜在的税务争议，亦未发现任何可以引发政府机构税务调查或其他税务争议的事项。

4.1.7　公司在其运营中涉及的关联交易均公允定价，遵循正常的商业原则，且不存在其他违反适用法律法规或可能致使公司利益受损的情形。

4.1.8　公司从未为创始股东及/或其关联方或任何第三方承担担保责任，从未以其财产为其股东及/或其关联方或任何第三方设定过任何抵押、质押、留置或其他限制性条件或权利负担。

4.1.9　公司不存在未披露的任何其他债务。

4.1.10　（略）

4.2　创始股东兹向本轮投资方作出以下声明和保证，且该等声明和保证在本协议签署之日，直至交割日均为真实、准确、完整，且不具有误导性：

4.2.1　其是具有完全民事行为能力的中国公民，并可以独立地作为一方诉讼主体。

4.2.2　其具备签署及履行本协议、本协议附件、股东协议、公司新章程及其他所有交易文件及其所述之交易的所有必要的能力、权力及授权，本协议构成对其有约束力的法律义务。

4.2.3　其未违反公司章程关于出资交付期限及出资交付的规定，且其所持有的公司股权上不存在任何质押、索赔、负担、其他限制性条件或权利主张。

4.3　本轮投资方向公司作出以下声明和保证，且该等声明和保证在本协议签署之日，直至交割日均为真实、准确、完整，且不具有误导性：

4.3.1　其系根据注册地法律合法成立并有效存续的法律实体，并可以独立地作为一方诉讼主体。

4.3.2　其具备签署及履行本协议、本协议附件、股东协议、公司新章程及其他所有交易文件及其所述之交易的所有必要的能力、权力及授权，本协议构成对其有约束力的法律义务。

4.3.3　本轮投资方根据本协议的约定进行本次增资系出于其自身利益，而并非以任何其他主体之名义或作为第三方的代理人。

第五条　保证人、集团公司之承诺

保证人及集团公司兹向本轮投资方作出如下承诺：

5.1　登记及备案

5.1.1　保证人应尽最大努力促使本次增资按本协议的条款尽快完成，保证人应采取一切必要措施尽快达成完成本次增资所需之所有条件。

5.1.2　除本协议另有明确约定外，在交割日起【　】个月内，保证人应促使公司尽最大的合理努力尽快完成与本次增资及交易文件相关的税务登记及其他所有登记、备案、报告及审批手续及其他政府与监管手续。

5.2　集团公司的业务

5.2.1　各集团公司应遵守所有适用的中国法律以及其签署的协议、合同及其他法律文件，并按照符合中国法律，以及在中国得到普遍认可的商业道德和准则的方式从事其业务经营及一切相关活动，且其实际经营的业务将仅限于其章程和营业执照中所规定的经营范围。

5.2.2　集团公司的各项业务经营活动应符合适用法律法规的规定，各集团公司应按照适用法律法规的规定，并根据实际业务经营需要按时申请和续展从事其业务活动所需的政府机关或管理部门的所有许可、授权、批准、认可、登记、备案。

5.3　投资款及其用途

投资款应全部用于集团公司业务增长和扩张的资本，资本性支出及集团公司所需的一般营运流动资金，以及本轮投资方书面同意的其他用途。

5.4　知识产权保护

集团公司以及其可能不时设立的子公司和分支机构应采取一切必要措施

保护其各自的知识产权并建立完善的知识产权保护制度，以避免集团公司侵犯第三方的知识产权、预防集团公司知识产权被第三方侵犯；集团公司亦应建立健全保密制度以最大限度保护集团公司的技术秘密。

5.5　员工管理

集团公司应依法及时与集团公司员工签订书面的劳动合同，并依据适用法律法规为集团公司员工办理社会保险和住房公积金登记，为集团公司员工依法足额缴纳及代扣代缴社会保险和住房公积金，为集团公司员工依法足额代扣代缴个人所得税，且保证人应促使集团公司与创始股东、接触集团公司的保密信息的集团公司的员工、顾问等以本轮投资方合理满意的形式尽快订立保密/不披露和专有权转让协议（如适用）。

5.6　财务管理制度

集团公司应当尽快依法建立并实施规范合理的财务管理制度与体系。

5.7　（略）

第六条　保密条款

6.1　本协议所述之"保密信息"系指与本协议、本协议附件、股东协议、公司新章程及其他所有交易文件及其所述之交易有关的信息，除根据本条的规定作出的披露外，本协议任何一方不得向任何第三方进行披露。但是，该保密信息不应包含并非由于违反本协议条款的行为而被公众合法所知的任何已公开信息。

6.2　各方确认其在未经各方事先书面同意之前不能披露保密信息，并应尽合理努力以确保其董事、高级管理人员、管理人员、合伙人、成员、雇员、法律顾问、财务顾问及其他专业顾问和/或往来银行不能向第三方披露任何保密信息。

6.3　下述情况不应被视为违反保密责任：

6.3.1　如果一方因适用法律法规、政府机关、司法机关、证券监管部门或证券交易所的要求而向其披露保密信息的，该方应当在披露保密信息前的合理时间内与其他方协商，且应仅在适用法律法规或前述机构要求的范围内进行披露，并尽一切合理努力寻求保护令、保密处理或其他适当的救济。在该情况下，披露方应仅提供必须依法披露的部分，且应采取合理努力以在非披露方合理要求的范围内保证该信息的保密性。

6.3.2　一方向其关联方、董事、高级管理人员、管理人员、合伙人、成员、雇员、法律顾问、财务顾问、其他专业顾问和/或往来银行披露，但应确保前述人士遵守本条的约定。

6.3.3　在各方共同以书面方式同意的范围内进行披露。

第七条　违约责任

若本协议一方违约以致本协议并未履行或并未充分履行，因其违约引起的相应责任应由违约方承担，若因此给守约方造成损失，违约方应赔偿守约方的损失。如果协议各方均违约，应各自承担因其违约引起的对应部分责任，若因此给守约方造成损失的，违约方应赔偿守约方的损失。

第八条　适用法律

本协议的签订、解释、履行、修订和解除以及争议解决等均适用中华人民共和国法律并依其解释。

第九条　争议解决

9.1　因本协议引起的或与本协议有关的任何争议，本协议各方均应首先通过友好协商方式加以解决。协商不成的，本协议各方均可将争议提交【　　】有管辖权的人民法院诉讼解决。

9.2　在有关争议的协商或诉讼期间，除争议事项外，本协议各方应继续善意履行本协议下的其他义务。

第十条　通知及送达

10.1　本协议任何一方向其他方发出与本协议有关的通知，应采取书面形式且以中文书就，并以专人送达、传真、挂号信、特快专递或电子邮件的方式发出。通知视为有效送达的日期按以下方法确定：专人递交的通知，在专人递交之日视为有效送达；以挂号信（预付邮资）发出的通知，在寄出日（以邮戳为凭）后的第【　　】日视为有效送达；以快递发送的通知，在发送日（以快递公司出具的收据为凭）视为有效送达；以传真方式发出的通知，在发送日后的第一个工作日视为有效送达；以电子邮件方式发出的通知，在发出之日起 24 小时后即视为有效送达。

10.2　本协议各方的通知地址如下：

（略）

10.3　一方通信地址或联络方式发生变化，应自发生变化之日起【　　】日内以书面形式通知其他方。如果通信地址或联络方式发生变化的一方（简称变动一方），未将有关变化及时通知其他方，除非适用法律另有规定，变动一方应对由此而造成的影响和损失承担责任。

第十一条　附则

11.1　本协议所有附件以及补充条款均为本协议不可分割的组成部分，与本协议具有同等法律效力。

11.2　本协议中所列的条款的标题仅为方便阅读而设，并非定义、限制或说明本协议任何规定的范围或意向。

11.3　本协议各条款应独立有效。如果本协议任何条款不合法、无效或不可执行或被任何有管辖权的仲裁庭或法院宣布为不合法、无效或不可执行，则本协议其他条款仍然有效和可执行；且双方应尽量商定出以合法、有效和可执行的条款修改或替换上述被宣布为不合法、无效或不可执行的条款。

11.4　本协议以中文书写，由各方法定代表人或授权代表签字并加盖公章或合同专用章后，自文首载明之日起生效。

11.5　本协议一式【　】份，各方各执【　】份，每份具有同等法律效力。

公司（盖章）：

法定代表人或授权代表（签字）：

签署日期：　　　年　　月　　日

创始股东（签字）：

签署日期：　　　年　　月　　日

创始股东（签字）：

签署日期：　　　年　　月　　日

本轮投资方（盖章）：

法定代表人或授权代表（签字）：

签署日期：　　　年　　月　　日

第二节　股东协议

一、签署要点

一般而言，《增资协议》或《股权转让协议》等类似协议谈定之时，股东之间往往会通过签署《股东协议》的方式进一步确定各股东方的权利义务，明确投资方/新股东与老股东的权责范围。除了常见的公司治理、信息权和检查权、保护性条款之外，投资方/新股东往往会要求增加反稀释条款、共售条款、领售条款、对赌条款、优先清算条款等特殊权利条款以保护其利益。被投企业以及老股东一旦同意该条款，也就意味着在自己的股权上加了一层枷锁。以下，笔者着重解析实践中经常被关注的反稀释条款、对赌条款、共同出售权条款以及优先清算权条款。

反稀释条款是投资方为了在被投企业后续的融资过程中其股权比例不被稀释或者股权价值不被贬值而设定的条款。比如，投资方为防止股权价值贬损而设置的价格调整权，包括完全棘轮条款和加权平均条款。适用完全棘轮条款的情形下，若被投企业以低于投资方的收购价格进行融资时，投资方有权将其收购价格调整成较低的新一轮的融资价格。加权平均条款则以投资方投资时约定的转换价格和后续融资发行价格的加权平均值作为调整依据。

对赌条款是指投资方与被投企业和/或其股东之间达成的对于未来某些不确定情况的一种约定，如果约定的条件出现，投资方可以行使一种权利；如果约定的条件不出现，被投企业和/或其股东则有权行使另一种权利。《全国法院民商事审判工作会议纪要》明确，"对赌协议"又称估值调整协议，是指投资方与融资方在达成股权性融资协议时，为解决交易双方对目标公司未来发展的不确定性、信息不对称以及代理成本而设计的包含了股权回购、金钱补偿等对未来目标公司的估值进行调整的协议。根据对赌标的不同，可分为业绩对赌、上市对赌以及其他对赌；根据对赌主体不同，可分为与目标公司的对赌、与目标公司股东的对赌等；根据对赌的补偿形式不同，可分为现金对赌、股权对赌（包括股权回购或股权转让）以及其他对赌。

共同出售权是指在其他股东尤其是创始股东欲转让或出售股份时，投资方有权按出资比例以创始股东的出售价格与创始股东一起向第三方转让股份。具体来说，可以解释为，如果有优先购买权的股东未就任何待售股权行使优先购买权，则该等共售权股东有权向售股股东及公司发出书面通知要求按照其共同出售权比例，以售股通知中规定的价格和条件与售股股东一起向拟议受让方出售其所持有的公司股权。但一般而言，共售权股东参与共同出售的股权不应超过附共同出售权的待售股权总数与其共同出售权比例之乘积。在共售权股东行使共同出售权的情况下，售股股东可向拟议受让方出售的待售股权的数量应相应减少。

优先清算权是指投资方在被投企业清算或结束业务时，具有的优先于其他普通股股东获得分配的权利。在股东协议中，通常可以约定为，被投企业发生任何清算、解散或终止情形，或视同清算事件，被投企业财产在支付清算费用、职工工资、社会保险费用和法定补偿金，缴纳所欠税款，偿还被投企业债务后的剩余财产应当按照如下顺序进行分配：首先应优先向投资方支付一笔款项，该笔款项金额为：其届时持有的股权所对应的投资款的100%，加上其届时持有的股权所对应的投资款按照一定的年利率（单利）计算的利息（通常情况下，计息期间自交割日起至投资方足额收到优先清算额之日止），加上公司已宣派但尚未发放的股息（如有），再减去投资方在公司持股期间已获得的分红金额（如有）。

被投企业及其股东应当充分了解股东协议中关于投资方特殊权利条款的含义，根据企业所处阶段、行业发展情况、企业实际经营状况、股东需求等判断是否接受该条款的限制以及受限程度。

二、合同范本

股东协议

本协议由以下各当事方于【　　】年【　　】月【　　】日在【　　市　　区】签订：

1.【　　】有限责任公司，一家依照中国法律成立的有限责任公司（公司；公司及其所有现有的和不时直接及/或间接控制的子公司、分公司、其他企业及其他分支机构及下属企业以下合称集团公司，各称各集团公司）。

2.【　　】，一名中国公民，与【　　】，一名中国公民（合称创始股东）。

3.【　　】有限责任公司，一家依照中国法律成立的有限责任公司（本轮投资方）。

在本协议中，以上签署方合称为"各方"，单独称为"一方"。

鉴于：

1. 公司、创始股东、本轮投资方于【　　】年【　　】月【　　】日签署了

《关于【 】之增资协议》（增资协议）。

2. 根据增资协议的约定，相关方签署本协议为本次增资交割的前提条件之一。

各方经友好协商，兹达成协议如下：

第一条　投资方之信息权和检查权

1.1　信息权

本轮投资方有权获得与集团公司相关的全部财务及/或其他信息和材料，并享有《中华人民共和国公司法》规定的有关股东查阅公司财务记录、文件和其他资料的权利。此外，公司还应当向本轮投资方及时提供如下资料和文件：

1.1.1　每一财务年度审计报告出具后【 】个工作日内，提供依据交易文件经适当批准的会计师事务所出具的该年度经审计的合并财务报表及审计报告。

1.1.2　（略）

上述每份财务报表均应包括资产负债表、损益表及现金流量表，并应按中国企业会计准则准备。公司提供给本轮投资方的所有上述信息均应经公司财务负责人及相关部门负责人核实并证明其为真实、客观与不会产生误导的。

1.2　检查权

本轮投资方和/或其代表和/或其顾问有权在正常工作时间内，经向公司提前发出合理通知，检查公司的设施、场所、财产、记录和账簿，并有权与公司的任何董事、管理人员、员工、会计师、法律顾问、财务顾问、投行中介等讨论公司的业务、财务和经营状况。

第二条　董事会

2.1　董事会的组成

2.1.1　公司的董事会应由【 】名董事组成，其中【 】名董事由本轮投资方提名/委派，其余【 】名董事由创始股东提名/委派。

2.1.2　董事会设董事长，由【 】提名/委派的董事担任。

2.2　董事任期

每位董事的每届任期为【 】年，经其原提名/委派股东重新提名/委派并经股东会按照本协议约定投票选举可以连任。每一股东均可随时免除其提名/委派的任何董事的职务并提名/委派继任董事，继任董事的任期为被替换董事的剩余任期。更换董事时，提名/委派该被更换董事的股东须向其他股东及公司发出更换董事的书面通知。公司应就此项变更依法向主管公司登记机关办理相应的变更登记备案手续。

2.3 董事会议事规则

2.3.1 董事会会议应按照相关法律、本协议与公司新章程的规定召集与表决。

2.3.2 除非经董事会另行批准，董事会应当至少每季度召开一次会议。

2.3.3 出席董事会会议的法定人数均应包括至少过半数的董事。公司董事会会议由董事长召集和主持；董事长不能履行职务或者不履行职务的，由半数以上董事共同推举一名董事召集和主持；公司董事会会议的召开应至少提前【 】个工作日以书面方式通知所有董事参加会议，且通知应随附会议的时间、地点、议程、议题及相关材料。

2.3.4 在董事会会议上，每一董事享有一票表决权。

2.3.5 在未实地召开董事会会议的情况下，董事会可经全体董事签署书面董事会决议的方式通过董事会决议。

第三条　保护性条款

3.1 除非经过超过半数的有表决权的董事批准（该批准应当包括本轮投资方董事的批准），公司不得从事或进行下列任何事项，且公司的董事会不得作出董事会决议批准或同意下列任何事项：

3.1.1 向任何人进行贷款或预支费用。

3.1.2 对任何除公司或任何附属机构在其正常经营过程中因交易原因而发生的债务之外的其他债务提供担保。

3.1.3 决定公司主营业务的终止或任何变更，包括但不限于改变、退出或处置某项主营业务、收购或启动主营业务以外的其他新业务。

3.1.4 出售、转让、许可使用、质押或以其他形式处置影响任何公司运营的集团公司的核心著作权、商标、专利或其他核心技术或知识产权。

3.1.5 （略）

第四条　优先认购权

4.1 就公司的新增注册资本，各股东分别有权按照本协议规定行使优先认购权。

4.1.1 如果公司拟增加注册资本，公司应向本轮投资方（优先认购权人）发出认股通知（增资通知），载明拟新增注册资本的数量、每一元注册资本的认购价格、拟认购该新增注册资本的认购方及其他情况。

4.1.2 优先认购权人有权在收到增资通知后的【 】个工作日内（优先认购期限），按其届时持有的公司股权的比例以增资通知中载明的拟新增注册资本的单位价格优先认购该拟新增注册资本（优先认购额度）。

第五条　反稀释条款

在公司拟增加注册资本的情况下，未经本轮投资方事先书面同意，每一元新增注册资本的认购价格（下称每股新价格）不得低于适用于任何投资方的每股原价格。若下一轮融资中的每股新价格低于本轮投资方认购公司注册资本的每股原价格，则本轮投资方有权按如下方式调整其每股价格及行使反稀释权利：（略）

第六条　股权转让

6.1　优先购买权

6.1.1　创始股东拟转让公司股权的，其应在实施该股权转让前给予本轮投资方（优先权购买人）事先书面通知（优先售股通知），列明拟转让的股权（待售股权）的数额、价格、其他重要交易条件以及拟受让方的名称等情况。

6.1.2　创始股东在此无条件且不可撤销地授予优先权购买人基于本条的规定，按照优先售股通知所列明单位价格及其他重要交易条件，基于其届时在公司的相对持股比例优先于公司届时任何其他股东及拟受让方购买全部或任何部分待售股权的权利（优先购买权）。

6.2　共同出售权

（略）

第七条　最惠待遇

7.1　各方特别确认并同意，如公司和/或创始股东给予任何其他投资方较本轮投资方在交易文件中的条款、条件及/或享有的权利更为优惠的条款、条件及/或权利，则本轮投资方有权自动享有该等更为优惠的条款、条件与权利。

第八条　创始股东竞业禁止承诺

8.1　创始股东的不竞争义务

未经本轮投资方事先书面一致同意，创始股东不会以自身名义或代理身份，直接或者间接地：

8.1.1　从事与集团公司主营业务相同、相似或具有竞争关系的任何业务，或受雇于任何竞争者。

8.1.2　向任何竞争者进行任何形式的投资，或成立任何竞争者。

8.1.3　与任何竞争者进行与集团公司主营业务相关的、损害集团公司利益的任何业务往来。

8.1.4　为任何竞争者提供与业务相关的任何形式的信息、咨询、意见或协助。

8.1.5　签署任何可能限制或损害集团公司从事其业务的协议、作出任何类似承诺或采取其他任何类似安排。

8.1.6 为任何竞争者的利益而从集团公司的客户、代理、供应商及/或独立承包商中招揽业务，或促使、寻求、劝导或诱使集团公司的客户、代理、供应商及/或独立承包商终止或减少与集团公司的合作或对该合作施加不利于集团公司的任何条件或限制。

本条款所述之"竞争者"系指在从事或计划从事与集团公司及/或其关联方主营业务相同、相似和/或具有竞争关系的业务，并与集团公司及/或其关联方存在竞争的任何企业、实体和/或个人。

8.2 创始股东的不招揽义务

创始股东在此进一步向本轮投资方分别且不连带地承诺并保证，在其（i）直接或者间接地拥有任何集团公司股权或在集团公司任职期间，以及（ii）不再直接或者间接地拥有任何集团公司股权且不再在集团公司任职后的二十四个月内，该创始股东及其近亲属、配偶以及前述人员直接或者间接控制的任何实体，不得促使、寻求、诱使或者鼓励集团公司的任何员工离职，或者雇用、聘用该个人，或者促使、寻求、诱使或者鼓励集团公司任何现有的或者潜在的客户、消费者、供应商、被许可人或者许可人或者与集团公司有任何商业关系的人士终止、减少或者修改该业务关系，损害集团公司利益。

第九条 领售权

9.1 领售交易

本轮投资方（领售股东）提出将其持有的公司股权转让给善意第三方；或出售公司，则前述股东有权（领售权）要求公司及公司所有其他股东立即以相同的价格、实质上相同的条件与其共同将所持有的公司股权转让给此第三方（买方），及/或要求公司所有股东立即就该转让、或交易（领售交易）投赞同票。

9.2 领售权的行使

9.2.1 在行使领售权时，领售股东应当在签署领售交易相关文件前提前至少【 】日向公司全体股东发出书面通知（领售通知）。

9.2.2 在领售股东行使领售权时，全体股东应在收到领售股东发出的领售通知后【 】日内，以与领售股东相同的价格及实质上相同的条款与条件向买方出售其持有的公司股权及/或促使公司完成领售交易。

9.2.3 各股东在此承诺，其将无条件地遵守领售通知中的任何指示，并尽其最大努力配合领售股东尽快完成领售交易。

9.2.4 不同意领售交易的股东，应按领售通知中载明的领售交易的价格和期限安排尽快购买领售股东及同意领售交易的其他全部股东在公司中所持的全部股权。

第十条　利润分配

10.1　公司的税后利润经公司股东会适当批准后方可进行分配。

10.2　公司各股东应按其实缴公司注册资本额的比例进行利润分配。

第十一条　回购权

11.1　回购权

若发生【　】（回购事件），则本轮投资方（回购权人）有权在此后的任何时间不时地向公司发出书面通知（回购通知），要求公司（回购义务人）按照本协议约定的回购价格（回购价格）以货币形式回购其所持有的公司全部或部分本轮股权（回购股权）。

11.2　回购价格

回购价格应按以下方式所计算出的数值确定：（略）

第十二条　保密条款

12.1　本协议所述之"保密信息"系指与本协议及与本协议项下的各项安排有关的信息，除根据本条的以下规定作出的披露外，本协议任何一方不得向任何第三方进行披露；但是，该保密信息不应包含并非由于违反本条款的行为而被公众合法所知的任何已公开信息。

12.2　各方确认其在未经各方事先书面同意之前不能披露保密信息，并应尽合理努力以确保其董事、高级管理人员、管理人员、合伙人、成员、雇员、法律、财务及专业顾问和往来银行不能向第三方披露任何保密信息。

12.3　下述情况不应被视为违反保密责任：

12.3.1　如果一方因适用法律、政府机关、司法机关、证券监管部门或证券交易所的要求而向其披露保密信息的，该方应当在披露保密信息前的合理时间内与其他方协商，且应仅在适用法律或前述机构要求的范围内进行披露，并尽一切合理努力寻求保护令、保密处理或其他适当的救济。在该情况下，披露方应仅提供必须依法披露的部分，且应采取合理努力以在非披露方合理要求的范围内保证该信息的保密性。

12.3.2　一方向其董事、高级管理人员、管理人员、合伙人、成员、雇员、法律顾问、财务顾问、其他专业顾问、关联方和/或往来银行披露，但应确保前述人士遵守本条的约定。

12.3.3　在各方共同以书面方式同意的范围内进行披露。

第十三条　违约责任

若本协议一方违约以致本协议并未履行或并未充分履行，因其违约引起的相应责任应由违约方承担，若因此给守约方造成损失的，违约方应赔偿守约方的损失。如果协议各方均违约，应各自承担因其违约引起的对应部分责任，若因此给守约方造成损失的，违约方应赔偿守约方的损失。

第十四条　适用法律

本协议的签订、解释、履行、修订和解除以及争议解决等均适用中华人民共和国法律并依其解释。

第十五条　争议解决

15.1　因本协议引起的或与本协议有关的任何争议，本协议各方均应首先通过友好协商方式加以解决。协商不成的，本协议各方均可将争议提交【　】有管辖权的人民法院诉讼解决。

15.2　在有关争议的协商或诉讼期间，除争议事项外，本协议各方应继续善意履行本协议下的其他义务。

第十六条　陈述与保证

16.1　本协议一方向每一其他各方作出如下陈述和保证：

16.1.1　该方（如为自然人）具有完全的民事权利能力与民事行为能力或该方（如为企业）根据其注册地法律合法成立和有效存续。

16.1.2　该方有权签署、交付和履行本协议，并为此采取了所有必要的行动。

16.1.3　在本协议上签字的该方授权代表已经该方正式授权以签署和交付本协议。

16.1.4　本协议经各方签署后，将对该方构成有效的具有约束力的协议，可按照本协议的条款对该方强制执行。

16.1.5　该方签署、交付和履行本协议：（i）不会违反、抵触其组织性文件的任何规定；以及（ii）不会违反、抵触任何中国法律或政府法令。

16.2　各方承诺其将全面及时地履行其在本协议项下的义务。

第十七条　通知及送达

17.1　本协议任何一方向其他方发出与本协议有关的通知，应采取书面形式且以中文书就，并以专人送达、传真、挂号信、特快专递或电子邮件的方式发出。通知视为有效送达的日期按以下方法确定：专人递交的通知，在专人递交之日视为有效送达；以挂号信（预付邮资）发出的通知，在寄出日（以邮戳为凭）后的第【　】日视为有效送达；以快递发送的通知，在发送日（以快递公司出具的收据为凭）视为有效送达；以传真方式发出的通知，在发送日后的第一个工作日视为有效送达；以电子邮件方式发出的通知，在发出之日起24小时内即视为有效送达。

17.2　本协议各方的通知地址如下：

（略）

17.3　一方通信地址或联络方式发生变化，应自发生变化之日起【　】日内以书面形式通知其他方。如果通信地址或联络方式发生变化的一方（简称变动一方）未将有关变化及时通知其他方，除非适用法律另有规定，变动一方应对由此而造成的影响和损失承担责任。

第十八条　附则

18.1　本协议所有附件以及补充条款均为本协议不可分割的组成部分，与本协议具有同等法律效力。

18.2　本协议中所列的条款的标题仅为方便阅读而设，并非定义、限制或说明本协议任何规定的范围或意向。

18.3　本协议各条款应独立有效。如果本协议任何条款不合法、无效或不可执行或被任何有管辖权的仲裁庭或法院宣布为不合法、无效或不可执行，则本协议其他条款仍然有效和可执行；且双方应尽量商定出以合法、有效和可执行的条款修改或替换上述被宣布为不合法、无效或不可执行的条款。

18.4　本协议以中文书写，由各方法定代表人或授权代表签字并加盖公章或合同专用章后，自文首载明之日起生效。

18.5　本协议一式【　】份，各方各执【　】份，每份具有同等法律效力。

公司（盖章）：

法定代表人或授权代表（签字）：

签署日期：　　　年　　月　　日

创始股东（签字）：

签署日期：　　　年　　月　　日

创始股东（签字）：

签署日期：　　　年　　月　　日

本轮投资方（盖章）：

法定代表人或授权代表（签字）：

签署日期：　　　年　　月　　日

第三节　租赁协议

一、签署要点

文创企业由于其"轻资产"运营的特点，往往会采用租赁的方式获得房屋使用权，并将承租的房屋作为生产经营用房。在签订正式的房屋租赁协议前，承租方应当全面核查租赁房屋的产权归属情况，如房屋为产权人单独所有还是共同共有，并应当注意取得所有产权人书面同意的文件；如出租方并非租赁房屋的所有权人，则应特别注意其授权委托的情况，尤其是出租方取得的授权范围，以确定其享有签订并履行租赁协议的所有权利。同时，承租方还应当要求出租方或产权人提供最新的产权调查资料，或能够证明租赁房产上不存在影响房屋租赁的文件材料。

《房地产管理法》第五十四条规定："房屋租赁，出租人和承租人应当签订书面租赁合同，约定租赁期限、租赁用途、租赁价格、修缮责任等条款，以及双方的其他权利和义务，并向房产管理部门登记备案。"实践中，出租方与承租方往往都会要求以书面形式订立合同，以确定房屋租赁关系与各自的权利义务。其中，租金标准、租赁期限、交付标准等都属于租赁协议的关键内容。出租方与承租方可以根据当地房屋租金的市场水平协商确定租金金额。租金可按月、季度或年度支付，交付租金的具体日期，以及押金的支付均需要在租赁协议中写明。

文创企业作为承租方还应当注意的是，在取得出租方书面同意以及按规定经有关部门审核批准前不得改变租赁用途，并按协议要求合理使用房屋，不得擅自改动房屋承重结构和拆改室内设施。承租方在对外营业前，必须向政府有关部门取得所有必需的执照、批准或许可证，并在规定的范围内经营。建议在租赁合同中明确约定，出租方应协助承租方办理协议约定租赁用途之工商、卫生、环保、消防、公安、特殊行业等涉及正常经营所需的各类资质。承租方还须确保在租赁场所内的经营活动不得违反法律、法规等的规定，并且不对出租方的商业信誉造成不良影响。

另外，还需要注意的是租赁期间届满或者合同解除时，关于"房屋返还"条款的约定。关于房屋返还的约定一般分为两大类：一类是原状返还；另一类是现状返还。通常情况下，文创企业在承租房屋后，会根据不同的行业定位、企业文化、经营性质、经营理念等来进行不同风格的装修，企业在签订房屋租赁协议时，应当充分考虑到当租赁期限到期或合同解除时，房屋须以何种状态返还，并对此予以明确约定。若按照房屋租赁协议签署时租赁房屋的状态"原状返还"，文创企业需要考虑拆除房屋装饰装修的成本，并记录保存好承租房屋的"原状"，便于日后"恢复原状"。事实上，文创企业在对承租房屋进行装饰装修后再行"恢复原状"并不容易，从效率的角度考量，建议出租方与承租方约定按照租赁期限届满或者合同解除时的实际"房屋现状"返还房屋。

二、合同范本

房屋租赁协议

本协议由以下各当事方于【　　】年【　　】月【　　】日在【　　市　　区】签订：

各当事方：
甲方（出租方）：
统一社会信用代码：
法定代表人：
住所：
联系人：
联系方式：

乙方（承租方）：
统一社会信用代码：
法定代表人：
住所：
联系人：
联系方式：

根据《中华人民共和国民法典》及其他有关法律、法规的规定，甲、乙双方在平等、自愿、诚实信用的基础上，经友好协商一致，现就乙方承租甲方房屋事宜订立本协议，以兹双方共同遵照执行。

第一条　出租房屋基本情况

1.1　甲方同意将位于【　　】的房屋（下称该房屋）出租给乙方使用，乙方同意按本协议约定条款及条件租赁该房屋。

1.2 该房屋土地用途为【 】，该房屋平面图详见本协议附件一。

1.3 该房屋房地产权证号：【 】；建筑面积共计【 】平方米，双方同意以该建筑面积作为双方租金、物业管理费的计算依据。

第二条 房屋权属状况

2.1 该房屋权属状况：甲方对该房屋享有产权，甲方作为该房屋的【 】（房地产权人/代管人）与乙方建立租赁关系。签订本协议前，甲方已向乙方出示了有权出租该房屋的相关证明文件，并已告知乙方该房屋（已/未）由甲方设定抵押，乙方对此明确无误。

2.2 乙方声明其在签订本协议前已详细查看该房屋，对该房屋状况、权属状况、地理位置、周边交通配套、性质充分了解并表示认可，并无任何异议。该房屋的现有装修、附属设施、设备状况和甲方同意乙方自行装修和增设附属设施的内容、标准及须约定的有关事宜，由甲、乙双方分别在本协议附件二中加以列明。

第三条 交付使用

3.1 交房日期：甲方同意于【 】年【 】月【 】日或之前（下称交房日）将该房屋交付给乙方使用，并使该房屋符合本协议所述的装修标准及附属设施状况。

3.2 房屋交接：甲方/或管理处将符合附件二所述装修标准及附属设施状况之房屋的钥匙交付乙方，即视为乙方交房完成。乙方应指定人员在甲方/或管理处交付时领取该房屋钥匙并签署《房屋交付单》，房屋交付单格式如附件二所示。

第四条 房屋用途

4.1 该房屋用于【 】相关的运营、管理及使用，并可作为乙方企业注册地址。

4.2 乙方自行办理上款所述租赁用途之工商、卫生、环保、消防、公安、特殊行业等涉及乙方正常经营所需的各类执照、批准或许可证。若乙方在办理前述证照、批准或许可证时需甲方配合，甲方应提供必要的协助。

第五条 租赁期限、免租期

5.1 该房屋的租赁期限自【 】年【 】月【 】日起（简称起租日）至【 】年【 】月【 】日止。其中，免租期【 】天，自【 】年【 】月【 】日起（简称免租期起计日）至【 】年【 】月【 】日止。免租期内，乙方免付租金，但须按本协议约定按期交付物业管理费、水费、电费、建筑垃圾清理费以及其他应由乙方承担的使用费用。

5.2 租赁期满后，在同等条件下，乙方享有该房屋的优先承租权。乙方如要求续租，则须在租赁期届满日前【　】个月向甲方提出关于续租的书面要约，经双方协商后在租赁期满【　】个月前重新签订新的租赁协议。

第六条　租金、物业管理费、保证金及支付方式

6.1　房屋租金

6.1.1　协议约定，租金以人民币结算，乙方向甲方的租金支付方式为：【　】。

6.1.2　该房屋租金按照【　】计算，月租金为人民币【　】元（大写：人民币【　】），折合年租金为人民币【　】元（大写：人民币【　】元整）。

6.1.3　该房屋租金每【　】个月支付一次，先付后用。首期租金为人民币【　】元（大写：人民币【　】元整），乙方应在本协议签订后的【　】日内支付；其后每期租金，乙方应在每个付款周期前一个月的【　】日前向甲方支付。甲方在收到乙方每期全额交付的租金后【　】日内向乙方开具正式租赁发票。

6.1.4　甲方收款账户信息：

（略）

6.1.5　乙方开票信息：

（略）

6.2　物业管理费：按【　】元/平方米/月缴纳。该房屋物业管理费每【　】个月支付一次，自该房屋交付之日起先付后用，乙方应在每月【　】日前向管理处支付，以人民币结算。管理处在收到乙方交付的全额物业管理费后【　】日内向乙方开具正式物业发票。

6.3　乙方须在本协议签订后的【　】日内向甲方支付该房屋的租赁保证金，租赁保证金为人民币【　】元（大写【　】）。

6.4　甲方收到乙方全额支付的租赁保证金后【　】日内应向乙方开具收款凭证。

6.5　甲方在本协议提前终止后，在乙方将房屋按本协议约定的状态返还甲方并经甲方验收合格，并结清租赁协议项下约定的应由乙方承担的所有费用后的【　】日内，将租赁保证金剩余部分无息退还给乙方。

第七条　房屋改建装修、转租及返还

7.1　甲方对该房屋进行改建、扩建，若因此对乙方正常的经营活动造成影响的，应事先征得乙方的书面同意；如造成乙方停业的，甲方应相应地免除停业期间内的租金。

7.2　除甲乙双方协商一致续租外，乙方应在本协议租期届满或提前终止后的当日向甲方/或管理处交还该房屋所有的钥匙，并应在本协议租期届满或提前终止后的【　】日内，撤空并以【　】状况向甲方返还该房屋，经甲方对该房屋验收认可后办理退租手续。

第八条　甲方权利与义务

8.1　在租赁期内，甲方应保证乙方对该房屋享有独占使用权。

8.2　甲方应提供给乙方单独计算其所用电度数的计量表。由管理处每月根据该房屋独立电表计量收取。

8.3　该房屋内如设有共用、公用设施设备的（如：消防管井、空调外机及整修通道等），甲方或甲方指定的管理处如需检修、维护该设施设备的，应事先与乙方沟通，乙方应给予配合，经乙方书面同意后，甲方或管理处的相关人员方可进出该房屋进行作业。

第九条　乙方权利与义务

9.1　乙方应按本协议的约定按时向甲方支付租赁保证金、租金、物业管理费、水费、电费等其他应由乙方承担的费用。乙方应妥善使用房屋，保持房屋原主体结构的完好，并积极配合甲方对房屋设施的检查和维修。

9.2　乙方应负责自身的环保、消防和安全工作。

9.3　乙方负责承担承租区域内的人身、财产的安全。

9.4　乙方应确保该房屋公共部位及公共部位的装修、设施及设备的安全使用，乙方或乙方人员破坏公共部位的装修、设施及设备的，应承担原价赔偿（或恢复原样的费用）。

第十条　协议的变更、终止与解除

10.1　租赁期内，如一方对协议内容有变更意向，应提前【　】天向对方提出书面变更要求，经协商一致，双方签订补充协议进行变更。

10.2　有下列情形之一的，本协议终止，双方互不承担违约责任：

10.2.1　该房屋占用范围内的土地使用权、经营权依法提前收回的。

10.2.2　该房屋因社会公共利益或城市建设需要被依法征用的。

10.2.3　该房屋因不可抗力而发生毁损、灭失或者被鉴定为危险房屋的。

10.2.4　因不可抗力造成该房屋无法继续使用的。

10.2.5　甲乙双方协商一致同意解除本协议。

10.3　双方约定一方不得无故提前单方解除协议，否则应向对方承担赔偿责任，赔偿责任以【　】个月的租金为限。

第十一条　违约责任

11.1　若本协议一方违约以致本协议并未履行或并未充分履行，因其违约引起的相应责任应由违约方承担，若因此给守约方造成损失的，违约方应赔偿守约方的损失。

11.2　甲方未在本协议约定的交房日期内向乙方交付该房屋的，每逾期一天，乙方有权按月租金的【　】‰要求甲方支付违约金；甲方无正当理由逾期交付该房屋达【　】日以上的，乙方有权单方面解除本协议，并有权追究甲方违约责任。

11.3　乙方未在本协议约定的日期内向甲方支付该房屋租金的，每逾期一天，甲方有权按月租金的【　】‰要求乙方支付违约金；乙方无正当理由逾期支付该房屋租金达【　】日以上的，甲方有权单方面解除本协议，并有权追究乙方违约责任。

第十二条　适用法律

本协议的签订、解释、履行、修订和解除以及争议解决等均适用中华人民共和国法律并依其解释。

第十三条　争议解决

13.1　因本协议引起的或与本协议有关的任何争议，本协议各方均应首先通过友好协商方式加以解决。协商不成的，本协议各方均可将争议提交房屋所在地有管辖权的人民法院诉讼解决。

13.2　在有关争议的协商或诉讼期间，除争议事项外，本协议各方应继续善意履行本协议下的其他义务。

第十四条　通知和送达

14.1　本协议任何一方向对方发出与本协议有关的通知，应采取书面形式且以中文书就，并以专人送达、传真、挂号信、特快专递或电子邮件的方式发出。通知视为有效送达的日期按以下方法确定：专人递交的通知，在专人递交之日视为有效送达；以挂号信（预付邮资）发出的通知，在寄出日（以邮戳为凭）后的第【　】日视为有效送达；以快递发送的通知，在发送日（以快递公司出具的收据为凭）视为有效送达；以传真方式发出的通知，在发送日后的第一个工作日视为有效送达；以电子邮件方式发出的通知，在发出之日起 24 小时内即视为有效送达。

14.2　本协议双方当事人的通知地址如下：

（略）

14.3　一方通信地址或联络方式发生变化，应自发生变化之日起【　】日内以书面形式通知对方。如果通信地址或联络方式发生变化的一方（简称变动方），未将有关变化及时通知对方，除非适用法律另有规定，变动一方应对由此而造成的影响和损失承担责任。

第十五条　附则

15.1　本协议所有附件以及补充条款均为本协议不可分割的组成部分，

与本协议具有同等法律效力。

15.2　本协议中所列的条款的标题仅为方便阅读而设，并非定义、限制或说明本协议任何规定的范围或意向。

15.3　本协议各条款应独立有效。如果本协议任何条款不合法、无效或不可执行或被任何有管辖权的仲裁庭或法院宣布为不合法、无效或不可执行，则本协议其他条款仍然有效和可执行；且双方应尽量商定出以合法、有效和可执行的条款修改或替换上述被宣布为不合法、无效或不可执行的条款。

15.4　本协议以中文书写，由甲乙双方法定代表人或授权代表签字并加盖公章或合同专用章后，自文首载明之日起生效。

15.5　本协议一式【　】份，甲方执【　】份，乙方执【　】份，每份具有同等法律效力。

协议附件

附件为本协议不可分割的组成部分，附件如下：

附件一：《租赁房屋平面图》

附件二：《房屋交付单》

甲方（盖章）：

法定代表人/授权代表（签字）：

签署日期：　　年　　月　　日

乙方（盖章）：

法定代表人/授权代表（签字）：

签署日期：　　年　　月　　日

附件一:《租赁房屋平面图》(略)

附件二:《房屋交付单》

甲方:

乙方:

根据甲乙双方于【　】年【　】月【　】日签署的《房屋租赁协议》(下称租赁协议),就该房屋交付、进行验收交接事宜,双方确认如下:

乙方确认,甲方已于【　】年【　】月【　】日将位于【　】的房屋(下称房屋)交付给乙方。

乙方确认,该房产内附属设备及装饰完好,符合双方签订的租赁协议约定,同意接收该房屋。

该房产交付当日,该房产内水电等配套设施记录如下:

1. 水:【　】

2. 电:【　】

3. 其他:【　】

4. 乙方确认收到钥匙【　】套【　】把。

5. 对于上述情况,乙方经过验收认为符合双方约定的交付标准,同意签收。

6. 本交接书一式【　】份,甲方、乙方各执【　】份。经乙方盖章且乙方指定代表签字后即生效。

乙方指定代表为:【　】

甲方(盖章):

代表签字:

日期:

乙方(盖章):

代表签字:

日期:

第四节　劳动合同

一、签署要点

劳动合同是企业日常管理必备合同，是确定用人单位与劳动者劳动关系的合同。实践中，企业应当采取书面形式签订劳动合同。根据《劳动合同法》第十七条的规定，劳动合同必备条款包括用人单位的名称、住所和法定代表人或者主要负责人，劳动者的姓名、住址和居民身份证或者其他有效身份证件号码，劳动合同期限，工作内容和工作地点，工作时间和休息休假，劳动报酬，社会保险，劳动保护、劳动条件和职业危害防护等。除了前述必备条款外，用人单位与劳动者可以约定试用期、业务培训补充保险和福利待遇以及保密与竞业限制等其他事项。

关于试用期间。如劳动合同期限为三个月以上不满一年的，试用期不得超过一个月；劳动合同期限为一年以上不满三年的，试用期不得超过二个月；三年以上固定期限和无固定期限的劳动合同，试用期不得超过六个月。同时，同一用人单位与同一劳动者只能约定一次试用期。

关于薪资标准。企业支付劳动者的工资不得低于当地最低工资标准。劳动者在试用期的工资不得低于本单位相同岗位最低档工资或者劳动合同约定工资的百分之八十，并不得低于用人单位所在地的最低工资标准。

关于社会保险的缴纳。用人单位和劳动者必须依法参加社会保险，缴纳社会保险费。用人单位应当自行申报、按时足额缴纳社会保险费，非因不可抗力等法定事由不得缓缴、减免。职工应当缴纳的社会保险费由用人单位代扣代缴，用人单位应当按月将缴纳社会保险费的明细情况告知本人。为员工办理社会保险，缴纳或者代扣代缴社会保险费是用人单位的法定义务，享受社会保险待遇是劳动者的法定权利。企业为劳动者缴纳社会保险的义务不可以通过约定等任何方式免除或放弃，社会保险不同于商业保险，属于法律法规的强制性要求而非任意性规范，任何人不得违反。

关于劳动者承担违约金的条款。依据相关规定，企业与劳动者在合同中约定违约金只适用于两种情况：（1）用人单位为劳动者支付了专项培训费用，对其进行专项培训，并在合同中约定了服务期，若劳动者在服务期内要求解除合同的，可以约定劳动者向用人单位支付违约金；（2）负有保守商业秘密和知识产权义务的劳动者违反劳动合同中关于竞业限制的约定的，可以约定劳动者向用人单位支付违约金。

关于劳动合同的解除。劳动合同的解除是指当事人双方提前终止劳动合同的法律效力，解除双方的权利义务关系。劳动合同签署完成后，对用人单位和劳动者都有约束力，用人单位与劳动者均不得为违法解除之行为。实践中，因劳动合同解除的相关证据材料多存于用人单位手中，为保护劳动者，相关法律规定，用人单位作出的开除、除名、辞退、解除劳动合同、减少劳动报酬、计算劳动者工作年限等决定而发生的劳动争议，用人单位承担举证责任，举证不能的，则承担不利法律后果。

关于保密与竞业限制。我国《劳动合同法》第二十三条中对保密义务和竞业限制作了明确规定："用人单位与劳动者可以在劳动合同中约定保守用人单位的商业秘密和与知识产权相关的保密事项。对负有保密义务的劳动者，用人单位可以在劳动合同或者保密协议中与劳动者约定竞业限制条款，并约定在解除或者终止劳动合同后，在竞业限制期限内按月给予劳动者经济补偿。劳动者违反竞业限制约定的，应当按照约定向用人单位支付违约金。"企业为防止经营期间积累的技术秘密、商业秘密、客户资源等，因员工在职期间或离职后被竞争对手或第三方获悉造成自身合法权益受损，通常会在签订劳动合同时加入保密条款、竞业限制条款或另行签订保密协议、竞业限制协议。该等条款或协议在一定程度上有利于构建用人单位和劳动者之间可预期的关系。企业应当在保密条款及竞业限制条款的拟定、签署、执行的过程中依法审慎处理，防止相关条款无法发挥其预防、保护作用而造成用人单位合法权益损害。

在保密协议的草拟过程中，首先，应明确保密信息范围。用人单位需要将保密的对象、范围、内容和期限等加以明确，最好通过穷尽列举的方式列明所有需要保密内容，或严格限定范围，避免因约定不明引发争议。不同企业以及企业的不同发展时期，保密的范围与内容也有所变化，用人单位应注意及时更新保密协议的内容。其次，应当依法合理确定保密主体。保密主体，即能够获取、接触或知悉商业秘密的高级管理人员、技术岗位及关键性的其他岗位的人员，不得随意扩大保密主体的范围。

竞业限制是指对劳动者就业权利的限制，我国《劳动合同法》第二十四条对竞业限制协议的人员范围及期限等有明确的规定："竞业限制的人员限于用人单位的高级管理人员、高级技术人员和其他负有保密义务的人员。竞业限制的范围、地域、期限由用人单位与劳动者约定，竞业限制的约定不得违反法律、法规的规定。在解除或者终止劳动合同后，前款规定的人员到与本单位生产或者经营同类产品、从事同类业务的有竞争关系的其他用人单位，或者自己开业生产或者经营同类产品、从事同类业务的竞业限制期限，不得超过二年。"若用人单位与劳动者在劳动合同或者保密协议中约定了竞业限制和经济补偿，当解除劳动合同时，除另有约定外，用人单位要求劳动者履行竞业限制义务的，依法应当向劳动者支付经济补偿。

二、合同范本

劳动合同

甲方（用人单位）：

统一社会信用代码：

法定代表人：

住所：

联系人：

联系方式：

乙方（劳动者）：

身份证件名称：

证件号码：

户籍地址：

联系方式：

鉴于：

1. 甲方为在中华人民共和国合法设立并有效存续的有限责任公司，有意招用乙方作为【　】岗位。

2. 乙方是具有完全民事行为能力的自然人，具有丰富的岗位工作经验。

根据《中华人民共和国劳动法》、《中华人民共和国劳动合同法》和国家及省的有关规定，甲乙双方按照合法、公平、平等自愿、协商一致、诚实信用的原则订立本合同。

第一条　劳动合同期限

1.1　本合同为固定期限劳动合同。

1.2　本合同期限为【　】年【　】月【　】日起至【　】年【　】月【　】日止，共计【　】年。

其中试用期至【　】年【　】月【　】日止。

第二条　工作内容和工作地点

2.1　乙方同意根据甲方工作需要，担任【　】岗位（工种）工作。

2.2　根据甲方的岗位（工种）作业特点，乙方的工作区域或工作地点为【　】。

2.3　乙方工作要求为【　】。

2.4　乙方试用期录用条件为【　】。

第三条　工作时间和休息休假

3.1　甲方安排乙方执行以下【　】工时制度。

3.1.1　执行标准工时制度的，乙方每天工作时间不超过【　】小时，每周工作不超过【　】小时。每天工作时间为【　】，每周休息日为【　】。

3.1.2　甲方安排乙方执行综合计算工时工作制度或者不定时工作制度的，应当事先取得劳动行政部门特殊工时制度的行政许可决定。

3.2　乙方享有法定节假日和带薪年休假，具体标准依照国家法律法规规定执行。

第四条　劳动报酬

4.1　甲方每月【　】日前以货币形式支付乙方工资，月工资为【　】。

4.2　乙方在试用期期间的工资为【　】元。

4.3　甲乙双方对工资的其他约定【　】。

第五条　社会保险及其他保险福利待遇

5.1　甲乙双方按国家和本市的规定参加社会保险。甲方为乙方办理有关社会保险手续，并承担相应社会保险义务。

5.2　乙方患病或非因工负伤的医疗待遇按国家、本市有关规定执行。甲方按【　】标准支付乙方病假工资。

5.3　乙方患职业病或因工负伤的待遇按国家和本市的有关规定执行。

5.4　甲方为乙方提供以下福利待遇【　】。

第六条　劳动保护、劳动条件和职业危害防护

6.1　甲方根据生产岗位的需要，按照国家有关劳动安全、卫生的规定为乙方配备必要的安全防护措施，发放必要的劳动保护用品。

6.2　甲方根据国家有关法律、法规，建立安全生产制度；乙方应当严格遵守甲方的劳动安全制度，严禁违章作业，防止劳动过程中的事故，减少职业危害。

6.3　甲方应当建立、健全职业病防治责任制度，加强对职业病防治的管理，提高职业病防治水平。

第七条　保密和竞业限制

7.1　保密

7.1.1 乙方在甲方工作期间，必须遵守甲方任何成文或不成文的保密规章、制度，履行与其工作岗位相应的保密职责，保守甲方专有信息。甲方的保密规章、制度没有规定或者规定不明确之处，乙方亦应本着谨慎、诚实的态度，采取任何必要、合理的措施，维护其于任职期间知悉或者持有的任何甲方专有信息，以保持其机密性。

7.1.2 乙方在甲方工作期间及离职之后【 】年内，未经甲方书面同意，不得以任何形式使任何第三方（包括按照甲方保密制度的规定不得知悉该项专有信息的甲方其他职员）知悉甲方专有信息或属于甲方负有保密义务的专有信息，也不得在他人已经泄露甲方专有信息的情况下，自行利用、扩大该已经泄露的甲方专有信息。

7.1.3 乙方在甲方工作期间，不得擅自使用任何属于他人的专有信息，也不得擅自实施可能侵犯他人知识产权的行为。因乙方实施侵害他人专有信息及知识产权的行为而产生的一切法律后果，由乙方自行承担。

7.1.4 乙方离职前，应当向甲方移交所有自己掌握的关于甲方的专有信息，包含乙方直接或间接获得的涉及甲方的图纸、文档、记录、笔记、提纲、数据、模型、样品以及其他相关资料，并妥善办理有关交接、保密手续。

7.1.5 乙方离职时，不得以任何形式复制关于甲方的任何专有信息。

7.1.6 双方同意，无论乙方因何种原因离职，乙方离职之后仍对其在甲方工作期间接触、知悉的属于甲方或者虽属于第三方但甲方承诺有保密义务的技术秘密等专有信息，承担如同在甲方工作期间相同的保密义务和不得擅自使用有关专有信息的义务。

7.1.7 乙方的保密义务不因劳动合同的解除而免除。

7.1.8 甲乙双方确认，对于属于甲方或者虽属于第三方但甲方承诺有保密义务的专有信息，乙方对该专有信息的保密期限自乙方任职之日起，至该专有信息公开时止。

7.2 竞业限制

7.2.1 甲乙双方解除或者终止劳动合同后【 】年内，乙方不得到与甲方生产或者经营同类产品、从事同类业务的有竞争关系的其他用人单位任职，或者自己开业生产或者经营同类产品、从事同类业务。

7.2.2 本条所称的"有竞争关系"是指与甲方及其关联公司所生产或者经营的产品、从事的业务有竞争关系；"其他用人单位"包括与甲方及其关联公司有竞争关系的单位及其直接或间接参股或控股或受同一公司控制的单位。"自己开业"包括乙方自己开业、以参股或合作等方式参与他人开业或幕后指使他人开业等情形。

7.2.3　乙方竞业限制期限为【　】年，自劳动合同解除或者终止之日开始计算。

7.2.4　乙方竞业限制的地域范围为：【　　　】。

7.2.5　乙方在履行竞业限制期限内，甲方应当每月向乙方支付竞业限制补偿金人民币【　】元。

7.2.6　竞业限制期限内，乙方入职新单位的，应在【　】日内将新单位的名称、人事部门联系方式告知甲方。同时乙方应将自己负有竞业限制义务的情况告知其工作单位。

7.2.7　甲方向乙方支付竞业限制补偿金时，乙方有义务向甲方出具当前的任职情况证明，经甲方核实无误后支付。乙方任职单位变更时应当及时通知甲方。

7.2.8　竞业限制期限内，甲方根据自身的经营情况变化，可免除乙方的竞业限制义务，在甲方书面通知乙方后，乙方竞业限制义务终止，双方基于本协议产生的权利义务消灭。

7.2.9　乙方违反竞业限制约定的，应当承担违约责任，须向甲方支付【　】个月的工资（按乙方在甲方任职期间的月平均工资计算）作为违约金。违约金不足以弥补甲方经济损失的，还须赔偿甲方经济损失。

第八条　劳动合同的解除、终止和经济补偿

8.1　本劳动合同的解除、终止和经济补偿金依照《中华人民共和国劳动合同法》和国家及本市有关规定执行。

8.2　甲方应当在解除或者终止本合同时，为乙方出具解除或者终止劳动合同的证明，并在【　】日内为乙方办理档案和社会保险关系转移手续。

8.3　乙方应当按照双方约定，办理工作交接。应当支付经济补偿的，在办结工作交接时支付。

第九条　劳动争议处理及其他

9.1　双方因履行本合同发生争议，当事人可以向甲方所在地劳动争议调解委员会申请调解；调解不成的，可以向劳动争议仲裁委员会申请仲裁。

9.2　本合同未尽事宜，按国家和地方有关政策规定办理。在合同期内，如本合同条款与国家、省有关劳动管理新规定相抵触的，按新规定执行。

9.3　本合同一式【　】份，甲、乙双方各执【　】份，经双方签字（或盖章）后生效。

甲方（盖章）：

法定代表人/授权代表（签字）：

签署日期：　　年　　月　　日

乙方（签字）：

签署日期：　　年　　月　　日

第五节　影视项目合作协议

一、签署要点

文创企业在实际生产经营过程中，往往需要与其产业链上的其他企业进行合作，各方共同完成项目目标，最终实现经济效益。此处，笔者将以影视项目合作为例，解析文创企业在项目合作的过程中，签署合作协议时需要重点注意的内容。

影视作品的诞生需要经历项目合作、投融资、剧本开发、设备采购、拍摄、制作、宣传、招商、发行等阶段，其中，达成项目合作是项目得以顺利进行的第一步，拍摄能否按期顺利完成，投资收益如何分配，作品版权归属等问题对各方权益具有重要影响。在制作方与投资方订立影视项目合作协议时，对于作品标的信息、投资预算、收益分配、知识产权归属等条款需要予以关注。

关于作品基本信息。协议除了需要明确作品名称、类型、题材、制作周期外，还应明确主创人员信息。主创人员通常包括导演、编剧、主演等在影视作品的制作中起到重要作用的人员，将直接关系到作品卖点、成片效果、影响力、关注度、收视率等。若签约时主创人员已定，或者制作方确认已经有确定的主创人选的，则建议直接在合作协议中锁定主创人员的姓名及相关信息，并约定未经双方一致书面同意，不得更换主创人员。

关于作品的投资预算。作品总投资预算通常是指项目合作所需的全部费用，包括版权采购、人员薪酬、拍摄场地及设备租赁、道具、服装、后期制作、交通食宿、宣推、发行等。各方确定投资预算后，投资方需要进一步确认投资款的支付比例与周期，按照与制作方协商一致的支付方式向指定账户付款。影视项目的总投资预算并不是一个确定的数字，项目超支或者在项目完成时投资款仍有剩余的情形时有发生，为避免日后发生争议，应在协议中对其处理方式一并予以明确。

关于作品的收益分配模式。在影视项目合作中，最常见的收益分配模式为各方按照实际出资比例共享收益、共担风险。但是若作品最终未能达到预期的收益效果，投资方则存在亏损的风险，因此，实践中一些投资方会要求制作方向其支付固定收益回报，以保证资金安全。此外，比较常见的还有部分固定收益加部分浮动收益的收益分配形式。

关于作品的知识产权。影视作品的知识产权条款是合作协议中必不可少的条款。一般而言，因合作而产生的影视作品的知识产权通常由合作各方按照出资比例享有。实践中，在投资方投资份额较小的情况下，制作方往往会在协议中约定相关影视作品的知识产权归制片方享有，投资方只享有投资收益权。对于较为热门的项目，后期很有可能继续进行游戏、视频彩铃、周边纪念品的开发，所以影视作品的衍生权利也是值得关注的重点，建议合作协议各方对于影视衍生品的开发和收益权进行明确的约定。

二、合同范本

电影片联合投资摄制合同

本协议由以下各方于【　　】年【　　】月【　　】日在【　　市　　区】签订：

甲方：
统一社会信用代码：
法定代表人：
住所：
联系人：
联系方式：

乙方：
统一社会信用代码：
法定代表人：
住所：
联系人：
联系方式：

鉴于：

1. 甲方是依法注册成立并取得合法从事电影片制作资格的法人单位，乙方是依法注册成立的法人单位；

2. 甲乙双方决定共同投资摄制电影片【　　】（暂定名，以《电影公映许可证》载明的名称为准，下称本片）。

甲乙双方根据平等、自愿、诚实信用的原则，经友好协商，依照《中华人民共和国民法典》、《中华人民共和国著作权法》以及国家对电影摄制管理的有关法律法规，就联合投资制作本片的合作及相关事宜达成如下条款，共同恪守执行。

第一条　合作标的作品

1.1　片名：【　】（暂定名，最终以《电影公映许可证》载明的名称为准，未来本片名称的变化不影响本协议项下的权利义务）。

1.2　主创人员：

制　片　人：

监　　　制：

导　　　演：

编　　　剧：

主要演员：

1.3　制作周期：

筹备期：

开机时间：【　】年【　】月

暂定公映时间：【　】年【　】月

1.4　影片长度：

1.5　影片规格：

1.6　发行语言：

第二条　合作方式

2.1　甲乙双方共同负责本片的投资。

2.2　甲方负责本片的报批立项、拍摄制作及完成影片报审。

2.3　甲方负责或委托第三方负责本片的宣传及发行。

第三条　剧本

3.1　本片剧本改编自【　】，本协议签订时甲方已自原著作权人处取得了拍摄本片所必要的【　】作品的改编权及摄制权等相关权利，有权将【　】作品改编为电影剧本并根据改编后的剧本摄制电影片。

3.2　因剧本的著作权权属产生的争议及由此引发的法律责任，由甲方独自解决及承担。若因剧本著作权权属争议造成乙方财产损失的，甲方应赔偿乙方的实际损失。

第四条　本片投资

4.1　投资额

4.1.1　本片的总投资预算暂定为人民币【　】万元整（大写：人民币【　】元整）。总投资预算是指用于本片项目开发，剧本开发，拍摄制作，报项送审，主创、演职及工作人员报酬等直至取得《电影公映许可证》的全部费用的预算费用总和（不含宣传费用、发行费用）。

4.1.2　双方投资比例为：甲方占【　】％，乙方占【　】％；其中甲方出资人民币【 】万元整（大写：人民币【 】元整），乙方出资人民币【 】万元整（大写：人民币【 】元整）。双方按此比例根据4.2条约定的投资进度对本片进行投资，投资款汇入【 】方成立的本片专用账户，由甲乙双方指定的本片的财务人员共同管理，并依法履行纳税义务。

4.1.3 任何一方均可在其投资份额内引入第三方投资，但应书面告知另一方，且引入方独立向其引入的投资方承担责任，以不影响本协议项下另一方之权益为前提。

4.2 投资款支付进度

4.2.1 本协议签署之日起【 】个工作日内，甲、乙双方应分别支付出资总额的【 】%，即甲方支付人民币【 】万元（大写：人民币【 】元整），乙方支付人民币【 】万元（大写：人民币【 】元整）。

4.2.2 开机前【 】个工作日内，甲乙双方分别支付出资总额的【 】%，即甲方支付人民币【 】万元（大写：人民币【 】元整），乙方支付人民币【 】万元（大写：人民币【 】元整），开机时间以【 】方书面通知为准。

4.2.3 本片拍摄周期过半后【 】个工作日内，甲乙双方分别支付出资总额的【 】%，即甲方支付人民币【 】万元（大写：人民币【 】元整），乙方支付人民币【 】万元（大写：人民币【 】元整）。

4.2.4 本片拍摄完成之日起【 】个工作日内，甲乙双方应分别支付出资总额的【 】%，即甲方支付人民币【 】万元（大写：人民币【 】元整），乙方支付人民币【 】万元（大写：人民币【 】元）。

（具体拍摄周期过半、拍摄完成之日以甲方书面通知为准）

4.3 本片专用账户信息如下：

开户行：

开户名：

账　号：

4.4 专用账户资金应专款专用，甲方不得将专用账户内资金用于与本片无关的任何事项，亦不得违反本协议约定使用专用账户内的资金。

4.5 凡与本片有关的投资款、赞助费、广告费、发行收益等各项收入及收益，除双方另有约定外，均应汇入本片专用账户内。

4.6 甲方应当严格按照本片预算使用专用账户资金，若根据本片拍摄的实际需要出现超支，或因其他原因导致总预算不足时，甲乙双方应按本协议约定的出资比例追加相应的投资；若本片拍摄的实际支出低于双方已付投资款总额，则按甲乙双方已付投资款比例予以退还。

第五条　制作与管理

5.1　甲方负责本片的制作，甲方委派的总制片人具体负责本片从筹备到完成片送审发行过程中有关筹备、拍摄、制作等全部事项。

5.2　总制片人有权独立处理有关本片制作事项。在预算内，总制片人有权根据拍摄实际情况调度各项资金支出。

5.3　制作行为应遵守国家法律法规，且不侵犯第三人的合法权利。

第六条　宣传、发行

6.1　本片的发行是指本片能够产生利润的全部销售行为，包括但不限于：影院及非影院放映场所放映、音像制品（包括但不限于录像带、DVD、VCD 等一切载体形式）的销售、电视（包括但不限于付费有线电视、视频点播、普通有线电视、点播联合、卫星电视、免费电视）、VOD 随选视讯系统、在线（包括但不限于互联网、网络广播、视频流）、其他新媒体（包括但不限于无线、手机等）、现在及将来一切新形式的播放及使用等行为。

6.2　【　】方负责本片的发行，并按照本片发行后利润总额收取发行代理费。

6.3　发行代理费为：中国大陆地区占发行后利润总额的【　】%，境外地区（含港澳台）占发行后利润总额的【　】%。

6.4　【　】方负责本片宣传方案的制定及具体实施。

6.5　甲乙双方均有权就本片接洽客户以取得赞助和广告植入业务，但所有赞助和植入广告业务须获得双方书面同意方能确认。成功接洽赞助和植入广告业务客户的一方可获取相关收入的【　】%作为佣金（获得佣金方应提供可抵扣增值税专用发票），剩余收入纳入本片收益，进入本片专用账户由甲乙双方按利润分配比例进行分配，即甲方【　】%、乙方【　】%。

第七条　税金

7.1　本片的总投资预算中含演职人员及其他全部工作人员的税金，演职人员的税金最终按照实际的发生额，由双方在本协议约定的总投资额内按投资比例分担，从双方的投资款中列支。

7.2　双方因本片产生的一切纳税义务由双方根据我国税收制度各自按比例承担，不含在总投资预算内。

第八条　知识产权及相关权利

8.1　本片在全世界范围内的一切知识产权权利由甲乙双方按投资比例享有。

8.2　甲乙双方确认并同意，甲方以【　】享有本片出品方、摄制方的署名权；乙方以【　】享有本片出品方的署名权。

第九条　参展与参奖

9.1　电影参加国内外电影展、电影节的，参加国内外奖项评选的，由甲方具体负责。电影的获奖荣誉由甲乙双方共享，奖金由甲乙双方按照投资比例共同享有。获奖证书及奖杯由甲方负责保管。电影若获个人单项奖的，奖金和证书归获奖者个人所有。

9.2　如本片参加海外电影节或市场，由甲方报备中国电影主管机关批准，有关费用计入本片的前期宣传发行费内（但如已由当地获授权发行的发行方支付或承担支付义务者除外）。

9.3　甲乙双方同意并确认，中国大陆地区相关政府、协会根据现有或将来中国大陆地区政策及其调整就本片给予中国大陆境内企业的政府、协会支付的奖励款、补贴等由甲乙双方按照投资比例共同享有。

第十条　收益分配与亏损承担

10.1　甲乙双方按照各自的实际投资比例享有本片收益。

10.2　本片收益包括：（略）

10.3　收益支付方式：（略）

10.4　因联合摄制本片形成的亏损，由甲乙双方根据本协议约定的投资比例承担。

第十一条　保密条款

11.1　本协议中的任何一方因签署或履行本协议获悉的本协议中另一方未公开的一切资料、信息、数据等均视为保密信息，未经保密信息拥有方的书面同意，不得以任何方式将保密信息向本协议之外的任何第三方披露、泄露，也不得超出本协议下合作范围自行或授权第三方使用。

11.2　甲乙双方仅为从达成合作的角度使用保密信息，不会为任何非法目的使用任何保密信息；在合作过程中，甲乙双方应就本协议内容、本影片融资信息、剧本、剧情、主创人员、摄制进度及本影片工作成果及其素材等拍摄资料予以保密。若本协议未生效，任何一方不得泄露在签约过程中知悉的商业秘密。

11.3　本协议约定的保密事项，在本协议终止后对各方仍具有约束力，除非保密信息已成为一般公众所知晓的公开信息。

11.4　任何一方若违反上述保密义务，应赔偿对方因此而遭受的经济损失。

第十二条　不可抗力事件

12.1　本协议所指的"不可抗力事件"是指本协议签署后出现的，妨碍任何一方履行或部分履行本协议的所有事件，该事件是本协议方不能控制、无法预料，或即使可以预料也无法合理避免和克服的事件（包括法律、行政法规、地方性法规、部门规章、地方政府规章及其他规范性文件和政府政策变化、地震、台风、水灾、火灾、战争、流行性疫病及本片主要演员生病、受到意外伤害或死亡）。

12.2　由于不可抗力事件，致使一方在履行其在本协议项下的义务过程中遇到障碍或延误，不能按约定的条款全部或部分履行其义务的，遇到不可抗力事件的一方（受阻方），只要满足下列所有条件，不应视为违反本协议：

12.2.1　受阻方不能全部或部分履行其义务，是由于不可抗力事件直接造成的，且在不可抗力发生前受阻方不存在迟延履行相关义务的情形。

12.2.2　受阻方已尽最大努力履行其义务并减少由于不可抗力事件给另一方造成的损失。

12.2.3　不可抗力事件发生时，受阻方立即通知了对方，并在不可抗力事件发生后的【　】日内提供有关该事件的公证文书或书面说明，书面说明中应包括对延迟履行或部分履行本协议的原因说明。

12.3　不可抗力事件发生后，受阻方应当立即采取一切合理且可行的措施以消除或减轻不可抗力事件的影响，并应在不可抗力事件的影响消除或减轻后恢复履行相关义务。受阻方恢复履行相关义务时，可延长履行义务的时间，延长期应相当于不可抗力事件实际造成延误的时间。

12.4　受阻方未能履行本协议第12.3条义务的，应当对扩大的损失或不可抗力事件影响消除或减轻后未能恢复履行本协议项下义务的行为承担相应的违约及赔偿责任。

12.5　如果不可抗力事件的影响持续达【　】或以上时，双方应根据该事件对本协议履行的影响程度协商对本协议的修改或终止。如在一方发出协商书面通知之日起【　】日内双方无法就此达成一致，任何一方均有权解除本协议而无须承担违约责任。

第十三条　违约责任

13.1　若本协议一方违约以致本协议并未履行或并未充分履行，因其违约引起的相应责任应由违约方承担，若因此给守约方造成损失的，违约方应赔偿守约方的损失。

13.2　一方违反本协议的约定，未按时、足额交付认缴的出资额的，每逾期1日，应按应缴未缴出资额的【　】%向守约方支付违约金，逾期超过【　】日的，守约方有权解除本协议。

13.3　【　】方违反本协议的约定，未按时足额向【　】方支付投资收益的，每逾期1日，应按应付收益总额的【　】%向【　】方支付违约金。

13.4　守约方应当采取适当措施防止损失的扩大，否则扩大的损失由守约方自行承担，守约方因防止损失扩大而支出的合理费用，由违约方承担。

13.5　本协议所称的损失为因一方违约行为造成的所有费用，包括但不限于直接损失、有证据证明的间接损失，以及律师费、诉讼（仲裁）费、公证费、财产保全费、差旅费、审计费以及其他一切合理的支出。

13.6　在本协议一方对另一方的任何违约或延误行为给予的任何宽容或不行使或延缓行使根据本协议享有的权利，不能视为该方对其权利的放弃、亦不能损害、影响或限制该方根据本协议的中国有关法律、法规应享有的一切权利。

第十四条　合同变更和终止

14.1　甲乙双方之权利义务均列明于本协议中，本协议将代替之前双方就相同事项所达成的任何口头或书面合同、备忘录和通信录。本协议有效期内，如双方需要变更合作内容，或有其他未尽事宜，双方可签订书面补充合同，作为本协议附件。如本协议内容与补充合同内容存在冲突，则以补充合同内容为准。

14.2　除本协议另有约定外，任何一方均无权单方变更、终止本协议。双方中的任一方欲变更、终止本协议，应采用书面形式通知另一方，并获得对方书面同意。

第十五条　法律适用

15.1　本协议的签订、解释、履行、修订和解除以及争议解决等均适用中华人民共和国法律并依其解释。

15.2　国家和地方颁布新的法律、法规或者修改现行法律、法规时，如果按照法律、法规规定，本协议适用新的法律、法规的，则本协议内容与新的法律、法规抵触之处，按照新的法律、法规执行。

第十六条　争议解决

16.1　因本协议引起的或与本协议有关的任何争议，本协议各方均应首先通过友好协商方式加以解决。协商不成的，本协议各方均可将争议提交【　　】有管辖权的人民法院诉讼解决。

16.2　在有关争议的协商或诉讼期间，除争议事项外，本协议各方应继续善意履行本协议下的其他义务。

第十七条　通知及送达

17.1　本协议任何一方向对方发出与本协议有关的通知，应采取书面形式且以中文书就，并以专人送达、传真、挂号信、特快专递或电子邮件的方式发出。通知视为有效送达的日期按以下方法确定：专人递交的通知，在专人递交之日视为有效送达；以挂号信（预付邮资）发出的通知，在寄出日（以邮戳为凭）后的第【　　】日视为有效送达；以快递发送的通知，在发送日（以快递公司出具的收据为凭）视为有效送达；以传真方式发出的通知，在发送日后的第一个工作日视为有效送达；以电子邮件方式发出的通知，在发出之日起 24 小时内即视为有效送达。

17.2 本协议双方当事人的通知地址如下：

（略）

17.3 一方通信地址或联络方式发生变化，应自发生变化之日起【 】日内以书面形式通知对方。如果通信地址或联络方式发生变化的一方（简称变动一方），未将有关变化及时通知对方，除非适用法律另有规定，变动一方应对由此而造成的影响和损失承担责任。

第十八条 附则

18.1 本协议所有附件以及补充条款均为本协议不可分割的组成部分，与本协议具有同等法律效力。

18.2 本协议中所列的条款的标题仅为方便阅读而设，并非定义、限制或说明本协议任何规定的范围或意向。

18.3 本协议各条款应独立有效。如果本协议任何条款不合法、无效或不可执行或被任何有管辖权的仲裁庭或法院宣布为不合法、无效或不可执行，则本协议其他条款仍然有效和可执行；且双方应尽量商定出以合法、有效和可执行的条款修改或替换上述被宣布为不合法、无效或不可执行的条款。

18.4 本协议以中文书写，由甲乙双方法定代表人或授权代表签字并加盖公章或合同专用章后，自文首载明之日起生效。

18.5 本协议一式【 】份，甲方执【 】份，乙方执【 】份，每份具有同等法律效力。

甲方（盖章）：

法定代表人/授权代表（签字）：

签署日期： 年 月 日

乙方（盖章）：

法定代表人/授权代表（签字）：

签署日期： 年 月 日

第六节　版权许可使用协议

一、签署要点

版权许可使用行为，在文创企业生产经营的过程中高频发生。文创企业既可能作为版权的许可方，将其依法享有版权权利的作品对外进行许可；也可能作为版权的被许可方，从版权方依法获得相应的授权许可。在版权的许可使用过程中，作品权利归属、许可内容以及许可方式等内容需要重点关注。

关于作品权利归属。若版权许可方是作品原始权利人，则版权许可方应提供作品首次发表的证明、作品著作权登记证书等，以影视作品权属证明为例，主要包括片头片尾明确标明的权属信息、片头片尾的署名、制作许可证、发行许可证、公映许可证等，以及联合出品方、制作方、投资方、拍摄方等相关主体之间的协议等。

若版权许可方是转授权人（即许可方的权利来源于第三方的许可），被许可方应重点关注许可方是否有权对外进行转授权许可。实践中，应注意核查版权许可方取得权利的协议，重点关注其授权范围、授权期限与授权内容等条款，以及作品完整的版权链文件等。

关于许可方式。根据我国《著作权法》的规定，著作权许可使用方式分为两种，即专有使用权和非专有使用权。但实践操作中，一般分为3种方式：独占许可使用、排他许可使用及普通许可使用。

关于许可权利内容。著作权许可使用的权利仅限于财产权利，即复制权、发行权、出租权、展览权、表演权、放映权、广播权、信息网络传播权、摄制权、改编权、翻译权、汇编权以及应当由著作权人享有的其他权利。具体的许可使用权利落实在版权许可使用合同中时，务必明确清晰，不可含糊。原则上，版权许可使用合同中没有明确许可的权利，都归属于著作权人所有，被许可人未经授权不得使用。

二、合同范本

著作权许可使用协议

本协议由以下各方于【　　】年【　　】月【　　】日在【　　市　　区】签订：

甲方：

统一社会信用代码：

法定代表人：

住所：

联系人：

联系方式：

乙方：

统一社会信用代码：

法定代表人：

住所：

联系人：

联系方式：

鉴于：

1. 甲方是依法注册成立并取得【　　】作品完整著作权的法人单位。

2. 乙方是依法注册成立的法人单位。

甲乙双方根据平等、自愿、诚实信用的原则，经友好协商，依照《中华人民共和国民法典》《中华人民共和国著作权法》等有关法律法规，就甲方拥有完整著作权的作品【　　】许可乙方使用之相关事宜达成如下条款，共同恪守执行。

第一条　许可作品名称：【　　　】（下称作品）

第二条　许可内容

2.1　许可权利来源为以下第【　】种：

（1）原始取得；（2）继承取得；（3）受让取得；（4）其他方式取得：

【　】。

2.2　许可作品内容：【　　】

2.3　许可权利及许可性质：【　　】

2.4　许可使用地域：【　　】

2.5　许可期限：【　】年，自【　】年【　】月【　】日至【　】年

【　】月【　】日。

2.6　转授权许可：对于转授权事宜，乙方【有/无】权将本条约定许可权利转授权给第三方行使。

第三条　作品交付及使用

3.1　交付日期：甲方应于本协议签订之日起【　】日内向乙方交付作品。

3.2　交付地点：甲方应向乙方指定的收件人及接收地址交付作品，乙方收到作品后应同时向甲方提供签收凭证。乙方指定的收件人为【　】，联系方式：【　】，收件地址：【　】。

3.3　乙方应妥善保管甲方交付的作品原件，不得超出协议范围和目的使用作品原件。

第四条　许可使用费

4.1　本协议签订之日起【　】日内乙方应向甲方指定账户支付许可使用费总计【　】元（含税总价，大写：【　】），甲方收到上述所有款项后【　】日内，将开具对应金额的增值税专用发票并交付至乙方。

4.2　甲方指定收款账户：

（略）

4.3　乙方开票信息为：

（略）

第五条　知识产权

作品的所有权、知识产权以及基于作品产生的衍生品之相关权利皆归属甲方所有。

第六条　甲方权利义务

6.1　甲方保证其有完整的授权，并取得了签署本协议的必要权利，本协议项下的授权不含有侵犯第三方著作权与其他权益，或违反国家法律法规的内容。

6.2　在乙方不存在违约行为的前提下，甲方应就乙方为实现本协议目的之合理要求提供必要的协助。

第七条　乙方权利义务

7.1　乙方保证在本协议有效期间内，不存在任何与本协议权益相冲突的情形。

7.2　乙方应尊重甲方对本协议项下作品依法享有的署名权、发表权、修改权等著作权，并保护作品完整性。

7.3　乙方【有/无】权自行或授权任何第三方对作品进行协议约定内容之外的开发利用。

7.4　乙方无权提起任何涉及作品侵权的诉讼，如有任何侵害许可使用权利的情况，或发生第三方以乙方或甲方侵害该第三方知识产权为由而提出任何索赔或诉讼，乙方均应及时通知甲方。甲方有权选择自行采取可行的任何法律行动，或授权乙方代为处理有关的诉讼事宜。

第八条　保密条款

8.1　本协议中的任何一方因签署或履行本协议而获悉的本协议中另一方未公开的一切资料、信息、数据等均视为保密信息，未经保密信息拥有方的书面同意，不得以任何方式将保密信息向本协议之外的任何第三方披露、泄露，也不得超出本协议下合作范围自行或授权第三方使用。

8.2　甲乙双方仅为从达成合作的角度使用保密信息，不会为任何非法目的使用任何保密信息；在合作过程中，甲乙双方应就本协议内容以及保密信息予以保密。若本协议未生效，任何一方不得泄露在签约过程中知悉的商业秘密。

8.3　本协议约定的保密事项，在本协议终止后对各方仍具有约束力，除非保密信息已成为一般公众所知晓的公开信息。

8.4　任何一方若违反上述保密义务，应赔偿对方因此而遭受的经济损失。

第九条　违约责任

9.1　若本协议一方违约以致本协议并未履行或并未充分履行，因其违约引起的相应责任应由违约方承担，若因此给守约方造成损失的，违约方应赔偿守约方的损失。

9.2　甲方应按协议约定向乙方交付作品，逾期交付的，每逾期一日，甲方应向乙方支付协议总价款的【　】%作为违约金，且许可使用期限相应顺延。甲方逾期交付作品超过【　】日的，乙方有权解除本协议，协议自乙方的书面解除通知到达甲方时解除，甲方应自收到解除通知之日起【　】日内，立即返还乙方已支付的所有款项，并赔偿乙方因此所产生的直接经济损失。

9.3　乙方应按协议约定向甲方支付许可使用费，逾期支付的，每逾期一日，乙方应按每日向甲方支付逾期部分款项的【　】%作为违约金。乙方逾期付款超过【　】日，甲方有权解除协议，协议自甲方的书面解除通知到达乙方时解除，乙方应赔偿甲方因此产生的直接经济损失。

9.4　在本协议一方对另一方的任何违约或延误行为给予的任何宽容或不行使或延缓行使根据本协议享有的权利，不能视为该方对其权利的放弃，亦不能损害、影响或限制该方根据本协议的中国有关法律、法规应享有的一切权利。

第十条　不可抗力事件

10.1　本协议所指的"不可抗力事件"是指本协议签署后出现的，妨碍任何一方履行或部分履行本协议的所有事件，该事件是本协议方不能控制、无法预料，或即使可以预料也无法合理避免和克服的事件（包括法律、行政法规、地方性法规、部门规章、地方政府规章及其他规范性文件和政府政策变化、地震、台风、水灾、火灾、战争、流行性疫病）。

10.2 由于不可抗力事件，致使一方在履行其在本协议项下的义务过程中遇到障碍或延误，不能按约定的条款全部或部分履行其义务的，遇到不可抗力事件的一方（受阻方），只要满足下列所有条件，不应视为违反本协议。

10.2.1 受阻方不能全部或部分履行其义务，是由于不可抗力事件直接造成的，且在不可抗力发生前受阻方不存在迟延履行相关义务的情形。

10.2.2 受阻方已尽最大努力履行其义务并减少由于不可抗力事件给另一方造成的损失。

10.2.3 不可抗力事件发生时，受阻方立即通知了对方，并在不可抗力事件发生后的【　】日内提供有关该事件的公证文书或书面说明，书面说明中应包括对延迟履行或部分履行本协议的原因说明。

10.3 不可抗力事件发生后，受阻方应当立即采取一切合理且可行的措施以消除或减轻不可抗力事件的影响，并应在不可抗力事件的影响消除或减轻后恢复履行相关义务。受阻方恢复履行相关义务时，可延长履行义务的时间，延长期应相当于不可抗力事件实际造成延误的时间。

10.4 受阻方未能履行本协议前款义务的，应当对扩大的损失或不可抗力事件影响消除或减轻后未能恢复履行本协议项下义务的行为承担相应的违约及赔偿责任。

10.5 如果不可抗力事件的影响持续达【　】或以上时，双方应根据该事件对本协议履行的影响程度协商对本协议的修改或终止。如在一方发出协商书面通知之日起【　】日内双方无法就此达成一致，任何一方均有权解除本协议而无须承担违约责任。

第十一条　合同变更和终止

11.1 甲乙双方之权利义务均列明于本协议中，本协议将代替之前双方就相同事项所达成的任何口头或书面合同、备忘录和通信录。本协议有效期内，如双方需要变更合作内容，或有其他未尽事宜，双方可签订书面补充合同，作为本协议附件。如本协议内容与补充合同内容存在冲突，则以补充合同内容为准。

11.2 除本协议另有约定外，任何一方均无权单方变更、终止本协议。双方中的任一方欲变更、终止本协议，应采用书面形式通知另一方，并获得对方书面同意。

第十二条　法律适用

12.1　本协议的签订、解释、履行、修订和解除以及争议解决等均适用中华人民共和国法律并依其解释。

12.2　国家和地方颁布新的法律、法规或者修改现行法律、法规时，如果按照法律、法规规定，本协议适用新的法律、法规的，则本协议内容与新的法律、法规抵触之处，按新的法律、法规执行。

第十三条　争议解决

13.1　因本协议引起的或与本协议有关的任何争议，本协议各方均应首先通过友好协商方式加以解决。协商不成的，本协议各方均可将争议提交【　　】有管辖权的人民法院诉讼解决。

13.2　在有关争议的协商或诉讼期间，除争议事项外，本协议各方应继续善意履行本协议下的其他义务。

第十四条　通知及送达

14.1　本协议任何一方向对方发出与本协议有关的通知，应采取书面形式且以中文书就，并以专人送达、传真、挂号信、特快专递或电子邮件的方式发出。通知视为有效送达的日期按以下方法确定：专人递交的通知，在专人递交之日视为有效送达；以挂号信（预付邮资）发出的通知，在寄出日（以邮戳为凭）后的第【　　】日视为有效送达；以快递发送的通知，在发送日（以快递公司出具的收据为凭）视为有效送达；以传真方式发出的通知，在发送日后的第一个工作日视为有效送达；以电子邮件方式发出的通知，在发出之日起24小时内即视为有效送达。

14.2　本协议双方当事人的通知地址如下：

（略）

14.3　一方通信地址或联络方式发生变化，应自发生变化之日起【　　】日内以书面形式通知对方。如果通信地址或联络方式发生变化的一方（简称变动一方），未将有关变化及时通知对方，除非适用法律另有规定，变动一方应对由此而造成的影响和损失承担责任。

第十五条　附则

15.1　本协议所有附件以及补充条款均为本协议不可分割的组成部分，与本协议具有同等法律效力。

15.2　本协议中所列的条款的标题仅为方便阅读而设，并非定义、限制或说明本协议任何规定的范围或意向。

15.3　本协议各条款应独立有效。如果本协议任何条款不合法、无效或不可执行或被任何有管辖权的仲裁庭或法院宣布为不合法、无效或不可执行，则本协议其他条款仍然有效和可执行；且双方应尽量商定出以合法、有效和可执行的条款修改或替换上述被宣布为不合法、无效或不可执行的条款。

15.4 本协议以中文书写，由甲乙双方法定代表人或授权代表签字并加盖公章或合同专用章后，自文首载明之日起生效。

15.5 本协议一式【 】份，甲方执【 】份，乙方执【 】份，每份具有同等法律效力。

甲方（盖章）：

法定代表人或授权代表（签字）：

签署日期： 年 月 日

乙方（盖章）：

法定代表人或授权代表（签字）：

签署日期： 年 月 日

第七节　技术开发协议

一、签署要点

在数字经济发展迅猛的今天，信息技术已成为很多文创企业的重要武器，助力企业形成竞争优势并突围而出。但事实上，许多企业自身并不具有开发符合经营需求的信息技术的经验和能力，而是从企业外部引进技术力量完成项目的设计和开发工作。那么，企业与提供技术支持的合作方签订技术开发协议时需要注意哪些内容呢？

关于项目技术开发的范围。从系统/软件本身的角度来讲，既包括技术系统所包含业务领域的范围，也包括技术开发功能的范围。企业在着手进行项目委托开发前，通常会由业务需求方会同技术运维部门的负责人员给予技术评估并提出指导性意见，在此基础上由技术提供方也即受托方具体制定实施方案，以此作为协议签订的基础材料和依据，并在合同中对项目技术开发的范围予以明确，以便合同双方达成共识。

关于技术开发成果验收的方式。不管是项目阶段性验收，还是最终验收，都是委托方对受托方已经完成的部分或全部工作成果的认可。一般而言，交付成果一经验收合格，委托方即应履行相应的付款义务（可以非全部，即采取分期付款方式），所以企业与受托方应在协议中对验收工作的组织形式、验收内容、验收时间、验收地点等作出明确约定，实践中，建议验收小组成员中必须包括技术开发方面的专家或经验丰富的人员，以保证系统的先进性、实用性和长久性。

关于技术开发成果的归属和转让。技术开发工作的最终目标是要取得技术开发成果。企业和受托方应当对权利归属和利益分配在协议中作出明确的约定，包括可能涉及的著作权、专利权、非专利技术使用权等。根据我国有关法律法规的规定，开发或者合作开发完成的技术秘密成果的使用权、转让权以及收益的分配办法，由当事人约定；没有约定或者约定不明确，可以进行协议补充，不能达成补充协议的，按照双方约定的合同相关条款或者交易习惯确定；仍不能确定的，在没有相同技术方案被授予专利权前，当事人均有使用和转让的权利。但是，委托开发的研究开发人不得在向委托人交付研究开发成果之前，将研究开发成果转让给第三人。

二、合同范本

技术开发协议

本协议由以下各当事方于【　】年【　】月【　】日在【　市　区】签订：

甲方（委托方）：
统一社会信用代码：
法定代表人：
住所：
联系人：
联系方式：

乙方（受托方）：
统一社会信用代码：
法定代表人：
住所：
联系人：
联系方式：

甲乙双方本着自愿、平等、互利的原则，经过充分友好协商，一致同意签订本协议，以资双方信守执行。

第一条　服务内容及期限

1.1　根据甲方要求，乙方为甲方【　】项目进行技术开发。

1.2　本协议自【　】年【　】月【　】日起至【　】年【　】月【　】日。技术开发起始时间为首款到账日开始计算，累计【　】日后为正式上线时间。若本协议续约及添加其他服务内容需双方协商后另行签约。

第二条　双方权利及义务

2.1　甲方的权利及义务

2.1.1　有权了解乙方的工作进度和实施情况。

2.1.2　按时确定和接受乙方完成的阶段性工作成果，并以书面形式签收。

2.1.3　根据乙方服务内容的要求，甲方及时提供真实、准确且符合法律规定的相关资料和数据，若因甲方未能及时提供真实、准确且符合法律规定的相关资料和数据，给乙方造成损失，全部损失由甲方自行承担。

2.2　乙方的权利及义务

2.2.1　根据甲方的要求，乙方成立该项目的技术队伍，确定【　】为项目负责人，承担甲方项目开发与运作。

2.2.2　乙方应严格按照双方确定的设计方案完成项目工作。

2.2.3　对甲方提出的修改意见，乙方应无条件对有关内容及时进行修改，直至满足甲方的全部需求。

2.2.4　乙方项目实施人员须服从甲方人员安排，但乙方应自行确定负责人员，并负责人员的安全。

第三条　成果交付

3.1　甲方对乙方的成果的审定必须具有统一的意见，项目成果经甲方授权代表或项目负责人签字确认，即视为甲方接受。

3.2　乙方完成的工作成果的交付地点、交付方式由甲乙双方协商约定，并由双方代表签署交结资料清单。

3.3　每项工作成果的交付期限根据每月双方签字确定的排期执行。

第四条　付款方式及要求

4.1　根据乙方向甲方提供的服务内容，本协议技术开发服务费用为人民币：【　】元（含税），大写：人民币【　】元。

4.2　付款方式：（略）

4.3　乙方指定收款账户：

（略）

4.4　甲方开票信息

（略）

第五条　知识产权

5.1　双方保证一方向另一方提供的资料不会侵犯任何其他人的知识产权或合法权益。

5.2　本协议完成之成品或所确认之设计、开发系统及源代码，其所有权及知识产权均归属甲方，乙方未经甲方同意不得用于其他直接或间接营利性用途。

5.3　双方在本协议内有效期间获知的对方商业秘密、技术秘密等须双方保密的事项，在协议期间及协议终止后不得向第三方披露或公开。

第六条　保密条款

6.1　本协议中的任何一方因签署或履行本协议而获悉的本协议中另一方未公开的一切资料、信息、数据等均视为保密信息，未经保密信息拥有方的书面同意，不得以任何方式将保密信息向本协议之外的任何第三方披露、泄露，也不得超出本协议下合作范围自行或授权第三方使用。

6.2 甲乙双方仅为从达成合作的角度使用保密信息，不会为任何非法目的使用任何保密信息；在合作过程中，甲乙双方应就本协议内容以及保密信息予以保密。若本协议未生效，任何一方不得泄露在签约过程中知悉的商业秘密。

6.3 本协议约定的保密事项，在本协议终止后对各方仍具有约束力，除非保密信息已成为一般公众所知晓的公开信息。

6.4 任何一方若违反上述保密义务，应赔偿对方因此而遭受的经济损失。

第七条　违约责任

7.1 若本协议一方违约以致本协议并未履行或并未充分履行，因其违约引起的相应责任应由违约方承担，若因此给守约方造成损失的，违约方应赔偿守约方的损失。

7.2 甲方应按照本协议约定及时支付开发费用，每逾期支付一日，应向乙方支付协议总价【　】‰的违约金；如逾期支付超过【　】日，乙方有权单方解除协议，若乙方单方解除协议的，甲方应赔偿乙方因此受到的损失。

7.3 乙方应按照本协议约定通过甲方验收并将系统交付甲方使用，每逾期交付一日，应向甲方支付协议总价【　】‰的违约金；如逾期交付超过【　】日，甲方有权单方解除协议，若甲方单方解除协议的，乙方应赔偿甲方因此受到的损失。

7.4 若甲方提供的短信接口、相关文案有延时而影响项目进度时协商处理并且产生延误时间不计入总开发时间内，乙方不承担延时产生的损失。

第八条　不可抗力事件

8.1 本协议所指的"不可抗力事件"是指本协议签署后出现的，妨碍任何一方履行或部分履行本协议的所有事件，该事件是本协议方不能控制、无法预料，或即使可以预料也无法合理避免和克服的事件（包括法律、行政法规、地方性法规、部门规章、地方政府规章及其他规范性文件和政府政策变化、地震、台风、水灾、火灾、战争、流行性疫病）。

8.2 由于不可抗力事件，致使一方在履行其在本协议项下的义务过程中遇到障碍或延误，不能按约定的条款全部或部分履行其义务的，遇到不可抗力事件的一方（受阻方），只要满足下列所有条件，不应视为违反本协议：

8.2.1 受阻方不能全部或部分履行其义务，是由于不可抗力事件直接造成的，且在不可抗力发生前受阻方不存在迟延履行相关义务的情形。

8.2.2　受阻方已尽最大努力履行其义务并减少由于不可抗力事件给另一方造成的损失。

8.2.3　不可抗力事件发生时，受阻方立即通知了对方，并在不可抗力事件发生后的【　】日内提供有关该事件的公证文书或书面说明，书面说明中应包括对延迟履行或部分履行本协议的原因说明。

8.3　不可抗力事件发生后，受阻方应当立即采取一切合理且可行的措施以消除或减轻不可抗力事件的影响，并应在不可抗力事件的影响消除或减轻后恢复履行相关义务。受阻方恢复履行相关义务时，应可延长履行义务的时间，延长期应相当于不可抗力事件实际造成延误的时间。

8.4　受阻方未能履行本协议前款义务的，应当对扩大的损失或不可抗力事件影响消除或减轻后未能恢复履行本协议项下义务的行为承担相应的违约及赔偿责任。

8.5　如果不可抗力事件的影响持续达【　】或以上时，双方应根据该事件对本协议履行的影响程度协商对本协议的修改或终止。如在一方发出协商书面通知之日起【　】日内双方无法就此达成一致，任何一方均有权解除本协议而无须承担违约责任。

第九条　合同变更和终止

9.1　甲乙双方之权利义务均列明于本协议中，本协议将代替之前双方就相同事项所达成的任何口头或书面合同、备忘录和通信录。本协议有效期内，如双方需要变更合作内容，或有其他未尽事宜，双方可签订书面补充合同，作为本协议附件。如本协议内容与补充合同内容存在冲突，则以补充合同内容为准。

9.2　除本协议另有约定外，任何一方均无权单方变更、终止本协议。双方中的任一方欲变更、终止本协议，应采用书面形式通知另一方，并获得对方书面同意。

第十条　法律适用

10.1　本协议的签订、解释、履行、修订和解除以及争议解决等均适用中华人民共和国法律并依其解释。

10.2　国家和地方颁布新的法律、法规或者修改现行法律、法规时，如果按照法律、法规规定，本协议适用新的法律法规的，则本协议内容与新的法律、法规抵触之处，按照新的法律、法规执行。

第十一条　争议解决

11.1　因本协议引起的或与本协议有关的任何争议，本协议各方均应首先通过友好协商方式加以解决。协商不成的，本协议各方均可将争议提交【　】有管辖权的人民法院诉讼解决。

11.2　在有关争议的协商或诉讼期间，除争议事项外，本协议各方应继续善意履行本协议下的其他义务。

第十二条　通知及送达

12.1　本协议任何一方向对方发出与本协议有关的通知，应采取书面形式且以中文书就，并以专人送达、传真、挂号信、特快专递或电子邮件的方式发出。通知视为有效送达的日期按以下方法确定：专人递交的通知，在专人递交之日视为有效送达；以挂号信（预付邮资）发出的通知，在寄出日（以邮戳为凭）后的第【　】日视为有效送达；以快递发送的通知，在发送日（以快递公司出具的收据为凭）视为有效送达；以传真方式发出的通知，在发送日后的第一个工作日视为有效送达；以电子邮件方式发出的通知，在发出之日起 24 小时内即视为有效送达。

12.2　本协议双方当事人的通知地址如下：

（略）

12.3　一方通信地址或联络方式发生变化，应自发生变化之日起【　】日内以书面形式通知对方。如果通信地址或联络方式发生变化的一方（简称变动一方），未将有关变化及时通知对方，除非适用法律另有规定，变动一方应对由此而造成的影响和损失承担责任。

第十三条　附则

13.1　本协议所有附件以及补充条款均为本协议不可分割的组成部分，与本协议具有同等法律效力。

13.2　本协议中所列的条款的标题仅为方便阅读而设，并非定义、限制或说明本协议任何规定的范围或意向。

13.3　本协议各条款应独立有效。如果本协议任何条款不合法、无效或不可执行或被任何有管辖权的仲裁庭或法院宣布为不合法、无效或不可执行，则本协议其他条款仍然有效和可执行；且双方应尽量商定出以合法、有效和可执行的条款修改或替换上述被宣布为不合法、无效或不可执行的条款。

13.4　本协议以中文书写，由甲乙双方法定代表人或授权代表签字并加盖公章或合同专用章后，自文首载明之日起生效。

13.5　本协议一式【　】份，甲方执【　】份，乙方执【　】份，每份具有同等法律效力。

甲方（盖章）：

法定代表人/授权代表（签字）：

签署日期：　　年　月　　日

乙方（盖章）：

法定代表人/授权代表（签字）：

签署日期：　　年　月　　日

第八节 广告代言协议

一、签署要点

在互联网、电商迅速崛起的过程中，明星的号召力得到了极大释放，明星个人可以将自身的正能量传递到被代言的产品上，加深消费者对品牌的认知，提升商品或服务的销售量。目前，明星代言成为企业扩大品牌影响力的重要途径，代言也成为广告市场中常见的因素。同时，我们也应当注意，明星的负面信息也会直接影响品牌的声誉以及消费者对产品的选择。根据《广告法》第三十八条第二、第三款的规定，"不得利用不满十周岁的未成年人作为广告代言人。对在虚假广告中作推荐、证明受到行政处罚未满三年的自然人、法人或者其他组织，不得利用其作为广告代言人"。企业在选择代言人时，应注意考察并评估代言人是否存在法律禁止或限制代言的情形，防止因代言人的不当选用导致企业出现相应的合规风险。另外，在拟定广告代言协议时应注意避免仅写明明星、网红、演艺人员等的艺名，作为正式的法律文书，应当写明代言人的真实姓名与有效身份信息，避免发生诉讼争议时另行承担证明主体身份的义务。为了保障明星与广告主双方的权利，在广告代言协议中，主要需要关注代言内容与范围、知识产权归属以及代言人的违约责任等条款。

关于代言内容及范围。广告代言活动的具体内容通常会直接在广告代言协议的专章专款中——列明，如照片拍摄、宣传视频录制、社交媒体发布、口述宣传内容、出席发布会等。实践中，企业往往还会要求代言人在合作期内不得为其他竞品或竞争公司提供代言或参与任何宣传活动等，并以附件的方式明确列举竞争公司名称与行业类型。同时，考虑到代言人尤其是经纪人团队的特殊要求，企业在拟定并签署广告代言协议时还会面临更多的细节问题，例如，在代言人的拍摄过程中公司能否在拍摄现场录制花絮、拍摄的写真或视频内容在发布前是否要经过确认等。

关于知识产权归属。由于广告播出（如包装、户外广告、公关活动）和使用渠道（如平面、网络、线上、线下媒体）形式众多，广告主往往希望包括成片及再剪辑后图片、宣传资料、文案等在内的拍摄制作成果均可以作为广告素材使用、编辑、修改、展览，以便于在产品或服务推广过程中，能够根据自身的经营安排自主传播上述内容，有效避免权利冲突和使用限制。此时，广告主应当在广告代言协议中明确，所有拍摄制作成果的知识产权均完全地、独立地归广告主所有和享有，广告主有权在代言期限内使用所有的拍摄制作成果，播出和使用渠道为全部媒体及渠道，但代言人的姓名权及肖像权等依照法律规定专属于代言人的除外。代言人亦应注意在协议中明确代言期限到期后相关广告物料的安排。

关于代言人的违约责任。近年来，因艺人个人不良行为导致广告主受损，双方解除代言合作的案例不在少数。广告代言协议中除了需要明确常规违约条款，如代言人违反代言限制、损害产品或公司品牌商誉、发表不当言论、违反保密义务等行为之外，在代言合作的"赌局"中，企业应设置保护条款以最大限度地减少因艺人个人不良行为导致的损失。在代言人存在损害民族优秀文化传统，严重违反社会公德、职业道德、家庭美德、个人品德，以侮辱、诽谤等方式损害他人名誉等行为，出现负面评价或新闻事件，甚至涉嫌违法犯罪时，企业应保留单方解除合同的权利，并要求代言人赔偿企业因此遭受的损失，相关损失数额可以综合考虑企业支付的代言费、制作成本、广告投放费用及预期损失等。

二、合同范本

广告代言协议

本协议由以下各当事方于【　　】年【　　】月【　　】日在【　　市　　区】签订：

甲方（产品方）：
统一社会信用代码：
法定代表人：
联系人：
联系电话：
电子邮件：
联系地址：

乙方（经纪公司）：
统一社会信用代码：
法定代表人：
联系人：
联系电话：
电子邮件：
联系地址：

第一条　合作内容

乙方向甲方提供乙方艺人【　】，本名【　】，性别【　】，身份证号码：【　】，按本协议约定为甲方【　】品牌（下称甲方品牌）进行代言合作，并且使甲方在前述产品的市场推广活动及宣传材料中，获得许可使用乙方艺人的名字、肖像、签名及以乙方艺人的名字、肖像、签名、照片为基础制作的影视广告、平面广告的包装、画册、海报等产品代言制品（下称代言制品）等的权利：

1.1　合作产品范围：【　】（下称合作产品）

1.2　合同期限

1.2.1　【代言期限】：自【　】年【　】月【　】日起至【　】年【　】月【　】日止。

1.2.2　【回收期】：自【　】年【　】月【　】日起至【　】年【　】月【　】日止为回收期。本协议代言期限届满后在回收期内甲方应当立即停止制作或发布代言制品，并督促有关第三方平台撤除相关物料；就已经投入市场的代言制品，考虑到实体物品市场消化和回收需要一定的时间，甲方使用该包含乙方艺人形象包括但不限于肖像、签名等的实体物品延期使用至回收期结束，该期间不视为甲方违约。以下使用情形甲方不予回收，且不视为甲方违约：甲方若有在代言期限到期前已生产的带有乙方艺人肖像的产品，不受前述期限限制；非甲方直接授权的平台或渠道直接使用的带有乙方艺人肖像的平面媒体广告的包装、画册、海报等广告物料；因媒介问题导致代言制品继续存在于广告渠道内（如第三方互联网服务器中），其他已投放且无法或不适合回收的情形。

1.3　代言合作：

1.3.1　广告拍摄：【　　】。

1.3.2　平面照片：【　　】。

1.3.3　宣传活动：【　　】。

1.3.4　艺人个人社交平台账号内容发布：【　　】。

1.3.5　合作区域：【　　】。甲方如需增加广告发布区域，每增加一个地区的费用由甲乙双方另行协商书面确定。

第二条　声明与保证

2.1　甲方已取得了品牌的合法授权，甲方有权与乙方就本协议有关的内容进行磋商和谈判，并签订本协议。

2.2　甲方有权要求乙方艺人按甲乙双方确认后的形象在甲方品牌产品广告中出现，参与各类广告的制作、录音及品牌宣传活动之工作。甲方应在本协议签订后【　】个工作日内提供甲方的品牌及签约授权书。

2.3　乙方保证得到乙方艺人的合法授权，且应于本协议签订前【　】个工作日内提供乙方艺人身份信息，同时乙方应于本协议签订后【　】个工作日内向甲方提供乙方艺人的肖像使用授权书。

2.4　乙方保证，除本协议另有约定外，在签订合同之前，乙方艺人未签订任何和本协议相冲突的合约，在本协议代言期限内，乙方艺人也不会签订任何和本协议相冲突的合约。

2.5　乙方保证其有权以乙方艺人之代理方的身份按合同约定提供乙方艺人参加及完成各项广告拍摄及录音之工作，以及参加本协议约定的甲方品牌产品宣传活动。同时确保乙方艺人承认乙方作为其代理方有权安排其按本协议如期完成前述各项工作。

2.6　乙方确保其自身及乙方艺人均具有法定的、专业的资格和能力履行本协议所约定的各项义务。

2.7　乙方保证其提供乙方艺人的行为，以及乙方及其乙方艺人因履行本协议约定而实施的任何行为均不存在对本协议以外任何第三人构成侵权。

2.8　乙方保证不得更换本协议所约定的乙方艺人。

2.9　乙方保证乙方艺人在签署本协议时健康状况正常，未在任何国家和地区受到行政处罚或有刑事犯罪记录，无吸毒、酗酒、赌博等不良嗜好及邪教迷信。且乙方艺人应洁身自好，努力维持自身良好的公众形象，生活积极健康并保证将自身的容貌形体维持在良好状态，不得为酗酒、酒驾、吸毒、涉黄、赌博、打架斗殴、恶意中伤或诽谤他人、遗弃虐待他人、插足他人婚姻等有违公序良俗的行为，或有违法行为导致须承担行政或刑事法律责任。

2.10　如任何一方违反前述任何一项声明与保证，均视为违约，双方充分协商后无法解决的，守约方均有权单方解除本协议，届时甲乙双方就已履行的代言服务所对应部分的服务费进行结算，多退少补；同时违约方还应按该代言服务费总额的【　】%向守约方支付违约金，并赔偿守约方由此遭受的损失（包括由此支出的诉讼费、律师费、其他合理支出费用）。

第三条　合作费用

3.1　本协议项下代言服务费共计人民币【　】元整，大写：【　】（含税），上述服务费已包含本协议项下所有合作费及税费。差旅以及其他费用由甲方按照本协议约定另行支付。在甲方向乙方支付每笔服务费前，乙方必须提供正式合法有效的增值税专用发票，否则甲方有权迟延支付相应代言服务费，由此造成的付款延迟甲方无须承担任何责任。

3.2　代言服务费的支付：【略】

3.3　前述费用均由甲方直接存入下列乙方指定账户：

（略）

3.4　乙方保证在其收到上述合作费用后将再根据其与乙方艺人的内部约定向乙方艺人支付相应的酬金。届时无论何种原因（包括但不限于乙方艺人与乙方解除合同关系等），乙方艺人均不会要求甲方直接向其支付任何合同酬金及费用。即使乙方艺人和乙方在本合约期内已解除合同关系，乙方须确保乙方艺人顺利履行完本合约所约定的所有条款。

3.5　除本协议约定的合作费用以外，甲方按约履行全部付款义务后，乙方确保乙方及乙方艺人不得以任何理由或形式要求甲方支付任何性质的费用，无论该费用与本协议之履行是否存在密切的关系。

第四条　影视、平面广告拍摄及宣传活动

4.1　广告在拍摄前，甲方须至少提前【　】日向乙方提供拍摄脚本、摄影师，乙方有权提出修改意见，甲乙双方达成一致意见（如不能达成一致意见，甲方拥有最终决定权）后对最终方案进行书面或邮件确认，甲方将按照该确认方案进行拍摄。乙方须在收到文件后【　】日内给予回复，如不回复则视为同意。

4.2　宣传活动正式开始前，甲方须至少提前【　】日向乙方提交流程、脚本、出席要求，乙方有权提出修改意见，甲方拥有最终决定权。乙方须在收到文件后【　】日内给予回复，如不回复则视为同意。

4.3　若因甲方申报手续、安全等内部因素未能妥善处理而导致宣传活动临时中断或不能进行时，甲方须及时通知乙方，经各方友好协商后另行安排活动时间及场地。

4.4　乙方艺人在拍摄及宣传活动所需的服装，甲方负责购买并承担相应的费用。拍摄及活动的服装甲方应在拍摄前【　】日将拍摄的妆容参考图及服装参考图发给乙方，乙方对妆容及服装提出合理的建议并确认。

4.5　乙方有权向甲方推荐拍摄广告的导演团队等相关工作人员，但导演团队及拍摄人员最终须在甲方推荐人员中选定。广告拍摄相关的全部费用均由甲方承担。

4.6　乙方艺人完成广告拍摄、宣传活动所需的化妆师、发型师由乙方艺人指定人选，并由乙方自行承担相关费用。乙方及乙方艺人保证按照确认后的最终广告脚本（视频、照片）及宣传活动中设定的乙方艺人造型（包括但不限于化妆、发型、服装、饰品、表演要求等）需要提供服务并完成本协议的各项工作。

4.7　在广告拍摄期间，甲方在取得乙方事先确认的前提下可进行幕后广告的花絮拍摄（包括但不限于摄像、录音或拍照等方式）；需要话外音时，乙方艺人应配合录音。

4.8　在广告拍摄及宣传活动中，艺人所需的贴身安保人选由乙方指定并自行负责相关费用。

第五条　使用权限

5.1　甲方所拍摄的影视广告片、平面广告片、活动照片、花絮照片、活动视频等（广告片）制作完成后应提交乙方审核，乙方应于收到甲方提供的广告片后【　】日内提出反馈，经乙方书面确认后，甲方方可使用。乙方未在上述期限内提出反馈的，视为乙方已书面确认。

5.2　在代言期限内，甲方有权于任何时候自行或委托第三方对上述经乙方确认的广告片进行改编和再剪辑，但该等改编和再剪辑不得对乙方或乙方艺人进行任何丑化或歪曲，更改后须经乙方确认方可发布。

5.3　甲方不得擅自使用未经乙方准许使用的广告片，如甲方擅自为之，经乙方催告后【　】日内未改正或合同履行期间出现该情形超过【　】次的，乙方有权提前终止合同，甲方应立即停止使用未经乙方准许使用的广告片，并向乙方支付相当于本协议总额【　】%的违约金；经乙方确认的已制作完成的广告片，甲方仍可在本协议约定的期限内继续使用。

5.4　其他未入选之广告片素材，甲方均不得用于任何商业用途，亦不得转让或授权第三人使用，仅可作为甲方内部（含甲方关联公司）使用，不得擅自向公众公开。

5.5　本协议项下所有拍摄制作成果，包括但不限于最终确认的广告片及其改编和再剪辑后的广告片、宣传资料及文案、广告及宣传创意、微博内容等其知识产权均完全地、独立地归甲方所有和享有，但乙方艺人的姓名权及肖像权等依照法律规定专属于乙方或乙方艺人的除外。

5.6　甲方有权在本协议代言期限内使用所有根据本协议制作的拍摄制作成果，播出和使用渠道为全部媒体及渠道，包括但不限于产品包装、焦点广告、户外广告、公关活动及其他任何促销活动宣传等任何影视、平面、网络、线上、线下媒体广告等形式。

5.7　除本协议另有约定外，于本协议代言期间届满日起，如果在未续约的情况下，甲方应督促上述第三方平台撤除相关物料，不得继续使用含乙方艺人肖像的广告片，但甲方有权将广告片用于内部资料（含甲方关联公司）展示或案例分享。

5.8　对于因履行本协议所拍摄的拍摄制作成果，甲方享有的乙方艺人肖像权的许可使用期限与本协议第一条【代言期限】相同。

5.9   在协议有效期内，甲方有权在所有合作产品促销活动中，运用或提及乙方艺人的姓名，和使用乙方艺人的签名，甲方有权以"代言人"或其他类似称呼对外宣传乙方艺人，但相关对外称呼应经过乙方的事先确认。

5.10   甲方不得超出本协议约定的范围制作乙方艺人周边产品（平面印刷物料不受此限，但不得用于销售或盈利目的），乙方艺人周边合作不包含在本协议项下合作范围内。若甲方有乙方艺人周边产品开发需求，需要与乙方另行协商并经过乙方的事先书面同意。

5.11   即使本协议提前解除或终止，甲方仍有权在代言期限内继续使用已经制作完成的代言制品，但不得违反本协议第五条约定的使用范围。

第六条　甲方权利义务

6.1   甲方应确保乙方艺人所合作产品以及甲方生产的其他产品均已取得合法有效的生产经营资质，且所生产之产品质量完全符合国家标准及行业标准。如合作产品在乙方艺人合作期间内因发生重大质量问题或被相关行政或司法部门处罚的情形，相关责任均由甲方自行承担，与乙方及乙方艺人无关。若因此给乙方艺人带来实际损害后果或名誉损失的，乙方艺人或乙方均有权向甲方追偿，甲方应承担赔偿责任，全额赔付乙方的损失。甲方应提供本协议项下合作产品的产品检验合格报告、资质证书/文件、商标许可证等产品证明文件，作为本协议附件。

6.2   甲方应保证其提供的品牌、产品及相关投放宣传的广告等行为，均不涉及严重影响乙方艺人形象的违反《中华人民共和国广告法》《中华人民共和国消费者权益保护法》《中华人民共和国反不正当竞争法》等相关法律法规。若由此产生任何不良影响、不当行为或其他有损乙方、乙方艺人形象的行为的，直接或间接关联的对乙方、乙方艺人个人形象产生负面影响的，甲方应承担由此产生的所有责任，并应采取一切必要措施，包括但不限于停止侵害、消除影响、对外澄清说明。

6.3   甲方认可乙方对广告整体设计、脚本、艺人造型、化妆、表演、配音、音乐、制作效果等的建议权，甲方承诺充分尊重并在可能的范围内采纳乙方艺人的相关合理意见，但广告制作效果等的最终决定权归属甲方。

6.4   甲方承诺乙方艺人参与拍摄制作的广告不含有违反法律、政策或公序良俗的内容，不含有色情、政治、暴力或其他争议内容或不符合主流审美的内容，也不含有贬损乙方和乙方艺人人格、信仰、名誉、声誉等方面的内容或违反《中华人民共和国广告法》规定的内容。

第七条　乙方权利义务

7.1   乙方应确保乙方艺人准时到达拍摄现场，积极配合甲方工作。非因不可抗力，乙方或艺人原因不按时到达拍摄现场或不按照双方确认的方案及素材进行拍摄的，乙方及乙方艺人应按照甲方的要求进行补充拍摄，因上述乙方及/或乙方艺人自身原因导致摄影时间延长的，甲方不向乙方承担额外费用，并有权要求乙方赔偿甲方因此遭受的实际损失。

7.2　乙方保证其提供的乙方艺人同意始终依据合同条款规定，亲自向甲方提供服务并完成各项工作。但甲方须尊重乙方意见，保证拍摄不得有与法律、政策规定不符或者违反社会道德风俗的内容，保证不含色情（裸露）及其他暴力内容。

7.3　甲方应承担乙方和乙方艺人与随行人员因完成第一条第三款之约定各项工作所需之差旅费用，包括【　】，总共【　】个人履行服务所需的有关费用，具体标准如下：

7.3.1　来回程机票：【　】。

7.3.2　酒店住宿费用：【　】。

7.3.3　所有合理的餐费及杂支费用。

7.3.4　所有与履行本协议有关的签证费。

7.3.5　在本协议履行地所需的交通安排及费用：用车标准为【　】，由甲方安排并承担费用。

7.4　甲方承诺应采取预防措施，防止乙方艺人在本协议履行期间遭遇人身伤害；承诺为乙方艺人购买其参加每次广告片拍摄和公关活动的安全保险，保险金额为人民币【　】元（大写：【　】），险种为【　】保险。

7.5　乙方和乙方艺人应意识到乙方艺人出演甲方所安排的工作的意义在于在公众的意念中产生乙方艺人和甲方产品之间的联系，因此在代言期内，甲方品牌应获得如下保障：

7.5.1　乙方和乙方艺人不得通过评论或其他形式公开发布有损于产品或甲方的名誉和形象的信息。乙方应确保乙方、乙方艺人及相关工作人员注意自己的言行举止，尊重和维护甲方的企业形象。不会做出可能损害甲方及甲方品牌的行为或事件。

7.5.2　乙方必须保证乙方艺人在演出时之造型按照甲乙双方确认后的宣传片脚本中设定的演员造型（包括但不限于化妆、发型、服装、饰品、表演要求等）提供服务并完成各项工作。

7.5.3　本协议约定的代言期限期间，乙方艺人不得为本协议项下合作产品的同类竞争性产品（下称竞品）提供广告拍摄、宣传、促销、公关活动等服务。乙方亦不得向艺人提供此类业务（包括但不限于与竞品签署产品形象代言合同、承接竞品的广告或与促销活动相关的演出、使用艺人的姓名、肖像、推荐广告文字）。乙方艺人已有在先签署的品牌合作，未免疑义，双方特此明确：【　】。

7.5.4　截至本协议签署之日，乙方或乙方艺人未因其合作活动而受到任何工商行政管理部门或其他政府部门的行政处罚。乙方在此保证和承诺乙方及乙方艺人在合作期内的所有合作活动均严格遵守《中华人民共和国广告法》的规定。在合作期内，如乙方艺人进行任何合作活动，乙方应积极履行法定的广告审查义务，不得进行违反《中华人民共和国广告法》规定的合作活动。

7.5.5　乙方保证乙方艺人有义务了解并体验所代言的产品（产品由甲方提供给乙方使用），并出具经乙方确认的声明文件，在甲方需要时，须向甲方提供该声明文件。如果中国政府行政部门要求甲方提供与本宣传广告物或促销活动的书面证明涉及乙方艺人依法必须提供的书面证明或材料，乙方有义务及时协助甲方。甲方应于本协议签署前，向乙方及乙方艺人提供本协议约定的合作产品，以供乙方艺人试用。

7.5.6　如果甲方在中国发现任何第三方不当使用和甲方品牌产品/促销活动有关的乙方艺人姓名、签名、照片或其他类似物品，甲乙双方共同进行维权，具体维权事宜由甲方执行。乙方及乙方艺人应授予甲方可以代表其提起必要法律手段来停止侵权行为的权力。

7.6　除本协议另有约定或双方另行达成一致外，对于甲方以书面形式向乙方发出的任何需要乙方回复或确认的材料，乙方均应在收到后【　】日内予以书面回复，逾期视为乙方同意。

7.7　乙方应保证，若乙方艺人于合作期限内变更代理人或经纪人、经纪公司时，仍应完全履行本协议之全部义务。

第八条　保密条款

8.1　本协议中的任何一方因签署或履行本协议而获悉的本协议中另一方未公开的一切资料、信息、数据等均视为保密信息，未经保密信息拥有方的书面同意，不得以任何方式将保密信息向本协议之外的任何第三方披露、泄露，也不得超出本协议下合作范围自行或授权第三方使用。

8.2　甲乙双方仅为从达成合作的角度使用保密信息，不会为任何非法目的使用任何保密信息；在合作过程中，甲乙双方应就本协议内容以及保密信息均应予以保密。若本协议未生效，任何一方不得泄露在签约过程中知悉的商业秘密。

8.3　本协议约定的保密事项，在本协议终止后对各方仍具有约束力，除非保密信息已成为一般公众所知晓的公开信息。

第九条　违约责任

若本协议一方违约以致本协议并未履行或并未充分履行，因其违约引起的相应责任应由违约方承担，若因此给守约方造成损失的，违约方应赔偿守约方的损失。

第十条　不可抗力事件

10.1　本协议所指的"不可抗力事件"是指本协议签署后出现的，妨碍任何一方履行或部分履行本协议的所有事件，该事件是本协议方不能控制、无法预料，或即使可以预料也无法合理避免和克服的事件（包括法律、行政法规、地方性法规、部门规章、地方政府规章及其他规范性文件和政府政策变化、地震、台风、水灾、火灾、战争、流行性疫病）。

10.2　由于不可抗力事件，致使一方在履行其在本协议项下的义务过程中遇到障碍或延误，不能按约定的条款全部或部分履行其义务的，遇到不可抗力事件的一方（受阻方），只要满足下列所有条件，不应视为违反本协议：

10.2.1　受阻方不能全部或部分履行其义务，是由于不可抗力事件直接造成的，且在不可抗力发生前受阻方不存在迟延履行相关义务的情形。

10.2.2　受阻方已尽最大努力履行其义务并减少由于不可抗力事件给另一方造成的损失。

10.2.3　不可抗力事件发生时，受阻方立即通知了对方，并在不可抗力事件发生后的【　】日内提供有关该事件的公证文书或书面说明，书面说明中应包括对延迟履行或部分履行本协议的原因说明。

10.3　不可抗力事件发生后，受阻方应当立即采取一切合理且可行的措施以消除或减轻不可抗力事件的影响，并应在不可抗力事件的影响消除或减轻后恢复履行相关义务。受阻方恢复履行相关义务时，应可延长履行义务的时间，延长期应相当于不可抗力事件实际造成延误的时间。

10.4　受阻方未能履行本协议前款义务的，应当对扩大的损失或不可抗力事件影响消除或减轻后未能恢复履行本协议项下义务的行为承担相应的违约及赔偿责任。

10.5　如果不可抗力事件的影响持续达【　】或以上时，双方应根据该事件对本协议履行的影响程度协商对本协议的修改或终止。如在一方发出协商书面通知之日起【　】日内双方无法就此达成一致，任何一方均有权解除本协议而无须承担违约责任。

第十一条　合同变更和终止

11.1　甲乙双方之权利义务均列明于本协议中，本协议将代替之前双方就相同事项所达成的任何口头或书面合同、备忘录和通信方式。本协议有效期内，如双方需要变更合作内容，或有其他未尽事宜，双方可签订书面补充合同，作为本协议附件。如本协议内容与补充合同内容存在冲突，则以补充合同内容为准。

11.2　除本协议另有约定外，任何一方均无权单方变更、终止本协议。双方中的任一方欲变更、终止本协议，应采用书面形式通知另一方，并获得对方书面同意。

第十二条　法律适用

12.1　本协议的签订、解释、履行、修订和解除以及争议解决等均适用中华人民共和国法律并依其解释。

12.2　国家和地方颁布新的法律、法规或者修改现行法律、法规时，如果按照法律、法规规定，本协议适用新的法律、法规的，则本协议内容与新的法律、法规抵触之处，按照新的法律、法规执行。

第十三条　争议解决

13.1　因本协议引起的或与本协议有关的任何争议，本协议各方均应首先通过友好协商方式加以解决。协商不成的，本协议各方均可将争议提交【　】有管辖权的人民法院诉讼解决。

13.2　在有关争议的协商或诉讼期间，除争议事项外，本协议各方应继续善意履行本协议下的其他义务。

第十四条　通知及送达

14.1　本协议任何一方向对方发出与本协议有关的通知，应采取书面形式且以中文书就，并以专人送达、传真、挂号信、特快专递或电子邮件的方式发出。通知视为有效送达的日期按以下方法确定：专人递交的通知，在专人递交之日视为有效送达；以挂号信（预付邮资）发出的通知，在寄出日（以邮戳为凭）后的第【　】日视为有效送达；以快递发送的通知，在发送日（以快递公司出具的收据为凭）视为有效送达；以传真方式发出的通知，在发送日后的第一个工作日视为有效送达；以电子邮件方式发出的通知，在发出之日起24小时内即视为有效送达。

14.2　本协议双方当事人的通知地址如下：

（略）

14.3　一方通信地址或联络方式发生变化，应自发生变化之日起【　】日内以书面形式通知对方。如果通信地址或联络方式发生变化的一方（简称变动一方），未将有关变化及时通知对方，除非适用法律另有规定，变动一方应对由此而造成的影响和损失承担责任。

第十五条　附则

15.1　本协议所有附件以及补充条款均为本协议不可分割的组成部分，与本协议具有同等法律效力。

15.2　本协议中所列的条款的标题仅为方便阅读而设，并非定义、限制或说明本协议任何规定的范围或意向。

15.3　本协议各条款应独立有效。如果本协议任何条款不合法、无效或不可执行或被任何有管辖权的仲裁庭或法院宣布为不合法、无效或不可执行，则本协议其他条款仍然有效和可执行；且双方应尽量商定出以合法、有效和可执行的条款修改或替换上述被宣布为不合法、无效或不可执行的条款。

15.4　本协议以中文书写，由甲乙双方法定代表人或授权代表签字并加盖公章或合同专用章后，自文首载明之日起生效。

15.5　本协议一式【　】份，甲方执【　】份，乙方执【　】份，每份具有同等法律效力。

甲方（盖章）：

法定代表人/授权代表（签字）：

签署时期：　　　年　　月　　日

乙方（盖章）：

法定代表人/授权代表（签字）：

签署时期：　　　年　　月　　日

附录　企业合规经营相关法律指引

中央企业合规管理办法

（2022 年 8 月 23 日　国务院国有资产监督管理委员会令
第 42 号公布　自 2022 年 10 月 1 日起施行）

第一章　总　　则

第一条　为深入贯彻习近平法治思想，落实全面依法治国战略部署，深化法治央企建设，推动中央企业加强合规管理，切实防控风险，有力保障深化改革与高质量发展，根据《中华人民共和国公司法》《中华人民共和国企业国有资产法》等有关法律法规，制定本办法。

第二条　本办法适用于国务院国有资产监督管理委员会（以下简称国资委）根据国务院授权履行出资人职责的中央企业。

第三条　本办法所称合规，是指企业经营管理行为和员工履职行为符合国家法律法规、监管规定、行业准则和国际条约、规则，以及公司章程、相关规章制度等要求。

本办法所称合规风险，是指企业及其员工在经营管理过程中因违规行为引发法律责任、造成经济或者声誉损失以及其他负面影响的可能性。

本办法所称合规管理，是指企业以有效防控合规风险为目的，以提升依法合规经营管理水平为导向，以企业经营管理行为和员工履职行为为对象，开展的包括建立合规制度、完善运行机制、培育合规文化、强化监督问责等有组织、有计划的管理活动。

第四条　国资委负责指导、监督中央企业合规管理工作，对合规管理体系建设情况及其有效性进行考核评价，依据相关规定对违规行为开展责任追究。

第五条　中央企业合规管理工作应当遵循以下原则：

（一）坚持党的领导。充分发挥企业党委（党组）领导作用，落实全面依法治国战略部署有关要求，把党的领导贯穿合规管理全过程。

（二）坚持全面覆盖。将合规要求嵌入经营管理各领域各环节，贯穿决策、执行、监督全过程，落实到各部门、各单位和全体员工，实现多方联动、上下贯通。

（三）坚持权责清晰。按照"管业务必须管合规"要求，明确业务及职能部门、合规管理部门和监督部门职责，严格落实员工合规责任，对违规行为严肃问责。

（四）坚持务实高效。建立健全符合企业实际的合规管理体系，突出对重点领域、关键环节和重要人员的管理，充分利用大数据等信息化手段，切实提高管理效能。

第六条　中央企业应当在机构、人员、经费、技术等方面为合规管理工作提供必要条件，保障相关工作有序开展。

第二章　组织和职责

第七条　中央企业党委（党组）发挥把方向、管大局、促落实的领导作用，推动合规要求在本企业得到严格遵循和落实，不断提升依法合规经营管理水平。

中央企业应当严格遵守党内法规制度，企业党建工作机构在党委（党组）领导下，按照有关规定履行相应职责，推动相关党内法规制度有效贯彻落实。

第八条　中央企业董事会发挥定战略、作决策、防风险作用，主要履行以下职责：

（一）审议批准合规管理基本制度、体系建设方案和年度报告等。

（二）研究决定合规管理重大事项。

（三）推动完善合规管理体系并对其有效性进行评价。

（四）决定合规管理部门设置及职责。

第九条　中央企业经理层发挥谋经营、抓落实、强管理作用，主要履行以下职责：

（一）拟订合规管理体系建设方案，经董事会批准后组织实施。

（二）拟订合规管理基本制度，批准年度计划等，组织制定合规管理具体制度。

（三）组织应对重大合规风险事件。

（四）指导监督各部门和所属单位合规管理工作。

第十条　中央企业主要负责人作为推进法治建设

第一责任人，应当切实履行依法合规经营管理重要组织者、推动者和实践者的职责，积极推进合规管理各项工作。

第十一条　中央企业设立合规委员会，可以与法治建设领导机构等合署办公，统筹协调合规管理工作，定期召开会议，研究解决重点难点问题。

第十二条　中央企业应当结合实际设立首席合规官，不新增领导岗位和职数，由总法律顾问兼任，对企业主要负责人负责，领导合规管理部门组织开展相关工作，指导所属单位加强合规管理。

第十三条　中央企业业务及职能部门承担合规管理主体责任，主要履行以下职责：

（一）建立健全本部门业务合规管理制度和流程，开展合规风险识别评估，编制风险清单和应对预案。

（二）定期梳理重点岗位合规风险，将合规要求纳入岗位职责。

（三）负责本部门经营管理行为的合规审查。

（四）及时报告合规风险，组织或者配合开展应对处置。

（五）组织或者配合开展违规问题调查和整改。

中央企业应当在业务及职能部门设置合规管理员，由业务骨干担任，接受合规管理部门业务指导和培训。

第十四条　中央企业合规管理部门牵头负责本企业合规管理工作，主要履行以下职责：

（一）组织起草合规管理基本制度、具体制度、年度计划和工作报告等。

（二）负责规章制度、经济合同、重大决策合规审查。

（三）组织开展合规风险识别、预警和应对处置，根据董事会授权开展合规管理体系有效性评价。

（四）受理职责范围内的违规举报，提出分类处置意见，组织或者参与对违规行为的调查。

（五）组织或者协助业务及职能部门开展合规培训，受理合规咨询，推进合规管理信息化建设。

中央企业应当配备与经营规模、业务范围、风险水平相适应的专职合规管理人员，加强业务培训，提升专业化水平。

第十五条　中央企业纪检监察机构和审计、巡视巡察、监督追责等部门依据有关规定，在职权范围内对合规要求落实情况进行监督，对违规行为进行调查，按照规定开展责任追究。

第三章　制度建设

第十六条　中央企业应当建立健全合规管理制度，根据适用范围、效力层级等，构建分级分类的合规管理制度体系。

第十七条　中央企业应当制定合规管理基本制度，明确总体目标、机构职责、运行机制、考核评价、监督问责等内容。

第十八条　中央企业应当针对反垄断、反商业贿赂、生态环保、安全生产、劳动用工、税务管理、数据保护等重点领域，以及合规风险较高的业务，制定合规管理具体制度或者专项指南。

中央企业应当针对涉外业务重要领域，根据所在国家（地区）法律法规等，结合实际制定专项合规管理制度。

第十九条　中央企业应当根据法律法规、监管政策等变化情况，及时对规章制度进行修订完善，对执行落实情况进行检查。

第四章　运行机制

第二十条　中央企业应当建立合规风险识别评估预警机制，全面梳理经营管理活动中的合规风险，建立并定期更新合规风险数据库，对风险发生的可能性、影响程度、潜在后果等进行分析，对典型性、普遍性或者可能产生严重后果的风险及时预警。

第二十一条　中央企业应当将合规审查作为必经程序嵌入经营管理流程，重大决策事项的合规审查意见应当由首席合规官签字，对决策事项的合规性提出明确意见。业务及职能部门、合规管理部门依据职责权限完善审查标准、流程、重点等，定期对审查情况开展后评估。

第二十二条　中央企业发生合规风险，相关业务及职能部门应当及时采取应对措施，并按照规定向合规管理部门报告。

中央企业因违规行为引发重大法律纠纷案件、重大行政处罚、刑事案件，或者被国际组织制裁等重大合规风险事件，造成或者可能造成企业重大资产损失或者严重不良影响的，应当由首席合规官牵头，合规管理部门统筹协调，相关部门协同配合，及时采取措施妥善应对。

中央企业发生重大合规风险事件，应当按照相关规定及时向国资委报告。

第二十三条　中央企业应当建立违规问题整改机制，通过健全规章制度、优化业务流程等，堵塞管理漏洞，提升依法合规经营管理水平。

第二十四条　中央企业应当设立违规举报平台，公布举报电话、邮箱或者信箱，相关部门按照职责权限受理违规举报，并就举报问题进行调查和处理，对造成资产损失或者严重不良后果的，移交责任追究部门；对涉嫌违纪违法的，按照规定移交纪检监察等相关部门或者机构。

中央企业应当对举报人的身份和举报事项严格保密，对举报属实的举报人可以给予适当奖励。任何单位和个人不得以任何形式对举报人进行打击报复。

第二十五条 中央企业应当完善违规行为追责问责机制，明确责任范围，细化问责标准，针对问题和线索及时开展调查，按照有关规定严肃追究违规人员责任。

中央企业应当建立所属单位经营管理和员工履职违规行为记录制度，将违规行为性质、发生次数、危害程度等作为考核评价、职级评定等工作的重要依据。

第二十六条 中央企业应当结合实际建立健全合规管理与法务管理、内部控制、风险管理等协同运作机制，加强统筹协调，避免交叉重复，提高管理效能。

第二十七条 中央企业应当定期开展合规管理体系有效性评价，针对重点业务合规管理情况适时开展专项评价，强化评价结果运用。

第二十八条 中央企业应当将合规管理作为法治建设重要内容，纳入对所属单位的考核评价。

第五章 合规文化

第二十九条 中央企业应当将合规管理纳入党委（党组）法治专题学习，推动企业领导人员强化合规意识，带头依法依规开展经营管理活动。

第三十条 中央企业应当建立常态化合规培训机制，制定年度培训计划，将合规管理作为管理人员、重点岗位人员和新入职人员培训必修内容。

第三十一条 中央企业应当加强合规宣传教育，及时发布合规手册，组织签订合规承诺，强化全员守法诚信、合规经营意识。

第三十二条 中央企业应当引导全体员工自觉践行合规理念，遵守合规要求，接受合规培训，对自身行为合规性负责，培育具有企业特色的合规文化。

第六章 信息化建设

第三十三条 中央企业应当加强合规管理信息化建设，结合实际将合规制度、典型案例、合规培训、违规行为记录等纳入信息系统。

第三十四条 中央企业应当定期梳理业务流程，查找合规风险点，运用信息化手段将合规要求和防控措施嵌入流程，针对关键节点加强合规审查，强化过程管控。

第三十五条 中央企业应当加强合规管理信息系统与财务、投资、采购等其他信息系统的互联互通，实现数据共用共享。

第三十六条　中央企业应当利用大数据等技术，加强对重点领域、关键节点的实时动态监测，实现合规风险即时预警、快速处置。

第七章　监督问责

第三十七条　中央企业违反本办法规定，因合规管理不到位引发违规行为的，国资委可以约谈相关企业并责成整改；造成损失或者不良影响的，国资委根据相关规定开展责任追究。

第三十八条　中央企业应当对在履职过程中因故意或者重大过失应当发现而未发现违规问题，或者发现违规问题存在失职渎职行为，给企业造成损失或者不良影响的单位和人员开展责任追究。

第八章　附　　则

第三十九条　中央企业应当根据本办法，结合实际制定完善合规管理制度，推动所属单位建立健全合规管理体系。

第四十条　地方国有资产监督管理机构参照本办法，指导所出资企业加强合规管理工作。

第四十一条　本办法由国资委负责解释。

第四十二条　本办法自 2022 年 10 月 1 日起施行。

企业境外经营合规管理指引

（2018 年 12 月 26 日　国家发展改革委员会等 7 部门发布）

第一章　总　　则

第一条　目的及依据

为更好服务企业开展境外经营业务，推动企业持续加强合规管理，根据国家有关法律法规和政策规定，参考 GB/T 35770—2017《合规管理体系指南》及有关国际合规规则，制定本指引。

第二条　适用范围

本指引适用于开展对外贸易、境外投资、对外承包工程等"走出去"相关业务的中国境内企业及其境外子公司、分公司、代表机构等境外分支机构（以下简称"企业"）。

法律法规对企业合规管理另有专门规定的，从其规定。行业监管部门对企业境外经营合规管理另有专门规定的，有关行业企业应当遵守其规定。

第三条　基本概念

本指引所称合规，是指企业及其员工的经营管理行为符合有关法律法规、国际条约、监管规定、行业准则、商业惯例、道德规范和企业依法制定的章程及规章制度等要求。

第四条　合规管理框架

企业应以倡导合规经营价值观为导向，明确合规管理工作内容，健全合规管理架构，制定合规管理制度，完善合规运行机制，加强合规风险识别、评估与处置，开展合规评审与改进，培育合规文化，形成重视合规经营的企业氛围。

第五条　合规管理原则

（一）独立性原则。企业合规管理应从制度设计、机构设置、岗位安排以及汇报路径等方面保证独立性。合规管理机构及人员承担的其他职责不应与合规职责产生利益冲突。

（二）适用性原则。企业合规管理应从经营范围、组织结构和业务规模等实际出发，兼顾成本与效率，强化合规管理制度的可操作性，提高合规管理的有效性。同时，企业应随着内外部环境的变化持续调整和改进合规管理体系。

（三）全面性原则。企业合规管理应覆盖所有境外业务领域、部门和员工，贯穿决策、执行、监督、反馈等各个环节，体现于决策机制、内部控制、业务流程等各个方面。

第二章　合规管理要求

第六条　对外贸易中的合规要求

企业开展对外货物和服务贸易，应确保经营活动全流程、全方位合规，全面掌握关于贸易管制、质量安全与技术标准、知识产权保护等方面的具体要求，关注业务所涉国家（地区）开展的贸易救济调查，包括反倾销、反补贴、保障措施调查等。

第七条　境外投资中的合规要求

企业开展境外投资，应确保经营活动全流程、全方位合规，全面掌握关于市场准入、贸易管制、国家安全审查、行业监管、外汇管理、反垄断、反洗钱、反恐怖融资等方面的具体要求。

第八条　对外承包工程中的合规要求

企业开展对外承包工程，应确保经营活动全流程、全方位合规，全面掌握关于投标管理、合同管理、项目履约、劳工权利保护、环境保护、连带风险管理、债务管理、捐赠与赞助、反腐败、反贿赂等方面的具体要求。

第九条 境外日常经营中的合规要求

企业开展境外日常经营，应确保经营活动全流程、全方位合规，全面掌握关于劳工权利保护、环境保护、数据和隐私保护、知识产权保护、反腐败、反贿赂、反垄断、反洗钱、反恐怖融资、贸易管制、财务税收等方面的具体要求。

第三章 合规管理架构

第十条 合规治理结构

企业可结合发展需要建立权责清晰的合规治理结构，在决策、管理、执行三个层级上划分相应的合规管理责任。

（一）企业的决策层应以保证企业合规经营为目的，通过原则性顶层设计，解决合规管理工作中的权力配置问题。

（二）企业的高级管理层应分配充足的资源建立、制定、实施、评价、维护和改进合规管理体系。

（三）企业的各执行部门及境外分支机构应及时识别归口管理领域的合规要求，改进合规管理措施，执行合规管理制度和程序，收集合规风险信息，落实相关工作要求。

第十一条 合规管理机构

企业可根据业务性质、地域范围、监管要求等设置相应的合规管理机构。合规管理机构一般由合规委员会、合规负责人和合规管理部门组成。尚不具备条件设立专门合规管理机构的企业，可由相关部门（如法律事务部门、风险防控部门等）履行合规管理职责，同时明确合规负责人。

（一）合规委员会

企业可结合实际设立合规委员会，作为企业合规管理体系的最高负责机构。合规委员会一般应履行以下合规职责：

1. 确认合规管理战略，明确合规管理目标。

2. 建立和完善企业合规管理体系，审批合规管理制度、程序和重大合规风险管理方案。

3. 听取合规管理工作汇报，指导、监督、评价合规管理工作。

（二）合规负责人

企业可结合实际任命专职的首席合规官，也可由法律事务负责人或风险防控负责人等担任合规负责人。首席合规官或合规负责人是企业合规管理工作具体实施的负责人和日常监督者，不应分管与合规管理相冲突的部门。首席合规官或合规负责人一般应履行以下合规职责：

1. 贯彻执行企业决策层对合规管理工作的各项要求，全面负责企业的合规管理工作。

2. 协调合规管理与企业各项业务之间的关系，监督合规管理执行情况，及时解决合规管理中出现的重大问题。

3. 领导合规管理部门，加强合规管理队伍建设，做好人员选聘培养，监督合规管理部门认真有效地开展工作。

（三）合规管理部门

企业可结合实际设置专职的合规管理部门，或者由具有合规管理职能的相关部门承担合规管理职责。合规管理部门一般应履行以下合规职责：

1. 持续关注我国及业务所涉国家（地区）法律法规、监管要求和国际规则的最新发展，及时提供合规建议。

2. 制定企业的合规管理制度和年度合规管理计划，并推动其贯彻落实。

3. 审查评价企业规章制度和业务流程的合规性，组织、协调和监督各业务部门对规章制度和业务流程进行梳理和修订。

4. 组织或协助业务部门、人事部门开展合规培训，并向员工提供合规咨询。

5. 积极主动识别和评估与企业境外经营相关的合规风险，并监管与供应商、代理商、分销商、咨询顾问和承包商等第三方（以下简称"第三方"）相关的合规风险。为新产品和新业务的开发提供必要的合规性审查和测试，识别和评估新业务的拓展、新客户关系的建立以及客户关系发生重大变化等所产生的合规风险，并制定应对措施。

6. 实施充分且具有代表性的合规风险评估和测试，查找规章制度和业务流程存在的缺陷，并进行相应的调查。对已发生的合规风险或合规测试发现的合规缺陷，应提出整改意见并监督有关部门进行整改。

7. 针对合规举报信息制定调查方案并开展调查。

8. 推动将合规责任纳入岗位职责和员工绩效管理流程。建立合规绩效指标，监控和衡量合规绩效，识别改进需求。

9. 建立合规报告和记录的台账，制定合规资料管理流程。

10. 建立并保持与境内外监管机构日常的工作联系，跟踪和评估监管意见和监管要求的落实情况。

第十二条　合规管理协调

（一）合规管理部门与业务部门分工协作

合规管理需要合规管理部门和业务部门密切配合。境外经营相关业务部门应主动进行日常合规管理工作，识别业务范围内的合规要求，制定并落实业务管理制度和风险防范措施，组织或配合合规管理部门进行合规审查和风险评估，组织或监督违规调查及整改工作。

（二）合规管理部门与其他监督部门分工协作

合规管理部门与其他具有合规管理职能的监督部门（如审计部门、监察部门等）应建立明确的合作和信息交流机制，加强协调配合，形成管理合力。企业应根据风险防控需要以及各监督部门的职责分工划分合规管理职责，确保各业务系统合规运营。

（三）企业与外部监管机构沟通协调

企业应积极与境内外监管机构建立沟通渠道，了解监管机构期望的合规流程，制定符合监管机构要求的合规制度，降低在报告义务和行政处罚等方面的风险。

（四）企业与第三方沟通协调

企业与第三方合作时，应做好相关的国别风险研究和项目尽职调查，深入了解第三方合规管理情况。企业应当向重要的第三方传达自身的合规要求和对对方的合规要求，并在商务合同中明确约定。

第四章　合规管理制度

第十三条　合规行为准则

合规行为准则是最重要、最基本的合规制度，是其他合规制度的基础和依据，适用于所有境外经营相关部门和员工，以及代表企业从事境外经营活动的第三方。合规行为准则应规定境外经营活动中必须遵守的基本原则和标准，包括但不限于企业核心价值观、合规目标、合规的内涵、行为准则的适用范围和地位、企业及员工适用的合规行事标准、违规的应对方式和后果等。

第十四条　合规管理办法

企业应在合规行为准则的基础上，针对特定主题或特定风险领域制定具体的合规管理办法，包括但不限于礼品及招待、赞助及捐赠、利益冲突管理、举报管理和内部调查、人力资源管理、税务管理、商业伙伴合规管理等内容。

企业还应针对特定行业或地区的合规要求，结合企业自身的特点和发展需要，制定相应的合规风险管理办法。例如金融业及有关行业的反洗钱及反恐怖融资政策，银行、通信、医疗等行业的数据和隐私保护政策等。

第十五条　合规操作流程

企业可结合境外经营实际，就合规行为准则和管理办法制定相应的合规操作流程，进一步细化标准和要求。也可将具体的标准和要求融入到现有的业务流程当中，便于员工理解和落实，确保各项经营行为合规。

第五章　合规管理运行机制

第十六条　合规培训

企业应将合规培训纳入员工培训计划，培训内容需随企业内外部环境变化进行动态调整。境外经营相关部门和境外分支机构的所有员工，均应接受合规培训，了解并掌握企业的合规管理制度和风险防控要求。决策层和高级管理层应带头接受合规培训，高风险领域、关键岗位员工应接受有针对性的专题合规培训。合规培训应做好记录留存。

第十七条　合规汇报

合规负责人和合规管理部门应享有通畅的合规汇报渠道。

合规管理部门应当定期向决策层和高级管理层汇报合规管理情况。汇报内容一般包括但不限于合规风险评估情况，合规培训的组织情况和效果评估，发现的违规行为以及处理情况，违规行为可能给组织带来的合规风险，已识别的合规漏洞或缺陷，建议采取的纠正措施，合规管理工作的整体评价和分析等。

如发生性质严重或可能给企业带来重大合规风险的违规行为，合规负责人或合规管理部门应当及时向决策层和高级管理层汇报，提出风险警示，并采取纠正措施。

第十八条　合规考核

合规考核应全面覆盖企业的各项管理工作。合规考核结果应作为企业绩效考核的重要依据，与评优评先、职务任免、职务晋升以及薪酬待遇等挂钩。

境外经营相关部门和境外分支机构可以制定单独的合规绩效考核机制，也可将合规考核标准融入到总体的绩效管理体系中。考核内容包括但不限于按时参加合规培训，严格执行合规管理制度，积极支持和配合合规管理机构工作，及时汇报合规风险等。

第十九条　合规咨询与审核

境外经营相关部门和境外分支机构及其员工在履职过程中遇到合规风险事项，应及时主动寻求合规咨询或审核支持。

企业应针对高合规风险领域规定强制合规咨询范围。在涉及重点领域或重要业务环节时，业务部门应主动咨询合规管理部门意见。

合规管理部门应在合理时间内答复或启动合规审核流程。

对于复杂或专业性强且存在重大合规风险的事项，合规管理部门应按照制度规定听取法律顾问、公司律师意见，或委托专业机构召开论证会后再形成审核意见。

第二十条 合规信息举报与调查

企业应根据自身特点和实际情况建立和完善合规信息举报体系。员工、客户和第三方均有权进行举报和投诉，企业应充分保护举报人。

合规管理部门或其他受理举报的监督部门应针对举报信息制定调查方案并开展调查。形成调查结论以后，企业应按照相关管理制度对违规行为进行处理。

第二十一条 合规问责

企业应建立全面有效的合规问责制度，明晰合规责任范围，细化违规惩处标准，严格认定和追究违规行为责任。

第六章 合规风险识别、评估与处置

第二十二条 合规风险

合规风险，是指企业或其员工因违规行为遭受法律制裁、监管处罚、重大财产损失或声誉损失以及其他负面影响的可能性。

第二十三条 合规风险识别

企业应当建立必要的制度和流程，识别新的和变更的合规要求。企业可围绕关键岗位或者核心业务流程，通过合规咨询、审核、考核和违规查处等内部途径识别合规风险，也可通过外部法律顾问咨询、持续跟踪监管机构有关信息、参加行业组织研讨等方式获悉外部监管要求的变化，识别合规风险。

企业境外分支机构可通过聘请法律顾问、梳理行业合规案例等方式动态了解掌握业务所涉国家（地区）政治经济和法律环境的变化，及时采取应对措施，有效识别各类合规风险。

第二十四条 合规风险评估

企业可通过分析违规或可能造成违规的原因、来源、发生的可能性、后果的严重性等进行合规风险评估。

企业可根据企业的规模、目标、市场环境及风险状况确定合规风险评估的标准和合规风险管理的优先级。

企业进行合规风险评估后应形成评估报告，供决策层、高级管理层和业务部门等使用。评估报告内容包括风险评估实施概况、合规风险基本评价、原因机制、可能的损失、处置建议、应对措施等。

第二十五条　合规风险处置

企业应建立健全合规风险应对机制，对识别评估的各类合规风险采取恰当的控制和处置措施。发生重大合规风险时，企业合规管理机构和其他相关部门应协同配合，依法及时采取补救措施，最大程度降低损失。必要时，应及时报告有关监管机构。

第七章　合规评审与改进

第二十六条　合规审计

企业合规管理职能应与内部审计职能分离。企业审计部门应对企业合规管理的执行情况、合规管理体系的适当性和有效性等进行独立审计。审计部门应将合规审计结果告知合规管理部门，合规管理部门也可根据合规风险的识别和评估情况向审计部门提出开展审计工作的建议。

第二十七条　合规管理体系评价

企业应定期对合规管理体系进行系统全面的评价，发现和纠正合规管理贯彻执行中存在的问题，促进合规体系的不断完善。合规管理体系评价可由企业合规管理相关部门组织开展或委托外部专业机构开展。

企业在开展效果评价时，应考虑企业面临的合规要求变化情况，不断调整合规管理目标，更新合规风险管理措施，以满足内外部合规管理要求。

第二十八条　持续改进

企业应根据合规审计和体系评价情况，进入合规风险再识别和合规制度再制定的持续改进阶段，保障合规管理体系全环节的稳健运行。

企业应积极配合监管机构的监督检查，并根据监管要求及时改进合规管理体系，提高合规管理水平。

第八章　合规文化建设

第二十九条　合规文化培育

企业应将合规文化作为企业文化建设的重要内容。企业决策层和高级管理层应确立企业合规理念，注重身体力行。企业应践行依法合规、诚信经营的价值观，不断增强员工的合规意识和行为自觉，营造依规办事、按章操作的文化氛围。

第三十条　合规文化推广

企业应将合规作为企业经营理念和社会责任的重要内容，并将合规文化传递至利益相关方。企业应树立积极正面的合规形象，促进行业合规文化发展，营造和谐健康的境外经营环境。

中华人民共和国电影产业促进法

（2016 年 11 月 7 日第十二届全国人民代表大会常务委员会第二十四次会议通过）

第一章　总　　则

第一条　为了促进电影产业健康繁荣发展，弘扬社会主义核心价值观，规范电影市场秩序，丰富人民群众精神文化生活，制定本法。

第二条　在中华人民共和国境内从事电影创作、摄制、发行、放映等活动（以下统称电影活动），适用本法。

本法所称电影，是指运用视听技术和艺术手段摄制、以胶片或者数字载体记录、由表达一定内容的有声或者无声的连续画面组成、符合国家规定的技术标准、用于电影院等固定放映场所或者流动放映设备公开放映的作品。

通过互联网、电信网、广播电视网等信息网络传播电影的，还应当遵守互联网、电信网、广播电视网等信息网络管理的法律、行政法规的规定。

第三条　从事电影活动，应当坚持为人民服务、为社会主义服务，坚持社会效益优先，实现社会效益与经济效益相统一。

第四条　国家坚持以人民为中心的创作导向，坚持百花齐放、百家争鸣的方针，尊重和保障电影创作自由，倡导电影创作贴近实际、贴近生活、贴近群众，鼓励创作思想性、艺术性、观赏性相统一的优秀电影。

第五条　国务院应当将电影产业发展纳入国民经济和社会发展规划。县级以上地方人民政府根据当地实际情况将电影产业发展纳入本级国民经济和社会发展规划。

国家制定电影及其相关产业政策，引导形成统一开放、公平竞争的电影市场，促进电影市场繁荣发展。

第六条　国家鼓励电影科技的研发、应用，制定并完善电影技术标准，构建以企业为主体、市场为导向、产学研相结合的电影技术创新体系。

第七条　与电影有关的知识产权受法律保护，任何组织和个人不得侵犯。

县级以上人民政府负责知识产权执法的部门应当采取措施，保护与电影有关的知识产权，依法查处侵犯与电影有关的知识产权的行为。

从事电影活动的公民、法人和其他组织应当增强知识产权意识，提高运用、保护和管理知识产权的能力。

国家鼓励公民、法人和其他组织依法开发电影形象产品等衍生产品。

第八条 国务院电影主管部门负责全国的电影工作；县级以上地方人民政府电影主管部门负责本行政区域内的电影工作。

县级以上人民政府其他有关部门在各自职责范围内，负责有关的电影工作。

第九条 电影行业组织依法制定行业自律规范，开展业务交流，加强职业道德教育，维护其成员的合法权益。

演员、导演等电影从业人员应当坚持德艺双馨，遵守法律法规，尊重社会公德，恪守职业道德，加强自律，树立良好社会形象。

第十条 国家支持建立电影评价体系，鼓励开展电影评论。

对优秀电影以及为促进电影产业发展作出突出贡献的组织、个人，按照国家有关规定给予表彰和奖励。

第十一条 国家鼓励开展平等、互利的电影国际合作与交流，支持参加境外电影节（展）。

第二章　电影创作、摄制

第十二条 国家鼓励电影剧本创作和题材、体裁、形式、手段等创新，鼓励电影学术研讨和业务交流。

县级以上人民政府电影主管部门根据电影创作的需要，为电影创作人员深入基层、深入群众、体验生活等提供必要的便利和帮助。

第十三条 拟摄制电影的法人、其他组织应当将电影剧本梗概向国务院电影主管部门或者省、自治区、直辖市人民政府电影主管部门备案；其中，涉及重大题材或者国家安全、外交、民族、宗教、军事等方面题材的，应当按照国家有关规定将电影剧本报送审查。

电影剧本梗概或者电影剧本符合本法第十六条规定的，由国务院电影主管部门将拟摄制电影的基本情况予以公告，并由国务院电影主管部门或者省、自治区、直辖市人民政府电影主管部门出具备案证明文件或者颁发批准文件。具体办法由国务院电影主管部门制定。

第十四条 法人、其他组织经国务院电影主管部门批准，可以与境外组织合作摄制电影；但是，不得与从事损害我国国家尊严、荣誉和利益，危害社会稳定，伤害民族感情等活动的境外组织合作，也不得聘用有上述行为的个人参加电影摄制。

合作摄制电影符合创作、出资、收益分配等方面比例要求的，该电影视同境内法人、其他组织摄制的电影。

境外组织不得在境内独立从事电影摄制活动；境外个人不得在境内从事电影摄制活动。

第十五条　县级以上人民政府电影主管部门应当协调公安、文物保护、风景名胜区管理等部门，为法人、其他组织依照本法从事电影摄制活动提供必要的便利和帮助。

从事电影摄制活动的，应当遵守有关环境保护、文物保护、风景名胜区管理和安全生产等方面的法律、法规，并在摄制过程中采取必要的保护、防护措施。

第十六条　电影不得含有下列内容：

（一）违反宪法确定的基本原则，煽动抗拒或者破坏宪法、法律、行政法规实施；

（二）危害国家统一、主权和领土完整，泄露国家秘密，危害国家安全，损害国家尊严、荣誉和利益，宣扬恐怖主义、极端主义；

（三）诋毁民族优秀文化传统，煽动民族仇恨、民族歧视，侵害民族风俗习惯，歪曲民族历史或者民族历史人物，伤害民族感情，破坏民族团结；

（四）煽动破坏国家宗教政策，宣扬邪教、迷信；

（五）危害社会公德，扰乱社会秩序，破坏社会稳定，宣扬淫秽、赌博、吸毒，渲染暴力、恐怖，教唆犯罪或者传授犯罪方法；

（六）侵害未成年人合法权益或者损害未成年人身心健康；

（七）侮辱、诽谤他人或者散布他人隐私，侵害他人合法权益；

（八）法律、行政法规禁止的其他内容。

第十七条　法人、其他组织应当将其摄制完成的电影送国务院电影主管部门或者省、自治区、直辖市人民政府电影主管部门审查。

国务院电影主管部门或者省、自治区、直辖市人民政府电影主管部门应当自受理申请之日起三十日内作出审查决定。对符合本法规定的，准予公映，颁发电影公映许可证，并予以公布；对不符合本法规定的，不准予公映，书面通知申请人并说明理由。

国务院电影主管部门应当根据本法制定完善电影审查的具体标准和程序，并向社会公布。制定完善电影审查的具体标准应当向社会公开征求意见，并组织专家进行论证。

第十八条　进行电影审查应当组织不少于五名专家进行评审，由专家提出评审意见。法人、其他组织对专家评审意见有异议的，国务院电影主管部门或者省、自治区、直辖市人民政府电影主管部门可以另行组织专家再次评审。专家的评审意见应当作为作出审查决定的重要依据。

前款规定的评审专家包括专家库中的专家和根据电影题材特别聘请的专家。专家遴选和评审的具体办法由国务院电影主管部门制定。

第十九条 取得电影公映许可证的电影需要变更内容的，应当依照本法规定重新报送审查。

第二十条 摄制电影的法人、其他组织应当将取得的电影公映许可证标识置于电影的片头处；电影放映可能引起未成年人等观众身体或者心理不适的，应当予以提示。

未取得电影公映许可证的电影，不得发行、放映，不得通过互联网、电信网、广播电视网等信息网络进行传播，不得制作为音像制品；但是，国家另有规定的，从其规定。

第二十一条 摄制完成的电影取得电影公映许可证，方可参加电影节（展）。拟参加境外电影节（展）的，送展法人、其他组织应当在该境外电影节（展）举办前，将相关材料报国务院电影主管部门或者省、自治区、直辖市人民政府电影主管部门备案。

第二十二条 公民、法人和其他组织可以承接境外电影的洗印、加工、后期制作等业务，并报省、自治区、直辖市人民政府电影主管部门备案，但是不得承接含有损害我国国家尊严、荣誉和利益，危害社会稳定，伤害民族感情等内容的境外电影的相关业务。

第二十三条 国家设立的电影档案机构依法接收、收集、整理、保管并向社会开放电影档案。

国家设立的电影档案机构应当配置必要的设备，采用先进技术，提高电影档案管理现代化水平。

摄制电影的法人、其他组织依照《中华人民共和国档案法》的规定，做好电影档案保管工作，并向国家设立的电影档案机构移交、捐赠、寄存电影档案。

第三章 电影发行、放映

第二十四条 企业具有与所从事的电影发行活动相适应的人员、资金条件的，经国务院电影主管部门或者所在地省、自治区、直辖市人民政府电影主管部门批准，可以从事电影发行活动。

企业、个体工商户具有与所从事的电影放映活动相适应的人员、场所、技术和设备等条件的，经所在地县级人民政府电影主管部门批准，可以从事电影院等固定放映场所电影放映活动。

　　第二十五条　依照本法规定负责电影发行、放映活动审批的电影主管部门，应当自受理申请之日起三十日内，作出批准或者不批准的决定。对符合条件的，予以批准，颁发电影发行经营许可证或者电影放映经营许可证，并予以公布；对不符合条件的，不予批准，书面通知申请人并说明理由。

　　第二十六条　企业、个人从事电影流动放映活动，应当将企业名称或者经营者姓名、地址、联系方式、放映设备等向经营区域所在地县级人民政府电影主管部门备案。

　　第二十七条　国家加大对农村电影放映的扶持力度，由政府出资建立完善农村电影公益放映服务网络，积极引导社会资金投资农村电影放映，不断改善农村地区观看电影条件，统筹保障农村地区群众观看电影需求。

　　县级以上人民政府应当将农村电影公益放映纳入农村公共文化服务体系建设，按照国家有关规定对农村电影公益放映活动给予补贴。

　　从事农村电影公益放映活动的，不得以虚报、冒领等手段骗取农村电影公益放映补贴资金。

　　第二十八条　国务院教育、电影主管部门可以共同推荐有利于未成年人健康成长的电影，并采取措施支持接受义务教育的学生免费观看，由所在学校组织安排。

　　国家鼓励电影院以及从事电影流动放映活动的企业、个人采取票价优惠、建设不同条件的放映厅、设立社区放映点等多种措施，为未成年人、老年人、残疾人、城镇低收入居民以及进城务工人员等观看电影提供便利；电影院以及从事电影流动放映活动的企业、个人所在地人民政府可以对其发放奖励性补贴。

　　第二十九条　电影院应当合理安排由境内法人、其他组织所摄制电影的放映场次和时段，并且放映的时长不得低于年放映电影时长总和的三分之二。

　　电影院以及从事电影流动放映活动的企业、个人应当保障电影放映质量。

　　第三十条　电影院的设施、设备以及用于流动放映的设备应当符合电影放映技术的国家标准。

　　电影院应当按照国家有关规定安装计算机售票系统。

　　第三十一条　未经权利人许可，任何人不得对正在放映的电影进行录音录像。发现进行录音录像的，电影院工作人员有权予以制止，并要求其删除；对拒不听从的，有权要求其离场。

　　第三十二条　国家鼓励电影院在向观众明示的电影开始放映时间之前放映公益广告。

　　电影院在向观众明示的电影开始放映时间之后至电影放映结束前，不得放映广告。

第三十三条 电影院应当遵守治安、消防、公共场所卫生等法律、行政法规，维护放映场所的公共秩序和环境卫生，保障观众的安全与健康。

任何人不得携带爆炸性、易燃性、放射性、毒害性、腐蚀性物品进入电影院等放映场所，不得非法携带枪支、弹药、管制器具进入电影院等放映场所；发现非法携带上述物品的，有关工作人员应当拒绝其进入，并向有关部门报告。

第三十四条 电影发行企业、电影院等应当如实统计电影销售收入，提供真实准确的统计数据，不得采取制造虚假交易、虚报瞒报销售收入等不正当手段，欺骗、误导观众，扰乱电影市场秩序。

第三十五条 在境内举办涉外电影节（展），须经国务院电影主管部门或者省、自治区、直辖市人民政府电影主管部门批准。

第四章 电影产业支持、保障

第三十六条 国家支持下列电影的创作、摄制：

（一）传播中华优秀文化、弘扬社会主义核心价值观的重大题材电影；

（二）促进未成年人健康成长的电影；

（三）展现艺术创新成果、促进艺术进步的电影；

（四）推动科学教育事业发展和科学技术普及的电影；

（五）其他符合国家支持政策的电影。

第三十七条 国家引导相关文化产业专项资金、基金加大对电影产业的投入力度，根据不同阶段和时期电影产业的发展情况，结合财力状况和经济社会发展需要，综合考虑、统筹安排财政资金对电影产业的支持，并加强对相关资金、基金使用情况的审计。

第三十八条 国家实施必要的税收优惠政策，促进电影产业发展，具体办法由国务院财税主管部门依照税收法律、行政法规的规定制定。

第三十九条 县级以上地方人民政府应当依据人民群众需求和电影市场发展需要，将电影院建设和改造纳入国民经济和社会发展规划、土地利用总体规划和城乡规划等。

县级以上地方人民政府应当按照国家有关规定，有效保障电影院用地需求，积极盘活现有电影院用地资源，支持电影院建设和改造。

第四十条 国家鼓励金融机构为从事电影活动以及改善电影基础设施提供融资服务，依法开展与电影有关的知识产权质押融资业务，并通过信贷等方式支持电影产业发展。

国家鼓励保险机构依法开发适应电影产业发展需要的保险产品。

国家鼓励融资担保机构依法向电影产业提供融资担保，通过再担保、联合担保以及担保与保险相结合等方式分散风险。

对国务院电影主管部门依照本法规定公告的电影的摄制，按照国家有关规定合理确定贷款期限和利率。

第四十一条　国家鼓励法人、其他组织通过到境外合作摄制电影等方式进行跨境投资，依法保障其对外贸易、跨境融资和投资等合理用汇需求。

第四十二条　国家实施电影人才扶持计划。

国家支持有条件的高等学校、中等职业学校和其他教育机构、培训机构等开设与电影相关的专业和课程，采取多种方式培养适应电影产业发展需要的人才。

国家鼓励从事电影活动的法人和其他组织参与学校相关人才培养。

第四十三条　国家采取措施，扶持农村地区、边疆地区、贫困地区和民族地区开展电影活动。

国家鼓励、支持少数民族题材电影创作，加强电影的少数民族语言文字译制工作，统筹保障民族地区群众观看电影需求。

第四十四条　国家对优秀电影的外语翻译制作予以支持，并综合利用外交、文化、教育等对外交流资源开展电影的境外推广活动。

国家鼓励公民、法人和其他组织从事电影的境外推广。

第四十五条　国家鼓励社会力量以捐赠、资助等方式支持电影产业发展，并依法给予优惠。

第四十六条　县级以上人民政府电影主管部门应当加强对电影活动的日常监督管理，受理对违反本法规定的行为的投诉、举报，并及时核实、处理、答复；将从事电影活动的单位和个人因违反本法规定受到行政处罚的情形记入信用档案，并向社会公布。

第五章　法律责任

第四十七条　违反本法规定擅自从事电影摄制、发行、放映活动的，由县级以上人民政府电影主管部门予以取缔，没收电影片和违法所得以及从事违法活动的专用工具、设备；违法所得五万元以上的，并处违法所得五倍以上十倍以下的罚款；没有违法所得或者违法所得不足五万元的，可以并处二十五万元以下的罚款。

第四十八条　有下列情形之一的，由原发证机关吊销有关许可证、撤销有关批准或者证明文件；县级以上人民政府电影主管部门没收违法所得；违法所得五万元以上的，并处违法所得五倍以上十倍以下的罚款；没有违法所得或者违法所得不足五万元的，可以并处二十五万元以下的罚款：

（一）伪造、变造、出租、出借、买卖本法规定的许可证、批准或者证明文件，或者以其他形式非法转让本法规定的许可证、批准或者证明文件的；

（二）以欺骗、贿赂等不正当手段取得本法规定的许可证、批准或者证明文件的。

第四十九条　有下列情形之一的，由原发证机关吊销许可证；县级以上人民政府电影主管部门没收电影片和违法所得；违法所得五万元以上的，并处违法所得十倍以上二十倍以下的罚款；没有违法所得或者违法所得不足五万元的，可以并处五十万元以下的罚款：

（一）发行、放映未取得电影公映许可证的电影的；

（二）取得电影公映许可证后变更电影内容，未依照规定重新取得电影公映许可证擅自发行、放映、送展的；

（三）提供未取得电影公映许可证的电影参加电影节（展）的。

第五十条　承接含有损害我国国家尊严、荣誉和利益，危害社会稳定，伤害民族感情等内容的境外电影的洗印、加工、后期制作等业务的，由县级以上人民政府电影主管部门责令停止违法活动，没收电影片和违法所得；违法所得五万元以上的，并处违法所得三倍以上五倍以下的罚款；没有违法所得或者违法所得不足五万元的，可以并处十五万元以下的罚款。情节严重的，由电影主管部门通报工商行政管理部门，由工商行政管理部门吊销营业执照。

第五十一条　电影发行企业、电影院等有制造虚假交易、虚报瞒报销售收入等行为，扰乱电影市场秩序的，由县级以上人民政府电影主管部门责令改正，没收违法所得，处五万元以上五十万元以下的罚款；违法所得五十万元以上的，处违法所得一倍以上五倍以下的罚款。情节严重的，责令停业整顿；情节特别严重的，由原发证机关吊销许可证。

电影院在向观众明示的电影开始放映时间之后至电影放映结束前放映广告的，由县级人民政府电影主管部门给予警告，责令改正；情节严重的，处一万元以上五万元以下的罚款。

第五十二条　法人或者其他组织未经许可擅自在境内举办涉外电影节（展）的，由国务院电影主管部门或者省、自治区、直辖市人民政府电影主管部门责令停止违法活动，没收参展的电影片和违法所得；违法所得五万元以上的，并处违法所得五倍以上十倍以下的罚款；没有违法所得或者违法所得不足五万元的，可以并处二十五万元以下的罚款；情节严重的，自受到处罚之日起五年内不得举办涉外电影节（展）。

个人擅自在境内举办涉外电影节（展），或者擅自提供未取得电影公映许可证的电影参加电影节（展）的，由国务院电影主管部门或者省、自治区、直辖市人民政府电影主管部门责令停止违法活动，没收参展的电影片和违法所得；违法所得五万元以上的，并处违法所得五倍以上十倍以下的罚款；没有违法所得或者违法所得不足五万元的，可以并处二十五万元以下的罚款；情节严重的，自受到处罚之日起五年内不得从事相关电影活动。

第五十三条　法人、其他组织或者个体工商户因违反本法规定被吊销许可证的，自吊销许可证之日起五年内不得从事该项业务活动；其法定代表人或者主要负责人自吊销许可证之日起五年内不得担任从事电影活动的法人、其他组织的法定代表人或者主要负责人。

第五十四条　有下列情形之一的，依照有关法律、行政法规及国家有关规定予以处罚：

（一）违反国家有关规定，擅自将未取得电影公映许可证的电影制作为音像制品的；

（二）违反国家有关规定，擅自通过互联网、电信网、广播电视网等信息网络传播未取得电影公映许可证的电影的；

（三）以虚报、冒领等手段骗取农村电影公益放映补贴资金的；

（四）侵犯与电影有关的知识产权的；

（五）未依法接收、收集、整理、保管、移交电影档案的。

电影院有前款第四项规定行为，情节严重的，由原发证机关吊销许可证。

第五十五条　县级以上人民政府电影主管部门或者其他有关部门的工作人员有下列情形之一，尚不构成犯罪的，依法给予处分：

（一）利用职务上的便利收受他人财物或者其他好处的；

（二）违反本法规定进行审批活动的；

（三）不履行监督职责的；

（四）发现违法行为不予查处的；

（五）贪污、挪用、截留、克扣农村电影公益放映补贴资金或者相关专项资金、基金的；

（六）其他违反本法规定滥用职权、玩忽职守、徇私舞弊的情形。

第五十六条　违反本法规定，造成人身、财产损害的，依法承担民事责任；构成犯罪的，依法追究刑事责任。

因违反本法规定二年内受到二次以上行政处罚，又有依照本法规定应当处罚的违法行为的，从重处罚。

第五十七条　县级以上人民政府电影主管部门及其工作人员应当严格依

照本法规定的处罚种类和幅度，根据违法行为的性质和具体情节行使行政处罚权，具体办法由国务院电影主管部门制定。

县级以上人民政府电影主管部门对有证据证明违反本法规定的行为进行查处时，可以依法查封与违法行为有关的场所、设施或者查封、扣押用于违法行为的财物。

第五十八条 当事人对县级以上人民政府电影主管部门以及其他有关部门依照本法作出的行政行为不服的，可以依法申请行政复议或者提起行政诉讼。其中，对国务院电影主管部门作出的不准予电影公映的决定不服的，应当先依法申请行政复议，对行政复议决定不服的可以提起行政诉讼。

第六章 附 则

第五十九条 境外资本在中华人民共和国境内设立从事电影活动的企业的，按照国家有关规定执行。

第六十条 本法自2017年3月1日起施行。

中华人民共和国广告法

(1994年10月27日第八届全国人民代表大会常务委员会第十次会议通过 2015年4月24日第十二届全国人民代表大会常务委员会第十四次会议修订 根据2018年10月26日第十三届全国人民代表大会常务委员会第六次会议《关于修改〈中华人民共和国野生动物保护法〉等十五部法律的决定》第一次修正 根据2021年4月29日第十三届全国人民代表大会常务委员会第二十八次会议《关于修改〈中华人民共和国道路交通安全法〉等八部法律的决定》第二次修正)

第一章 总 则

第一条 为了规范广告活动，保护消费者的合法权益，促进广告业的健康发展，维护社会经济秩序，制定本法。

第二条 在中华人民共和国境内，商品经营者或者服务提供者通过一定媒介和形式直接或者间接地介绍自己所推销的商品或者服务的商业广告活动，适用本法。

本法所称广告主，是指为推销商品或者服务，自行或者委托他人设计、制作、发布广告的自然人、法人或者其他组织。

本法所称广告经营者，是指接受委托提供广告设计、制作、代理服务的自然人、法人或者其他组织。

本法所称广告发布者，是指为广告主或者广告主委托的广告经营者发布广告的自然人、法人或者其他组织。

本法所称广告代言人，是指广告主以外的，在广告中以自己的名义或者形象对商品、服务作推荐、证明的自然人、法人或者其他组织。

第三条　广告应当真实、合法，以健康的表现形式表达广告内容，符合社会主义精神文明建设和弘扬中华民族优秀传统文化的要求。

第四条　广告不得含有虚假或者引人误解的内容，不得欺骗、误导消费者。

广告主应当对广告内容的真实性负责。

第五条　广告主、广告经营者、广告发布者从事广告活动，应当遵守法律、法规，诚实信用，公平竞争。

第六条　国务院市场监督管理部门主管全国的广告监督管理工作，国务院有关部门在各自的职责范围内负责广告管理相关工作。

县级以上地方市场监督管理部门主管本行政区域的广告监督管理工作，县级以上地方人民政府有关部门在各自的职责范围内负责广告管理相关工作。

第七条　广告行业组织依照法律、法规和章程的规定，制定行业规范，加强行业自律，促进行业发展，引导会员依法从事广告活动，推动广告行业诚信建设。

第二章　广告内容准则

第八条　广告中对商品的性能、功能、产地、用途、质量、成分、价格、生产者、有效期限、允诺等或者对服务的内容、提供者、形式、质量、价格、允诺等有表示的，应当准确、清楚、明白。

广告中表明推销的商品或者服务附带赠送的，应当明示所附带赠送商品或者服务的品种、规格、数量、期限和方式。

法律、行政法规规定广告中应当明示的内容，应当显著、清晰表示。

第九条　广告不得有下列情形：

（一）使用或者变相使用中华人民共和国的国旗、国歌、国徽，军旗、军歌、军徽；

（二）使用或者变相使用国家机关、国家机关工作人员的名义或者形象；

（三）使用"国家级"、"最高级"、"最佳"等用语；

（四）损害国家的尊严或者利益，泄露国家秘密；

（五）妨碍社会安定，损害社会公共利益；

（六）危害人身、财产安全，泄露个人隐私；

（七）妨碍社会公共秩序或者违背社会良好风尚；

（八）含有淫秽、色情、赌博、迷信、恐怖、暴力的内容；

（九）含有民族、种族、宗教、性别歧视的内容；

（十）妨碍环境、自然资源或者文化遗产保护；

（十一）法律、行政法规规定禁止的其他情形。

第十条 广告不得损害未成年人和残疾人的身心健康。

第十一条 广告内容涉及的事项需要取得行政许可的，应当与许可的内容相符合。

广告使用数据、统计资料、调查结果、文摘、引用语等引证内容的，应当真实、准确，并表明出处。引证内容有适用范围和有效期限的，应当明确表示。

第十二条 广告中涉及专利产品或者专利方法的，应当标明专利号和专利种类。

未取得专利权的，不得在广告中谎称取得专利权。

禁止使用未授予专利权的专利申请和已经终止、撤销、无效的专利作广告。

第十三条 广告不得贬低其他生产经营者的商品或者服务。

第十四条 广告应当具有可识别性，能够使消费者辨明其为广告。

大众传播媒介不得以新闻报道形式变相发布广告。通过大众传播媒介发布的广告应当显著标明"广告"，与其他非广告信息相区别，不得使消费者产生误解。

广播电台、电视台发布广告，应当遵守国务院有关部门关于时长、方式的规定，并应当对广告时长作出明显提示。

第十五条 麻醉药品、精神药品、医疗用毒性药品、放射性药品等特殊药品，药品类易制毒化学品，以及戒毒治疗的药品、医疗器械和治疗方法，不得作广告。

前款规定以外的处方药，只能在国务院卫生行政部门和国务院药品监督管理部门共同指定的医学、药学专业刊物上作广告。

第十六条 医疗、药品、医疗器械广告不得含有下列内容：

（一）表示功效、安全性的断言或者保证；

（二）说明治愈率或者有效率；

（三）与其他药品、医疗器械的功效和安全性或者其他医疗机构比较；

（四）利用广告代言人作推荐、证明；

（五）法律、行政法规规定禁止的其他内容。

药品广告的内容不得与国务院药品监督管理部门批准的说明书不一致，

并应当显著标明禁忌、不良反应。处方药广告应当显著标明"本广告仅供医学药学专业人士阅读",非处方药广告应当显著标明"请按药品说明书或者在药师指导下购买和使用"。

推荐给个人自用的医疗器械的广告,应当显著标明"请仔细阅读产品说明书或者在医务人员的指导下购买和使用"。医疗器械产品注册证明文件中有禁忌内容、注意事项的,广告中应当显著标明"禁忌内容或者注意事项详见说明书"。

第十七条　除医疗、药品、医疗器械广告外,禁止其他任何广告涉及疾病治疗功能,并不得使用医疗用语或者易使推销的商品与药品、医疗器械相混淆的用语。

第十八条　保健食品广告不得含有下列内容:

(一)表示功效、安全性的断言或者保证;

(二)涉及疾病预防、治疗功能;

(三)声称或者暗示广告商品为保障健康所必需;

(四)与药品、其他保健食品进行比较;

(五)利用广告代言人作推荐、证明;

(六)法律、行政法规规定禁止的其他内容。

保健食品广告应当显著标明"本品不能代替药物"。

第十九条　广播电台、电视台、报刊音像出版单位、互联网信息服务提供者不得以介绍健康、养生知识等形式变相发布医疗、药品、医疗器械、保健食品广告。

第二十条　禁止在大众传播媒介或者公共场所发布声称全部或者部分替代母乳的婴儿乳制品、饮料和其他食品广告。

第二十一条　农药、兽药、饲料和饲料添加剂广告不得含有下列内容:

(一)表示功效、安全性的断言或者保证;

(二)利用科研单位、学术机构、技术推广机构、行业协会或者专业人士、用户的名义或者形象作推荐、证明;

(三)说明有效率;

(四)违反安全使用规程的文字、语言或者画面;

(五)法律、行政法规规定禁止的其他内容。

第二十二条　禁止在大众传播媒介或者公共场所、公共交通工具、户外发布烟草广告。禁止向未成年人发送任何形式的烟草广告。

禁止利用其他商品或者服务的广告、公益广告,宣传烟草制品名称、商标、包装、装潢以及类似内容。

烟草制品生产者或者销售者发布的迁址、更名、招聘等启事中,不得含有烟草制品名称、商标、包装、装潢以及类似内容。

第二十三条 酒类广告不得含有下列内容：

（一）诱导、怂恿饮酒或者宣传无节制饮酒；

（二）出现饮酒的动作；

（三）表现驾驶车、船、飞机等活动；

（四）明示或者暗示饮酒有消除紧张和焦虑、增加体力等功效。

第二十四条 教育、培训广告不得含有下列内容：

（一）对升学、通过考试、获得学位学历或者合格证书，或者对教育、培训的效果作出明示或者暗示的保证性承诺；

（二）明示或者暗示有相关考试机构或者其工作人员、考试命题人员参与教育、培训；

（三）利用科研单位、学术机构、教育机构、行业协会、专业人士、受益者的名义或者形象作推荐、证明。

第二十五条 招商等有投资回报预期的商品或者服务广告，应当对可能存在的风险以及风险责任承担有合理提示或者警示，并不得含有下列内容：

（一）对未来效果、收益或者与其相关的情况作出保证性承诺，明示或者暗示保本、无风险或者保收益等，国家另有规定的除外；

（二）利用学术机构、行业协会、专业人士、受益者的名义或者形象作推荐、证明。

第二十六条 房地产广告，房源信息应当真实，面积应当表明为建筑面积或者套内建筑面积，并不得含有下列内容：

（一）升值或者投资回报的承诺；

（二）以项目到达某一具体参照物的所需时间表示项目位置；

（三）违反国家有关价格管理的规定；

（四）对规划或者建设中的交通、商业、文化教育设施以及其他市政条件作误导宣传。

第二十七条 农作物种子、林木种子、草种子、种畜禽、水产苗种和种养殖广告关于品种名称、生产性能、生长量或者产量、品质、抗性、特殊使用价值、经济价值、适宜种植或者养殖的范围和条件等方面的表述应当真实、清楚、明白，并不得含有下列内容：

（一）作科学上无法验证的断言；

（二）表示功效的断言或者保证；

（三）对经济效益进行分析、预测或者作保证性承诺；

（四）利用科研单位、学术机构、技术推广机构、行业协会或者专业人士、用户的名义或者形象作推荐、证明。

第二十八条 广告以虚假或者引人误解的内容欺骗、误导消费者的，构成虚假广告。

广告有下列情形之一的，为虚假广告：

（一）商品或者服务不存在的；

（二）商品的性能、功能、产地、用途、质量、规格、成分、价格、生产者、有效期限、销售状况、曾获荣誉等信息，或者服务的内容、提供者、形式、质量、价格、销售状况、曾获荣誉等信息，以及与商品或者服务有关的允诺等信息与实际情况不符，对购买行为有实质性影响的；

（三）使用虚构、伪造或者无法验证的科研成果、统计资料、调查结果、文摘、引用语等信息作证明材料的；

（四）虚构使用商品或者接受服务的效果的；

（五）以虚假或者引人误解的内容欺骗、误导消费者的其他情形。

第三章 广告行为规范

第二十九条 广播电台、电视台、报刊出版单位从事广告发布业务的，应当设有专门从事广告业务的机构，配备必要的人员，具有与发布广告相适应的场所、设备。

第三十条 广告主、广告经营者、广告发布者之间在广告活动中应当依法订立书面合同。

第三十一条 广告主、广告经营者、广告发布者不得在广告活动中进行任何形式的不正当竞争。

第三十二条 广告主委托设计、制作、发布广告，应当委托具有合法经营资格的广告经营者、广告发布者。

第三十三条 广告主或者广告经营者在广告中使用他人名义或者形象的，应当事先取得其书面同意；使用无民事行为能力人、限制民事行为能力人的名义或者形象的，应当事先取得其监护人的书面同意。

第三十四条 广告经营者、广告发布者应当按照国家有关规定，建立、健全广告业务的承接登记、审核、档案管理制度。

广告经营者、广告发布者依据法律、行政法规查验有关证明文件，核对广告内容。对内容不符或者证明文件不全的广告，广告经营者不得提供设计、制作、代理服务，广告发布者不得发布。

第三十五条 广告经营者、广告发布者应当公布其收费标准和收费办法。

第三十六条 广告发布者向广告主、广告经营者提供的覆盖率、收视率、点击率、发行量等资料应当真实。

第三十七条 法律、行政法规规定禁止生产、销售的产品或者提供的服务，以及禁止发布广告的商品或者服务，任何单位或者个人不得设计、制作、代理、发布广告。

第三十八条 广告代言人在广告中对商品、服务作推荐、证明，应当依据事实，符合本法和有关法律、行政法规规定，并不得为其未使用过的商品或者未接受过的服务作推荐、证明。

不得利用不满十周岁的未成年人作为广告代言人。

对在虚假广告中作推荐、证明受到行政处罚未满三年的自然人、法人或者其他组织，不得利用其作为广告代言人。

第三十九条 不得在中小学校、幼儿园内开展广告活动，不得利用中小学生和幼儿的教材、教辅材料、练习册、文具、教具、校服、校车等发布或者变相发布广告，但公益广告除外。

第四十条 在针对未成年人的大众传播媒介上不得发布医疗、药品、保健食品、医疗器械、化妆品、酒类、美容广告，以及不利于未成年人身心健康的网络游戏广告。

针对不满十四周岁的未成年人的商品或者服务的广告不得含有下列内容：

（一）劝诱其要求家长购买广告商品或者服务；

（二）可能引发其模仿不安全行为。

第四十一条 县级以上地方人民政府应当组织有关部门加强对利用户外场所、空间、设施等发布户外广告的监督管理，制定户外广告设置规划和安全要求。

户外广告的管理办法，由地方性法规、地方政府规章规定。

第四十二条 有下列情形之一的，不得设置户外广告：

（一）利用交通安全设施、交通标志的；

（二）影响市政公共设施、交通安全设施、交通标志、消防设施、消防安全标志使用的；

（三）妨碍生产或者人民生活，损害市容市貌的；

（四）在国家机关、文物保护单位、风景名胜区等的建筑控制地带，或者县级以上地方人民政府禁止设置户外广告的区域设置的。

第四十三条 任何单位或者个人未经当事人同意或者请求，不得向其住宅、交通工具等发送广告，也不得以电子信息方式向其发送广告。

以电子信息方式发送广告的，应当明示发送者的真实身份和联系方式，并向接收者提供拒绝继续接收的方式。

第四十四条 利用互联网从事广告活动，适用本法的各项规定。

利用互联网发布、发送广告，不得影响用户正常使用网络。在互联网页面以弹出等形式发布的广告，应当显著标明关闭标志，确保一键关闭。

第四十五条 公共场所的管理者或者电信业务经营者、互联网信息服务提供者对其明知或者应知的利用其场所或者信息传输、发布平台发送、发布违法广告的，应当予以制止。

第四章 监督管理

第四十六条 发布医疗、药品、医疗器械、农药、兽药和保健食品广告，以及法律、行政法规规定应当进行审查的其他广告，应当在发布前由有关部门（以下称广告审查机关）对广告内容进行审查；未经审查，不得发布。

第四十七条 广告主申请广告审查，应当依照法律、行政法规向广告审查机关提交有关证明文件。

广告审查机关应当依照法律、行政法规规定作出审查决定，并应当将审查批准文件抄送同级市场监督管理部门。广告审查机关应当及时向社会公布批准的广告。

第四十八条 任何单位或者个人不得伪造、变造或者转让广告审查批准文件。

第四十九条 市场监督管理部门履行广告监督管理职责，可以行使下列职权：

（一）对涉嫌从事违法广告活动的场所实施现场检查；

（二）询问涉嫌违法当事人或者其法定代表人、主要负责人和其他有关人员，对有关单位或者个人进行调查；

（三）要求涉嫌违法当事人限期提供有关证明文件；

（四）查阅、复制与涉嫌违法广告有关的合同、票据、账簿、广告作品和其他有关资料；

（五）查封、扣押与涉嫌违法广告直接相关的广告物品、经营工具、设备等财物；

（六）责令暂停发布可能造成严重后果的涉嫌违法广告；

（七）法律、行政法规规定的其他职权。

市场监督管理部门应当建立健全广告监测制度，完善监测措施，及时发现和依法查处违法广告行为。

第五十条 国务院市场监督管理部门会同国务院有关部门，制定大众传播媒介广告发布行为规范。

第五十一条　市场监督管理部门依照本法规定行使职权，当事人应当协助、配合，不得拒绝、阻挠。

第五十二条　市场监督管理部门和有关部门及其工作人员对其在广告监督管理活动中知悉的商业秘密负有保密义务。

第五十三条　任何单位或者个人有权向市场监督管理部门和有关部门投诉、举报违反本法的行为。市场监督管理部门和有关部门应当向社会公开受理投诉、举报的电话、信箱或者电子邮件地址，接到投诉、举报的部门应当自收到投诉之日起七个工作日内，予以处理并告知投诉、举报人。

市场监督管理部门和有关部门不依法履行职责的，任何单位或者个人有权向其上级机关或者监察机关举报。接到举报的机关应当依法作出处理，并将处理结果及时告知举报人。

有关部门应当为投诉、举报人保密。

第五十四条　消费者协会和其他消费者组织对违反本法规定，发布虚假广告侵害消费者合法权益，以及其他损害社会公共利益的行为，依法进行社会监督。

第五章　法律责任

第五十五条　违反本法规定，发布虚假广告的，由市场监督管理部门责令停止发布广告，责令广告主在相应范围内消除影响，处广告费用三倍以上五倍以下的罚款，广告费用无法计算或者明显偏低的，处二十万元以上一百万元以下的罚款；两年内有三次以上违法行为或者有其他严重情节的，处广告费用五倍以上十倍以下的罚款，广告费用无法计算或者明显偏低的，处一百万元以上二百万元以下的罚款，可以吊销营业执照，并由广告审查机关撤销广告审查批准文件、一年内不受理其广告审查申请。

医疗机构有前款规定违法行为，情节严重的，除由市场监督管理部门依照本法处罚外，卫生行政部门可以吊销诊疗科目或者吊销医疗机构执业许可证。

广告经营者、广告发布者明知或者应知广告虚假仍设计、制作、代理、发布的，由市场监督管理部门没收广告费用，并处广告费用三倍以上五倍以下的罚款，广告费用无法计算或者明显偏低的，处二十万元以上一百万元以下的罚款；两年内有三次以上违法行为或者有其他严重情节的，处广告费用五倍以上十倍以下的罚款，广告费用无法计算或者明显偏低的，处一百万元以上二百万元以下的罚款，并可以由有关部门暂停广告发布业务、吊销营业执照。

广告主、广告经营者、广告发布者有本条第一款、第三款规定行为，构成犯罪的，依法追究刑事责任。

第五十六条　违反本法规定，发布虚假广告，欺骗、误导消费者，使购买商品或者接受服务的消费者的合法权益受到损害的，由广告主依法承担民事责任。广告经营者、广告发布者不能提供广告主的真实名称、地址和有效联系方式的，消费者可以要求广告经营者、广告发布者先行赔偿。

关系消费者生命健康的商品或者服务的虚假广告，造成消费者损害的，其广告经营者、广告发布者、广告代言人应当与广告主承担连带责任。

前款规定以外的商品或者服务的虚假广告，造成消费者损害的，其广告经营者、广告发布者、广告代言人，明知或者应知广告虚假仍设计、制作、代理、发布或者作推荐、证明的，应当与广告主承担连带责任。

第五十七条　有下列行为之一的，由市场监督管理部门责令停止发布广告，对广告主处二十万元以上一百万元以下的罚款，情节严重的，并可以吊销营业执照，由广告审查机关撤销广告审查批准文件、一年内不受理其广告审查申请；对广告经营者、广告发布者，由市场监督管理部门没收广告费用，处二十万元以上一百万元以下的罚款，情节严重的，并可以吊销营业执照：

（一）发布有本法第九条、第十条规定的禁止情形的广告的；

（二）违反本法第十五条规定发布处方药广告、药品类易制毒化学品广告、戒毒治疗的医疗器械和治疗方法广告的；

（三）违反本法第二十条规定，发布声称全部或者部分替代母乳的婴儿乳制品、饮料和其他食品广告的；

（四）违反本法第二十二条规定发布烟草广告的；

（五）违反本法第三十七条规定，利用广告推销禁止生产、销售的产品或者提供的服务，或者禁止发布广告的商品或者服务的；

（六）违反本法第四十条第一款规定，在针对未成年人的大众传播媒介上发布医疗、药品、保健食品、医疗器械、化妆品、酒类、美容广告，以及不利于未成年人身心健康的网络游戏广告的。

第五十八条　有下列行为之一的，由市场监督管理部门责令停止发布广告，责令广告主在相应范围内消除影响，处广告费用一倍以上三倍以下的罚款，广告费用无法计算或者明显偏低的，处十万元以上二十万元以下的罚款；情节严重的，处广告费用三倍以上五倍以下的罚款，广告费用无法计算或者明显偏低的，处二十万元以上一百万元以下的罚款，可以吊销营业执照，并由广告审查机关撤销广告审查批准文件、一年内不受理其广告审查申请：

（一）违反本法第十六条规定发布医疗、药品、医疗器械广告的；

（二）违反本法第十七条规定，在广告中涉及疾病治疗功能，以及使用医

疗用语或者易使推销的商品与药品、医疗器械相混淆的用语的;

（三）违反本法第十八条规定发布保健食品广告的;

（四）违反本法第二十一条规定发布农药、兽药、饲料和饲料添加剂广告的;

（五）违反本法第二十三条规定发布酒类广告的;

（六）违反本法第二十四条规定发布教育、培训广告的;

（七）违反本法第二十五条规定发布招商等有投资回报预期的商品或者服务广告的;

（八）违反本法第二十六条规定发布房地产广告的;

（九）违反本法第二十七条规定发布农作物种子、林木种子、草种子、种畜禽、水产苗种和种养殖广告的;

（十）违反本法第三十八条第二款规定，利用不满十周岁的未成年人作为广告代言人的;

（十一）违反本法第三十八条第三款规定，利用自然人、法人或者其他组织作为广告代言人的;

（十二）违反本法第三十九条规定，在中小学校、幼儿园内或者利用与中小学生、幼儿有关的物品发布广告的;

（十三）违反本法第四十条第二款规定，发布针对不满十四周岁的未成年人的商品或者服务的广告的;

（十四）违反本法第四十六条规定，未经审查发布广告的。

医疗机构有前款规定违法行为，情节严重的，除由市场监督管理部门依照本法处罚外，卫生行政部门可以吊销诊疗科目或者吊销医疗机构执业许可证。

广告经营者、广告发布者明知或者应知有本条第一款规定违法行为仍设计、制作、代理、发布的，由市场监督管理部门没收广告费用，并处广告费用一倍以上三倍以下的罚款，广告费用无法计算或者明显偏低的，处十万元以上二十万元以下的罚款；情节严重的，处广告费用三倍以上五倍以下的罚款，广告费用无法计算或者明显偏低的，处二十万元以上一百万元以下的罚款，并可以由有关部门暂停广告发布业务、吊销营业执照。

第五十九条　有下列行为之一的，由市场监督管理部门责令停止发布广告，对广告主处十万元以下的罚款：

（一）广告内容违反本法第八条规定的;

（二）广告引证内容违反本法第十一条规定的;

（三）涉及专利的广告违反本法第十二条规定的;

（四）违反本法第十三条规定，广告贬低其他生产经营者的商品或者服务的。

广告经营者、广告发布者明知或者应知有前款规定违法行为仍设计、制作、代理、发布的，由市场监督管理部门处十万元以下的罚款。

广告违反本法第十四条规定，不具有可识别性的，或者违反本法第十九条规定，变相发布医疗、药品、医疗器械、保健食品广告的，由市场监督管理部门责令改正，对广告发布者处十万元以下的罚款。

第六十条　违反本法第三十四条规定，广告经营者、广告发布者未按照国家有关规定建立、健全广告业务管理制度的，或者未对广告内容进行核对的，由市场监督管理部门责令改正，可以处五万元以下的罚款。

违反本法第三十五条规定，广告经营者、广告发布者未公布其收费标准和收费办法的，由价格主管部门责令改正，可以处五万元以下的罚款。

第六十一条　广告代言人有下列情形之一的，由市场监督管理部门没收违法所得，并处违法所得一倍以上二倍以下的罚款：

（一）违反本法第十六条第一款第四项规定，在医疗、药品、医疗器械广告中作推荐、证明的；

（二）违反本法第十八条第一款第五项规定，在保健食品广告中作推荐、证明的；

（三）违反本法第三十八条第一款规定，为其未使用过的商品或者未接受过的服务作推荐、证明的；

（四）明知或者应知广告虚假仍在广告中对商品、服务作推荐、证明的。

第六十二条　违反本法第四十三条规定发送广告的，由有关部门责令停止违法行为，对广告主处五千元以上三万元以下的罚款。

违反本法第四十四条第二款规定，利用互联网发布广告，未显著标明关闭标志，确保一键关闭的，由市场监督管理部门责令改正，对广告主处五千元以上三万元以下的罚款。

第六十三条　违反本法第四十五条规定，公共场所的管理者和电信业务经营者、互联网信息服务提供者，明知或者应知广告活动违法不予制止的，由市场监督管理部门没收违法所得，违法所得五万元以上的，并处违法所得一倍以上三倍以下的罚款，违法所得不足五万元的，并处一万元以上五万元以下的罚款；情节严重的，由有关部门依法停止相关业务。

第六十四条　违反本法规定，隐瞒真实情况或者提供虚假材料申请广告审查的，广告审查机关不予受理或者不予批准，予以警告，一年内不受理该申请人的广告审查申请；以欺骗、贿赂等不正当手段取得广告审查批准的，广告审查机关予以撤销，处十万元以上二十万元以下的罚款，三年内不受理该申请人的广告审查申请。

第六十五条　违反本法规定，伪造、变造或者转让广告审查批准文件的，由市场监督管理部门没收违法所得，并处一万元以上十万元以下的罚款。

第六十六条　有本法规定的违法行为的，由市场监督管理部门记入信用档案，并依照有关法律、行政法规规定予以公示。

第六十七条　广播电台、电视台、报刊音像出版单位发布违法广告，或者以新闻报道形式变相发布广告，或者以介绍健康、养生知识等形式变相发布医疗、药品、医疗器械、保健食品广告，市场监督管理部门依照本法给予处罚的，应当通报新闻出版、广播电视主管部门以及其他有关部门。新闻出版、广播电视主管部门以及其他有关部门应当依法对负有责任的主管人员和直接责任人员给予处分；情节严重的，并可以暂停媒体的广告发布业务。

新闻出版、广播电视主管部门以及其他有关部门未依照前款规定对广播电台、电视台、报刊音像出版单位进行处理的，对负有责任的主管人员和直接责任人员，依法给予处分。

第六十八条　广告主、广告经营者、广告发布者违反本法规定，有下列侵权行为之一的，依法承担民事责任：

（一）在广告中损害未成年人或者残疾人的身心健康的；

（二）假冒他人专利的；

（三）贬低其他生产经营者的商品、服务的；

（四）在广告中未经同意使用他人名义或者形象的；

（五）其他侵犯他人合法民事权益的。

第六十九条　因发布虚假广告，或者有其他本法规定的违法行为，被吊销营业执照的公司、企业的法定代表人，对违法行为负有个人责任的，自该公司、企业被吊销营业执照之日起三年内不得担任公司、企业的董事、监事、高级管理人员。

第七十条　违反本法规定，拒绝、阻挠市场监督管理部门监督检查，或者有其他构成违反治安管理行为的，依法给予治安管理处罚；构成犯罪的，依法追究刑事责任。

第七十一条　广告审查机关对违法的广告内容作出审查批准决定的，对负有责任的主管人员和直接责任人员，由任免机关或者监察机关依法给予处分；构成犯罪的，依法追究刑事责任。

第七十二条　市场监督管理部门对在履行广告监测职责中发现的违法广告行为或者对经投诉、举报的违法广告行为，不依法予以查处的，对负有责任的主管人员和直接责任人员，依法给予处分。

市场监督管理部门和负责广告管理相关工作的有关部门的工作人员玩忽职守、滥用职权、徇私舞弊的，依法给予处分。

有前两款行为，构成犯罪的，依法追究刑事责任。

第六章　附　　则

第七十三条　国家鼓励、支持开展公益广告宣传活动，传播社会主义核心价值观，倡导文明风尚。

大众传播媒介有义务发布公益广告。广播电台、电视台、报刊出版单位应当按照规定的版面、时段、时长发布公益广告。公益广告的管理办法，由国务院市场监督管理部门会同有关部门制定。

第七十四条　本法自 2015 年 9 月 1 日起施行。

出版管理条例

（2001 年 12 月 25 日中华人民共和国国务院令第 343 号公布　根据 2011 年 3 月 19 日《国务院关于修改〈出版管理条例〉的决定》第一次修订　根据 2013 年 7 月 18 日《国务院关于废止和修改部分行政法规的决定》第二次修订　根据 2014 年 7 月 29 日《国务院关于修改部分行政法规的决定》第三次修订　根据 2016 年 2 月 6 日《国务院关于修改部分行政法规的决定》第四次修订　根据 2020 年 11 月 29 日《国务院关于修改和废止部分行政法规的决定》第五次修订）

第一章　总　　则

第一条　为了加强对出版活动的管理，发展和繁荣有中国特色社会主义出版产业和出版事业，保障公民依法行使出版自由的权利，促进社会主义精神文明和物质文明建设，根据宪法，制定本条例。

第二条　在中华人民共和国境内从事出版活动，适用本条例。

本条例所称出版活动，包括出版物的出版、印刷或者复制、进口、发行。

本条例所称出版物，是指报纸、期刊、图书、音像制品、电子出版物等。

第三条　出版活动必须坚持为人民服务、为社会主义服务的方向，坚持以马克思列宁主义、毛泽东思想、邓小平理论和"三个代表"重要思想为指导，贯彻落实科学发展观，传播和积累有益于提高民族素质、有益于经济发展和社会进步的科学技术和文化知识，弘扬民族优秀文化，促进国际文化交流，丰富和提高人民的精神生活。

第四条 从事出版活动，应当将社会效益放在首位，实现社会效益与经济效益相结合。

第五条 公民依法行使出版自由的权利，各级人民政府应当予以保障。

公民在行使出版自由的权利的时候，必须遵守宪法和法律，不得反对宪法确定的基本原则，不得损害国家的、社会的、集体的利益和其他公民的合法的自由和权利。

第六条 国务院出版行政主管部门负责全国的出版活动的监督管理工作。国务院其他有关部门按照国务院规定的职责分工，负责有关的出版活动的监督管理工作。

县级以上地方各级人民政府负责出版管理的部门（以下简称出版行政主管部门）负责本行政区域内出版活动的监督管理工作。县级以上地方各级人民政府其他有关部门在各自的职责范围内，负责有关的出版活动的监督管理工作。

第七条 出版行政主管部门根据已经取得的违法嫌疑证据或者举报，对涉嫌违法从事出版物出版、印刷或者复制、进口、发行等活动的行为进行查处时，可以检查与涉嫌违法活动有关的物品和经营场所；对有证据证明是与违法活动有关的物品，可以查封或者扣押。

第八条 出版行业的社会团体按照其章程，在出版行政主管部门的指导下，实行自律管理。

第二章 出版单位的设立与管理

第九条 报纸、期刊、图书、音像制品和电子出版物等应当由出版单位出版。

本条例所称出版单位，包括报社、期刊社、图书出版社、音像出版社和电子出版物出版社等。

法人出版报纸、期刊，不设立报社、期刊社的，其设立的报纸编辑部、期刊编辑部视为出版单位。

第十条 国务院出版行政主管部门制定全国出版单位总量、结构、布局的规划，指导、协调出版产业和出版事业发展。

第十一条 设立出版单位，应当具备下列条件：

（一）有出版单位的名称、章程；

（二）有符合国务院出版行政主管部门认定的主办单位及其主管机关；

（三）有确定的业务范围；

（四）有30万元以上的注册资本和固定的工作场所；

（五）有适应业务范围需要的组织机构和符合国家规定的资格条件的编辑

出版专业人员；

（六）法律、行政法规规定的其他条件。

审批设立出版单位，除依照前款所列条件外，还应当符合国家关于出版单位总量、结构、布局的规划。

第十二条　设立出版单位，由其主办单位向所在地省、自治区、直辖市人民政府出版行政主管部门提出申请；省、自治区、直辖市人民政府出版行政主管部门审核同意后，报国务院出版行政主管部门审批。设立的出版单位为事业单位的，还应当办理机构编制审批手续。

第十三条　设立出版单位的申请书应当载明下列事项：

（一）出版单位的名称、地址；

（二）出版单位的主办单位及其主管机关的名称、地址；

（三）出版单位的法定代表人或者主要负责人的姓名、住址、资格证明文件；

（四）出版单位的资金来源及数额。

设立报社、期刊社或者报纸编辑部、期刊编辑部的，申请书还应当载明报纸或者期刊的名称、刊期、开版或者开本、印刷场所。

申请书应当附具出版单位的章程和设立出版单位的主办单位及其主管机关的有关证明材料。

第十四条　国务院出版行政主管部门应当自受理设立出版单位的申请之日起60日内，作出批准或者不批准的决定，并由省、自治区、直辖市人民政府出版行政主管部门书面通知主办单位；不批准的，应当说明理由。

第十五条　设立出版单位的主办单位应当自收到批准决定之日起60日内，向所在地省、自治区、直辖市人民政府出版行政主管部门登记，领取出版许可证。登记事项由国务院出版行政主管部门规定。

出版单位领取出版许可证后，属于事业单位法人的，持出版许可证向事业单位登记管理机关登记，依法领取事业单位法人证书；属于企业法人的，持出版许可证向工商行政管理部门登记，依法领取营业执照。

第十六条　报社、期刊社、图书出版社、音像出版社和电子出版物出版社等应当具备法人条件，经核准登记后，取得法人资格，以其全部法人财产独立承担民事责任。

依照本条例第九条第三款的规定，视为出版单位的报纸编辑部、期刊编辑部不具有法人资格，其民事责任由其主办单位承担。

第十七条　出版单位变更名称、主办单位或者其主管机关、业务范围、资本结构，合并或者分立，设立分支机构，出版新的报纸、期刊，或者报纸、期刊变更名称的，应当依照本条例第十二条、第十三条的规定办理审批手续。出版单位属于事业单位法人的，还应当持批准文件到事业单位登记管理机关办理相应的登记手续；属于企业法人的，还应当持批准文件到工商行政管理部门办理相应的登记手续。

出版单位除前款所列变更事项外的其他事项的变更，应当经主办单位及其主管机关审查同意，向所在地省、自治区、直辖市人民政府出版行政主管部门申请变更登记，并报国务院出版行政主管部门备案。出版单位属于事业单位法人的，还应当持批准文件到事业单位登记管理机关办理变更登记；属于企业法人的，还应当持批准文件到工商行政管理部门办理变更登记。

第十八条　出版单位中止出版活动的，应当向所在地省、自治区、直辖市人民政府出版行政主管部门备案并说明理由和期限；出版单位中止出版活动不得超过 180 日。

出版单位终止出版活动的，由主办单位提出申请并经主管机关同意后，由主办单位向所在地省、自治区、直辖市人民政府出版行政主管部门办理注销登记，并报国务院出版行政主管部门备案。出版单位属于事业单位法人的，还应当持批准文件到事业单位登记管理机关办理注销登记；属于企业法人的，还应当持批准文件到工商行政管理部门办理注销登记。

第十九条　图书出版社、音像出版社和电子出版物出版社自登记之日起满 180 日未从事出版活动的，报社、期刊社自登记之日起满 90 日未出版报纸、期刊的，由原登记的出版行政主管部门注销登记，并报国务院出版行政主管部门备案。

因不可抗力或者其他正当理由发生前款所列情形的，出版单位可以向原登记的出版行政主管部门申请延期。

第二十条　图书出版社、音像出版社和电子出版物出版社的年度出版计划及涉及国家安全、社会安定等方面的重大选题，应当经所在地省、自治区、直辖市人民政府出版行政主管部门审核后报国务院出版行政主管部门备案；涉及重大选题，未在出版前报备案的出版物，不得出版。具体办法由国务院出版行政主管部门制定。

期刊社的重大选题，应当依照前款规定办理备案手续。

第二十一条　出版单位不得向任何单位或者个人出售或者以其他形式转让本单位的名称、书号、刊号或者版号、版面，并不得出租本单位的名称、刊号。

出版单位及其从业人员不得利用出版活动谋取其他不正当利益。

第二十二条　出版单位应当按照国家有关规定向国家图书馆、中国版本图书馆和国务院出版行政主管部门免费送交样本。

第三章　出版物的出版

第二十三条　公民可以依照本条例规定，在出版物上自由表达自己对国家事务、经济和文化事业、社会事务的见解和意愿，自由发表自己从事科学研究、文学艺术创作和其他文化活动的成果。

合法出版物受法律保护，任何组织和个人不得非法干扰、阻止、破坏出版物的出版。

第二十四条　出版单位实行编辑责任制度，保障出版物刊载的内容符合本条例的规定。

第二十五条　任何出版物不得含有下列内容：

（一）反对宪法确定的基本原则的；

（二）危害国家统一、主权和领土完整的；

（三）泄露国家秘密、危害国家安全或者损害国家荣誉和利益的；

（四）煽动民族仇恨、民族歧视，破坏民族团结，或者侵害民族风俗、习惯的；

（五）宣扬邪教、迷信的；

（六）扰乱社会秩序，破坏社会稳定的；

（七）宣扬淫秽、赌博、暴力或者教唆犯罪的；

（八）侮辱或者诽谤他人，侵害他人合法权益的；

（九）危害社会公德或者民族优秀文化传统的；

（十）有法律、行政法规和国家规定禁止的其他内容的。

第二十六条　以未成年人为对象的出版物不得含有诱发未成年人模仿违反社会公德的行为和违法犯罪的行为的内容，不得含有恐怖、残酷等妨害未成年人身心健康的内容。

第二十七条　出版物的内容不真实或者不公正，致使公民、法人或者其他组织的合法权益受到侵害的，其出版单位应当公开更正，消除影响，并依法承担其他民事责任。

报纸、期刊发表的作品内容不真实或者不公正，致使公民、法人或者其他组织的合法权益受到侵害的，当事人有权要求有关出版单位更正或者答辩，有关出版单位应当在其近期出版的报纸、期刊上予以发表；拒绝发表的，当事人可以向人民法院提起诉讼。

第二十八条　出版物必须按照国家的有关规定载明作者、出版者、印刷者或者复制者、发行者的名称、地址，书号、刊号或者版号，在版编目数据，出版日期、刊期以及其他有关事项。

出版物的规格、开本、版式、装帧、校对等必须符合国家标准和规范要求，保证出版物的质量。

出版物使用语言文字必须符合国家法律规定和有关标准、规范。

第二十九条 任何单位和个人不得伪造、假冒出版单位名称或者报纸、期刊名称出版出版物。

第三十条 中学小学教科书由国务院教育行政主管部门审定；其出版、发行单位应当具有适应教科书出版、发行业务需要的资金、组织机构和人员等条件，并取得国务院出版行政主管部门批准的教科书出版、发行资质。纳入政府采购范围的中学小学教科书，其发行单位按照《中华人民共和国政府采购法》的有关规定确定。其他任何单位或者个人不得从事中学小学教科书的出版、发行业务。

第四章 出版物的印刷或者复制和发行

第三十一条 从事出版物印刷或者复制业务的单位，应当向所在地省、自治区、直辖市人民政府出版行政主管部门提出申请，经审核许可，并依照国家有关规定到工商行政管理部门办理相关手续后，方可从事出版物的印刷或者复制。

未经许可并办理相关手续的，不得印刷报纸、期刊、图书，不得复制音像制品、电子出版物。

第三十二条 出版单位不得委托未取得出版物印刷或者复制许可的单位印刷或者复制出版物。

出版单位委托印刷或者复制单位印刷或者复制出版物的，必须提供符合国家规定的印刷或者复制出版物的有关证明，并依法与印刷或者复制单位签订合同。

印刷或者复制单位不得接受非出版单位和个人的委托印刷报纸、期刊、图书或者复制音像制品、电子出版物，不得擅自印刷、发行报纸、期刊、图书或者复制、发行音像制品、电子出版物。

第三十三条 印刷或者复制单位经所在地省、自治区、直辖市人民政府出版行政主管部门批准，可以承接境外出版物的印刷或者复制业务；但是，印刷或者复制的境外出版物必须全部运输出境，不得在境内发行。

境外委托印刷或者复制的出版物的内容，应当经省、自治区、直辖市人民政府出版行政主管部门审核。委托人应当持有著作权人授权书，并向著作权行政管理部门登记。

第三十四条 印刷或者复制单位应当自完成出版物的印刷或者复制之日

起 2 年内，留存一份承接的出版物样本备查。

第三十五条　单位从事出版物批发业务的，须经省、自治区、直辖市人民政府出版行政主管部门审核许可，取得《出版物经营许可证》。

单位和个体工商户从事出版物零售业务的，须经县级人民政府出版行政主管部门审核许可，取得《出版物经营许可证》。

第三十六条　通过互联网等信息网络从事出版物发行业务的单位或者个体工商户，应当依照本条例规定取得《出版物经营许可证》。

提供网络交易平台服务的经营者应当对申请通过网络交易平台从事出版物发行业务的单位或者个体工商户的经营主体身份进行审查，验证其《出版物经营许可证》。

第三十七条　从事出版物发行业务的单位和个体工商户变更《出版物经营许可证》登记事项，或者兼并、合并、分立的，应当依照本条例第三十五条的规定办理审批手续。

从事出版物发行业务的单位和个体工商户终止经营活动的，应当向原批准的出版行政主管部门备案。

第三十八条　出版单位可以发行本出版单位出版的出版物，不得发行其他出版单位出版的出版物。

第三十九条　国家允许设立从事图书、报纸、期刊、电子出版物发行业务的外商投资企业。

第四十条　印刷或者复制单位、发行单位或者个体工商户不得印刷或者复制、发行有下列情形之一的出版物：

（一）含有本条例第二十五条、第二十六条禁止内容的；

（二）非法进口的；

（三）伪造、假冒出版单位名称或者报纸、期刊名称的；

（四）未署出版单位名称的；

（五）中学小学教科书未经依法审定的；

（六）侵犯他人著作权的。

第五章　出版物的进口

第四十一条　出版物进口业务，由依照本条例设立的出版物进口经营单位经营；其他单位和个人不得从事出版物进口业务。

第四十二条　设立出版物进口经营单位，应当具备下列条件：

（一）有出版物进口经营单位的名称、章程；

（二）有符合国务院出版行政主管部门认定的主办单位及其主管机关；

（三）有确定的业务范围；

（四）具有进口出版物内容审查能力；

（五）有与出版物进口业务相适应的资金；

（六）有固定的经营场所；

（七）法律、行政法规和国家规定的其他条件。

第四十三条 设立出版物进口经营单位，应当向国务院出版行政主管部门提出申请，经审查批准，取得国务院出版行政主管部门核发的出版物进口经营许可证后，持证到工商行政管理部门依法领取营业执照。

设立出版物进口经营单位，还应当依照对外贸易法律、行政法规的规定办理相应手续。

第四十四条 出版物进口经营单位变更名称、业务范围、资本结构、主办单位或者其主管机关，合并或者分立，设立分支机构，应当依照本条例第四十二条、第四十三条的规定办理审批手续，并持批准文件到工商行政管理部门办理相应的登记手续。

第四十五条 出版物进口经营单位进口的出版物，不得含有本条例第二十五条、第二十六条禁止的内容。

出版物进口经营单位负责对其进口的出版物进行内容审查。省级以上人民政府出版行政主管部门可以对出版物进口经营单位进口的出版物直接进行内容审查。出版物进口经营单位无法判断其进口的出版物是否含有本条例第二十五条、第二十六条禁止内容的，可以请求省级以上人民政府出版行政主管部门进行内容审查。省级以上人民政府出版行政主管部门应出版物进口经营单位的请求，对其进口的出版物进行内容审查的，可以按照国务院价格主管部门批准的标准收取费用。

国务院出版行政主管部门可以禁止特定出版物的进口。

第四十六条 出版物进口经营单位应当在进口出版物前将拟进口的出版物目录报省级以上人民政府出版行政主管部门备案；省级以上人民政府出版行政主管部门发现有禁止进口的或者暂缓进口的出版物的，应当及时通知出版物进口经营单位并通报海关。对通报禁止进口或者暂缓进口的出版物，出版物进口经营单位不得进口，海关不得放行。

出版物进口备案的具体办法由国务院出版行政主管部门制定。

第四十七条 发行进口出版物的，必须从依法设立的出版物进口经营单位进货。

第四十八条 出版物进口经营单位在境内举办境外出版物展览，必须报经国务院出版行政主管部门批准。未经批准，任何单位和个人不得举办境外出版物展览。

依照前款规定展览的境外出版物需要销售的，应当按照国家有关规定办理相关手续。

第六章 监督与管理

第四十九条 出版行政主管部门应当加强对本行政区域内出版单位出版活动的日常监督管理；出版单位的主办单位及其主管机关对所属出版单位出版活动负有直接管理责任，并应当配合出版行政主管部门督促所属出版单位执行各项管理规定。

出版单位和出版物进口经营单位应当按照国务院出版行政主管部门的规定，将从事出版活动和出版物进口活动的情况向出版行政主管部门提出书面报告。

第五十条 出版行政主管部门履行下列职责：

（一）对出版物的出版、印刷、复制、发行、进口单位进行行业监管，实施准入和退出管理；

（二）对出版活动进行监管，对违反本条例的行为进行查处；

（三）对出版物内容和质量进行监管；

（四）根据国家有关规定对出版从业人员进行管理。

第五十一条 出版行政主管部门根据有关规定和标准，对出版物的内容、编校、印刷或者复制、装帧设计等方面质量实施监督检查。

第五十二条 国务院出版行政主管部门制定出版单位综合评估办法，对出版单位分类实施综合评估。

出版物的出版、印刷或者复制、发行和进口经营单位不再具备行政许可的法定条件的，由出版行政主管部门责令限期改正；逾期仍未改正的，由原发证机关撤销行政许可。

第五十三条 国家对在出版单位从事出版专业技术工作的人员实行职业资格制度；出版专业技术人员通过国家专业技术人员资格考试取得专业技术资格。具体办法由国务院人力资源社会保障主管部门、国务院出版行政主管部门共同制定。

第七章 保障与奖励

第五十四条 国家制定有关政策，保障、促进出版产业和出版事业的发展与繁荣。

第五十五条 国家支持、鼓励下列优秀的、重点的出版物的出版：

（一）对阐述、传播宪法确定的基本原则有重大作用的；

（二）对弘扬社会主义核心价值体系，在人民中进行爱国主义、集体主义、社会主义和民族团结教育以及弘扬社会公德、职业道德、家庭美德有重要意义的；

（三）对弘扬民族优秀文化，促进国际文化交流有重大作用的；

（四）对推进文化创新，及时反映国内外新的科学文化成果有重大贡献的；

（五）对服务农业、农村和农民，促进公共文化服务有重大作用的；

（六）其他具有重要思想价值、科学价值或者文化艺术价值的。

第五十六条 国家对教科书的出版发行，予以保障。

国家扶持少数民族语言文字出版物和盲文出版物的出版发行。

国家对在少数民族地区、边疆地区、经济不发达地区和在农村发行出版物，实行优惠政策。

第五十七条 报纸、期刊交由邮政企业发行的，邮政企业应当保证按照合同约定及时、准确发行。

承运出版物的运输企业，应当对出版物的运输提供方便。

第五十八条 对为发展、繁荣出版产业和出版事业作出重要贡献的单位和个人，按照国家有关规定给予奖励。

第五十九条 对非法干扰、阻止和破坏出版物出版、印刷或者复制、进口、发行的行为，县级以上各级人民政府出版行政主管部门及其他有关部门，应当及时采取措施，予以制止。

第八章 法律责任

第六十条 出版行政主管部门或者其他有关部门的工作人员，利用职务上的便利收受他人财物或者其他好处，批准不符合法定条件的申请人取得许可证、批准文件，或者不履行监督职责，或者发现违法行为不予查处，造成严重后果的，依法给予降级直至开除的处分；构成犯罪的，依照刑法关于受贿罪、滥用职权罪、玩忽职守罪或者其他罪的规定，依法追究刑事责任。

第六十一条 未经批准，擅自设立出版物的出版、印刷或者复制、进口单位，或者擅自从事出版物的出版、印刷或者复制、进口、发行业务，假冒出版单位名称或者伪造、假冒报纸、期刊名称出版出版物的，由出版行政主管部门、工商行政管理部门依照法定职权予以取缔；依照刑法关于非法经营罪的规定，依法追究刑事责任；尚不够刑事处罚的，没收出版物、违法所得和从事违法活动的专用工具、设备，违法经营额 1 万元以上的，并处违法经营额 5 倍以上 10 倍以下的罚款，违法经营额不足 1 万元的，可以处 5 万元以下的罚款；侵犯他人合法权益的，依法承担民事责任。

第六十二条　有下列行为之一，触犯刑律的，依照刑法有关规定，依法追究刑事责任；尚不够刑事处罚的，由出版行政主管部门责令限期停业整顿，没收出版物、违法所得，违法经营额 1 万元以上的，并处违法经营额 5 倍以上 10 倍以下的罚款；违法经营额不足 1 万元的，可以处 5 万元以下的罚款；情节严重的，由原发证机关吊销许可证：

（一）出版、进口含有本条例第二十五条、第二十六条禁止内容的出版物的；

（二）明知或者应知出版物含有本条例第二十五条、第二十六条禁止内容而印刷或者复制、发行的；

（三）明知或者应知他人出版含有本条例第二十五条、第二十六条禁止内容的出版物而向其出售或者以其他形式转让本出版单位的名称、书号、刊号、版号、版面，或者出租本单位的名称、刊号的。

第六十三条　有下列行为之一的，由出版行政主管部门责令停止违法行为，没收出版物、违法所得，违法经营额 1 万元以上的，并处违法经营额 5 倍以上 10 倍以下的罚款；违法经营额不足 1 万元的，可以处 5 万元以下的罚款；情节严重的，责令限期停业整顿或者由原发证机关吊销许可证：

（一）进口、印刷或者复制、发行国务院出版行政主管部门禁止进口的出版物的；

（二）印刷或者复制走私的境外出版物的；

（三）发行进口出版物未从本条例规定的出版物进口经营单位进货的。

第六十四条　走私出版物的，依照刑法关于走私罪的规定，依法追究刑事责任；尚不够刑事处罚的，由海关依照海关法的规定给予行政处罚。

第六十五条　有下列行为之一的，由出版行政主管部门没收出版物、违法所得，违法经营额 1 万元以上的，并处违法经营额 5 倍以上 10 倍以下的罚款；违法经营额不足 1 万元的，可以处 5 万元以下的罚款；情节严重的，责令限期停业整顿或者由原发证机关吊销许可证：

（一）出版单位委托未取得出版物印刷或者复制许可的单位印刷或者复制出版物的；

（二）印刷或者复制单位未取得印刷或者复制许可而印刷或者复制出版物的；

（三）印刷或者复制单位接受非出版单位和个人的委托印刷或者复制出版物的；

（四）印刷或者复制单位未履行法定手续印刷或者复制境外出版物的，印刷或者复制的境外出版物没有全部运输出境的；

（五）印刷或者复制单位、发行单位或者个体工商户印刷或者复制、发行未署出版单位名称的出版物的；

（六）印刷或者复制单位、发行单位或者个体工商户印刷或者复制、发行伪造、假冒出版单位名称或者报纸、期刊名称的出版物的；

（七）出版、印刷、发行单位出版、印刷、发行未经依法审定的中学小学教科书，或者非依照本条例规定确定的单位从事中学小学教科书的出版、发行业务的。

第六十六条　出版单位有下列行为之一的，由出版行政主管部门责令停止违法行为，给予警告，没收违法经营的出版物、违法所得，违法经营额 1 万元以上的，并处违法经营额 5 倍以上 10 倍以下的罚款；违法经营额不足 1 万元的，可以处 5 万元以下的罚款；情节严重的，责令限期停业整顿或者由原发证机关吊销许可证：

（一）出售或者以其他形式转让本出版单位的名称、书号、刊号、版号、版面，或者出租本单位的名称、刊号的；

（二）利用出版活动谋取其他不正当利益的。

第六十七条　有下列行为之一的，由出版行政主管部门责令改正，给予警告；情节严重的，责令限期停业整顿或者由原发证机关吊销许可证：

（一）出版单位变更名称、主办单位或者其主管机关、业务范围，合并或者分立，出版新的报纸、期刊，或者报纸、期刊改变名称，以及出版单位变更其他事项，未依照本条例的规定到出版行政主管部门办理审批、变更登记手续的；

（二）出版单位未将其年度出版计划和涉及国家安全、社会安定等方面的重大选题备案的；

（三）出版单位未依照本条例的规定送交出版物的样本的；

（四）印刷或者复制单位未依照本条例的规定留存备查的材料的；

（五）出版进口经营单位未将其进口的出版物目录报送备案的；

（六）出版单位擅自中止出版活动超过 180 日的；

（七）出版物发行单位、出版物进口经营单位未依照本条例的规定办理变更审批手续的；

（八）出版物质量不符合有关规定和标准的。

第六十八条　未经批准，举办境外出版物展览的，由出版行政主管部门责令停止违法行为，没收出版物、违法所得；情节严重的，责令限期停业整顿或者由原发证机关吊销许可证。

第六十九条　印刷或者复制、批发、零售、出租、散发含有本条例第二十五条、第二十六条禁止内容的出版物或者其他非法出版物的，当事人对非法出版物的来源作出说明、指认，经查证属实的，没收出版物、违法所得，可以减轻或者免除其他行政处罚。

第七十条　单位违反本条例被处以吊销许可证行政处罚的，其法定代表人或者主要负责人自许可证被吊销之日起 10 年内不得担任出版、印刷或者复制、进口、发行单位的法定代表人或者主要负责人。

出版从业人员违反本条例规定，情节严重的，由原发证机关吊销其资格证书。

第七十一条　依照本条例的规定实施罚款的行政处罚，应当依照有关法律、行政法规的规定，实行罚款决定与罚款收缴分离；收缴的罚款必须全部上缴国库。

第九章　附　　则

第七十二条　行政法规对音像制品和电子出版物的出版、复制、进口、发行另有规定的，适用其规定。

接受境外机构或者个人赠送出版物的管理办法、订户订购境外出版物的管理办法、网络出版审批和管理办法，由国务院出版行政主管部门根据本条例的原则另行制定。

第七十三条　本条例自 2002 年 2 月 1 日起施行。1997 年 1 月 2 日国务院发布的《出版管理条例》同时废止。

音像制品管理条例

（2001 年 12 月 25 日中华人民共和国国务院令第 341 号公布　根据 2011年 3 月 19 日《国务院关于修改〈音像制品管理条例〉的决定》第一次修订　根据 2013 年 12 月 7 日《国务院关于修改部分行政法规的决定》第二次修订　根据 2016 年 2 月 6 日《国务院关于修改部分行政法规的决定》第三次修订　根据 2020 年 11 月 29 日《国务院关于修改和废止部分行政法规的决定》第四次修订）

第一章　总　　则

第一条　为了加强音像制品的管理，促进音像业的健康发展和繁荣，丰富人民群众的文化生活，促进社会主义物质文明和精神文明建设，制定本条例。

第二条　本条例适用于录有内容的录音带、录像带、唱片、激光唱盘和激光视盘等音像制品的出版、制作、复制、进口、批发、零售、出租等活动。

音像制品用于广播电视播放的，适用广播电视法律、行政法规。

第三条　出版、制作、复制、进口、批发、零售、出租音像制品，应当遵守宪法和有关法律、法规，坚持为人民服务和为社会主义服务的方向，传播有益于经济发展和社会进步的思想、道德、科学技术和文化知识。

音像制品禁止载有下列内容：

（一）反对宪法确定的基本原则的；

（二）危害国家统一、主权和领土完整的；

（三）泄露国家秘密、危害国家安全或者损害国家荣誉和利益的；

（四）煽动民族仇恨、民族歧视，破坏民族团结，或者侵害民族风俗、习惯的；

（五）宣扬邪教、迷信的；

（六）扰乱社会秩序，破坏社会稳定的；

（七）宣扬淫秽、赌博、暴力或者教唆犯罪的；

（八）侮辱或者诽谤他人，侵害他人合法权益的；

（九）危害社会公德或者民族优秀文化传统的；

（十）有法律、行政法规和国家规定禁止的其他内容的。

第四条　国务院出版行政主管部门负责全国音像制品的出版、制作、复制、进口、批发、零售和出租的监督管理工作；国务院其他有关行政部门按照国务院规定的职责分工，负责有关的音像制品经营活动的监督管理工作。

县级以上地方人民政府负责出版管理的行政主管部门（以下简称出版行政主管部门）负责本行政区域内音像制品的出版、制作、复制、进口、批发、零售和出租的监督管理工作；县级以上地方人民政府其他有关行政部门在各自的职责范围内负责有关的音像制品经营活动的监督管理工作。

第五条　国家对出版、制作、复制、进口、批发、零售音像制品，实行许可制度；未经许可，任何单位和个人不得从事音像制品的出版、制作、复制、进口、批发、零售等活动。

依照本条例发放的许可证和批准文件，不得出租、出借、出售或者以其他任何形式转让。

第六条　国务院出版行政主管部门负责制定音像业的发展规划，确定全国音像出版单位、音像复制单位的总量、布局和结构。

第七条　音像制品经营活动的监督管理部门及其工作人员不得从事或者

变相从事音像制品经营活动，并不得参与或者变相参与音像制品经营单位的经营活动。

第二章　出　　版

第八条　设立音像出版单位，应当具备下列条件：

（一）有音像出版单位的名称、章程；

（二）有符合国务院出版行政主管部门认定的主办单位及其主管机关；

（三）有确定的业务范围；

（四）有适应业务范围需要的组织机构和符合国家规定的资格条件的音像出版专业人员；

（五）有适应业务范围需要的资金、设备和工作场所；

（六）法律、行政法规规定的其他条件。

审批设立音像出版单位，除依照前款所列条件外，还应当符合音像出版单位总量、布局和结构的规划。

第九条　申请设立音像出版单位，由所在地省、自治区、直辖市人民政府出版行政主管部门审核同意后，报国务院出版行政主管部门审批。国务院出版行政主管部门应当自受理申请之日起 60 日内作出批准或者不批准的决定，并通知申请人。批准的，发给《音像制品出版许可证》，由申请人持《音像制品出版许可证》到工商行政管理部门登记，依法领取营业执照；不批准的，应当说明理由。

申请书应当载明下列内容：

（一）音像出版单位的名称、地址；

（二）音像出版单位的主办单位及其主管机关的名称、地址；

（三）音像出版单位的法定代表人或者主要负责人的姓名、住址、资格证明文件；

（四）音像出版单位的资金来源和数额。

第十条　音像出版单位变更名称、主办单位或者其主管机关、业务范围，或者兼并其他音像出版单位，或者因合并、分立而设立新的音像出版单位的，应当依照本条例第九条的规定办理审批手续，并到原登记的工商行政管理部门办理相应的登记手续。

音像出版单位变更地址、法定代表人或者主要负责人，或者终止出版经营活动的，应当到原登记的工商行政管理部门办理变更登记或者注销登记，并向国务院出版行政主管部门备案。

第十一条　音像出版单位的年度出版计划和涉及国家安全、社会安定等方面的重大选题，应当经所在地省、自治区、直辖市人民政府出版行政主管部门审核后报国务院出版行政主管部门备案；重大选题音像制品未在出版前报备案的，不得出版。

第十二条 音像出版单位应当在其出版的音像制品及其包装的明显位置，标明出版单位的名称、地址和音像制品的版号、出版时间、著作权人等事项；出版进口的音像制品，还应当标明进口批准文号。

音像出版单位应当按照国家有关规定向国家图书馆、中国版本图书馆和国务院出版行政主管部门免费送交样本。

第十三条 音像出版单位不得向任何单位或者个人出租、出借、出售或者以其他任何形式转让本单位的名称，不得向任何单位或者个人出售或者以其他形式转让本单位的版号。

第十四条 任何单位和个人不得以购买、租用、借用、擅自使用音像出版单位的名称或者购买、伪造版号等形式从事音像制品出版活动。

图书出版社、报社、期刊社、电子出版物出版社，不得出版非配合本版出版物的音像制品；但是，可以按照国务院出版行政主管部门的规定，出版配合本版出版物的音像制品，并参照音像出版单位享有权利、承担义务。

第十五条 音像出版单位可以与香港特别行政区、澳门特别行政区、台湾地区或者外国的组织、个人合作制作音像制品。具体办法由国务院出版行政主管部门制定。

第十六条 音像出版单位实行编辑责任制度，保证音像制品的内容符合本条例的规定。

第十七条 音像出版单位以外的单位设立的独立从事音像制品制作业务的单位（以下简称音像制作单位）申请从事音像制品制作业务，由所在地省、自治区、直辖市人民政府出版行政主管部门审批。省、自治区、直辖市人民政府出版行政主管部门应当自受理申请之日起60日内作出批准或者不批准的决定，并通知申请人。批准的，发给《音像制品制作许可证》；不批准的，应当说明理由。广播、电视节目制作经营单位的设立，依照有关法律、行政法规的规定办理。

申请书应当载明下列内容：

（一）音像制作单位的名称、地址；

（二）音像制作单位的法定代表人或者主要负责人的姓名、住址、资格证明文件；

（三）音像制作单位的资金来源和数额。

审批从事音像制品制作业务申请，除依照前款所列条件外，还应当兼顾音像制作单位总量、布局和结构。

第十八条　音像制作单位变更名称、业务范围，或者兼并其他音像制作单位，或者因合并、分立而设立新的音像制作单位的，应当依照本条例第十七条的规定办理审批手续。

音像制作单位变更地址、法定代表人或者主要负责人，或者终止制作经营活动的，应当向所在地省、自治区、直辖市人民政府出版行政主管部门备案。

第十九条　音像出版单位不得委托未取得《音像制品制作许可证》的单位制作音像制品。

音像制作单位接受委托制作音像制品的，应当按照国家有关规定，与委托的出版单位订立制作委托合同；验证委托的出版单位的《音像制品出版许可证》或者本版出版物的证明及由委托的出版单位盖章的音像制品制作委托书。

音像制作单位不得出版、复制、批发、零售音像制品。

第三章　复　　制

第二十条　申请从事音像制品复制业务应当具备下列条件：

（一）有音像复制单位的名称、章程；

（二）有确定的业务范围；

（三）有适应业务范围需要的组织机构和人员；

（四）有适应业务范围需要的资金、设备和复制场所；

（五）法律、行政法规规定的其他条件。

审批从事音像制品复制业务申请，除依照前款所列条件外，还应当符合音像复制单位总量、布局和结构的规划。

第二十一条　申请从事音像制品复制业务，由所在地省、自治区、直辖市人民政府出版行政主管部门审批。省、自治区、直辖市人民政府出版行政主管部门应当自受理申请之日起20日内作出批准或者不批准的决定，并通知申请人。批准的，发给《复制经营许可证》；不批准的，应当说明理由。

申请书应当载明下列内容：

（一）音像复制单位的名称、地址；

（二）音像复制单位的法定代表人或者主要负责人的姓名、住址；

（三）音像复制单位的资金来源和数额。

第二十二条　音像复制单位变更业务范围，或者兼并其他音像复制单位，或者因合并、分立而设立新的音像复制单位的，应当依照本条例第二十一条的规定办理审批手续。

音像复制单位变更名称、地址、法定代表人或者主要负责人，或者终止复制经营活动的，应当向所在地省、自治区、直辖市人民政府出版行政主管部门备案。

第二十三条 音像复制单位接受委托复制音像制品的，应当按照国家有关规定，与委托的出版单位订立复制委托合同；验证委托的出版单位的《音像制品出版许可证》、营业执照副本、盖章的音像制品复制委托书以及出版单位取得的授权书；接受委托复制的音像制品属于非卖品的，应当验证委托单位的身份证明和委托单位出具的音像制品非卖品复制委托书。

音像复制单位应当自完成音像制品复制之日起 2 年内，保存委托合同和所复制的音像制品的样本以及验证的有关证明文件的副本，以备查验。

第二十四条 音像复制单位不得接受非音像出版单位或者个人的委托复制经营性的音像制品；不得自行复制音像制品；不得批发、零售音像制品。

第二十五条 从事光盘复制的音像复制单位复制光盘，必须使用蚀刻有国务院出版行政主管部门核发的激光数码储存片来源识别码的注塑模具。

第二十六条 音像复制单位接受委托复制境外音像制品的，应当经省、自治区、直辖市人民政府出版行政主管部门批准，并持著作权人的授权书依法到著作权行政管理部门登记；复制的音像制品应当全部运输出境，不得在境内发行。

第四章 进 口

第二十七条 音像制品成品进口业务由国务院出版行政主管部门批准的音像制品成品进口经营单位经营；未经批准，任何单位或者个人不得经营音像制品成品进口业务。

第二十八条 进口用于出版的音像制品，以及进口用于批发、零售、出租等的音像制品成品，应当报国务院出版行政主管部门进行内容审查。

国务院出版行政主管部门应当自收到音像制品内容审查申请书之日起 30 日内作出批准或者不批准的决定，并通知申请人。批准的，发给批准文件；不批准的，应当说明理由。

进口用于出版的音像制品的单位、音像制品成品进口经营单位应当持国务院出版行政主管部门的批准文件到海关办理进口手续。

第二十九条 进口用于出版的音像制品，其著作权事项应当向国务院著作权行政管理部门登记。

第三十条 进口供研究、教学参考的音像制品，应当委托音像制品成品进口经营单位依照本条例第二十八条的规定办理。

进口用于展览、展示的音像制品，经国务院出版行政主管部门批准后，到海关办理临时进口手续。

依照本条规定进口的音像制品，不得进行经营性复制、批发、零售、出租和放映。

第五章　批发、零售和出租

第三十一条　申请从事音像制品批发、零售业务，应当具备下列条件：

（一）有音像制品批发、零售单位的名称、章程；

（二）有确定的业务范围；

（三）有适应业务范围需要的组织机构和人员；

（四）有适应业务范围需要的资金和场所；

（五）法律、行政法规规定的其他条件。

第三十二条　申请从事音像制品批发业务，应当报所在地省、自治区、直辖市人民政府出版行政主管部门审批。申请从事音像制品零售业务，应当报县级地方人民政府出版行政主管部门审批。出版行政主管部门应当自受理申请书之日起 30 日内作出批准或者不批准的决定，并通知申请人。批准的，应当发给《出版物经营许可证》；不批准的，应当说明理由。

《出版物经营许可证》应当注明音像制品经营活动的种类。

第三十三条　音像制品批发、零售单位变更名称、业务范围，或者兼并其他音像制品批发、零售单位，或者因合并、分立而设立新的音像制品批发、零售单位的，应当依照本条例第三十二条的规定办理审批手续。

音像制品批发、零售单位变更地址、法定代表人或者主要负责人或者终止经营活动，从事音像制品零售经营活动的个体工商户变更业务范围、地址或者终止经营活动的，应当向原批准的出版行政主管部门备案。

第三十四条　音像出版单位可以按照国家有关规定，批发、零售本单位出版的音像制品。从事非本单位出版的音像制品的批发、零售业务的，应当依照本条例第三十二条的规定办理审批手续。

第三十五条　国家允许设立从事音像制品发行业务的外商投资企业。

第三十六条　音像制品批发单位和从事音像制品零售、出租等业务的单位或者个体工商户，不得经营非音像出版单位出版的音像制品或者非音像复制单位复制的音像制品，不得经营未经国务院出版行政主管部门批准进口的音像制品，不得经营侵犯他人著作权的音像制品。

第六章 罚 则

第三十七条 出版行政主管部门或者其他有关行政部门及其工作人员，利用职务上的便利收受他人财物或者其他好处，批准不符合法定条件的申请人取得许可证、批准文件，或者不履行监督职责，或者发现违法行为不予查处，造成严重后果的，对负有责任的主管人员和其他直接责任人员依法给予降级直至开除的处分；构成犯罪的，依照刑法关于受贿罪、滥用职权罪、玩忽职守罪或者其他罪的规定，依法追究刑事责任。

第三十八条 音像制品经营活动的监督管理部门的工作人员从事或者变相从事音像制品经营活动的，参与或者变相参与音像制品经营单位的经营活动的，依法给予撤职或者开除的处分。

音像制品经营活动的监督管理部门有前款所列行为的，对负有责任的主管人员和其他直接责任人员依照前款规定处罚。

第三十九条 未经批准，擅自设立音像制品出版、进口单位，擅自从事音像制品出版、制作、复制业务或者进口、批发、零售经营活动的，由出版行政主管部门、工商行政管理部门依照法定职权予以取缔；依照刑法关于非法经营罪的规定，依法追究刑事责任；尚不够刑事处罚的，没收违法经营的音像制品和违法所得以及进行违法活动的专用工具、设备；违法经营额1万元以上的，并处违法经营额5倍以上10倍以下的罚款；违法经营额不足1万元的，可以处5万元以下的罚款。

第四十条 出版含有本条例第三条第二款禁止内容的音像制品，或者制作、复制、批发、零售、出租、放映明知或者应知含有本条例第三条第二款禁止内容的音像制品的，依照刑法有关规定，依法追究刑事责任；尚不够刑事处罚的，由出版行政主管部门、公安部门依据各自职权责令停业整顿，没收违法经营的音像制品和违法所得；违法经营额1万元以上的，并处违法经营额5倍以上10倍以下的罚款；违法经营额不足1万元的，可以处5万元以下的罚款；情节严重的，并由原发证机关吊销许可证。

第四十一条 走私音像制品的，依照刑法关于走私罪的规定，依法追究刑事责任；尚不够刑事处罚的，由海关依法给予行政处罚。

第四十二条 有下列行为之一的，由出版行政主管部门责令停止违法行为，给予警告，没收违法经营的音像制品和违法所得；违法经营额1万元以上的，并处违法经营额5倍以上10倍以下的罚款；违法经营额不足1万元的，可以处5万元以下的罚款；情节严重的，并责令停业整顿或者由原发证机关吊销许可证：

（一）音像出版单位向其他单位、个人出租、出借、出售或者以其他任何形式转让本单位的名称，出售或者以其他形式转让本单位的版号的；

（二）音像出版单位委托未取得《音像制品制作许可证》的单位制作音像制品，或者委托未取得《复制经营许可证》的单位复制音像制品的；

（三）音像出版单位出版未经国务院出版行政主管部门批准擅自进口的音像制品的；

（四）音像制作单位、音像复制单位未依照本条例的规定验证音像出版单位的委托书、有关证明的；

（五）音像复制单位擅自复制他人的音像制品，或者接受非音像出版单位、个人的委托复制经营性的音像制品，或者自行复制音像制品的。

第四十三条 音像出版单位违反国家有关规定与香港特别行政区、澳门特别行政区、台湾地区或者外国的组织、个人合作制作音像制品，音像复制单位违反国家有关规定接受委托复制境外音像制品，未经省、自治区、直辖市人民政府出版行政主管部门审核同意，或者未将复制的境外音像制品全部运输出境的，由省、自治区、直辖市人民政府出版行政主管部门责令改正，没收违法经营的音像制品和违法所得；违法经营额 1 万元以上的，并处违法经营额 5 倍以上 10 倍以下的罚款；违法经营额不足 1 万元的，可以处 5 万元以下的罚款；情节严重的，并由原发证机关吊销许可证。

第四十四条 有下列行为之一的，由出版行政主管部门责令改正，给予警告；情节严重的，并责令停业整顿或者由原发证机关吊销许可证：

（一）音像出版单位未将其年度出版计划和涉及国家安全、社会安定等方面的重大选题报国务院出版行政主管部门备案的；

（二）音像制品出版、制作、复制、批发、零售单位变更名称、地址、法定代表人或者主要负责人、业务范围等，未依照本条例规定办理审批、备案手续的；

（三）音像出版单位未在其出版的音像制品及其包装的明显位置标明本条例规定的内容的；

（四）音像出版单位未依照本条例的规定送交样本的；

（五）音像复制单位未依照本条例的规定留存备查的材料的；

（六）从事光盘复制的音像复制单位复制光盘，使用未蚀刻国务院出版行政主管部门核发的激光数码储存片来源识别码的注塑模具的。

第四十五条 有下列行为之一的，由出版行政主管部门责令停止违法行为，给予警告，没收违法经营的音像制品和违法所得；违法经营额 1 万元以上的，并处违法经营额 5 倍以上 10 倍以下的罚款；违法经营额不足 1 万元的，可以处 5 万元以下的罚款；情节严重的，并责令停业整顿或者由原发证机关吊销许可证：

（一）批发、零售、出租、放映非音像出版单位出版的音像制品或者非音像复制单位复制的音像制品的；

（二）批发、零售、出租或者放映未经国务院出版行政主管部门批准进口的音像制品的；

（三）批发、零售、出租、放映供研究、教学参考或者用于展览、展示的进口音像制品的。

第四十六条 单位违反本条例的规定，被处以吊销许可证行政处罚的，其法定代表人或者主要负责人自许可证被吊销之日起 10 年内不得担任音像制品出版、制作、复制、进口、批发、零售单位的法定代表人或者主要负责人。

从事音像制品零售业务的个体工商户违反本条例的规定，被处以吊销许可证行政处罚的，自许可证被吊销之日起 10 年内不得从事音像制品零售业务。

第四十七条 依照本条例的规定实施罚款的行政处罚，应当依照有关法律、行政法规的规定，实行罚款决定与罚款收缴分离；收缴的罚款必须全部上缴国库。

第七章 附 则

第四十八条 除本条例第三十五条外，电子出版物的出版、制作、复制、进口、批发、零售等活动适用本条例。

第四十九条 依照本条例发放许可证，除按照法定标准收取成本费外，不得收取其他任何费用。

第五十条 本条例自 2002 年 2 月 1 日起施行。1994 年 8 月 25 日国务院发布的《音像制品管理条例》同时废止。

艺术品经营管理办法

（2016 年 1 月 18 日文化部令第 56 号发布）

第一章 总 则

第一条 为了加强对艺术品经营活动的管理，规范经营行为，繁荣艺术品市场，保护创作者、经营者、消费者的合法权益，制定本办法。

第二条　本办法所称艺术品，是指绘画作品、书法篆刻作品、雕塑雕刻作品、艺术摄影作品、装置艺术作品、工艺美术作品等及上述作品的有限复制品。本办法所称艺术品不包括文物。

本办法规范的艺术品经营活动包括：

（一）收购、销售、租赁；

（二）经纪；

（三）进出口经营；

（四）鉴定、评估、商业性展览等服务；

（五）以艺术品为标的物的投资经营活动及服务。

利用信息网络从事艺术品经营活动的适用本办法。

第三条　文化部负责制定艺术品经营管理政策，监督管理全国艺术品经营活动，建立艺术品市场信用监管体系。

省、自治区、直辖市人民政府文化行政部门负责艺术品进出口经营活动审批，建立专家委员会，为文化行政部门开展的内容审查、市场监管相关工作提供专业意见。

县级以上人民政府文化行政部门负责本行政区域内艺术品经营活动的日常监督管理工作，县级以上人民政府文化行政部门或者依法授权的文化市场综合执法机构对从事艺术品经营活动违反国家有关规定的行为实施处罚。

第四条　加强艺术品市场社会组织建设。鼓励和引导行业协会等社会组织制定行业标准，指导、监督会员依法开展经营活动，依照章程，加强行业自律，推动诚信建设，促进行业公平竞争。

第二章　经营规范

第五条　设立从事艺术品经营活动的经营单位，应当到其住所地县级以上人民政府工商行政管理部门申领营业执照，并在领取营业执照之日起 15 日内，到其住所地县级以上人民政府文化行政部门备案。

其他经营单位增设艺术品经营业务的，应当按前款办理备案手续。

第六条　禁止经营含有以下内容的艺术品：

（一）反对宪法确定的基本原则的；

（二）危害国家统一、主权和领土完整的；

（三）泄露国家秘密、危害国家安全或者损害国家荣誉和利益的；

（四）煽动民族仇恨、民族歧视，破坏民族团结，或者侵害民族风俗、习惯的；

（五）破坏国家宗教政策，宣扬邪教、迷信的；

（六）宣扬恐怖活动，散布谣言，扰乱社会秩序，破坏社会稳定的；

（七）宣扬淫秽、色情、赌博、暴力或者教唆犯罪的；

（八）侮辱或者诽谤他人，侵害他人合法权益的；

（九）违背社会公德或者民族优秀文化传统的；

（十）蓄意篡改历史、严重歪曲历史的；

（十一）有法律、法规和国家规定禁止的其他内容的。

第七条　禁止经营以下艺术品：

（一）走私、盗窃等来源不合法的艺术品；

（二）伪造、变造或者冒充他人名义的艺术品；

（三）除有合法手续、准许经营的以外，法律、法规禁止交易的动物、植物、矿物、金属、化石等为材质的艺术品；

（四）国家规定禁止交易的其他艺术品。

第八条　艺术品经营单位不得有以下经营行为：

（一）向消费者隐瞒艺术品来源，或者在艺术品说明中隐瞒重要事项，误导消费者的；

（二）伪造、变造艺术品来源证明、艺术品鉴定评估文件以及其他交易凭证的；

（三）以非法集资为目的或者以非法传销为手段进行经营的；

（四）未经批准，将艺术品权益拆分为均等份额公开发行，以集中竞价、做市商等集中交易方式进行交易的；

（五）法律、法规和国家规定禁止的其他经营行为。

第九条　艺术品经营单位应当遵守以下规定：

（一）对所经营的艺术品应当标明作者、年代、尺寸、材料、保存状况和销售价格等信息；

（二）保留交易有关的原始凭证、销售合同、台账、账簿等销售记录，法律、法规要求有明确期限的，按照法律、法规规定执行；法律、法规没有明确规定的，保存期不得少于 5 年。

第十条　艺术品经营单位应买受人要求，应当对买受人购买的艺术品进行尽职调查，提供以下证明材料之一：

（一）艺术品创作者本人认可或者出具的原创证明文件；

（二）第三方鉴定评估机构出具的证明文件；

（三）其他能够证明或者追溯艺术品来源的证明文件。

第十一条　艺术品经营单位从事艺术品鉴定、评估等服务，应当遵守以下规定：

（一）与委托人签订书面协议，约定鉴定、评估的事项，鉴定、评估的结论适用范围以及被委托人应当承担的责任；

（二）明示艺术品鉴定、评估程序或者需要告知、提示委托人的事项；

（三）书面出具鉴定、评估结论，鉴定、评估结论应当包括对委托艺术品的全面客观说明，鉴定、评估的程序，做出鉴定、评估结论的证据，鉴定、评估结论的责任说明，并对鉴定、评估结论的真实性负责；

（四）保留书面鉴定、评估结论副本及鉴定、评估人签字等档案不得少于5年。

第十二条　文化产权交易所和以艺术品为标的物的投资经营单位，非公开发行艺术品权益或者采取艺术品集中竞价交易的，应当执行国家有关规定。

第三章　艺术品进出口经营活动

第十三条　艺术品进出口经营活动包括：

（一）从境外进口或者向境外出口艺术品的经营活动；

（二）以销售、商业宣传为目的在境内公共展览场所举办的，有境外艺术品创作者或者境外艺术品参加的各类展示活动。

第十四条　从境外进口或者向境外出口艺术品的，应当在艺术品进出口前，向艺术品进出口口岸所在地省、自治区、直辖市人民政府文化行政部门提出申请并报送以下材料：

（一）营业执照、对外贸易经营者备案登记表；

（二）进出口艺术品的来源、目的地；

（三）艺术品图录；

（四）审批部门要求的其他材料。

文化行政部门应当自受理申请之日起5日内作出批准或者不批准的决定。批准的，发给批准文件，申请单位持批准文件到海关办理手续；不批准的，书面通知申请人并说明理由。

第十五条　以销售、商业宣传为目的在境内公共展览场所举办有境外艺术品创作者或者境外艺术品参加的展示活动，应当由举办单位于展览日45日前，向展览举办地省、自治区、直辖市人民政府文化行政部门提出申请，并报送以下材料：

（一）主办或者承办单位的营业执照、对外贸易经营者备案登记表；

（二）参展的境外艺术品创作者或者境外参展单位的名录；

（三）艺术品图录；

（四）审批部门要求的其他材料。

文化行政部门应当自受理申请之日起 15 日内作出批准或者不批准的决定。批准的，发给批准文件，申请单位持批准文件到海关办理手续；不批准的，书面通知申请人并说明理由。

第十六条 艺术品进出口口岸所在地省、自治区、直辖市人民政府文化行政部门在艺术品进出口经营活动审批过程中，对申报的艺术品内容有疑义的，可提交专家委员会进行复核。复核时间不超过 15 日，复核时间不计入审批时限。

第十七条 同一批已经文化行政部门内容审核的艺术品复出口或者复进口，进出口单位可持原批准文件到进口或者出口口岸海关办理相关手续，文化行政部门不再重复审批。

第十八条 任何单位或者个人不得销售或者利用其他商业形式传播未经文化行政部门批准进口的艺术品。

个人携带、邮寄艺术品进出境，不适用本办法。个人携带、邮寄艺术品超过海关认定的自用、合理数量，海关要求办理进出口手续的，应当参照本办法第十四条办理。

以研究、教学参考、馆藏、公益性展览等非经营性用途为目的的艺术品进出境，应当参照本办法第十四条或者第十五条办理进出口手续。

第四章　法律责任

第十九条 违反本办法第五条规定的，由县级以上人民政府文化行政部门或者依法授权的文化市场综合执法机构责令改正，并可根据情节轻重处 10000 元以下罚款。

第二十条 违反本办法第六条、第七条规定的，由县级以上人民政府文化行政部门或者依法授权的文化市场综合执法机构没收非法艺术品及违法所得，违法经营额不足 10000 元的，并处 10000 元以上 20000 元以下罚款；违法经营额 10000 元以上的，并处违法经营额 2 倍以上 3 倍以下罚款。

第二十一条 违反本办法第八条规定的，由县级以上人民政府文化行政部门或者依法授权的文化市场综合执法机构责令改正，没收违法所得，违法经营额不足 10000 元的，并处 10000 元以上 20000 元以下罚款；违法经营额 10000 元以上的，并处违法经营额 2 倍以上 3 倍以下罚款。

第二十二条 违反本办法第九条、第十一条规定的，由县级以上人民政府文化行政部门或者依法授权的文化市场综合执法机构责令改正，并可根据情节轻重处 30000 元以下罚款。

第二十三条 违反本办法第十四条、第十五条规定，擅自开展艺术品进出口经营活动，及违反第十八条第一款规定的，由县级以上人民政府文化行政部门或者依法授权的文化市场综合执法机构责令改正，违法经营额不足10000 元的，并处 10000 元以上 20000 元以下罚款；违法经营额 10000 元以上的，并处违法经营额 2 倍以上 3 倍以下罚款。

<h3 style="text-align:center">第五章　附　　则</h3>

第二十四条　本办法规定的行政许可、备案、专家委员会复核的期限以工作日计算，不含法定节假日。

第二十五条　本办法由文化部负责解释。

第二十六条　本办法自 2016 年 3 月 15 日起施行。2004 年 7 月 1 日公布的《美术品经营管理办法》同时废止。

营业性演出管理条例

（2005 年 7 月 7 日中华人民共和国国务院令第 439 号公布　根据 2008 年 7 月 22 日《国务院关于修改〈营业性演出管理条例〉的决定》第一次修订　根据 2013 年 7 月 18 日《国务院关于废止和修改部分行政法规的决定》第二次修订　根据 2016 年 2 月 6 日《国务院关于修改部分行政法规的决定》第三次修订　根据 2020 年 11 月 29 日《国务院关于修改和废止部分行政法规的决定》第四次修订）

<h3 style="text-align:center">第一章　总　　则</h3>

第一条　为了加强对营业性演出的管理，促进文化产业的发展，繁荣社会主义文艺事业，满足人民群众文化生活的需要，促进社会主义精神文明建设，制定本条例。

第二条　本条例所称营业性演出，是指以营利为目的为公众举办的现场文艺表演活动。

第三条　营业性演出必须坚持为人民服务、为社会主义服务的方向，把社会效益放在首位、实现社会效益和经济效益的统一，丰富人民群众的文化生活。

第四条　国家鼓励文艺表演团体、演员创作和演出思想性艺术性统一、体现民族优秀文化传统、受人民群众欢迎的优秀节目，鼓励到农村、工矿企业演出和为少年儿童提供免费或者优惠的演出。

第五条　国务院文化主管部门主管全国营业性演出的监督管理工作。国务院公安部门、工商行政管理部门在各自职责范围内，主管营业性演出的监督管理工作。

县级以上地方人民政府文化主管部门负责本行政区域内营业性演出的监督管理工作。县级以上地方人民政府公安部门、工商行政管理部门在各自职责范围内，负责本行政区域内营业性演出的监督管理工作。

第二章　营业性演出经营主体的设立

第六条　文艺表演团体申请从事营业性演出活动，应当有与其业务相适应的专职演员和器材设备，并向县级人民政府文化主管部门提出申请；演出经纪机构申请从事营业性演出经营活动，应当有3名以上专职演出经纪人员和与其业务相适应的资金，并向省、自治区、直辖市人民政府文化主管部门提出申请。文化主管部门应当自受理申请之日起20日内作出决定。批准的，颁发营业性演出许可证；不批准的，应当书面通知申请人并说明理由。

第七条　设立演出场所经营单位，应当依法到工商行政管理部门办理注册登记，领取营业执照，并依照有关消防、卫生管理等法律、行政法规的规定办理审批手续。

演出场所经营单位应当自领取营业执照之日起20日内向所在地县级人民政府文化主管部门备案。

第八条　文艺表演团体变更名称、住所、法定代表人或者主要负责人、营业性演出经营项目，应当向原发证机关申请换发营业性演出许可证，并依法到工商行政管理部门办理变更登记。

演出场所经营单位变更名称、住所、法定代表人或者主要负责人，应当依法到工商行政管理部门办理变更登记，并向原备案机关重新备案。

第九条　以从事营业性演出为职业的个体演员（以下简称个体演员）和以从事营业性演出的居间、代理活动为职业的个体演出经纪人（以下简称个体演出经纪人），应当依法到工商行政管理部门办理注册登记，领取营业执照。

个体演员、个体演出经纪人应当自领取营业执照之日起20日内向所在地县级人民政府文化主管部门备案。

第十条　外国投资者可以依法在中国境内设立演出经纪机构、演出场所经营单位；不得设立文艺表演团体。

外商投资的演出经纪机构申请从事营业性演出经营活动、外商投资的演出场所经营单位申请从事演出场所经营活动，应当向国务院文化主管部门提出申请。国务院文化主管部门应当自收到申请之日起20日内作出决定。批准的，颁发营业性演出许可证；不批准的，应当书面通知申请人并说明理由。

第十一条　香港特别行政区、澳门特别行政区的投资者可以在内地投资设立演出经纪机构、演出场所经营单位以及由内地方控股的文艺表演团体；香港特别行政区、澳门特别行政区的演出经纪机构可以在内地设立分支机构。

台湾地区的投资者可以在大陆投资设立演出经纪机构、演出场所经营单位，不得设立文艺表演团体。

依照本条规定设立的演出经纪机构、文艺表演团体申请从事营业性演出经营活动，依照本条规定设立的演出场所经营单位申请从事演出场所经营活动，应当向省、自治区、直辖市人民政府文化主管部门提出申请。省、自治区、直辖市人民政府文化主管部门应当自收到申请之日起 20 日内作出决定。批准的，颁发营业性演出许可证；不批准的，应当书面通知申请人并说明理由。

依照本条规定设立演出经纪机构、演出场所经营单位的，还应当遵守我国其他法律、法规的规定。

第三章　营业性演出规范

第十二条　文艺表演团体、个体演员可以自行举办营业性演出，也可以参加营业性组台演出。

营业性组台演出应当由演出经纪机构举办；但是，演出场所经营单位可以在本单位经营的场所内举办营业性组台演出。

演出经纪机构可以从事营业性演出的居间、代理、行纪活动；个体演出经纪人只能从事营业性演出的居间、代理活动。

第十三条　举办营业性演出，应当向演出所在地县级人民政府文化主管部门提出申请。县级人民政府文化主管部门应当自受理申请之日起 3 日内作出决定。对符合本条例第二十五条规定的，发给批准文件；对不符合本条例第二十五条规定的，不予批准，书面通知申请人并说明理由。

第十四条　除演出经纪机构外，其他任何单位或者个人不得举办外国的或者香港特别行政区、澳门特别行政区、台湾地区的文艺表演团体、个人参加的营业性演出。但是，文艺表演团体自行举办营业性演出，可以邀请外国的或者香港特别行政区、澳门特别行政区、台湾地区的文艺表演团体、个人参加。

举办外国的或者香港特别行政区、澳门特别行政区、台湾地区的文艺表演团体、个人参加的营业性演出，应当符合下列条件：

（一）有与其举办的营业性演出相适应的资金；

（二）有 2 年以上举办营业性演出的经历；

（三）举办营业性演出前 2 年内无违反本条例规定的记录。

第十五条 举办外国的文艺表演团体、个人参加的营业性演出，演出举办单位应当向演出所在地省、自治区、直辖市人民政府文化主管部门提出申请。

举办香港特别行政区、澳门特别行政区的文艺表演团体、个人参加的营业性演出，演出举办单位应当向演出所在地省、自治区、直辖市人民政府文化主管部门提出申请；举办台湾地区的文艺表演团体、个人参加的营业性演出，演出举办单位应当向国务院文化主管部门会同国务院有关部门规定的审批机关提出申请。

国务院文化主管部门或者省、自治区、直辖市人民政府文化主管部门应当自受理申请之日起 20 日内作出决定。对符合本条例第二十五条规定的，发给批准文件；对不符合本条例第二十五条规定的，不予批准，书面通知申请人并说明理由。

第十六条 申请举办营业性演出，提交的申请材料应当包括下列内容：

（一）演出名称、演出举办单位和参加演出的文艺表演团体、演员；

（二）演出时间、地点、场次；

（三）节目及其视听资料。

申请举办营业性组台演出，还应当提交文艺表演团体、演员同意参加演出的书面函件。

营业性演出需要变更申请材料所列事项的，应当分别依照本条例第十三条、第十五条规定重新报批。

第十七条 演出场所经营单位提供演出场地，应当核验演出举办单位取得的批准文件；不得为未经批准的营业性演出提供演出场地。

第十八条 演出场所经营单位应当确保演出场所的建筑、设施符合国家安全标准和消防安全规范，定期检查消防安全设施状况，并及时维护、更新。

演出场所经营单位应当制定安全保卫工作方案和灭火、应急疏散预案。

演出举办单位在演出场所进行营业性演出，应当核验演出场所经营单位的消防安全设施检查记录、安全保卫工作方案和灭火、应急疏散预案，并与演出场所经营单位就演出活动中突发安全事件的防范、处理等事项签订安全责任协议。

第十九条 在公共场所举办营业性演出，演出举办单位应当依照有关安全、消防的法律、行政法规和国家有关规定办理审批手续，并制定安全保卫工作方案和灭火、应急疏散预案。演出场所应当配备应急广播、照明设施，在安全出入口设置明显标识，保证安全出入口畅通；需要临时搭建舞台、看台的，演出举办单位应当按照国家有关安全标准搭建舞台、看台，确保安全。

第二十条 审批临时搭建舞台、看台的营业性演出时，文化主管部门应当核验演出举办单位的下列文件：

（一）依法验收后取得的演出场所合格证明；

（二）安全保卫工作方案和灭火、应急疏散预案；

（三）依法取得的安全、消防批准文件。

第二十一条 演出场所容纳的观众数量应当报公安部门核准；观众区域与缓冲区域应当由公安部门划定，缓冲区域应当有明显标识。

演出举办单位应当按照公安部门核准的观众数量、划定的观众区域印制和出售门票。

验票时，发现进入演出场所的观众达到核准数量仍有观众等待入场的，应当立即终止验票并同时向演出所在地县级人民政府公安部门报告；发现观众持有观众区域以外的门票或者假票的，应当拒绝其入场并同时向演出所在地县级人民政府公安部门报告。

第二十二条 任何人不得携带传染病病原体和爆炸性、易燃性、放射性、腐蚀性等危险物质或者非法携带枪支、弹药、管制器具进入营业性演出现场。

演出场所经营单位应当根据公安部门的要求，配备安全检查设施，并对进入营业性演出现场的观众进行必要的安全检查；观众不接受安全检查或者有前款禁止行为的，演出场所经营单位有权拒绝其进入。

第二十三条 演出举办单位应当组织人员落实营业性演出时的安全、消防措施，维护营业性演出现场秩序。

演出举办单位和演出场所经营单位发现营业性演出现场秩序混乱，应当立即采取措施并同时向演出所在地县级人民政府公安部门报告。

第二十四条 演出举办单位不得以政府或者政府部门的名义举办营业性演出。

营业性演出不得冠以"中国"、"中华"、"全国"、"国际"等字样。

营业性演出广告内容必须真实、合法，不得误导、欺骗公众。

第二十五条 营业性演出不得有下列情形：

（一）反对宪法确定的基本原则的；

（二）危害国家统一、主权和领土完整，危害国家安全，或者损害国家荣誉和利益的；

（三）煽动民族仇恨、民族歧视，侵害民族风俗习惯，伤害民族感情，破坏民族团结，违反宗教政策的；

（四）扰乱社会秩序，破坏社会稳定的；

（五）危害社会公德或者民族优秀文化传统的；

（六）宣扬淫秽、色情、邪教、迷信或者渲染暴力的；

（七）侮辱或者诽谤他人，侵害他人合法权益的；

（八）表演方式恐怖、残忍，摧残演员身心健康的；

（九）利用人体缺陷或者以展示人体变异等方式招徕观众的；

（十）法律、行政法规禁止的其他情形。

第二十六条 演出场所经营单位、演出举办单位发现营业性演出有本条例第二十五条禁止情形的，应当立即采取措施予以制止并同时向演出所在地县级人民政府文化主管部门、公安部门报告。

第二十七条 参加营业性演出的文艺表演团体、主要演员或者主要节目内容等发生变更的，演出举办单位应当及时告知观众并说明理由。观众有权退票。

演出过程中，除因不可抗力不能演出的外，演出举办单位不得中止或者停止演出，演员不得退出演出。

第二十八条 演员不得以假唱欺骗观众，演出举办单位不得组织演员假唱。任何单位或者个人不得为假唱提供条件。

演出举办单位应当派专人对演出进行监督，防止假唱行为的发生。

第二十九条 营业性演出经营主体应当对其营业性演出的经营收入依法纳税。

演出举办单位在支付演员、职员的演出报酬时应当依法履行税款代扣代缴义务。

第三十条 募捐义演的演出收入，除必要的成本开支外，必须全部交付受捐单位；演出举办单位、参加演出的文艺表演团体和演员、职员，不得获取经济利益。

第三十一条 任何单位或者个人不得伪造、变造、出租、出借或者买卖营业性演出许可证、批准文件或者营业执照，不得伪造、变造营业性演出门票或者倒卖伪造、变造的营业性演出门票。

第四章　监督管理

第三十二条 除文化主管部门依照国家有关规定对体现民族特色和国家水准的演出给予补助外，各级人民政府和政府部门不得资助、赞助或者变相资助、赞助营业性演出，不得用公款购买营业性演出门票用于个人消费。

第三十三条 文化主管部门应当加强对营业性演出的监督管理。

演出所在地县级人民政府文化主管部门对外国的或者香港特别行政区、澳门特别行政区、台湾地区的文艺表演团体、个人参加的营业性演出和临时搭建舞台、看台的营业性演出，应当进行实地检查；对其他营业性演出，应当进行实地抽样检查。

第三十四条　县级以上地方人民政府文化主管部门应当充分发挥文化执法机构的作用，并可以聘请社会义务监督员对营业性演出进行监督。

任何单位或者个人可以采取电话、手机短信等方式举报违反本条例规定的行为。县级以上地方人民政府文化主管部门应当向社会公布举报电话，并保证随时有人接听。

县级以上地方人民政府文化主管部门接到社会义务监督员的报告或者公众的举报，应当作出记录，立即赶赴现场进行调查、处理，并自处理完毕之日起7日内公布结果。

县级以上地方人民政府文化主管部门对作出突出贡献的社会义务监督员应当给予表彰；公众举报经调查核实的，应当对举报人给予奖励。

第三十五条　文化主管部门应当建立营业性演出经营主体的经营活动信用监管制度，建立健全信用约束机制，并及时公布行政处罚信息。

第三十六条　公安部门对其依照有关法律、行政法规和国家有关规定批准的营业性演出，应当在演出举办前对营业性演出现场的安全状况进行实地检查；发现安全隐患的，在消除安全隐患后方可允许进行营业性演出。

公安部门可以对进入营业性演出现场的观众进行必要的安全检查；发现观众有本条例第二十二条第一款禁止行为的，在消除安全隐患后方可允许其进入。

公安部门可以组织警力协助演出举办单位维持营业性演出现场秩序。

第三十七条　公安部门接到观众达到核准数量仍有观众等待入场或者演出秩序混乱的报告后，应当立即组织采取措施消除安全隐患。

第三十八条　承担现场管理检查任务的公安部门和文化主管部门的工作人员进入营业性演出现场，应当出示值勤证件。

第三十九条　文化主管部门依法对营业性演出进行监督检查时，应当将监督检查的情况和处理结果予以记录，由监督检查人员签字后归档。公众有权查阅监督检查记录。

第四十条　文化主管部门、公安部门和其他有关部门及其工作人员不得向演出举办单位、演出场所经营单位索取演出门票。

第四十一条　国务院文化主管部门和省、自治区、直辖市人民政府文化主管部门，对在农村、工矿企业进行演出以及为少年儿童提供免费或者优惠演出表现突出的文艺表演团体、演员，应当给予表彰，并采取多种形式予以宣传。

国务院文化主管部门对适合在农村、工矿企业演出的节目，可以在依法取得著作权人许可后，提供给文艺表演团体、演员在农村、工矿企业演出时使用。

文化主管部门实施文艺评奖，应当适当考虑参评对象在农村、工矿企业的演出场次。

县级以上地方人民政府应当对在农村、工矿企业演出的文艺表演团体、演员给予支持。

第四十二条 演出行业协会应当依照章程的规定，制定行业自律规范，指导、监督会员的经营活动，促进公平竞争。

第五章 法律责任

第四十三条 有下列行为之一的，由县级人民政府文化主管部门予以取缔，没收演出器材和违法所得，并处违法所得 8 倍以上 10 倍以下的罚款；没有违法所得或者违法所得不足 1 万元的，并处 5 万元以上 10 万元以下的罚款；构成犯罪的，依法追究刑事责任：

（一）违反本条例第六条、第十条、第十一条规定，擅自从事营业性演出经营活动的；

（二）违反本条例第十二条、第十四条规定，超范围从事营业性演出经营活动的；

（三）违反本条例第八条第一款规定，变更营业性演出经营项目未向原发证机关申请换发营业性演出许可证的。

违反本条例第七条、第九条规定，擅自设立演出场所经营单位或者擅自从事营业性演出经营活动的，由工商行政管理部门依法予以取缔、处罚；构成犯罪的，依法追究刑事责任。

第四十四条 违反本条例第十三条、第十五条规定，未经批准举办营业性演出的，由县级人民政府文化主管部门责令停止演出，没收违法所得，并处违法所得 8 倍以上 10 倍以下的罚款；没有违法所得或者违法所得不足 1 万元的，并处 5 万元以上 10 万元以下的罚款；情节严重的，由原发证机关吊销营业性演出许可证。

违反本条例第十六条第三款规定，变更演出举办单位、参加演出的文艺表演团体、演员或者节目未重新报批的，依照前款规定处罚；变更演出的名称、时间、地点、场次未重新报批的，由县级人民政府文化主管部门责令改正，给予警告，可以并处 3 万元以下的罚款。

演出场所经营单位为未经批准的营业性演出提供场地的，由县级人民政府文化主管部门责令改正，没收违法所得，并处违法所得3倍以上5倍以下的罚款；没有违法所得或者违法所得不足1万元的，并处3万元以上5万元以下的罚款。

第四十五条　违反本条例第三十一条规定，伪造、变造、出租、出借、买卖营业性演出许可证、批准文件，或者以非法手段取得营业性演出许可证、批准文件的，由县级人民政府文化主管部门没收违法所得，并处违法所得8倍以上10倍以下的罚款；没有违法所得或者违法所得不足1万元的，并处5万元以上10万元以下的罚款；对原取得的营业性演出许可证、批准文件，予以吊销、撤销；构成犯罪的，依法追究刑事责任。

第四十六条　营业性演出有本条例第二十五条禁止情形的，由县级人民政府文化主管部门责令停止演出，没收违法所得，并处违法所得8倍以上10倍以下的罚款；没有违法所得或者违法所得不足1万元的，并处5万元以上10万元以下的罚款；情节严重的，由原发证机关吊销营业性演出许可证；违反治安管理规定的，由公安部门依法予以处罚；构成犯罪的，依法追究刑事责任。

演出场所经营单位、演出举办单位发现营业性演出有本条例第二十五条禁止情形未采取措施予以制止的，由县级人民政府文化主管部门、公安部门依据法定职权给予警告，并处5万元以上10万元以下的罚款；未依照本条例第二十六条规定报告的，由县级人民政府文化主管部门、公安部门依据法定职权给予警告，并处5000元以上1万元以下的罚款。

第四十七条　有下列行为之一的，对演出举办单位、文艺表演团体、演员，由国务院文化主管部门或者省、自治区、直辖市人民政府文化主管部门向社会公布；演出举办单位、文艺表演团体在2年内再次被公布的，由原发证机关吊销营业性演出许可证；个体演员在2年内再次被公布的，由工商行政管理部门吊销营业执照：

（一）非因不可抗力中止、停止或者退出演出的；

（二）文艺表演团体、主要演员或者主要节目内容等发生变更未及时告知观众的；

（三）以假唱欺骗观众的；

（四）为演员假唱提供条件的。

有前款第（一）项、第（二）项和第（三）项所列行为之一的，观众有权在退场后依照有关消费者权益保护的法律规定要求演出举办单位赔偿损失；演出举办单位可以依法向负有责任的文艺表演团体、演员追偿。

有本条第一款第（一）项、第（二）项和第（三）项所列行为之一的，由县级人民政府文化主管部门处 5 万元以上 10 万元以下的罚款；有本条第一款第（四）项所列行为的，由县级人民政府文化主管部门处 5000 元以上 1 万元以下的罚款。

第四十八条 以政府或者政府部门的名义举办营业性演出，或者营业性演出冠以"中国"、"中华"、"全国"、"国际"等字样的，由县级人民政府文化主管部门责令改正，没收违法所得，并处违法所得 3 倍以上 5 倍以下的罚款；没有违法所得或者违法所得不足 1 万元的，并处 3 万元以上 5 万元以下的罚款；拒不改正或者造成严重后果的，由原发证机关吊销营业性演出许可证。

营业性演出广告的内容误导、欺骗公众或者含有其他违法内容的，由工商行政管理部门责令停止发布，并依法予以处罚。

第四十九条 演出举办单位或者其法定代表人、主要负责人及其他直接责任人员在募捐义演中获取经济利益的，由县级以上人民政府文化主管部门依据各自职权责令其退回并交付受捐单位；构成犯罪的，依法追究刑事责任；尚不构成犯罪的，由县级以上人民政府文化主管部门依据各自职权处违法所得 3 倍以上 5 倍以下的罚款，并由国务院文化主管部门或者省、自治区、直辖市人民政府文化主管部门向社会公布违法行为人的名称或者姓名，直至由原发证机关吊销演出举办单位的营业性演出许可证。

文艺表演团体或者演员、职员在募捐义演中获取经济利益的，由县级以上人民政府文化主管部门依据各自职权责令其退回并交付受捐单位。

第五十条 违反本条例第八条第一款规定，变更名称、住所、法定代表人或者主要负责人未向原发证机关申请换发营业性演出许可证的，由县级人民政府文化主管部门责令改正，给予警告，并处 1 万元以上 3 万元以下的罚款。

违反本条例第七条第二款、第八条第二款、第九条第二款规定，未办理备案手续的，由县级人民政府文化主管部门责令改正，给予警告，并处 5000 元以上 1 万元以下的罚款。

第五十一条 有下列行为之一的，由公安部门或者公安消防机构依据法定职权依法予以处罚；构成犯罪的，依法追究刑事责任：

（一）违反本条例安全、消防管理规定的；

（二）伪造、变造营业性演出门票或者倒卖伪造、变造的营业性演出门票的。

演出举办单位印制、出售超过核准观众数量的或者观众区域以外的营业性演出门票的，由县级以上人民政府公安部门依据各自职权责令改正，没收违法所得，并处违法所得 3 倍以上 5 倍以下的罚款；没有违法所得或者违法所得不足 1 万元的，并处 3 万元以上 5 万元以下的罚款；造成严重后果的，由原发证机关吊销营业性演出许可证；构成犯罪的，依法追究刑事责任。

第五十二条　演出场所经营单位、个体演出经纪人、个体演员违反本条例规定，情节严重的，由县级以上人民政府文化主管部门依据各自职权责令其停止营业性演出经营活动，并通知工商行政管理部门，由工商行政管理部门依法吊销营业执照。其中，演出场所经营单位有其他经营业务的，由工商行政管理部门责令其办理变更登记，逾期不办理的，吊销营业执照。

第五十三条　因违反本条例规定被文化主管部门吊销营业性演出许可证，或者被工商行政管理部门吊销营业执照或者责令变更登记的，自受到行政处罚之日起，当事人为单位的，其法定代表人、主要负责人 5 年内不得担任文艺表演团体、演出经纪机构或者演出场所经营单位的法定代表人、主要负责人；当事人为个人的，个体演员 1 年内不得从事营业性演出，个体演出经纪人 5 年内不得从事营业性演出的居间、代理活动。

因营业性演出有本条例第二十五条禁止情形被文化主管部门吊销营业性演出许可证，或者被工商行政管理部门吊销营业执照或者责令变更登记的，不得再次从事营业性演出或者营业性演出的居间、代理、行纪活动。

因违反本条例规定 2 年内 2 次受到行政处罚又有应受本条例处罚的违法行为的，应当从重处罚。

第五十四条　各级人民政府或者政府部门非法资助、赞助，或者非法变相资助、赞助营业性演出，或者用公款购买营业性演出门票用于个人消费的，依照有关财政违法行为处罚处分的行政法规的规定责令改正。对单位给予警告或者通报批评。对直接负责的主管人员和其他直接责任人员给予记大过处分；情节较重的，给予降级或者撤职处分；情节严重的，给予开除处分。

第五十五条　文化主管部门、公安部门、工商行政管理部门的工作人员滥用职权、玩忽职守、徇私舞弊或者未依照本条例规定履行职责的，依法给予行政处分；构成犯罪的，依法追究刑事责任。

第六章　附　　则

第五十六条　民间游散艺人的营业性演出，省、自治区、直辖市人民政府可以参照本条例的规定制定具体管理办法。

第五十七条　本条例自 2005 年 9 月 1 日起施行。1997 年 8 月 11 日国务院发布的《营业性演出管理条例》同时废止。

跋

在本书撰写的过程中，"元宇宙"乘风而来，"NFT""数字藏品""虚拟数字人""虚拟财产"等带有元宇宙元素的词汇迅速成为热词，开始频频出现在创投榜单、数字智能科技论坛、公众号推文、政府工作报告与规划之中，且热度越来越高。元宇宙与数字文创业息息相关，在数字化文化消费背景下，NFT、数字藏品、虚拟数字人、虚拟财产等作为元宇宙的重要组成部分，在丰富数字经济新业态和新模式、提高数字化交易市场活力、促进数字文创业的发展等方面显现出一定的价值。但是，我们也要注意到，我国元宇宙行业尚在早期成长阶段，伴随着元宇宙业务如火如荼地发展，与之相关的民事问题、行政问题、乃至刑事问题也逐渐暴露，亟须进行合规引导。在新书付梓之际，笔者将在本部分就数字文创行业从业人员较为关心的元宇宙合规法律问题予以解读，以飨读者。

一、NFT 与数字藏品合规

NFT 全称为"Non-Fungible Token"，即非同质化通证，系为区块链技术的创新应用，其本质属性为代币的一种。数字藏品可以看作使用区块链技术，对应特定作品、艺术品生成的唯一数字凭证，实现其数字化发行、购买、收藏和使用。

数字藏品不等于 NFT，二者有区别也有联系。从二者相同点来说，数字藏品和 NFT 都具有唯一性、稀缺性、不可分割性、不可篡改性、标准化的特点。但是二者存在以下不同。

其一，就区块链技术来说，NFT 发行后存在于公链上，即所有主体可以自由进出该链，平台间没有限制，目前国外的 NFT 以公链的形式存在；而数字藏品通常存放于联盟链上，联盟链本质上属于私链，只有特定主体或得到授权后才能进出私链，因此不同平台发行的数字藏品只能在自身平台上展示，例如，目前在"灵稀"（京东基于其智臻链技术开发的数字藏品平台）上发行的数字藏品无法流转至腾讯公司的至信链或蚂蚁集团的蚂蚁链。

其二，就支付方式来说，在国外，通常可以用比特币、以太币等虚拟货币来支付购买 NFT；而在国内，数字藏品目前只能通过人民币这一法定货币来购买。

其三，就功能来说，消费者购买得到 NFT 后，不仅可以用来欣赏、收藏，还可以二次交易使其增值，也即 NFT 具有一定的投资价值；而在我国目前监管环境下，尚未放开数字藏品的二级交易市场，消费者只能对数字藏品做自身研究、欣赏和收藏。

要准确理解数字藏品的合规问题，需要厘清数字藏品铸造与发行过程中与相关市场主体产生的主要民事法律关系，并基于相关的民事法律关系进行合规探讨。通常而言具有以下几类民事法律关系。

一是与底层艺术作品作者的授权关系。数字藏品数字化上链后涉及底层艺术作品的复制权、信息网络传播权等著作权权利。通常情况下，除数字藏品平台方自行开发产品自有版权之外，数字藏品底层艺术品的知识产权仍归底层艺术品的作者所有，数字平台方想要铸造、发行数字藏品的，则需要取得底层艺术品作者的明确授权，授权内容包括但不限于授权作品名称、授权期限、授权地点、授权范围、授权方式、授权费用，等等。

二是与技术供应商的服务提供合同关系。数字藏品铸造和上链需要多种网络基础设施和技术的支撑。若数字藏品平台方想要开发联盟链，则需要与相关的区块链供应商签署技术开发合同或服务合同。签署这类合同时需要做好合同相对方的背景调查，确保合同相对方享有区块链的开发资质，而且还要在合同中落实由合同相对方提供的服务范围能够包含经营者从事数字藏品业务所需的功能。数字藏品平台往往需要建设符合自身业务经营需要的客户端，现阶段这些客户端主要以网页、App 或小程序等形式存在，因此还需要和这些软件供应商签署相关的合同。无论签署的是技术开发合同，还是服务提供合同，笔者建议合同中均需明确约定日后产生的知识产权和其他权益均归数字藏品平台方所有，以保障数字藏品平台方自身的权益。

三是与用户的消费合同关系。购买数字藏品的消费者，受到《消费者权益保护法》的保护，数字藏品平台方应注意通过用户协议、页面提示等方式保障消费者的知情权、选择权、公平交易权等。

提到与用户的消费合同关系，很多人可能会有这样的疑问：数字藏品平台方发行数字藏品时，交付的到底是什么？消费者购买的又是什么？现阶段，不管是 NFT，还是数字藏品，通常呈现在我们眼前的都是一幅在互联网上显示的图像，那么平台发行了数字藏品后，售出的是这幅图像的所有权还是知识产权，抑或都有呢？

目前，国内大多数数字藏品平台都会在用户协议中明确约定数字藏品的知识产权由发行方或其他权利人拥有。根据民法中的意思自治原则，数字藏品平台用户同意合法有效的用户协议后，数字藏品的知识产权归属可以按照用户协议的约定进行分配。

但是在法理上，这个问题还是值得探讨的。数字藏品的铸造与发行过程，简言之，就是数字藏品平台将底层艺术作品开发为代码上传至区块链后，进行数字藏品的发行并获得发行收益。数字藏品具有双重属性，一是底层的艺术作品；二是上层的区块链代码，二者之间存在著作权和所有权分离的关系。

就底层艺术作品来说，无疑属于传统著作权法下的作品，具有完整的著作权，可以由数字藏品平台方和用户自由约定归哪一方所有。《著作权法》第二十条第一款规定，作品原件所有权的转移，不改变作品著作权的归属，但美术、摄影作品原件的展览权由原件所有人享有。也是基于这一规定，数字藏品平台方通常会在用户协议中进一步约定相关的知识产权由平台方或作品原作者保留。数字藏品交易后，消费者得到的也仅是网络上展示的图像，而并非实际的作品原件。因此，底层艺术作品原件的所有权也不会发生转移。就上层的区块链代码来说，其本质是一串代表权利凭证的字符串，《著作权法》规定的"作品"是指"文学、艺术和科学领域内具有独创性并能以一定形式表现的智力成果"，显然字符串并非作品。根据《民法典》第一百二十七条的规定，法律对网络虚拟财产加以保护，数字藏品存在于网络虚拟空间中，具有财产属性。在认可数字藏品具有物权属性的前提下，消费者通过支付对价获得数字藏品，对数字藏品享有所有权。部分数字藏品平台方在用户协议中约定用户在一定条件下可以转赠数字藏品，这也是消费者对数字藏品享有的使用权和处分权等权利的体现。所以，笔者认为，数字藏品售出后，数字藏品平台方交付的是数字藏品权利凭证的所有权，如无特别的权利归属约定，可以理解为并未改变底层艺术作品的知识产权。

还有些人可能会有这样的疑问，实践中，往往会禁止数字藏品的二次交易或者对数字藏品交易提出诸多限制，那么数字藏品交易到底存在什么风险呢？笔者认为，其根本原因在于，一旦放开数字藏品的二级交易市场，赋予其投资功能和属性，那么随之而来的很可能就是囤积、炒作、泡沫等负面因素，甚至可能会进一步给市场带来金融系统性风险。在这种情况下，数字藏品不宜在二级市场进行流通和交易，就算流通，也需约定无偿流通等诸多限制条件。国内各大主流数字藏品平台均约定了这一点，例如，腾讯旗下的幻核 App 在服务协议中载明"您成功购买藏品后，本软件将会提供藏品展示的服务，供您进行学习、研究、欣赏、收藏。除上述使用目的外，您不得用于任何其他目的"。蚂蚁旗下鲸探 App 的用户服务协议载明："在平台规则或平台功能允许的情况下，您可以将所持有的数字藏品无偿转赠给平台的其他用户……如果您是从数字藏品发行方处通过购买或兑换方式获得数字藏品的，您至少需要持有该数字藏品达到 180 天后才能转赠；如果您是从转赠人处通过受赠方式获得数字藏品的，您应自受赠时持有该数字藏品满 2 年后才能再次转赠"。灵境数字旗下的 NFTCN 的用户协议中约定："在 NFTCN 平台发售的作品中，不是所有的作品都支持转让和/或赠与。基于发售方的要求，部分作品在发售时会禁止作品进行转让和/或赠与，NFTCN 平台会在该类作品中标注'仅供收藏'。"若经营者欲构建数字藏品平台或发行数字藏品的，笔者建议，谨慎开通转让功能，若基于商业目的考量开通转让功能的，笔者建议在用户协议中增加禁止加价转让、禁止炒作等类似约定。

目前，包括法律、行政法规在内，国内均尚未发布对 NFT 或数字藏品的有效规范。但是，监管部门曾经或正在出台一些相关的规范性文件，相关行业自律组织也陆续发出了倡议，或可帮助读者对官方的监管态度和趋势管窥一二。

早在 2017 年 9 月，中国人民银行联合工业和信息化部等 7 部门出台了《关于防范代币发行融资风险的公告》，该公告提出，要准确认识代币发行融资活动的本质属性、任何组织和个人不得非法从事代币发行融资活动、加强代币融资交易平台的管理、各金融机构和非银行支付机构不得开展与代币发行融资交易相关的业务、社会公众应当高度警惕代币发行融资与交易的风险隐患。

2022 年 4 月 13 日，中国互联网金融协会、中国银行业协会和中国证券业协会共同发布了《关于防范 NFT 相关金融风险的倡议》。该倡议虽然不具备法律强制性，但是对会员单位仍具有一定的约束力，同时也为市场释放了一定的官方监管信号。该倡议核心在于遏制 NFT 的金融化、证券化倾向，具体提出以下几点呼吁：不在 NFT 底层商品中包含证券、保险、信贷、贵金属等金融资产，变相发行交易金融产品；不通过分割所有权或者批量创设等方式削弱 NFT 非同质化特征，变相开展代币发行融资（ICO）；不为 NFT 交易提供集中交易（集中竞价、电子撮合、匿名交易、做市商等）、持续挂牌交易、标准化合约交易等服务，变相违规设立交易场所；不以比特币、以太币、泰达币等虚拟货币作为 NFT 发行交易的计价和结算工具；对发行、售卖、购买主体进行实名认证，妥善保存客户身份资料和发行交易记录，积极配合反洗钱工作；不直接或间接投资 NFT，不为投资 NFT 提供融资支持。

2022 年 6 月 30 日，由中国文化产业协会主办的 2022 中国数字文创高质量发展论坛在北京举办。论坛上，中国文化产业协会联合中国版权协会、中国文字著作权协会等各有关协会、机构在数字藏品行业自律发展、自觉抵制行业乱象等方面达成共识，共同发布《数字藏品行业自律发展倡议》（下称《倡议》）。《倡议》共十四条，内容包含平台应依法具备相应资质、确保区块链技术安全可控、坚持实名制、加强知识产权保护能力建设、坚决抵制防范金融化和恶意投机炒作、倡导理性消费，等等。

上述文件对相关市场主体，尤其是数字藏品平台方，在知识产权、数据安全、金融合规、区块链技术、电信服务、消费者权益等方面，特别是金融合规方面，提出了底线要求，划出了监管红线。数字藏品平台在管理运营时，应着重注意"去金融化"与"去证券化"，注意刑事合规问题。《关于防范代币发行融资风险的公告》指出，代币发行融资是指融资主体通过代币的违规发售、流通，向投资者筹集比特币、以太币等所谓"虚拟货币"，本质上是一种未经批准非法公开融资的行为，涉嫌非法发售代币票券、非法发行证券以及非法集资、金融诈骗、传销等违法犯罪活动。该公告主要规制的对象是比特币、以太币等这类同质化代币，尽管和 NFT 存在区别，但是数字藏品平台以及相关责任人员仍要注意防范相关刑事风险。具体来说，数字藏品运营中可能涉及的刑事罪名主要有：非法经营罪，擅自设立金融机构罪，非法吸收公众存款罪，集资诈骗罪，组织、领导传销活动罪，洗钱罪，等等。

无论是数字藏品的平台方，还是其他相关经营者，既不能因噎废食，因害怕监管而完全止步不前，更不能为了商业利益而不顾法律的约束。经营者应在符合现有法律法规的基础上，遵守已经形成的行业规范和商业道德，在坚持守正的前提下创新发展。

最后，在资质证照合规方面，平台经营数字藏品的，需要注意申领以下资质证照。

一是增值电信业务许可证（ICP 证）。根据《互联网信息服务管理办法》，国家对经营性互联网信息服务实行许可制度，经营性互联网信息服务是指通过互联网向上网用户有偿提供信息或者网页制作等服务活动。

二是区块链信息服务备案。根据《区块链信息服务管理规定》，区块链信息服务提供者应当在提供服务之日起 10 个工作日内通过国家互联网信息办公室区块链信息服务备案管理系统填报服务提供者的名称、服务类别、服务形式、应用领域、服务器地址等信息，履行备案手续。区块链信息服务提供者是指向社会公众提供区块链信息服务的主体或者节点，以及为区块链信息服务的主体提供技术支持的机构或者组织。数字藏品平台的技术基础即为区块链，属于需要办理备案的区块链信息服务提供者。

三是在线数据处理与交易处理业务的许可证（EDI 证）。若平台经营者还允许第三方入驻发行数字藏品的，则需要办理第二类增值电信业务中的在线数据处理与交易处理业务的许可证。

四是网络文化经营许可证。数字藏品通常是基于美术作品或艺术品等开发为代码上传至联盟链，这个过程符合艺术品等文化产品"以一定的技术手段制作、复制到互联网上传播的互联网文化产品"，根据《互联网信息服务管理办法》，需要办理网络文化经营许可证。

五是信息安全等级保护备案。数字藏品平台通常都需要用户实名认证，涉及收集公民的个人信息。根据《计算机信息网络国际联网安全保护管理办法》的规定，互联单位、接入单位、使用计算机信息网络国际联网的法人和其他组织，应当自网络正式联通之日起 30 日内，到所在地的省、自治区、直辖市人民政府公安机关指定的受理机关办理备案手续。不履行备案职责的，由公安机关给予警告或者停机整顿不超过 6 个月的处罚。根据《信息安全等级保护管理办法》，信息系统的安全保护等级分为五级，对于第一级信息系统，信息系统运营、使用单位自行按照国家技术标准保护即可；对于第二级及以上的信息系统，信息系统运营、使用单位需要在系统运行后 30 日内在当地公安机关办理等级保护定级备案。作为数字平台的运营者可能适用《信息安全等级保护管理办法》中的规定。如被认定为第二级系统以上，那么需要办理等级保护定级备案。

除上述资质证照之外，数字藏品平台方还应当根据自身实际情况与相关监管部门持续沟通，注意监管动向，进行相关资质证照的申领。例如，若涉及境外合作需要数据出境的，还需要根据《计算机信息网络国际联网安全保护管理办法》到公安部门办理网监备案，等等。

二、虚拟数字人合规

虚拟数字人是数字时代的产物，对于数字文创行业的公司来说，虚拟数字人的知识产权是公司最重要的资产之一。虚拟数字人系统通常由形象、声音、音视频合成、动画以及交互体验等模块构成。从交互体验上进行区分，可以区分为交互型虚拟数字人以及非交互型虚拟数字人，其中，交互型虚拟数字人从技术上可以进一步区分为智能驱动以及真人驱动两大类，前者指由公司完全独立原创的虚拟数字人，后者是以某个真实存在的自然人为原型的虚拟数字人。

为了防范虚拟数字人运营过程中可能产生的知识产权风险，笔者建议在创设虚拟数字人之初，就应当把与虚拟数字人相关的知识产权保护的合规体系提前构建好，不侵犯他人合法权益，也防止自身的合法权益被他人侵犯。

虚拟数字人知识产权保护的合规体系主要涉及著作权、商标权和专利权三方面。以下，笔者将以智能驱动类虚拟数字人知识产权保护为例，进行虚拟数字人知识产权保护合规体系搭建的相关探讨。

（一）虚拟数字人著作权保护

虚拟数字人往往具有精致美观的外形、动听悦耳的声音、流畅灵动的动作，不仅具有高超的技术价值，还有美学价值。在实践中，虚拟数字人出现的场景不仅仅局限于拍摄海报、出席线下商务活动，也有虚拟数字人开始尝试发行单曲、参演影视剧，等等。在传统的法律框架下，此类高技术集成的虚拟数字人并不能作为一个整体成为著作权法保护的对象，而是类似于网络游戏的系统性知识产权保护，在实践中需要被拆分成不同的作品类型进行知识产权保护。

一般而言，对其著作权保护可采取以下措施：（1）针对虚拟数字人本身的形象，若其外观形象以静态的图片形式呈现，则可以申请登记为"美术作品"获得著作权法保护；（2）若虚拟数字人为合作品牌拍摄主题大片或海报，一般情况下这些照片可以作为"美术作品"获得著作权法保护；（3）若虚拟数字人存在各种人设背景，那么虚拟数字人的剧情设定、背景介绍等文本可以申请登记为"文字作品"获得著作权法保护；（4）若虚拟数字人参与拍摄宣传片或作为"演员"出演影视剧作品的，以及其他虚拟数字人动作运行而产生的连续画面，可以申请登记为"视听作品"获得著作权法保护；（5）如果创造虚拟数字人本身采用了某种可以代码的技术，比如，虚拟偶像"初音未来"使用了雅马哈开发的语音合成程序为基础开发的音源库，这种声音合成系统、建模系统、动作捕捉系统等可以代码化的技术还可以申请登记为计算机软件获得著作权法保护；等等。当然，以上能够成为"作品"获得保护的前提条件是这些产出物必须具有独创性，"独"即作品是作者本人独立创作而成，不含复制、抄袭成分；"创"是指作品需表达作者的思想、感情，是一个从无到有的创作过程。

按照法律的规定，与虚拟数字人有关的上述作品一经产生就享有了著作权，依法受《著作权法》保护。但是，在实践中，笔者依然建议虚拟数字人的权利人需对其进行全方位的著作权登记，以便于权利人能够以有形方式证明权利人对该虚拟数字人形象享有著作权。在虚拟数字人的利用和传播过程中，若权利人在授权许可他人使用与虚拟数字人有关的相关权利时需要提供权利证明的，相关的著作权登记证书就是一种权利凭证，或者在解决著作权纠纷过程中，一旦发生需要由权利人证明其权利人身份的情形，权利人以此就可以及时、方便、快捷地举证。

（二）商标保护

商标是用来区别自己的品牌和服务同其他的品牌或服务的标记。虚拟数字人的名称、标志等元素具有较大的潜在商业价值，需要及早规划，对其进行商标注册。注册商标一方面可以帮助商标的所有者抢占市场，拓展业务范围，加固品牌形象；另一方面商标作为无形资产，可以通过转让（投资）、抵押或许可使用等方式来为商标的所有者创造收益。

虚拟数字人最常见也最重要的识别方式就是名称，名称是正式商标保护中最重要的内容之一。除名称外，虚拟数字人通常还有不同的人物形象，这种角色形象也同样可以申请为商标。目前虚拟数字人技术申请商标时通常涉及的类别可能包括第 35 类和第 41 类，主要是广告、为他人推销以及娱乐服务相关，其他类别可根据虚拟数字人未来拟发展的方向以及可能推出的周边商品进行选择。例如第 16 类的文具、印刷品等；第 18 类的伞、包；第 25 类的服装，第 28 类的玩具；第 43 类的餐厅；等等。

在注册商标和使用商标的过程中，还需要注意以下几点：（1）申请注册的商标无论是否实际使用，只要获得商标核准注册即受法律保护，其他人未经同意或许可，不得使用，否则需承担法律责任。但是，商标的生命在于使用，如果注册已满三年的商标未曾使用过，任何人都可以通过撤销连续三年不使用商标的程序撤销该商标。（2）申请商标注册的，应当依据《类似商品和服务区分表》规定的类别以及名称填报按类申请并缴纳费用，若系非规范商品或服务项目，应附送说明。考虑到虚拟数字人产业仍属于新兴产业，《类似商品和服务区分表》现有的商品或服务项目可能无法涵盖或准确描述相关的业务，因此许多企业会选择提交非规范项目，在此情况下，使用行业相关专业术语，以及描述相对准确、具体的非规范项目，辅以相关说明或支持文件，可以提高注册成功率。（3）为了日后防范不法分子"傍名牌""搭便车"、抢注商标等行为，在进行商标注册时可以采取注册防御商标的形式对商标进行全方位保护。（4）注册商标有效期为 10 年，自注册之日起计算，期满需继续使用的，可以在期满前一年内申请续展，每次续展有效期为 10 年，若期满未续展，还有 6 个月的宽展期可以弥补，届期仍未续展，则商标局注销该注册商标。

（三）专利保护

在专利法方面，虚拟数字人可寻求的法律保护也较为广泛。

首先是发明方面，虚拟数字人创设的技术主要包括 3DCG、NLP、CV 等，其基础不外乎计算机算法，根据《专利审查指南》的规定，尽管单纯的算法属于"智力活动的规则和方法",不属于我国专利法保护客体,但既包含算法特征又包含其他技术特征的发明创造是属于专利保护范围的。若权利人对自身创新的虚拟数字人算法技术较有信心,可以申请发明专利,国家知识产权部门需审核该专利申请的权利要求是否属于技术方案,如果该项权利要求记载了对要解决的技术问题采用了利用自然规律的技术手段,并且由此获得符合自然规律的技术效果,那么这项技术方案就可以纳入发明专利保护。

其次是外观设计方面,2020 年新修订的《专利法》对虚拟数字人的权利人申请外观设计专利来说是一项利好。外观设计是指对产品的整体或者局部的形状、图案或者其结合以及色彩与形状、图案的结合所作出的富有美感并适于工业应用的新设计。不仅虚拟数字人的整体形象可以申请外观设计专利,局部形象也可获得专利保护。此外,外观设计专利权的期限延长为了 15 年,该规定将适用于所有在 2021 年 6 月 1 日之后提交的中国外观专利申请,这些修订都对虚拟数字人产品十分有利。

外观设计专利权被授予后,任何单位或者个人未经专利权人许可,都不得实施其专利,即不得为生产经营目的制造、许诺销售、销售、进口其外观设计专利产品。虽然权利人在申请时必须在《国际外观设计分类表》中选择相应类别,但外观设计专利禁止权的范围并非仅限于相应类别的产品上使用。《最高人民法院关于审理侵犯专利权纠纷案件应用法律若干问题的解释》第 9 条规定,人民法院应当根据外观设计产品的用途,认定产品种类是否相同或者相近。确定产品的用途,可以参考外观设计的简要说明、国际外观设计分类表、产品的功能以及产品销售、实际使用的情况等因素。因此,如果他人的产品被认定为属于外观设计产品的相同或近似产品种类,权利人依然有机会维权。

但与商标和著作权不同的是,外观设计专利授权需满足新颖性和创造性,相同或近似种类产品的外观设计如无明显区别,会导致后续申请缺乏创造性而无法获权。因此,权利人如需寻求专利上的全面保护,还需注意对申请外观设计专利的产品进行筛选,避免不必要的驳回。

伴随"虚拟数字人"的迅速发展,与其相关的知识产权保护布局和需求越发迫切。笔者从著作权、商标权以及专利权三方面,较为全面地就虚拟数字人知识产权保护体系的搭建提出了一些实务建议。虚拟数字人相关管理运营公司可根据自身实际情况,按需选择上述保护措施并加以实施。

三、虚拟财产合规

作为元宇宙的先驱者,数字藏品和虚拟数字人率先在我国市场得到应用,也最为公众所熟知。随着元宇宙的进一步发展，更为宏观的元宇宙虚拟社区平台被开发出来，成为承载虚拟数字人、数字藏品、虚拟社交乃至更多未知虚拟活动的成长和互动平台。

在元宇宙中，虚拟财产将成为元宇宙平台的核心。虚拟财产包罗万象，包括虚拟土地、虚拟建筑物、虚拟汽车、虚拟宠物，等等。这些虚拟财产的产生、确权、流转、保护等往往会涉及多方主体，以及多重法律关系，虚拟财产合规问题也值得我们思考和研究。

虚拟财产的法律性质历来存在争议。一种观点认为，虚拟财产属于民法上的"物"，应当受到物权法的保护。《民法典》第一百一十五条规定，物包括不动产和动产，法律规定权利作为物权客体的，由法律规定。第一百一十六条规定，物权的种类和内容由法律规定。在我国物权法定的原则下，由于目前没有明确的法律规定，故笔者认为似乎较难将虚拟财产直接认定为物。那么这是否表示虚拟财产实际是一种债权？债权说认为，虚拟财产的本质是用户主张债权的权利凭证。但是这种观点仅考虑到了用户和平台之间的网络服务合同关系，而未将侵权等其他法律关系纳入进来，故而笔者认为亦有失偏颇。还有观点认为，虚拟财产是一种知识产权，是程序员开发出来的无形智力成果。但笔者认为，著作权法保护的客体是具有独创性表达的作品，数字藏品作为典型的虚拟财产，在认可底层艺术品具有著作权的情况下，我们仍然需要注意到，数字藏品本身只是一串字符串，除了具有知识产权的属性之外，还涵盖了其他的权利属性。因此，笔者认为，很难将虚拟财产定性为物权、债权或知识产权中的一种。

《民法典》第一百二十七条规定，法律对数据、网络虚拟财产的保护有规定的，依照其规定。该规定从立法层面明确了虚拟财产属于受法律保护的民事权利客体，但还未明确界定虚拟财产的内涵以及应当如何对其进行保护，只是规定了其他相关法律有相关规定的，从其规定。有观点认为，[1] 网络虚拟财产是指虚拟的网络本身以及存在于网络上的具有财产性的电磁记录，是一种能够用现有的度量标准度量其价值的数字化的新型财产。网络虚拟财产虽然以数据形式存在于特定空间，但由于其具有一定价值，能够满足人们的需求，且具有合法性，能够为人所掌控，属于在一定条件下可以交易的特殊财产，故而其具有财产性质的属性。笔者还注意到，最高人民法院 2020 年印发的《关于修改〈民事案件案由规定〉的决定》中，在第三级案由"网络侵权

---

[1] （2019）豫 1002 民初 6528 号民事判决书。

责任纠纷"项下增加"网络侵害虚拟财产纠纷",将网络侵害虚拟财产纠纷的情形作为单独案由。笔者认为,虚拟财产属于可交易的新型数字化财产性权益,这是元宇宙平台制定用户协议或交易规则的法律基础。

实践中,虚拟财产的归属纠纷多发生在网络游戏领域。有些玩家认为自己付出了时间、精力乃至金钱获得的游戏装备、金币等虚拟财产应当由自己获得;而有些游戏运营商则认为装备等虚拟财产是游戏的一部分,是基于平台提供的网络服务所形成的数据,玩家只有使用权,没有所有权。针对这一类纠纷,多数法院的判决思路是认可玩家和平台之前签署的《游戏服务协议》的效力并按照协议约定认定权利归属。而大部分的游戏平台都在协议中约定了游戏虚拟物品的所有权归游戏公司,用户只能根据游戏规则进行使用。例如,腾讯公司的某用户协议约定"游戏装备、游戏币及其他游戏道具等是腾讯游戏服务的一部分,腾讯在此许可您依本协议而获得使用权"。元宇宙平台的运营逻辑和网络游戏具有相通之处,因此,在没有更新的法律规定或司法案例出现之前,目前对于游戏装备归属的司法态度对元宇宙虚拟财产的归属认定具有一定的参考价值。

但是,元宇宙虚拟社区平台创设也有其和游戏的不同之处。从商业策划角度来说,参照现实社会的社区模式,元宇宙社区中可能会设计不同的模块和功能区,其中某些功能区是公共的,对所有用户开放,例如虚拟体育场、虚拟剧院等设施;而某些功能区是平台方特意设置用来出售给用户,用户按照平台规则支付对价后可以永久获得这一功能区。前者,即公共区中创建的相关虚拟财产由平台方享有无可厚非;后者,关于非公开功能区中的相关虚拟财产的归属,若平台为了吸引用户参与,希望将其权利完全分配给支付了对价的用户,那么则可以通过用户协议进行明确约定。目前法律框架下,只要用户协议的格式条款不存在无效情形,① 通常情形下,法律尊重平台和相关方的意思自治。

由于虚拟财产是否属于物权尚有争议,实务中,所有权这一概念原则上也较难直接适用于虚拟财产,但是作为一种财产性权利,在讨论其权属时,仍可以以有限的所有权权能来帮助理解。因此,笔者认为,无论是平台方,还是用户,或是特定第三方所享有的都是虚拟财产的有限"所有权"。因为目前在国内,元宇宙平台几乎都搭建在联盟链上,联盟链的私链属性使得各平

---

① 《民法典》第四百九十七条:"有下列情形之一的,该格式条款无效:(一)具有本法第一编第六章第三节和本法第五百零六条规定的无效情形;(二)提供格式条款一方不合理地免除或者减轻其责任、加重对方责任、限制对方主要权利;(三)提供格式条款一方排除对方主要权利。"

台间无法流通和互动，这也意味着，平台或用户的虚拟财产只能在该平台内占有使用收益或处分，且对于不特地用户而言，使用、收益或处分的过程也受到平台制定的规则的限制。这就需要平台方根据目前的法律规定和自身业务实际需求制定合法合理的交易规则。

虚拟财产交易应遵循的法律原则主要有：（1）合法合规性原则。尽管目前法律法规尚未对虚拟财产的交易进行详细的规定，但是笔者认为虚拟产权作为一种财产性权利是无疑的，其交易行为属于受法律规制的民事行为，应当受到《民法典》，尤其是合同编的约束；作为商业行为，《刑法》中破坏社会主义市场经济秩序罪、侵犯财产罪两章罪名需防范警惕；另外，作为网络交易行为，还需格外注意遵守《数据安全法》《网络安全法》《电子商务法》等法律规定。（2）虚实结合原则。2022 年 7 月 8 日，上海市人民政府办公厅发布《上海市培育"元宇宙"新赛道行动方案（2022—2025 年）》。该方案总共出现了 11 次"虚实"表述，强调要把握"元宇宙"虚实映射、虚实交互、虚实融合的演进规律。虽然这是一份政策文件，但其中传达的"虚实交互""以虚强实"的精神应当成为元宇宙虚拟社区平台运营方的经营行为导向和原则。（3）去金融化原则。目前国内已有部分网站开设"虚拟房地产"的买卖，其中较为稀缺的虚拟房型已被炒到数百万元。泡沫和杠杆在任何一个行业都是不健康的，终将迎来监管的整治。虚拟财产与虚拟货币具有天然的关联性，根据目前央行、相关行业协会发出的倡议性文件，应当避免虚拟财产的金融化和证券化趋势。

接下来，我们再来论述虚拟财产交易的支付与结算。以元宇宙房地产交易平台为例，国外主流的元宇宙虚拟财产的投资和交易买卖做法是，用户首先需要开立自己的数字加密钱包，随后在元宇宙房地产交易平台注册创建账户，将数字加密钱包与平台绑定，之后就可以在平台上用钱包里的加密货币购买虚拟房地产或其他数字资产。可见，国外交易虚拟财产所流通使用的媒介是数字加密货币，加密货币产生于计算机加密算法，而非中央银行等中心化机构，目前比特币、以太币、泰达币、EOS 币都属于这种加密货币，那么国内的虚拟财产交易可否也使用这种加密货币作为支付和流通手段呢？无论从法律还是监管政策角度来说，答案都是否定的。

现行有效的《中国人民银行法》第二十条规定，任何单位和个人不得印制、发售代币票券，以代替人民币在市场上流通。同时，该法的 2020 年修订草案征求意见稿中指出，人民币包括实物形式和数字形式，为发行数字货币提供法律依据；防范虚拟货币风险，任何单位和个人禁止制作和发售数字代币。

早在 2013 年，中国人民银行等 5 部委发布的《关于防范比特币风险的通知》明确指出："各金融机构和支付机构不得以比特币为产品或服务定价，不得买卖或作为中央对手买卖比特币，不得承保与比特币相关的保险业务或将比特币纳入保险责任范围，不得直接或间接为客户提供其他与比特币相关的服务。"

司法实践同样不支持加密货币的货币属性，例如深圳市中级人民法院认为"（深圳仲裁委）裁决原申请人赔偿申请人与比特币等值的美元，再将美元折算成人民币，实质上变相支持了比特币与法定货币之间的兑付、交易，违反了国家相关部委的规定，违反了社会公共利益"。①

目前我国正在稳步探索、推进使用数字人民币，即《中国人民银行法》修订草案中规定的数字形式的人民币。数字人民币由央行发行，是以国家信用为担保的一种法定货币，只有数字人民币在虚拟社区中才具有货币的流通、支付等货币功能。数字人民币同样使用智能合约方式，具有高效率和高安全性的优势。《上海市培育"元宇宙"新赛道行动方案（2022—2025 年)》在第三部分要求"逐步完善数字资产、数字艺术品、数字影视版权等合规交易机制，加强风险监管，探索数字人民币应用"，从政策大方向明确了元宇宙虚拟财产交易使用数字人民币的趋势，对于元宇宙虚拟社区平台方来说，应严格禁止加密货币在相关平台上的出现，并在技术上探索建立合法合规的数字人民币的应用体系。

四、元宇宙合同合规

随着元宇宙赛道的进一步扩大，有些企业已经不满足仅限于数字藏品、虚拟数字人等的单品类经营，正在逐步孕育、开发、上线平台类产品。例如，我们目前已经看到的"希壤""虹宇宙"等元宇宙平台。元宇宙平台往往集聚众多元宇宙元素，强调虚实交互和用户的创造性，用户的参与度不断增强，与平台方的黏度也越来越高，此时，用户和平台方之间明确划分各自的权利与义务势在必行。在新生领域中"Code is law（代码即法则)"已成为普遍的共识，"Code（代码)"往往以用户协议的形式体现，制定一份完善的用户协议对于用户与平台方都显得尤为重要。

一般而言，元宇宙平台的用户协议主要包括以下内容：（1）前言介绍。这一部分通常需要明确平台的运营主体信息，明确用户协议的适用范围，对本款平台产品作简要介绍，同时可以对协议中用到的专有词句作相关定义。

---

① （2020）粤 03 民终 26385 号民事判决书。

（2）服务内容描述。该部分详细介绍平台产品的各项功能，平台方对用户的使用许可，同时这也可以认为是用户享有权利的一种说明。（3）账号注册和使用条款。该部分主要包括平台账号的注册、保管、找回、权利归属、使用、注销等内容。（4）用户行为规范。这一部分是较为核心的内容，主要列明用户的禁止行为，例如禁止发布违法违规内容、禁止不当使用平台功能、禁止危害平台和其他用户的安全等，这部分通常还包括用户发生禁止行为时的平台处理方式，例如警告、限制或终止用户的全部或部分权利、依法追究法律责任等。（5）隐私政策。从广义角度看，用户协议是平台和用户之间的一系列协议，除了狭义的用户服务协议外，隐私政策也是一种用户协议，只是大多数应用产品习惯把隐私政策作为单独的一种协议让用户单独勾选同意。（6）知识产权和其他权益。这部分中，一方面是平台对软件本身的知识产权权利声明；另一方面是对用户上传内容的知识产权权利归属的约定，在元宇宙相关的平台中，还存在一些现行法律无法明确的权益类型，也最好在用户协议中提前做好约定。最后是一些常规条款，如争议解决条款、责任条款、联系方式等。

在以上合同基本内容的基础上，笔者认为，在元宇宙平台相关合同的拟定过程中，尤其需要注意未成年人进入元宇宙平台的法律保护、第三方服务商入驻、隐私条款制定等内容。

可预见的趋势是，在不久的将来元宇宙将以多种类型的形式出现，一类是专注于某领域的元宇宙平台，如家居元宇宙、教育服务元宇宙、旅游元宇宙等，这类平台通常面向特定用户群体；另一类是集合了社交、游戏、娱乐等多种服务功能的综合元宇宙，面向的是大众群体。但是无论哪一类，都是年轻人感兴趣的社区，用户中少不了未成年人的参与。《未成年人保护法》《国家互联网信息办公室儿童个人信息网络保护规定》《未成年人网络保护条例（征求意见稿）》等相关立法都表明了对未成年人触网的相关法律保护态度，元宇宙平台方有必要在用户协议中针对未成年人的保护作专门的约定。《未成年人保护法》第七十二条规定"处理不满十四周岁未成年人个人信息的，应当征得未成年人的父母或者其他监护人同意"。对此，在用户协议和隐私政策中，建议制定诸如此类条款："若您是不满十四周岁的未成年人，在注册和使用本平台前，应请您的监护人仔细阅读本用户协议和隐私政策，您的监护人同意您注册本平台的账号并使用本平台的服务。"

根据相关的法律规定，网络游戏、网络直播、网络音视频、网络社交等网络服务提供者应当针对未成年人使用其服务设置相应的时间管理、权限管理、消费管理等功能。网络游戏服务提供者应当对游戏产品进行分类，作出适龄提示。网络游戏服务提供者不得在每日 22 时至次日 8 时向未成年人提供网络游戏服务。不得为未满 16 周岁的未成年人提供网络直播发布者账号注册服务；为年满 16 周岁的未成年人提供网络直播发布者账号注册服务时，应当对其身份信息进行认证，并征得其父母或者其他监护人同意。笔者建议元宇宙平台不仅需要在相关页面的醒目位置作出提示，还需要在用户协议中设置专门章节，对未成年人注册、使用、注销元宇宙平台服务的限制和保护进行专门约定。

元宇宙平台打造的是一个虚实互动的大社区，在大部分经营模式下，不仅平台方自身向用户提供各种服务，有时还会引入第三方商家入驻元宇宙平台，以此丰富服务类型，提高用户的使用体验。这种模式类似于现下的淘宝、京东等大型电商平台。元宇宙平台在制定用户协议时，需要对第三方服务的相关情形加以约定。具体来说，在这种模式下，平台提供的仅是基础的网络服务，实质的服务内容均由第三方提供，因第三方商家服务与用户发生侵权或其他纠纷时，平台是否承担责任或承担多少责任，这是需要关注的问题。

以某元宇宙 App 为例，其用户协议中作出了诸如此类的约定："第三方在提供服务过程中作出的任何承诺保证及任何其他行为均为第三方行为，与××无关，××不会对第三方的服务和行为负责，且在任何情况下不会对第三方的服务和行为承担法律责任"；"如果您由于使用第三方服务而发生任何纠纷、后果、损失或其他问题，请您与第三方协商解决，××对此不承担责任"。那么这些条款真的可以成为平台方的完全免责金牌吗？未必，根据相关法律法规和司法实践，平台方在一定条件下仍然需要承担审核等注意义务。例如，第三方服务商在元宇宙平台内开设了一家虚拟视听体验馆，所有用户可以上传视听内容供其他用户收看和体验。假设某用户上传的视听内容侵犯他人的版权，这时候按照用户协议，被侵权人只能向第三方服务商或上传侵权内容的用户主张维权，平台方不承担责任，但是根据相关司法解释，[①] 若平台方从该侵权内容的传播中直接获得了经济利益的，那么平台方就需对该传播内容负有较高的注意义务，若认定平台方没有尽到注意义务，那么需要按照法律规定对被侵权人承担一定比例的责任。

---

① 《最高人民法院关于审理侵害信息网络传播权民事纠纷案件适用法律若干问题的规定》第十一条："网络服务提供者从网络用户提供的作品、表演、录音录像制品中直接获得经济利益的，人民法院应当认定其对该网络用户侵害信息网络传播权的行为负有较高的注意义务。网络服务提供者针对特定作品、表演、录音录像制品投放广告获取收益，或者获取与其传播的作品、表演、录音录像制品存在其他特定联系的经济利益，应当认定为前款规定的直接获得经济利益。网络服务提供者因提供网络服务而收取一般性广告费、服务费等，不属于本款规定的情形。"

　　在第三方服务商入驻元宇宙平台的模式下，参考《信息网络传播权保护条例》，笔者建议平台方：(1) 明确标示平台方仅提供信息存储空间服务，公开第三方服务商的名称、联系人、网络地址；(2) 对第三方服务商和用户所提供的作品、表演等内容不作任何更改；(3) 在接到侵权通知后，及时删除权利人认为侵权的内容；(4) 如果平台方从第三方的服务中直接获得了经济利益的，那么基于法律规定的较高注意义务，建议平台方设置专门的工作人员负责审核第三方服务商的服务行为和用户行为。

　　近年来各类 App、小程序等遭受监管部门处罚的情形并不鲜见，个人信息的不当收集和使用是处罚的最常见原因之一。为避免该类风险，元宇宙平台方应制定合法合规的隐私政策并严格执行。一份合格的隐私政策至少应包括以下内容：(1) 隐私政策的适用范围；(2) 可能收集的信息描述和列举以及这些信息分别对应的使用目的；(3) 平台收集、存储、使用、加工、传输、提供、公开、删除用户个人信息的方式；(4) 是否使用或如何使用 Cookie 和同类技术；(5) 用户权利条款；(6) 隐私政策修订和更新方式等。上述内容中，个人信息处理的范围目的、收集方式以及个人信息的存储、共享和披露通常是监管的重点。

　　在制定隐私政策时，平台方首先应明确的原则是"正当必要"和"知情同意"。在这一原则下，平台方可梳理元宇宙平台内提供的所有服务功能，并按照功能的完整流程来考虑需要获取用户的哪些个人信息，这一流程必须尽可能地细致和全面，避免在隐私政策中使用笼统、模糊的表述方式。同时也需要考虑收集这些信息的必要性，例如某些软件的隐私政策中约定了"为了某些将来可能开通的功能，需要收集您的位置等信息"，严格来说，未来开通的功能此时并不具备，在当下收集并不符合个人信息收集的必要性原则，因此笔者建议平台方避免使用此类表述，待将来确实开通对应功能并上线时再修改隐私政策并明确告知用户并获得用户的同意。

　　笔者提醒平台方在制定用户协议时，不可一味强调自身的权利，应按照法律法规的要求保护好用户的合法权益，合理划分平台方与用户之间的权利义务。用户协议是平台方和用户之间需要诚信履行的契约，也是双方日后发生纠纷时的主要合同依据。一份专业、严谨、合规的用户协议，在某种程度上也可以看作是平台方的一张名片，有助于平台方获得用户的信赖与认可，有利于平台方合规体系的建立。

　　本书写到这里，终于要画上句号了。本部分是笔者对元宇宙行业的一些合规探索与思考，心怀忐忑地写在元宇宙行业发展之初。希望在若干年后，我们再翻看这本书的时候，发现这洋洋洒洒的二十余万字能够经得起时间的检验。笔者由衷地希望本书的问世能够为读者以及文创行业带来一些价值，具有法律普及的意义。但因经验以及学识所限，疏漏之处难免，还请大家予以指正。感谢能有机会在本书的笔墨书香之中与您结缘！

感谢您翻阅到这最后一页。

是为跋。

郝红颖

2022 年 9 月